国家出版基金项目
NATIONAL PUBLICATION FOUNDATION

1919—2019 百年五四：
共同的文化精神家园

左玉河 著

北方联合出版传媒（集团）股份有限公司

万卷出版公司

ⓒ 左玉河 2019

图书在版编目（CIP）数据

五四那批人 / 左玉河著. — 沈阳：万卷出版公司，
2019.8

（百年五四：共同的文化精神家园）

ISBN 978-7-5470-5175-7

Ⅰ. ①五… Ⅱ. ①左… Ⅲ. ①五四运动—研究 Ⅳ.
①K261.107

中国版本图书馆CIP数据核字（2019）第144573号

出 品 人：刘一秀
出版发行：北方联合出版传媒（集团）股份有限公司
　　　　　万卷出版公司
　　　　　（地址：沈阳市和平区十一纬路25号　邮编：110003）
印 刷 者：辽宁新华印务有限公司
经 销 者：全国新华书店
幅面尺寸：146mm×210mm
字　　数：340千字
印　　张：14
出版时间：2019年8月第1版
印刷时间：2019年8月第1次印刷
责任编辑：高　爽
责任校对：高　辉
封面设计：范　娇
版式设计：马婧莎
ISBN 978-7-5470-5175-7
定　　价：58.00元
联系电话：024-23284090
邮购热线：024-23284627
传　　真：024-23284521

引　言

　　五四运动过去百年了，学术界对五四时期的人物、事件、思想的研究已经相当充分，也存在着激烈的争议。百年间学术界对五四时期那些风云人物是怎样看待的？是如何评价的？存在着怎样的争议？这些问题，是颇值得思考的问题。作为五四启蒙运动的继承者，在2019年五四运动一百周年到来之际，我们有必要对百年来关于五四研究的若干重要人物进行重新审视，站在新世纪的高点上，揭示五四新文化运动深层的意蕴，点评五四人物的功过是非，解说已经知道或刚刚知道的往事，再次呈现五四思想天空的绚丽多彩。

　　本书对五四时期的重要人物及其思想进行系统的考察，力争代表目前中国学术界关于五四人物研究的较高水准；力争做到有趣味可读，用轻松流畅的文笔将五四人物的故事描述出来。五四风云人物众多，本书选择五四时期活跃的有代表性的人物（陈独秀、李大钊、蔡元培、胡适、鲁迅、吴虞、钱玄同、傅斯年、张东荪、杜亚泉、王光祈、吴宓等），考察百年来学术界是如何褒贬他们的，弄清他们在五四时期究竟做出了哪些贡献，在百年后的今天究竟应该如何对他们盖棺论定。

五四风云人物一生活动复杂，难以全面阐述，本书仅仅选取他们1915—1923年的言行活动进行解读和评价。由于百年来学界对五四人物在五四时期的活动及思想的研究比较充分，故本书选择这些人物的某些有争议的问题进行阐述，突出了以问题为中心的趋向，注重弄清一些有争议的关键性问题。因此，本书紧紧围绕着五四人物在五四时期的重大问题来考察，力图解答人们目前仍然存在的疑惑。

本书对五四人物的考察，重点弄清这些基本问题：他们为什么参加五四新文化运动？他们以怎样的方式参与新文化运动？他们在新文化运动中有哪些活动？他们有哪些独特的思想主张并引起了怎样的争议？他们对新文化运动有哪些贡献和作用？本书的基本风格是站在新的时代高处作事后的点评。

目录

第一章　有革命家气质的启蒙思想家：陈独秀

　　提起五四，人们首先想到的便是陈独秀。他是公认的五四新文化运动的发起者和组织者，他是五四精神的主要体现者和重要阐释者。你很难想象，若是没有陈独秀，五四的历史天空将会是怎样的黯淡，更难想象五四的思想世界将会是怎样的模样。正是从五四时期开始，陈独秀就成为一个有争议的人物，这种争议始终伴随着他的一生，甚至在他死后的很长时期仍然争论不休。

　　五四新文化运动一百年后的今天，人们仍然还会发问：陈独秀为什么要创办《青年杂志》而发起新文化运动？他为什么视伦理觉悟为国人最后之觉悟？他为什么要激烈地反孔批儒？他这种激烈的反孔态度是否就是全盘反传统？五四时期的反孔是否造成了中国文化的断裂？他从政治运动转向了文化启蒙，但为什么后来又从思想启蒙再次走上了政治救亡之路？他为什么放弃了自由民主理念而主张社会主义及无产阶级专政？他对五四新文化运动究竟有着怎样的贡献？这些问题，既是以往人们争论的问题，也是值得人们深入思考的问题。我们需要站在历史的高处和事后反思的立场上，对五四时期陈独秀的思想进行点评，力图对这些问题做出合理的阐释。

一、他为什么要发起新文化运动

　　清末立宪运动和辛亥革命本来是以建立民主制度为目标的，但因为广大民众没有觉醒，民主制度缺乏社会根基，少数人的革命只是改换了政权的名号，民主制度之实，杳不可得。用陈独秀的说法，"吾人于共和国体之下，备受专制政治之痛苦"[①]。当时中国的先觉分子认识到，徒有共和国的名号是没有用的。要使中国真正从专制、落后、腐败的状态中摆脱出来，走上民主、富强之路，必须使中国国民之大多数，清除其头脑中的专制主义余毒，树立民主共和的思想，从而为民主共和制度打下坚实的基础。陈独秀指出，中国多数国民"脑子里实在装满了帝制时代的旧思想，欧美社会国家的文明制度，连影儿也没有。所以，口一张，手一伸，不知不觉都带君主专制臭味"，所以他认为，"要巩固共和，非先将国民脑子里所有反对共和的旧思想，一一洗刷干净不可"[②]。要做这种洗刷功夫，就必须从文化思想入手。

　　1915 年 9 月 15 日，陈独秀在上海创办《青年杂志》，一年后改为《新青年》，发起了新文化运动，要以思想启蒙的方式，为政治变革创造条件和基础。陈独秀创办《新青年》，实际上是要走一条法国启蒙主义的道路。这种文化启蒙的思路，

[①]　陈独秀：《吾人最后之觉悟》，《青年杂志》第一卷第六号，1916 年 2 月 15 日。

[②]　陈独秀：《旧思想与国体问题》，《新青年》第三卷第三号，1917 年 5 月 1 日。

在稍前章士钊主办的《甲寅》时开始显露，并且以陈独秀在《甲寅》第一卷第四号上发表的《爱国心与自觉心》为代表。

陈氏在这篇政论文中，批评了中国人只有传统的"忠君爱国"的盲目的"爱国心"，没有建立近代国家的"自觉心"，揭露北洋政府"滥用国家威权"，进行种种卖国残民的活动，得出了"其欲保存恶国家哉，实欲以保存恶政府"；而"恶国家甚于无国家"的骇人论断。这些惊世骇俗言论，立即引起强烈反响，激发了保守人士的抗议。他们诘问陈独秀："不知爱国，宁复为人；何物狂徒，放为是论！"这场论争因陈独秀采取避战态度并没有展开，但陈独秀已经开始思索这样的问题：如何让中国人培养起"近世国家观的自觉性"？尽管他还没有找到答案，但已经觉得单纯地从政治革命入手来改变中国，是行不通的。

中国人为什么没有近代西方人那样的"自觉心"？怎样改造中国人的国民性？陈独秀经过一番思索，终于找到了答案：必须从思想文化上入手，掀起一场思想文化变革，才能培植国人的现代思想，才能使民主共和国有可靠的思想基础。这个答案，在《青年杂志》创刊号上发表的《敬告青年》中初步提出，在随后发表的《吾人最后之觉悟》《一九一六年》等文中，则给予明确的阐释。

近代以来，中国人对西方文化的认识，经历了从器物、制度到精神层面的深化过程。从鸦片战争至甲午战争，是在器物层面上"师夷之长技"时期；从甲午战争至辛亥革命，是在制度层面上进行变法的时期；从辛亥革命至五四新文化运动，是从文明深层进行反思的时期。陈独秀在《吾人最后之觉悟》中指出："欧洲输入之文化，与吾华固有之文化，其根本性质极端相反。数百年来，吾国扰攘不安之象，其由此两种文明相触接相冲突者，盖十居八九。凡经一次冲突，国民即受一次觉悟。……自西洋文明输入吾国，最初促吾人之觉悟者为学术，相形见绌，举国所知矣；其次为政治，年来政象所证明，已有不克守缺抱残之势。继今以往，国人所怀疑莫决者，当为伦理问题。此而不能觉悟，则前之所谓觉悟者，非彻底之觉悟，盖犹在惝恍迷离之境。吾敢断言曰：伦理的觉悟，为吾人最后觉悟之最后觉悟。"[①]

陈氏对近代以来西学东渐三个时期所进行的描述，大体符合西方文明输入中国的历史轨迹，揭示了西方文明从器物层次逐渐深化为精神层次的输入中国的渐近进程，也表明中国人对西方文化的认识的飞跃及学习西方的深化。陈独秀认为，辛亥革命之所以失败，就因为缺少这样一场文化思想上的革命。陈独秀云："盖伦理问题不解决，则政治学术，皆枝叶问题。纵一时舍旧谋新，而根本思想未尝变更，不旋踵而仍复旧观者，此自然必然之事也。"[②] 在他看来，伦理的觉悟是比政治觉悟更深的层次，只有伦理的觉悟才是"吾人最后觉悟之最后觉悟"。

陈独秀提出的这个命题，意味着这样的深刻内涵：中国政治的变革，必须从思想文化的变革开始。从思想文化入手根本解决中国政治问题，是陈独秀"伦理觉悟"的基本路向。这个思路是新颖而深刻的。辛亥以后的中国思想界，儒家伦

---

① 陈独秀：《吾人最后之觉悟》，《青年杂志》第一卷第六号，1916 年 2 月 15 日。
② 陈独秀：《宪法与孔教》，《新青年》第二卷第三号，1916 年 11 月 1 日。

理思想仍然占据着重要的地位，"文以载道"、宣教儒家伦理思想的旧文学，灌输这个思想并教育青年只知个人升官发财的旧教育，和教人认天命、不抗争、迷信鬼神的佛老庄哲学，仍然禁锢着国人的精神。在传统旧伦理、旧教育、旧思想、旧文学充斥的国度里，是难以建立民主共和政体的。陈独秀已经认识到，只有进行思想启蒙，唤醒被禁锢在旧伦理思想中的广大人民，将其培养成有独立自主人格和平等自由权利的真正的人，才能奠定民主共和国的思想基础，才能建立起真正自由独立的现代国家。

应该看到，从思想文化入手解决中国政治问题的思路，不仅仅是陈独秀一人的想法，高一涵、李大钊，甚至梁启超、张东荪等人都有类似的想法。高一涵在《新青年》初创时发表了许多有分量的文章。他在《青年杂志》创刊号上发表的《共和国家与青年之自觉》一文，就很有代表性。该文开篇即明言，共和国家的国本建筑于人民舆论之上，所以生于共和时代之人民，"其第一天职则在本自由意志造成国民总意，为引导国政之先驰"。要人民有造成舆论之能力，则必须焕发起真正共和之精神。但中国国民受专制之毒害太深，他把希望寄托于青年身上。他说："欲改造吾国民之德知，俾之脱胎换骨，涤荡其染于专制时代之余毒，他者吾无望矣，惟在染毒较少之青年，其或有以自觉。此不佞之所以专对我菁菁苗苗之青年而一陈其忠告也。"① 高氏此文续写三期。第三期出版时，正是袁世凯复辟即将公开登场之时。当时尚在日本的高一涵无

---

① 高一涵：《共和国家与青年之自觉》，《青年杂志》第一卷第一号，1915 年 9 月 15 日。

比激愤地说："今年何年，胡乃变态若此，诚有令人不寒而栗者矣。乃返瞻故国，萧墙之内，隐伏干戈，激变挑衅，无所不至。……彼行尸走肉之辈，原无足责。独怪吾辈活泼青年，本自居于国家主人之列。放主人之职而不尽，是谓暴弃。要知今年今日，绝非吾人所能自暴自弃之时。今日之变，非但国体之良否问题，实为国家之存亡关键。他日或可旁观，此日则断不容袖手；他人或可贷责，吾辈则断不能少卸仔肩。此不佞所以再四叮咛，苦口忠告者也。"① 其期盼青年觉悟之心情是何等激切。

高一涵接着发表的《非君师主义》一文对此作了更深层的解释。他说："中国革命（即指辛亥革命）是以种族思想争来的，不是以共和思想争来的。所以皇帝虽退位，而人人脑中的皇帝尚未退位。所以入民国以来，总统行为几无一处不模仿皇帝。皇帝祀天，总统亦祀天；皇帝尊孔，总统亦尊孔；皇帝出来地下敷黄土，总统出来地下也敷黄土；皇帝正心，总统亦要正心；皇帝身兼天地君亲师之众责，总统也身兼天地君亲师之众责。这就是制度革命、思想不革命的铁证。"② 这就说到了问题的核心。辛亥革命只得来一个共和的招牌，人们的思想却还是帝制时代的思想。所以才有连年的政治混乱，乃至复辟帝制的闹剧一再重演。要实现真正的共和，就必须进行一场深入的思想革命。

---

① 高一涵：《共和国家与青年之自觉》，《青年杂志》第一卷第三号，1915 年 11 月 15 日。

② 高一涵：《非君师主义》，《新青年》第五卷第六号，1918 年 12 月 15 日。

二、他为什么将"民主与科学"作为新文化的核心价值

新文化运动的基本内容是提倡"民主"与"科学"。陈独秀在《青年杂志》创刊号上发表《敬告青年》一文，提出了具有"自觉心"的国民应该具备六条标准：自主的而非奴隶的；进步的而非保守的；进取的而非退隐的；世界的而非锁国的；实利的而非虚文的；科学的而非想象的。他把拯救中国的希望寄托在中国青年身上："予所欲涕泣陈词者，惟属望于新鲜活泼之青年，有以自觉而奋斗耳！"[1] 所以，这六条标准，首先是新时代的新青年的六条标准。

这六条标准的基本精神，就是"科学"与"人权"。用陈氏的话说就是："国人而俗脱蒙昧时代，羞为浅化之民也，则急起直追，当以科学与人权并重。"[2] 在他看来，近代欧洲之所以优越中国者，当以科学与人权并重，"若舟车之有两轮焉"。这样，陈独秀在《青年杂志》开篇就高举起科学与人权两面大旗，揭开了五四思想启蒙的序幕，为新文化运动定下了基调，为创建中国现代新文化确定了目标。

回顾近代以来中国文化演进的历程后会发现，由于中国

---

① 陈独秀：《敬告青年》，《青年杂志》第一卷第一号，1915 年 9 月 15 日。
② 陈独秀：《敬告青年》，《青年杂志》第一卷第一号，1915 年 9 月 15 日。

近代文化转型是在西方文明冲击下被迫进行的，并在较长时间内困扰于古今、新旧、中西等纠缠不清的文化纷争中，所以，国人在追求近代文化发展的过程中，较长时间内并没有找到构成中国现代新文化的核心价值准则。直到五四新文化运动之时，陈独秀第一次正式提出了"科学与人权并重"，形成了民主、科学、人权、理性及个性主义等新文化准则，将"民主与科学"确定为中国现代新文化的核心。他公开宣布将德（民主）、赛（科学）两先生作为建构中国新文化的核心："西洋人因为拥护德、赛两先生，闹了多少事，流了多少血，德、赛两先生才渐渐从黑暗中把他们救出，引到光明世界。我们现在认定只有这两位先生，可以救治中国政治上道德上学术上思想上一切的黑暗。"①

他指出，中国欲求生存，必须抛弃数千年相传的"官僚的专制的个人政治"，实行"自由的自治的国民政治"，他断定："民与君不两立，自由与专制不并存，是故君主生则国民死，专制治则自由亡"，主张用科学办法和科学态度来对待中国儒家倡导的思想观念和现实的社会问题，破除偶像和迷信，打破"宗教上、政治上、道德上自古相传的虚荣、欺人、不合理的信仰"，树立起"真实合理的信仰"。

民主与科学，体现了古今的今、中西的西、新旧的新，但又突破了古今、中西、新旧的框架，也超越了体用、本末、主辅之争，民主与科学就是体用并包的，同时也内含古、中、旧的有用的内容。所以，陈独秀提出的民主与科学，既是五四新文化运动的两面旗帜，也构成了中国现代新文化的核

---

① 陈独秀：《本志罪案之答辩书》，《新青年》第六卷第一号，1919 年 1 月 15 日。

心理念。五四新文化运动对民主与科学精神的提倡，使中国文化结构的核心价值发生了根本变化：由以纲常伦理为核心的传统文化价值观，转变为以民主与科学为核心的现代新文化的核心价值观。

三、为什么说他是五四新文化运动的总司令

陈独秀是五四新文化运动的总司令，这应该是没有多大争议的。但因陈独秀后来走上政治救亡道路，再后来因为在中国革命中犯过较大错误，这一功绩便被人抹杀了，因而他这个"总司令"的头衔也就有人怀疑了。在1945年4月中共七大预备会议上，即在陈独秀被视为与托派相结合、被共产国际定为反党反革命开除党籍情况下，毛泽东对陈独秀在五四时期的功绩给予很高的评价，称"他是五四运动时期的总司令，整个运动实际上是他领导的"。

从当时的历史事实看，陈独秀是当之无愧的"总司令"。他是新文化运动的发起者，是民主与科学大旗的高举者，是新文化运动的主要组织者，是伦理革命、文学革命的重要呼吁者，是五四爱国运动的指导者和坚定支持者。在这里，我们仅仅从新文化阵营的主要组织者的角度，就可以窥见其不可或缺的领导作用。

《青年杂志》创刊到1917年年初第二卷第五号，都是在上海出版，由陈独秀一人主编，除各期的重要稿件外，都由他亲自撰写，尽管其撰稿人有高一涵、易白沙、吴虞、刘叔雅、

谢无量、潘赞化、高语罕、李大钊、杨昌济等人，但真正得力的干将只有两个：一是同乡加同志关系的高一涵；二是远在四川的反孔老英雄吴虞。如果说高一涵侧重于引进西方近代民主思想的话，那么四川的吴虞则注重于批判中国儒家伦理与佛老思想。"打倒孔家店"这一新文化运动中最富战斗力的口号，就是吴虞提出来的，所以胡适称他是"只手打孔家店"的老英雄。在五四伦理革命中，高一涵和吴虞称得上是陈独秀的左膀右臂、哼哈二将。

《新青年》编辑部迁到北京，是新文化运动成为全国性运动的重要转折点，而促进这一关键转折的关键性的人物，就是时任北京大学校长的蔡元培。1917 年 1 月 13 日，即蔡元培校长到任第十天，就正式任命陈独秀为北大文科学长，北京政府教育部函字第十三号给予正式确认："贵校函开前安徽高等学校校长陈独秀品学兼优堪胜文科学长之任，……当经本部核准在案，除令行外，相应函复。"① 陈独秀立即将《新青年》迁到北京，把赞同新文化运动的北大教授钱玄同、刘半农、沈尹默、陶孟和等人请进了《新青年》编辑部。随后，编辑部陆续增加了到北大任教的李大钊、高一涵、胡适以及鲁迅、周作人等人，正式形成一校一刊为中心的新文化运动阵营。1918 年 1 月初，陈独秀在北京召开《新青年》编辑部重要会议，做出具有重大历史意义的一项决定：一、本志自第四卷一号起，投稿章程业已取消，所有撰译，悉由编辑部同人，公同担任 ②；二、采取集议制度，每出一期，就开一次编辑会，

---

① 以上教育部两件原件皆存北京大学。

② 《本志编辑部启事》，《新青年》第四卷第三号，1918 年 3 月 15 日。

商定下一期的稿件①；三、从7月出版的《新青年》第五卷第一号开始，由北大教授陈独秀、钱玄同、高一涵、胡适、李大钊、沈尹默六人轮流担任《新青年》主编，总负责依然是陈独秀。这样，《新青年》就由一人主编的刊物，转变为北大教授多人编撰的同人刊物，形成以陈独秀为核心的新文化阵营。陈独秀无疑是新文化骨干的主要召集者，是新文化运动阵营的主要组织者和灵魂式人物。人才济济、高朋满座的《新青年》倡导的新文化运动，之所以迅速向全国思想舆论界辐射，成为名副其实的全国性的思想解放运动，陈独秀的组织作用居功甚伟。

四、他为什么要激烈地反孔批儒

作为五四新文化运动的总司令，陈独秀先后发表《敬告青年》《今日之教育方针》《东西民族根本思想之差异》《吾人最后之觉悟》《驳康有为致总统总理书》《宪法与孔教》《孔子之道与现代生活》《袁世凯复活》《旧思想与国体问题》《复辟与尊孔》等文，严厉批驳康有为的国教运动及袁世凯的"尊孔"复辟活动，在五四反孔批儒运动中具有相当大的代表性。

陈独秀反孔批儒，首先是针对孔教会的尊孔活动而来的。其《复辟与尊孔》云："愚之非难孔子之动机，非因孔子之道不适于今世，乃以今之妄人强欲以不适今世之孔道，支配今世

---

① 鲁迅：《忆刘半农君》，《鲁迅全集》第六卷，人民文学出版社2005年版，第73页。

之社会国家，将为文明进化之大阻力也，故不能已于一言。"①
他批评说："然通行吾国各宗教，若佛教教律之精严，教理之
高深，岂不可贵？又若基督教尊奉一神，宗教意识之明了，
信徒制行之清洁，往往远胜于推尊孔教之士大夫"，"然旧教
九流，儒居其一耳。阴阳家明历象，法家非人治，名家辨名
实，墨家有兼爱节葬非命诸说，制器敢战之风，农家之并耕
食力，此皆国粹之优于儒家孔子者也"，因此，"非独不能以
孔教为国教，定入未来之宪法，且应毁全国已有之孔庙而罢
其祀"。他从袁世凯、张勋两次复辟帝制都提倡儒学、鼓吹尊
孔的事实中看到"孔教与帝制，有不可离散之因缘"②，认识到
"我们要诚心巩固共和国体，非将这班反对共和的伦理文学等
等旧思想，完全洗刷得干干净净不可。否则不但共和政治不
能进行，就是这块共和招牌，也是挂不住的"③。因此，陈氏公
开举起了"反孔批儒"的旗帜。

　　但陈独秀反孔批儒的更重要的原因，是坚信孔子之道不
合现代生活，要树立起民主与科学为核心的新文化价值观，
必然要对处于意识形态主导地位的儒家纲常名教进行猛烈批
判。纲常伦理作为中华文化体系的核心，贯穿在这个文化的
各个领域，成为它们的指导思想；意识形态的其他领域均是
为了"扶持名教，砥砺气节"。近代文化核心价值观的转变，
意味着以民主与科学为核心的西方近代文化对以儒家伦理纲

① 陈独秀：《复辟与尊孔》，《新青年》第三卷第六号，1917 年 8 月 1 日。

② 陈独秀：《驳康有为致总统总理书》，《新青年》第二卷第二号，1916 年 10 月
　 1 日。

③ 陈独秀：《旧思想与国体问题》，《新青年》第三卷第三号，1917 年 5 月 1 日。

常为核心的中国传统文化的否定。由于历代统治者大力提倡，使儒家思想与君主专制捆绑在一起，故近代以来人们对中国君主专制进行批判时，与其紧密相连的儒学也难免遭到质疑。而人们对儒学的质疑和抨击，主要集中于儒家的纲常名教。尽管维新志士们开始尖锐地批判君权及纲常名教，辛亥时期"非圣排儒"之声未断，孔子及儒学的独尊地位有所动摇，但对儒家纲常名教进行认真清理并根本动摇其地位，则是在新文化运动时期。

陈独秀将矛头直指儒家的纲常名教，对封建礼教进行猛烈攻击。他在《宪法与孔教》中，分析了作为"失灵之偶像、过去之化石"的孔教与根据"欧洲法制之精神"制定的宪法之间的矛盾，指出了将"尊孔"条文载入宪法的荒谬。他说："'孔教'本失灵之偶像、过去之化石，应于民主国宪法，不生问题，只以袁皇帝干涉宪法之恶果，天坛草案，遂于第十九条，附以尊孔之文，敷衍民贼，致遗今日无谓之纷争。然既有纷争矣，则必演为吾国极重大之问题。其故何哉？盖孔教问题不独关系宪法，且为吾人实际生活及伦理思想之根本问题也。""此等别尊卑明贵贱之阶级制度，乃宗法社会封建时代所同然，正不必以此为儒家之罪，更不必讳为原始孔教之所无。愚且以为儒教经汉、宋两代之进化，明定纲常之条目，始成一有完全统系之伦理学说。斯乃孔教之特色，中国独有之文明也。若夫温、良、恭、俭、让、信、义、廉、耻诸德，乃为世界实践道德家所同遵，未可自矜持异，独标一宗者也。"[①]

陈独秀认为，儒学中以三纲为核心的伦理道德学说，是

---

① 陈独秀：《宪法与孔教》，《新青年》第二卷第三号，1916 年 11 月 1 日。

中国封建社会道德的理论基础。它在现代中国社会生活中产生了严重的消极影响。他指出："儒者三纲之说，为一切道德政治之大原。君为臣纲，则民于君为附属品，而无独立自主之人格矣；父为子纲，则子于父为附属品，而无独立自主之人格矣；夫为妻纲，则妻于夫为附属品，而无独立自主之人格矣。率天下之男女，为臣，为子，为妻，而不见有一独立自主之人者，三纲之说为之也。缘此而生金科玉律之道德名词，曰忠，曰孝，曰节，皆非推己及人之主人道德，而为以己属人之奴隶道德也。"① 陈独秀认为忠、孝、节三种旧道德在中国社会中产生了广泛的消极影响："中国的礼教（祭祀教孝，男女防闲，是礼教的大精神），纲常、风俗、政治、法律，都是从这三样道德演绎出来的；中国人的虚伪（丧礼最甚）、利己，缺乏公共心、平等观，就是这三样旧道德助长成功的；中国人分裂的生活（男女最甚），偏枯的现象（君对于臣的绝对权，政府官吏对于人民的绝对权，父母对于子女的绝对权，夫对于妻、男对于女的绝对权，主人对于奴婢的绝对权），一方无理压制一方盲目服从的社会，也都是这三样道德教训出来的；中国历史上，现社会上种种悲惨不安的状态，也都是这三样道德在那里作怪。"②

故在陈独秀看来，儒学"与近世文明社会绝不相容者，其一贯伦理政治之纲常阶级说也。此不攻破，吾国之政治、法律、社会道德，俱无由出黑暗而入光明。"③ 要建设现代西方式的新

---

① 　陈独秀：《一九一六年》，《青年杂志》第一卷第五号，1916 年 1 月 15 日。

② 　陈独秀：《调和论与旧道德》，《新青年》第七卷第一号，1919 年 12 月 1 日。

③ 　陈独秀：《通信·答吴陵》，《新青年》第二卷第五号，1917 年 1 月 1 日。

社会，就必须对孔子之道进行彻底批判。

所以，为了倡导民主与科学，陈独秀对专制迷信及封建礼教进行了有力批判。他尖锐地指出："吾人倘以为中国之法，孔子之道，足以组织吾之国家，支配吾之社会，使适于今日竞争世界之生存，则不徒共和宪法为可废，凡十余年来之变法维新，流血革命，设国会，改法律（民国以前所行之大清律，无一条非孔子之道）及一切新政治，新教育，无一非多事，且无一非谬误，应悉废罢，仍守旧法，以免滥费吾人之财力。万一不安本分，妄欲建设西洋式之新国家，组织西洋式之新社会，以求适今世之生存，则根本问题，不可不首先输入西洋式社会国家之基础，所谓平等人权之新信仰，对于与此新社会新国家新信仰不可相容之孔教，不可不有彻底之觉悟，猛勇之决心；否则不塞不流，不止不行！"①

陈独秀在《孔子之道与现代生活》中，从西方民主、自由的政治经济制度及其个人主义价值观与孔子之道尖锐对立的角度，论证了批判儒家思想的必要性。他指出："现代生活，以经济为之命脉，而个人独立主义，乃为经济学生产之大则，其影响遂及于伦理学。故现代伦理学上之个人人格独立，与经济学上之个人财产独立，互相证明，其说遂至不可摇动；而社会风纪，物质文明，因此大进。中土儒者，以纲常立教。为人子为人妻者，既失个人独立之人格，复无个人独立之财产。父兄畜其子弟（父兄养成年之子弟，伤为父兄者之财产也小，伤为子弟者之独立人格及经济能力也大。儒教慈孝悌并称，当然终身相养而不以为怪），子弟养其父兄（人

①　陈独秀：《宪法与孔教》，《新青年》第二卷第三号，1916 年 11 月 1 日。

类有相爱互助之谊，何独忍情于父兄？况养亲报恩，乃情理之常。惟以伦理见解，不论父兄之善恶，子弟之贫富，一概强以孝养之义务不可也）。《坊记》曰：'父母在，不敢有其身，不敢私其财。'此甚非个人独立之道也。康先生与范书，引'鳏寡孤独有所养'，'我不欲人之加诸我也，吾亦欲无加诸人'等语，谓为个人独立之义，孔子早已有之。此言真如梦呓！夫不欲人我相加，虽为群己间平等自由之精义，然有孝悌之说以相消，则自由平等只用之社会，而不能行之于家庭。人格之个人独立既不完全，财产之个人独立更不相涉。鳏寡孤独有所养之说，适与个人独立之义相违。西洋个人独立主义，乃兼伦理、经济二者而言，尤以经济上个人独立主义为之根本也。"[1]

五、陈独秀的反孔批儒是全盘反传统吗

陈独秀对孔子及儒学的激烈批判，并不意味着抹杀孔子及儒学的历史价值，也不是像有些研究者所说的"全盘反传统"，更没有导致"中国文化的断裂"。陈独秀在与吴虞、常乃德、俞颂华等人的通信中，就反孔批儒的理由、意图作过较详尽的说明。

陈独秀解释说："我们反对孔教，并不是反对孔子个人，也不是说他在古代社会无价值。"[2] 又说："孔学优点，仆未尝

---

①　陈独秀：《孔子之道与现代生活》，《新青年》第二卷第四号，1916 年 12 月 1 日。

②　陈独秀：《孔教研究》，《每周评论》第二十号。

不服膺。惟自汉武以来，学尚一尊，百家废黜，吾族聪明，因之锢蔽，流毒至今，未之能解。又孔子祖述儒说阶级纲常之伦理，封锁神州。则二者，于近世自由平等之新思潮，显相背驰。不于报章上词而辟之，则人智不张，国力浸削。"连孔学本身也"以独尊之故，而日形衰落也"[1]。陈独秀肯定儒学的历史地位："孔教为吾国历史上有力之学说，为吾人精神上无形统一人心之具，鄙人皆绝对承认之而不怀丝毫疑义。"[2]

他在复函俞颂华时说："孔子精华，乃在祖述儒家，组织有系统之伦理学说。……其伦理学说，虽不可行之，而在宗法社会封建时代，诚属名产。"[3]复云："孔教为吾国历史上有力之学说，为吾人精神上无形统一人心之具，鄙人皆绝对承认之，而不怀丝毫疑义。盖秦火以还，百家学绝，汉武独尊儒家，厥后支配中国人心而统一之者，惟孔子而已。以此原因，二千年来迄于今日，政治上，社会上，学术思想上，遂造成如斯之果。设全中国自秦、汉以来，或墨教不废，或百家并立而竞进，则晚周即当欧洲之希腊，吾国历史必与已成者不同。为学深思之士，谅不河汉斯言。及今不图根本之革新，仍欲以封建时代宗法社会之孔教统一全国之人心，据已往之成迹推方来之效果，将何以适应生存于二十世纪之世界乎？吾人爱国心倘不为爱孔心所排而去，正应以其为历史上有力之学说，正应以其为吾人精神上无形统一人心之具，而发愤

---

①　陈独秀：《通信》，《新青年》第二卷第六号，1917年2月1日。

②　陈独秀：《通信》，《新青年》第三卷第一号，1917年3月1日。

③　陈独秀：《通信》，《新青年》第三卷第三号，1917年5月1日。

废弃之也。"①

常乃德写信给陈独秀，申明"孔子之教，一坏于李斯，再坏于叔孙通，三坏于刘歆，四坏于韩愈。至于唐、宋之交，孔子之真训，遂无几微存于世矣"。把孔道与帝制联系在一起，不是"真正孔子之教"所为。针对这种"真假孔子"之说，陈独秀批驳道："足下分汉宋儒者以及今之孔教孔道诸会之孔教，与真正孔子之教为二，且谓孔教后人所坏。愚今所欲问者：汉唐以来诸儒，何以不依傍道、法、杨、墨，人亦不以道、法、杨、墨称之？何以独与孔子为缘而复败坏之也？"陈独秀批孔言论在《新青年》发表之后，有读者致信陈独秀，认为不应该对孔子"一笔抹杀之"，而且保留孔教也无伤于中国。陈独秀在答复"佩剑青年"的信中说："记者非谓孔教一无可取，惟以其根本的伦理道德，适与欧化背道而驰，势难并行不悖。吾人倘以新输入之欧化为是，则不得不以旧有之孔教为非。倘以旧有之孔教为是，则不得不以新输入之欧化为非。新旧之间，绝无调和两存之余地。吾人只得任取其一。记者倘以孔教为是，当然非难欧化而以顽固守旧者自居，决不扭怩作'伪'欺人，里旧表新，自相矛盾也。"②因此，尽管陈独秀反孔时讲了一些"偏激""极端"的话，如"吾宁忍过去国粹之消亡，而不忍现在及将来之民族，不适世界之生存而归削灭也"，但是陈独秀的本意是清楚的：为了建立一个欧化的中国新文明，就必须抛弃作为封建专制思想基础的孔子之道，在这个问题上是没有调和余地的："只得取其一"——取西方近代民主与

---

① 陈独秀：《通信》，《新青年》第三卷第一号，1917 年 3 月 1 日。

② 陈独秀：《答佩剑青年》，《新青年》第三卷第一号，1917 年 3 月 1 日。

科学，而抛弃中国孔教。

因此，陈独秀的反孔批儒，主要是针对以"三纲"为内容的封建道德在现代社会中起着消极作用，其对孔子及儒家在中国历史上的贡献和作用是肯定的。正因陈独秀等人并不全盘否定孔子和儒学，尤其不否定孔子在当时的历史地位和价值，故其并不赞同新文化阵营中那些过分偏激的意见。钱玄同是当时提倡白话文的最有力的学者之一。他主张使用标点符号和阿拉伯数字；采用公元纪年；改汉文右行直下为左行横写；在小学教科书中采用注音字母等，对中国的文字改革，白话文的规范化，都有深远的影响。但是，他在对待儒学的态度上，却很偏激。他把陈独秀倡导的道德革命和批评儒家的三纲学说，误认为"推翻孔学"，并认为"欲祛除三纲五伦之奴隶道德，当然以废孔学为唯一之办法"；而"欲废孔学，不可不先废汉文"[①]。

钱玄同致函陈独秀说："欲使中国不亡，欲使中国民族为二十世纪文明之民族，必以废孔学、灭道教为根本之解决；而废记载孔门学说及道教妖言之汉文，尤为根本解决之根本解决。"陈独秀对钱玄同的偏激意见表示理解，认为实在是"愤极了才发出这种激切的议论"，但并不予支持，而是公开声明："像钱先生这种用石条压驼背的医法，本志同人多半是不大赞成的。"[②] 他还申明："鄙意却以为不塞不流，不止不行，犹之欲兴学校，必废科举，否则才力聪明之士不肯出此途也。方之虫鸟，新文学乃欲叫于春啼于秋者，旧文学不过啼叫于严

---

① 陈独秀：《通信》，《新青年》第四卷第四号，1918 年 4 月 15 日。

② 陈独秀：《本志罪案之答辩书》，《新青年》第六卷第一号，1919 年 1 月 15 日。

冬之虫鸟耳，安得不取而代之耶？旧文学、旧政治、旧伦理，本是一家眷属，固不得去此而取彼；欲谋改革，乃畏阻力而牵就之，此东方人之思想，此改革数十年而毫无进步之最大原因也。"① 陈独秀等人激烈地反孔批儒，只是一种输入西方近代文明的策略而已。而对于陈独秀"不得不反对"儒家文化的态度，连当时提倡儒家文化复兴的梁漱溟也深表同情和理解："从前的人虽想采用西方化，而对于自己根本的文化没有下彻底的攻击。陈先生他们几位的见解，实在见得很到，我们可以说是对的。"②

六、他在思想启蒙时忘记政治救亡了吗

陈独秀把新文化运动的重点放在批判儒家伦理学说上，认为只有这样才能从根本上振兴中华。因为，"集人成国，个人之人格高，斯国家之人格亦高；个人之权巩固，斯国家之权亦巩固"③。这实际上是把人的解放与国家的振兴联系起来了，是思想启蒙与政治救亡并重，将思想启蒙作为变革政治的手段和工具。暂时不谈政治并不等于忘怀政治，更不意味着与政治脱离。

正因为在陈独秀的思想中启蒙与救亡是并重的，所以他

---

① 胡适之、陈独秀：《答易宗夔》，《文章选编》，第 291 页。原载《新青年》第五卷第四号，1918 年 10 月 15 日。

② 梁漱溟：《东西文化及其哲学》，上海商务印书馆 1935 年版，第 9 页。

③ 陈独秀：《一九一六年》，《青年杂志》第一卷第五号，1916 年 1 月 15 日。

批判旧文化总是从当时中国的危亡形势出发，紧扣近代以来的政治救亡主题。如强调改造国民性重要时，他说："欲图根本之救亡，所需乎国民性质行为之改善，视所需乎为国献身之烈士，其量尤广，其势尤迫。"他还指出："若其国之民德，民力，在水平线以下者，则自侮自伐，其招致强敌独夫也，如磁石之引针，其国家无时不在灭亡之数，其亡自亡也，其灭自灭也。"①他在批判独尊儒术时说："窃以无论何种学派，均不能定为一尊，以阻碍思想文化之自由发展。况儒术孔道，非无优点，而缺点则正多。尤与近世文明社会绝无不相容者，其一贯伦理政治之纲常阶级说也。此不攻破，吾国之政治、法律、社会道德，俱无由出黑暗而入光明。"②

陈独秀是在政治救亡遭到一系列失败以后，才独辟蹊径，企图从文化革命着手，寻找新的救亡之路。所以，他从事文化运动的目标还是要解决政治问题，而且企图从根本上解决政治问题。为此，他从创办《新青年》、发起新文化运动起，就没有停止对现实政治的关注。有人以《青年杂志》创刊号上陈独秀对一个读者要求批判袁世凯帝制运动的一封答信，批评陈独秀在创办《青年杂志》时把自己的事业孤立地放在文化思想方面，而与当前的政治斗争脱节。陈独秀在信中说："盖改造青年之思想，辅导青年之修养，为本志之天职。批评时政，皆枝节问题。"但这并不能成为陈独秀不关注政治的证据。据周作人回忆，当时复辟的严重气氛，给了陈独秀很大的刺激，促使他重新关注政治运动。陈氏与《新青年》同人议论，要写反复辟的文章，

---

① 陈独秀：《我之爱国主义》，《新青年》第二卷第二号，1916 年 10 月 1 日。
② 陈独秀：《我之爱国主义》，《新青年》第二卷第二号，1916 年 10 月 1 日。

讲清批孔与反复辟的关系，要改变"不谈政治"的初衷①。于是，陈独秀在《新青年》上专门开辟了"国内大事记"栏目，先后发表了《宪法与孔教》《袁世凯复活》《对德外交》《旧思想与国体问题》《复辟与尊孔》等评议时政的文章。

1918年7月，有强烈爱国心的陈独秀以"今日中国之政治问题"为题，开宗明义纠正人们对《新青年》不谈政治方针的误解："本志同人及读者，往往不以我谈政治为然。有人说：我辈青年，重在修养学识，从根本上改造社会，何必谈甚么政治呢？有人说：本志曾宣言志在辅导青年，不议时政，现在何必谈甚么政治惹出事来呢！呀呀！这些话都说错了。……我现在所谈的政治，不是普通政治问题，更不是行政问题，乃是关系国家民族根本存亡的政治根本问题。此种根本问题，国人倘无彻底的觉悟，急谋改革，则其他政治问题，必至永远纷扰，国亡种灭而后已！国人其速醒！"②

由此可见，陈独秀发起新文化运动的思路，是以思想启蒙为手段来达到政治救亡的目的。所以，他在新文化运动中从来没有忘记过政治救亡，更没有脱离当时的实际政治活动。

欧战结束后中国民族主义的勃兴，使陈独秀对政治产生了更大兴趣。他感到《新青年》作为出版周期较长的大型文化月刊，难以适应及时评论政治问题的需要，遂产生了创办新的政治刊物的想法。1918年11月27日，陈独秀在自己的文科学长办公室里约集李大钊、高一涵、张申府等人，决定出版一份比《新青年》"更迅速、刊期短，与现实更直接"的周

---

① 参见《周作人回忆录》，湖南人民出版社1980年版，第306~310、312页。

② 陈独秀：《今日中国之政治问题》，《新青年》第五卷第一号，1918年7月15日。

刊——《每周评论》。12月22日，《每周评论》正式创刊，标志着新文化运动与现实政治斗争的密切结合。陈独秀在《发刊词》阐明《每周评论》宗旨是"主张公理，反对强权"，提出两大主义："第一不许各国拿强权来侵害他国的平等自由。第二不许各国政府拿强权来侵害百姓的平等自由。"接着，在29日出版的第二号中，他又提出欧战后东洋民族的两大"觉悟与要求"：对外，"人类平等主义，是要欧美人抛弃从来歧视颜色人种的偏见"；对内，"抛弃军国主义，不许军阀把持政权"①。

《每周评论》是介绍和评论国内外政情的政论性刊物，是陈独秀及新文化阵营谈论政治的重要阵地。它将言论主题锁定在当时全国注目的焦点——巴黎和会和山东问题上。1919年1月19日，陈独秀提出了更具体的目标，即除"三害"——军人、官僚、政客，即当时的反动政府和军阀。具体的斗争方式是："相当规模的示威运动"和"组织有政见的有良心的依赖国民为后援的政党"。2月9日，他在《每周评论》上发表《揭开假面》等文章，斥问巴黎和会"由五个强国秘密包办"，将"按国力强弱分配权利"，"公理何在？"；更对威尔逊幻想破灭："威尔逊总统的和平意见十四条，现在也多半是不可实行的理想，我们可以叫他做威大炮。"随着中国外交在巴黎和会上的接连失败和《每周评论》以及其他报刊的宣传鼓动，那些直接受《新青年》启蒙的青年学生遂组织了五四爱国运动。

五四爱国运动爆发后，陈独秀密切关注政治形势的发展，及时发出鲜明而强烈的政见，支持学生爱国行动。5月11日，

---

① 陈独秀：《战后东洋民族之觉悟及要求》，《每周评论》第二号，1918年12月29日。

他列数政府从"二十一条"、中日军事协定到参战借款等卖国行为，再到禁止国民集会，拿办爱国学生，逼走大学校长的种种罪恶，指出斗争矛头不能仅仅指向三个卖国贼，而更应指向造成这些"根本罪恶"的北京政府。5月18日，陈独秀又发表文章，"敬告中国国民"应该全民起来奋斗："现在日本侵害了我们的东三省，不算完事，又要侵害我们的山东，这是我们国民全体的存亡问题，应该发挥民族自卫的精神，无论是学界、政界、商人、劳工、农夫、警察、当兵的、做官的、议员、乞丐、新闻记者，都出来反对日本及亲日派才是。万万不能把山东问题当做山东一省人的存亡问题，万万不能单让学生和政客奔走呼号，别的国民都站在第三者地位袖手旁观，更绝对的万万不能批评学生和政客的不是。"[1] 陈独秀指出，国民"应该有两种彻底的觉悟"："（一）不能单纯依赖公理的觉悟；（二）不能让少数人垄断政权的觉悟。"提出了鲜明的战斗口号：强力拥护公理，平民征服政府[2]。

陈独秀告诫学生："世界文明发源地有二：一是科学研究室，一是监狱。我们青年立志出了研究室就入监狱，出了监狱就入研究室，这才是人生最高尚优美的生活。从这两处发生的文明，才是真文明，才是有生命的有价值的文明。"[3] 从此，"出了研究室就入监狱，出了监狱就入研究室"，就成为五四运动中青年学生的座右铭。

---

[1] 只眼（陈独秀）：《为山东问题敬告各方面》，《每周评论》第二十二号，1919年5月18日。

[2] 只眼：《山东问题与国民觉悟》，《每周评论》第二十三号，1919年5月25日。

[3] 只眼：《研究室与监狱》，《每周评论》第二十五号，1919年6月8日。

6月9日，为了实践"出了研究室"不怕"入监狱"的诺言，陈独秀以大学教授的身份起草了《北京市民宣言》的传单，亲自到闹市区新世界屋顶花园向群众散发，不幸被暗探逮捕。他坐了三个月的牢后，经各方营救出狱。李大钊作《欢迎独秀出狱》称赞道："你今出狱了，我们很欢喜！他们的强权和威力，终于战不胜真理。什么监狱什么死，都屈服不了你；因为你拥护真理，所以真理拥护你。"可见，陈独秀在进行思想启蒙时并没有忘记政治救亡。

陈独秀先是以《新青年》为阵地，唤醒了广大民众特别是青年学生关心政治、关心国家命运的爱国主义觉悟，继而以《每周评论》为阵地，为五四运动提出了不断深入的战斗纲领、口号和斗争方式。正因如此，他不仅是新文化运动的领袖，也是五四爱国运动的领袖。据1923年12月的一份民意调查：被访问者心目中国内大人物是哪几位？结果以孙中山、陈独秀、蔡元培三人票数最多。[①] 关注政治的陈独秀在五四之后最终接受马克思主义而走向政治救亡之路，并不是偶然的。

七、他是怎样被谣言杀出北大的

新文化运动在进步青年和思想界影响越来越大，引起人们的广泛注意，也诱发了旧派人物的过分反弹。陈独秀和新文化运动至少受到三股势力的压迫：一是拥护旧思想旧文化

---

① 朱务善等：《本校二十五周年纪念日"民意测量"》，《北京大学日刊》，1924年3月4~7日。

势力的反扑，二是反动当局的镇压，三是谣言杀人。其中最有杀伤力并最后逼迫陈独秀离开北大的，是守旧派们制造的谣言中伤。

自从杜亚泉、林纾等保守派攻击新文化运动，并发出政府干涉的要求后，社会上就开始流行中伤陈独秀等人的谣言，居心不良者还添枝加叶，扩大和制造谣言。其中最恶劣的有两个谣言。

第一个谣言是说陈独秀、胡适、钱玄同等新派教员，已经被北京大学驱逐，企图以假象迷乱人心，使假成真。第二个谣言是说陈独秀到前门八大胡同妓院嫖妓。于是，即使新文化运动的战友和与陈独秀私谊很好的人，在听到此谣言后，也表示出不能容忍的态度，甚至加入到迫害陈的行列中来，以表示自己的清白。所以，1919 年 3 月 26 日晚，蔡元培在沈尹默、汤尔和、马叙伦等人的压力下，来到汤家开会，沈、汤这两位两年前竭力向蔡元培推荐陈独秀的谋士，这次"力言其私德太坏"，"如何可作师表"。"蔡先生颇不愿于那时去独秀"，但蔡元培毕竟是进德会的提倡者，最后不得不同意汤、沈等人的提议，决定在 4 月 8 日召开文理两科各教授会主任会议，议决提前实施《文理科教务处组织法》，选马寅初为教务长，陈独秀、夏浮筠（理科学长）被改聘为教授。陈的文科学长之职，实际被撤销了。当初三顾茅庐请陈独秀的蔡元培，这时的心情该是"挥泪斩马谡"吧。

陈独秀十分鄙视汤尔和的小人伎俩。4 月 11 日，汤尔和在北大回寓途中，遇见陈独秀，见他面色灰败，自北而南，以怒目视之。这样，陈独秀因在五四运动中散发传单被捕而被营救出狱后，就自动脱离了北京大学。所以，陈氏之离开北京大学，是政府压迫与谣言杀人所致。陈独秀在当时发表的《关于北京大学的谣言》中感叹："中国人有'倚靠权势''暗地造谣'两种劣根性。对待反对派，决不拿出自己的知识本领来正正堂堂的争辩，……此次迷顽可怜的国故党，对于大学制造谣言，也就是这两种恶劣根性的表现。"[①]

谣言止于智者。在陈独秀被谣言中伤而处境困难时，胡适保持着清醒的头脑，看到了造谣者的用心而拒绝信谣传谣。他指出："当时外人借私行攻击陈独秀明明是攻击北大的新思潮的几个领袖的一个手段，而先生们亦不能把私行为与公行为分开，适坠奸人术中了。"他对汤尔和传谣信谣之举很不满意，责问说："此夜之会，虽有尹默、夷初在后面捣鬼，孑民先生最敬重先生，是夜先生之议论风生，不但决定北大的命运，实开后来十余年的政治与思想的分野。"胡适对陈独秀被谣言所伤表示了深深的同情。

八、新文化阵营是怎样分裂的

陈独秀以思想启蒙为手段来达到政治救亡的目的的思路，与随后加入新文化运动的胡适的思路有着根本性差异。这样的差异，导致了陈独秀与胡适在新文化运动后期的决裂。

1917 年 7 月，胡适从美国回国在上海停留期间，"看了出版界的孤陋，教育界的沉寂，我方才知道张勋的复辟乃是

① 只眼：《关于北京大学的谣言》，《每周评论》第十三号，1919 年 3 月 16 日。

极自然的现象，我方才打定二十年不谈政治的决心，要想在思想文艺上替中国政治建筑一个革新的基础。"[①]胡适下决心从文化启蒙上着手改造国民性，进而从根本上救国，在这一点上与陈独秀的思路颇为相似，但在具体实践上则有较大的灵活性。

李大钊、陈独秀先后转向马克思主义之时，《新青年》编辑部和新文化运动阵营随之发生分裂。1919年《新青年》采取轮流编辑制，陈独秀仍是总负责。李大钊主编的第六卷第五号为"马克思主义专号"，集中宣传马克思主义和俄国十月革命及苏维埃制度，引起胡适的不满。陈独秀入狱后，李大钊也避难出京，胡适接办《每周评论》并发表了《多研究些问题，少谈些主义》，与李大钊围绕着"问题与主义"展开了争论，新文化运动阵营内部开始出现了明显的意见分歧。

陈独秀当时未参加讨论，在后来撰写了一篇《主义与努力》的短文，对这场"主义与问题"的争论作了一个最好的总结。他说："我们行船时，一须定方向，二须努力。不努力自然达不到方向所在，不定方向将要走到何处去？我看见有许多青年只是把主义挂在口上不去做实际的努力，因此我会说：'我们改造社会是要在实际上把他的弊病一点一滴一桩一件一层一层渐渐的消减去，不是用一个根本改造底方法，能够叫他立时消减的。'又会说：'无论在何制度之下，人类底幸福，社会底文明，都是一点一滴地努力创造出来的，不是像魔术师画符一般把制度改了那文明和幸福就会从天上落下来。'这些话本是专为空谈主义不去努力实行的人而发的……但现在

---

① 　胡适：《我的歧路》，《胡适文存》二集卷三，第96页。

有一班妄人误会了我的意思，主张办实事，不要谈什么主义什么制度。主义制度好比行船底方向，行船不定方向，若一味盲目的努力，向前碰在礁石上，向后退回原路去都是不可知的。我敢说，改造社会和行船一样，定方向与努力二者缺一不可。"[①] 陈独秀这篇短文既反对"空谈主义不去努力"的倾向，又反对了"不谈主义盲目努力"的倾向，实际上赞同李大钊的观点。

1919 年 10 月 5 日，陈独秀在北京的寓所召开《新青年》编辑部会议，试图弥合胡适与李大钊之间的思想裂缝。胡适会前对沈尹默等人说："《新青年》由我一个人来编"，反对大家轮流编辑。鲁迅则说："也不要你一人编，《新青年》是仲甫带来的，现在仍旧还给仲甫，让仲甫一人去编吧！"会议决定，《新青年》自第七卷第一号起，仍由陈独秀一人主编。

1920 年 2 月，陈独秀离开北京去上海，就将《新青年》带到上海出版。由于陈独秀随后转向马克思主义并开始筹建中国共产党，《新青年》也随之转向宣传马克思主义。1920 年 5 月出版的第七卷第六号是"劳动节专号"，第八卷第一号之后则变成上海共产主义小组的机关报。4 月 26 日，陈独秀在吸收陈望道参加编辑部后，曾致函李大钊、胡适等十二人，征求《新青年》今后该怎么办？他提出：是否继续出版？编辑人问题：（一）由在京诸人轮流担任；（二）由京一人担任；（三）由弟在沪担任。但北京的胡适等人都没有表态。实际上，胡适等人对撰稿开始怠工。8 月 2 日，《新青年》第八卷第一号的稿子即将发排时，陈独秀又致函胡适，邀请其撰写有关"虚

---

① 陈独秀：《主义与努力》，《新青年》第八卷第四号，1920 年 12 月 1 日。

无主义"方面的文章："我近来觉得中国人的思想是万国虚无主义——原有的老子说、印度空观、欧洲形而上学及无政府主义——底总汇，世界无比。《新青年》以后应该对此病根下总攻击。这攻击老子学说及形而上学的司令非请吾兄担任不可。"[1]但胡适不予理睬。而陈独秀则吸收上海共产主义小组成员，如沈雁冰、李达、李汉俊等加入《新青年》编辑部，并由陈望道负责编辑工作。

　　1921年1月3日，《新青年》编辑部的北京同人开会。胡适把众人意见归纳后复函陈独秀，提出解决《新青年》"色彩过于鲜明"的三种办法：（一）听认《新青年》流为一种特别色彩之杂志，而另创一个哲学文学杂志；（二）移北京并发表声明"不谈政治"；（三）停办（此为陶孟和提出）。此信发出后，鲁迅代表周作人声明，三个办法都可以，"而第二办法更顺当"，宣言"不谈政治，我却以为不必"。从这三个办法看，前两种意味着分裂，第三种意味着瓦解，而陈独秀则仍想维持。所以，他接信后立即复信，对胡适主张"移回北京而宣言不谈政治"极为不满，认为胡提议"另办一杂志"的主张是"反对他个人"，声明胡适若另起炉灶，"此事与《新青年》无关"。胡适见信后表示："我并不反对他个人，亦不反对《新青年》"，愿意取消"宣言不谈政治之说"，取消"另办一杂志"的主张，但仍然抱怨《新青年》此时在素不相识的人手里，"差不多成了《Soviet Russia》的汉译本"。

　　1月15日，在上海主持《新青年》编辑工作的陈望道给胡适寄去一封明信片，对胡适反对谈政治和宣传马克思主义的

---

[1] 《胡适来往书信选》（上），第107页。

态度很生气。胡适回复给陈望道一封明信片则公开承认："我不是反对你编辑《新青年》，而是反对你把《新青年》作宣传共产主义之用。"这样看来，胡适与陈独秀等人的思想分歧已经非常明显，《新青年》的分裂已成不可挽回之势。1月26日，北京同人开会表决解决《新青年》的办法，结果是：赞成移北京编辑者：慰慈、一涵、守常；赞成北京编辑，但不必强求，可任它分裂成两个杂志，也不必争《新青年》这个名目：豫才、启明、玄同；赞成移北京，如实不能则停办，万不可分为两个杂志，致破坏《新青年》之团结：抚和、孟和①。2月15日，陈独秀致函胡适："现在《新青年》已被封禁，非移粤不能出版，移京已不成问题了。你们另外办一个报，我十分赞成。……但我却没有工夫帮助文章。而且在北京出版，我也不宜作文章。"同时，他又致函周氏兄弟："《新青年》风浪想必先生已知道了，此时除移粤出版，无他法。北京同人料无人肯作文章，惟求助于你们两位。"②

至此，新文化阵营彻底分裂，从某种意义上也意味着五四启蒙文化运动的完结。

九、他为什么信仰"无产阶级专政"的列宁主义

陈独秀发起的五四新文化运动，实质上是思想启蒙运动，

---

① 《关于〈新青年〉问题的几封信》，《中国现代出版史料》（甲编），中华书局1954年版。
② 《关于〈新青年〉问题的几封信》，《中国现代出版史料》（甲编），中华书局1954年版。

当时的陈独秀笃信 18 世纪法国民主主义启蒙思想。但令人感到不解的是，在五四新文化运动后期，陈独秀为什么放弃了西方的民主主义而信仰马克思主义并主张无产阶级专政呢？

陈独秀从民主主义向马克思主义的思想转变，经历了比较复杂的过程。据胡适说，陈独秀的这次思想转变是从狱中悟出的。他说陈独秀被捕后，没有书报可读，只有基督教的《旧约》《新约》，因此在读了基督教的《圣经》后颇为感动，思想上发生了重大转变。他说："大概独秀在那八十多天的拘禁期中，曾经过一度精神上的转变。他独自想过一些问题，使他想到他向来不曾想过的一条路上去，使他感到一种宗教的需要。他出狱之后，就宣传这个新得来的见解，主张要有一个新宗教……抱着这种新宗教热忱的陈独秀，后来逐渐的走进那二十世纪的共产主义新宗教。"[1] 胡适的这种解释，似乎应验了陈独秀提出的监狱是"人类文明发源地"的说法。

实际上，陈独秀入狱前后的思想的确差异很大，出狱后思想更加激进，受基督教的影响也比较大。他在出狱后发表的《基督教与中国人》一文中，认为基督教的根本教义是耶稣的"崇高的牺牲精神""伟大的宽恕精神""平等的博爱精神"，并称赞"基督教是穷人的福音，耶稣是穷人的朋友"[2]。带有明显的空想社会主义色彩。正是从基督教中，他发现了以"穷人"为主体的、给穷人带来幸福的牺牲精神和阶级调和的平等博爱宽恕精神等，故出狱后曾一度信仰无政府空想社会主义。1919 年 11 月，陈独秀在《新青年》上宣布《新青年》同人

---

① 《胡适手稿》，第九卷（下）卷三，第 545~550 页，台北胡适纪念馆 1970 年印行。

② 陈独秀：《基督教与中国人》，《新青年》第七卷第三号，1920 年 2 月 1 日。

"公共意见"时说："我们理想的新时代新社会，是诚实的、进步的、积极的、自由的、平等的、创造的、美的、善的、和平的、相爱互助的、劳动而愉快的、全社会幸福的。希望那虚伪的、保守的、消极的、束缚的、阶级的、因袭的、丑的、恶的、战争的、轧轹不安的、懒惰而烦闷的、少数幸福的现象，渐渐减少，至于消灭。"① 正因如此，他与蔡元培、李大钊等人发起成立了北京工读互助运动，支持王光祈等人组织互助团进行空想社会主义的试验。但互助团试验的失败，促进了陈独秀从空想社会主义向马克思主义的转向。

陈独秀之所以要接受"Bolsheviki"及马克思主义，主要的是由于他相信了列宁关于无产阶级民主的论述。列宁在《无产阶级专政和叛徒考茨基》中说："资产阶级民主同中世纪制度比较起来，在历史上是一个大进步，但它始终是而且在资本主义制度下不能不是狭隘的、残缺不全的、虚伪的、骗人的民主，对富人是天堂，对被剥削者，对穷人是陷阱和骗局。"而无产阶级民主比任何资产阶级民主"要民主百万倍"②。

列宁关于无产阶级民主的阐述，受到了陈独秀的格外重视和共鸣。他说："十八世纪以来的'德谟克拉西'是那被征服的新兴财产工商阶级，因为自身的共同利害，对于征服阶级的帝王贵族要求权利的旗帜……如今二十世纪的'德谟克拉西'，乃是被征服的新兴无产劳动阶级，因为自身的共同利害，对于征服阶级的工商界要求权利的旗帜。"③ 又说："民主

① 陈独秀：《本志宣言》，《新青年》第七卷第一号，1919 年 12 月 1 日。
② 《列宁选集》第三卷，人民出版社 1972 年版，第 629~643 页。
③ 陈独秀：《告北京劳动界》，《晨报》，1919 年 12 月 1 日。

主义是什么？乃是资本阶级在从前拿他来打倒封建制度底武器，在现在拿他来欺骗世人把持政权底诡计。在从前政治革命时代，他打倒封建主义底功劳，我们自然不能否认……但若是妄想民主政治才合乎全民意，才真是平等自由，那便大错而特错。"[1] 他还说："若不经过阶级战争，若不经过劳动阶级占领权力阶级地位底时代，德谟克拉西必然永远是资产阶级底专有物，也就是资产阶级永远把持政权抵制劳动阶级底利器。"[2] 他还针对当时有人用"德谟克拉西和自由"口头禅来反对无产阶级专政的情况，公开责问："（一）经济制度革命以前，大多数的无产劳动者困苦不自由，是不是合于'德谟克拉西'？（二）经济制度革命以后，凡劳动的人都得着自由，有什么不合乎'德谟克拉西'？"[3]

这样，从1920年开始，陈独秀毅然接受马克思列宁主义，以阶级分析的方法看待民主问题，把民主区分为资产阶级民主和无产阶级民主，追求真正的民主和更广大的民主——无产阶级和人民大众的多数人的民主，从一个信仰"德谟克拉西"的资产阶级民主主义者，转变成为一个赞成无产阶级专政的马克思主义者。

---

[1] 陈独秀：《民主党与共产党》，《新青年》第八卷第四号，1920年12月1日。

[2] 陈独秀：《谈政治》，《新青年》第八卷第一号，1920年9月1日。

[3] 陈独秀：《答柯庆施》，《新青年》第八卷第三号，1920年11月1日。

第二章　中国马克思主义的先驱：李大钊

　　提起李大钊，人们自然会将他与马克思主义在中国的传播和中国共产党的创立联系起来，称他是中国马克思主义的先驱和中国共产党的创始人之一。作为五四新文化运动的重要领袖，李大钊是怎样加盟《新青年》的？他与陈独秀、胡适的思想有何异同？这样一位主张调和论的温和的社会改良者，为什么会那样快从思想启蒙转变到政治救亡并接受马克思主义？他怎么会那样快接受阶级斗争和革命学说并投入激进的政治革命呢？他为什么在接受马克思主义后还要倡导平民主义？其平民主义的内涵是什么？他为什么在成为马克思主义者后思想中仍然保留有民粹主义、无政府主义、好人政府主义等思想成分？诸如此类的问题，既是考察五四时期李大钊思想及活动时无法回避的，也是百年后的人们必须弄清楚的。

一、他是怎样加入《新青年》阵营的

　　尽管李大钊后来与陈独秀并提，被称为中国共产党创建时期的"南陈北李"，关系非常紧密，但在五四新文化运动之前两人并没有太多交往。两人之间的交往，还是由于章士钊的关系而相识并密切起来的，并且是以讨论问题的方式开始的。1914 年 5 月，章士钊在日本东京创办《甲寅》杂志，邀请陈独秀襄助，而李大钊同时是《甲寅》的编者和作者。但此时的李大钊与陈独秀并没有实际上的思想交流。两人有深刻的交流，是由陈独秀撰写的《爱国心与自觉心》一文引起的。

1914 年 11 月，陈独秀在《甲寅》月刊上发表了政论文章《爱国心与自觉心》。这篇文章是当时就引起中国思想界广泛关注和激烈争议的名篇，是陈独秀十几年来为救国和革命奔波不断受挫后的初步总结，是针对当时思想界围绕改良与革命、民主共和与君主立宪、激进与缓进争论而独具慧眼的精彩表现。陈独秀批评国人只有传统的"忠君爱国"的盲目的"爱国心"，没有建立近代国家的"自觉心"。中国人的这种素质，必然导致亡国灭种。他承认，"爱国心为立国之要素"，但欧美人的"爱国"和中国古来的"忠君爱国"是根本不同的概念，因此在讲爱国时，必须首先应辨明什么是真正的爱国。在陈独秀看来，爱国，是"爱其为保障吾人权利谋益吾人幸福之团体"；自觉，是"自觉其国家之目的与情势"。爱国心是一种特定理论，自觉心则是对一件件事实的"慎思明辨"。爱国心似乎人人都可以谈说，自觉心则鲜有人具备。正因如此，自觉心为国人所亟需。陈独秀在文章的最后愤激地写道："呜呼！国家国家，尔行尔法！吾人诚无之不为忧，有之不为喜！吾人非咒尔亡，实不禁以此自觉也。"他以辨别爱国、自觉之义开始，最后得出了"有国家不为喜，无国家不为忧"的结论。

陈独秀该文对民国初年政治现实的揭示鞭辟入里，是对北洋专制政府的有力批判，同时也是给予对袁世凯仍抱幻想者的一针清醒剂。而他对国民智力不足以建国的判断，则成为随后创办《新青年》并发起新文化运动的直接契机。但在李大钊看起来，陈独秀对现实政治所持的态度太消极了，会助长国人的悲观厌世之风。于是，李大钊以"厌世心与自觉心"为题，给章士钊写了一封长信，通过对陈独秀文章加以辩驳的方式，矫正陈氏这种消极情绪，呼吁国人不要放弃爱国的信念。李大钊的这封信被刊登在1915年8月10日出版的《甲寅》第一卷第八号上。

然而，陈独秀此时在上海忙着筹备创办《青年杂志》，立志要从思想文化入手解决政治问题，故并没有对李大钊的批评意见给予回应，而是以朋友的身份邀请李大钊为《青年杂志》撰稿。《青年杂志》初期由陈独秀一人主编，除各期的重要稿件由他亲自撰写外，高一涵、李大钊、易白沙、吴虞、刘叔雅、谢无量、潘赞化、高语罕、杨昌济等人是重要的作者。这些作者基本上是《甲寅》月刊的编者和作者。尽管李大钊偶尔替《青年杂志》撰稿，但此时并没有加盟陈独秀的《新青年》阵营，因为李大钊正在北京帮助章士钊编辑《甲寅》日刊。

1916年1月，章士钊在北京创办《甲寅》日刊，邀请李大钊和高一涵担任主笔，轮流撰写社论。李大钊帮助章士钊编辑《甲寅》日刊达四个多月，撰写了六十余篇文章，关涉国内政治、外交、社会问题、个人修养、学理阐发、世界大战的影响及战争中各国政治概况等诸多方面。此时的李大钊与章士钊的关系非常紧密，思想倾向更为接近，被公认为"甲寅派"的重要骨干成员。

李大钊真正加盟《新青年》阵营，是在陈独秀北上就任北大文科学长及《新青年》迁到北京之后。陈独秀将《新青年》迁到北京后，把赞同新文化运动的北大教授钱玄同、刘半农、沈尹默、陶孟和等人请进了《新青年》编辑部。北京大学图书馆主任一职，原来由"甲寅派"的首领、逻辑学教授章士钊兼任，但章氏因心在政治上，并不愿意兼任图书馆主任，故向北大校长蔡元培和文科学长陈独秀推荐与自己关系非常密切的李大钊专任。章氏的推荐得到了蔡元培的赞同。1918 年年初，李大钊正式接替章士钊担任北京大学图书馆主任。

对于这个情况，章士钊后来回忆说："一九一八年，吾入北京大学讲逻辑，以教授兼图书馆主任。其所以兼图书馆主任者，无非为著述参考之便，而以吾萦心于政治之故，虽拥有此好环境，实未能充分利用；以谓约守常来，当远较吾为优，于是有请守常代替吾职之动议。时校长为蔡孑民，学长为陈独秀，两君皆推重守常，当然一说即行。又守常先充图书馆主任，而后为教授，还有一段可笑之回忆。盖守常虽学问优长，其时实至而声不至，北大同僚，皆擅有欧美大学之镀金品质，独守常无有，浅薄者流，致不免以樊哙视守常。时北京民主运动正在萌芽，守常志在得北大一席，以便发踪指示，初于位分之高低，同事不合理之情绪了不屑意。由今观之，守常一入北大，比于临淮治军，旌旗变色。"①

李大钊进入北大担任图书馆主任后，立即被陈独秀邀请加入《新青年》编辑部。鲁迅记下了他初次见到李大钊时的印

① 章士钊：《李大钊先生传·序》。章士钊这里回忆的他本人到北大任教的时间有误，实际应为 1917 年，见张静如等编《李大钊生平史料编年》第 47 页。

象："给我的印象是很好的：诚实，谦和，不多说话。《新青年》的同人中，虽然也很有喜欢明争暗斗、扶植自己势力的人，但他一直到后来，绝对的不是。"[1]

这样，李大钊就通过章士钊的推荐从"甲寅派"的重要骨干转变为《新青年》的主要领袖之一，《新青年》也由陈独秀一人主办的刊物转变为北大教授多人编撰的同人刊物，形成以陈独秀为核心的新文化阵营。李大钊与陈独秀等新文化运动领袖人物在北大会合了。

二、为什么说他是五四青年的思想导师

1918 年，经过改革的北京大学成为新文化运动的中心和发源地。在陈独秀、李大钊、胡适、钱玄同、刘半农等新文化领袖的影响下，青年学生的思想十分活跃。李大钊和蔼的态度、清新的思想、热心助人的性格和习惯，使他与青年学生接触较多，逐渐成为青年学生爱戴的思想导师。在此，不妨以其与国民杂志社、新潮社等学生社团的关系为例略作分析。

国民杂志社与留日归国学生在上海组织的学生救国会密切相关。国民杂志社是这个救国会组织成立的宣传和活动机构。北大学生邓中夏、黄日葵、张国焘、许德珩、段锡朋等都是该社的重要成员。该社的宗旨是"增进国民人格，灌输国

---

① 复旦大学等学校鲁迅年谱编写组：《鲁迅年谱》上册，安徽人民出版社 1979 年版，第 140 页。

民常识，研究学术，提倡国货"。其出版的《国民》杂志，在留意文化问题的同时，比较关注现实政治。李大钊答应了该社成员邀其予以指导和支持的请求，先后为《国民》杂志撰写了《大亚细亚主义和新亚细亚主义》《再论新亚细亚主义》等文，给予实际的支持和指导。

新潮社是由北大学生傅斯年、罗家伦、徐彦之、张崧年、谭平山、高元等人发起组成的文化团体，其发行的《新潮》杂志"专以介绍西洋近代思潮，批评中国现代学术上、社会上各问题为职司"，在性质上与当时注重启蒙的《新青年》相同。新潮社得到了北大的支持，陈独秀答应由校方出资予以帮助，胡适给予了具体指导，李大钊与庶务处主任李辛白应聘担任了该社顾问，协助他们负责杂志印刷、登广告、发行及会计等项事务。李大钊还将红楼一层22号房间拨给新潮社使用，并在《新潮》上发表《联治主义与世界组织》《物质变动与道德变动》等文章。

李大钊对北大这两个重要的学生社团产生了较大影响。罗家伦发表的《今日之世界新潮》，把俄国革命、匈牙利革命、德国革命视为世界新潮的起点，指出这种社会的革命是"民主战胜君主的革命，是平民战胜军阀的革命，是劳动者战胜资本家的革命"，"革命以后，民主主义同社会主义必定相辅相行"。这些观点与李大钊提出的看法如出一辙，显然是受到李大钊的《法俄革命之比较观》影响的结果。随后，罗家伦翻译介绍战后民主主义思想发展和俄国革命的文章，以及共产国际代表大会发表的宣言，热心从事五四运动精神的宣传，均与李大钊最初给予的影响有关。

国民杂志社的黄日葵、张国焘等人与李大钊的关系更为密切。张国焘后来回忆道："我景仰李大钊先生，彼此交往，最初与马克思主义无关。虽然他是我的指导者，我们的相处却似朋友。在新文化运动和社会改革运动中，我们已是意气相投，'五四'时在'内除国贼，外抗强权'的号召下，我们更一直并肩作战。欧战刚结束时，欢欣的气氛弥漫北京。李大钊先生显得很乐观，觉得凡尔塞和会可能给中国带来好运。我们曾经热忱地寄望于威尔逊总统，认为他的主张可以改善世界形势，也能使中国否极泰来。我们对事物的了解深度或不尽相同，因为他年长识广，但所怀的愿望却完全一样。我们的接触频繁起来，遇事总是有商有量，共策进行。可是，在巴黎和会中，威尔逊失败了，一个理想幻灭了。中国遭受极大的屈辱，因而爆发了五四运动。恰当此时，新兴的苏俄却在高唱'无割地、无赔偿的和平'，呼吁民族自决，这些呼声与威尔逊的主张如出一辙。俄国革命虽然造成了很大的灾难，反共宣传又遍及各个角落，但俄国这种论调，仍像黑夜钟声，震人耳鼓。消息灵通的李大钊先生常以俄国革命作为谈助，我们也时常据以研究俄国事态的发展。"[1]

北大学生罗章龙在回忆与李大钊初次见面时的情景说，当时北京大学规定新生办理入学手续时须有本校教师二人签章具保才能入学。他初到北京，人地生疏，无奈之间，想起在《新青年》杂志上见到的李大钊的名字，于是抱着试试看的想法前去拜访："我走进红楼他新迁的办公室后，正值宾客满座，工作很忙。我向他说明来意，他并未多加询问，随手在

---

[1] 张国焘：《我的回忆》，现代史料编刊社 1980 年版，第 79~80 页。

保证书上签名盖章后，嘱我及时前往教务处办理注册手续，以免逾期。临走时他又说：'你们南方同学来京上学很不容易，如果还有像你这样急须具保的同学，你可介绍他们径来找我。'寥寥数语，道出了李先生对青年学生关切之情。我第一次见他，就留下了李先生待人接物十分谦和的深刻印象，同学们也乐于去和他接触。"①

在支持国民杂志社和新潮社的同时，李大钊还与王光祈等人发起成立了少年中国学会。王光祈 1914 年入中国大学学习法律，1918 年 6 月毕业后担任成都《群报》和《川报》驻京记者。他联络了同乡曾琦、周太玄等人，以"少年意大利党""少年德意志党"为榜样，筹备组织少年中国学会。他们同时也邀李大钊商量学会规约，并同为学会的发起人。王光祈后来谈到发起该学会的原因时说："盖以国中一切党系皆不足有为，过去人物又使人绝望，本会同人因欲集合全国青年，为中国创造新生命，为东亚辟一新纪元。故少年中国学会者，中华民国青年活动之团体也。"②这些想法与李大钊此时的思想接近。李大钊加入该会正是准备放弃以往一直抱有的对于党派、上层人物的期望，而同一群青年做"为中国创造新生命，为东亚开辟一新纪元"的尝试。

1919 年 7 月，少年中国学会北京总部正式成立。经李大钊和王光祈等人提议，学会的宗旨改为"本科学的精神，为社会的活动，以创造'少年中国'"。李大钊担任编译部编译员和

---

① 罗章龙：《亢斋回忆录》，载《回忆李大钊》，第 28~29 页。

② 王光祈：《本会发起之旨趣及其经过情形》，《少年中国学会会务报告》第三期，1919 年 5 月。

月刊编辑部主任，后被选入学会评议部。1924 年以前，他一直是该会的骨干领导成员。北京大学进步学生黄日葵、许德珩、邓中夏、徐彦之、康白情、张崧年、高尚德、刘仁静等人先后加入少年中国学会，其中多有由李大钊参与介绍入会者。此外，毛泽东、恽代英、张闻天、杨贤江等也相继加入该会。毛泽东是经李大钊和王光祈等人介绍，于 1920 年年初加入少年中国学会的。

三、他为什么严厉批判孔子及儒学

李大钊加盟新文化阵营，在批判孔子和儒家思想上与陈独秀是一致的。他先是对孔教定国教问题进行评议，随后是对孔子是否适应现代社会进行深入的分析。李大钊就"孔教"入宪问题，先后发表《民彝与政治》《宪法与自由》《孔子与宪法》《自然的伦理观与孔子》等文，对孔子与孔教及宪法的关系作了阐述，历数尊孔与宪法性质相悖之处，反对定孔教为国教并写入宪法。他指出：宪法上明文规定自由是"立宪国民生存必需之要求"，"无宪法上之自由，则无立宪国民生存之价值。吾人苟欲为幸福之立宪国民，当先求善良之宪法；苟欲求善良之宪法，当先求宪法之能保障充分之自由。"① 宪法是为人民自由和幸福而设，非为圣人而设、为偶像而设，若想保障人民的充分自由，必须首先充分保障思想自由。他认为，

①　李大钊：《宪法与自由》，《李大钊文集》上册，人民出版社 1984 年版，第 244 页。

把孔子视作历史上一个伟人加以尊敬是应当的，但决不能将孔子当作一尊偶像顶礼膜拜。定孔教为国教写入宪法，将会导致："国民自我之权威日益削弱，国民思想力之活泼日益减少，率至为世界进化之潮流所遗弃，归于自然之淘汰而已矣。"①

在阐述孔教不能入宪法之原因时，李大钊明确指出，孔子与宪法两不相涉。孔子是"数千年前之残骸枯骨"，宪法是"现代国民之血气精神"。孔子之道入宪，宪法便成了"陈腐死人之宪法""荒陵古墓中之宪法""护持偶像权威之宪法"，宪法于是不成其为宪法，而是"孔子之墓志铭"而已。他还指出，孔子是"历代帝王专制之护符"，宪法是"现代国民自由之证券"。孔子之道入宪，宪法便会孕育专制、束缚民彝，为野心家利用，成为专制复活的先声。他指出："孔子生于专制之社会，专制之时代，自不能不就当时之政治制度而立说，故其说确足以代表专制社会之道德，亦确足为专制君主所利用资以为护符也。"社会、道德都是进化发展的，他指出，孔子与宪法两者难以相容，既然专制与自由难以相容，孔子也不应存在于宪法，否则，"其宪法将为萌芽专制之宪法，非为孕育自由之宪法也；将为束制民彝之宪法，非为解放人权之宪法也；将为野心家利用之宪法，非为平民百姓享用之宪法也"。载入孔教为国教之宪法，必将为"专制复活之先声""乡愿政治之见端"。

他还认为，孔子只是"国民中一部分所谓孔子之徒之圣

①　李大钊：《宪法与自由》，《李大钊文集》上册，人民出版社1984年版，第246页。

人"，宪法是国民全体资以生存乐利的信条。孔子之道入宪，宪法就会成为一部分人的宪法，它将挑起宗教争端，将使蒙藏离异。孔子之道多含混无界之词，宪法则应字字句句含义准确、有"极强之效力"。孔子之道入宪，不要说其效力不能普及，就是那一小部分孔子之徒中，也没人能够说清究竟什么是孔子之道，怎样做才叫以孔子之道为修身之大本，如此宪法无异于自行取消其效力。

李大钊指出，两千多年前的孔子之道只是两千多年前中国社会的道德，而不是今日的道德；孔子生在专制社会，其说不能不为专制君主所利用而成为帝王专制之护符，而今日当民权自由之说倡行时代，便不能不对历代君主所雕塑之偶像权威、所塑造之专制灵魂加以抨击。同时，他将孔子与历代君主塑造的孔子偶像区分开来，明确表示批判孔子之目的在于抨击专制政治："故余之掊击孔子，非掊击孔子之本身，乃掊击孔子为历代君主所雕塑之偶像的权威也；非掊击孔子，乃掊击专制政治之灵魂也。"[1]

在反对孔子之道入宪的过程中，李大钊阐述了以物质世界即宇宙的自然法则为基础自然伦理观：宇宙乃无始无终自然的存在。由宇宙自然之真实本体所生之一切现象，乃循此自然法而自然的、因果的、机械的以渐次发生、渐次进化。这是一种机械的、唯物的世界观。它否认了各种宗教分别以某种神秘主宰创造和制约宇宙的观点；它也承认了宇宙的进化与发展，只不过这种进化与发展是"机械的"，"渐次"发

① 李大钊:《自然的伦理观与孔子》,《李大钊选集》,人民出版社 1959 年版,第 80 页。

生的。既然自然的变迁不是神秘主宰的惠赠品，那么后世的道德也不应当是古昔圣哲的遗留品。于是，两千多年前的孔子之道只是两千多年前中国社会的道德，而不是今日的道德；孔子生当专制社会，其说不能不为专制君主所利用而成为帝王专制之护符，而今日当民权自由之说倡行时代，便不能不对历代君主所雕塑之偶像权威、所塑造之专制灵魂加以抨击。他进而提出：不仅宪法上不应当规定"孔道"，亦不应当规定"信教自由"。为了使宪法保持真理、促进文化，"且当排斥信教自由，主张不信教自由矣"①。

李大钊在随后发表的《物质变动与道德变动》《由经济上解释中国近代思想变动的原因》等文中，用唯物史观的基本观点阐述了孔子、儒学与道德变迁的关系。他指出："一代圣贤的经训格言，断断不为万世不变的法则。什么圣道，什么王法，什么纲常，什么名教，都可以随着生活的变动，社会的要求，而有所变革，且是必然的变革。"②

道德是随着物质生活的变化而必然要变化的，孔子之道适应了专制时代的社会生活的需求，当社会物质生活发生激烈的变动之后孔子之道必然动摇。他指出："孔门的伦理，是使子弟完全牺牲他自己以奉其尊上的伦理；孔门的道德，是与治者以绝对的权力责被治者以片面的义务的道德；孔子的学说所以能支配中国人心有二千余年的原故，不是他的学说本身具有绝大的权威永久不变的真理配作中国人的'万世师表'，因他是适应中国二千余年来未曾变动的农业经济组织反

---

① 李大钊：《自然的伦理观与孔子》，《李大钊选集》，第79~80页。

② 李大钊：《物质变动与道德变动》，《新潮》第二卷第二号，1919年12月1日。

映出来的产物，因他是中国大家族制度上的表层构造，因为经济上有他的基础。这样相沿下来，中国的学术思想，都与那静沈沈的农村生活相照映，停滞在静止的状态中，呈出一种死寂的现象。"但随着时代的变化和西洋文明的输入，孔门伦理的基础就根本动摇了，"中国的一切风俗、礼教、政法、伦理，都以大家族制度为基础，而以孔子主义为其全结晶体。大家族制度既入了崩颓粉碎的运命，孔子主义也不能不跟着崩颓粉碎了。"[1]

这种从经济社会组织方面立论阐释儒家学说能够长期占据政治意识形态主流的观点，是非常深刻和精辟的，堪称运用唯物史观批判孔子及儒学的典范之作。

四、他为什么也主张动的文明与静的文明

《新青年》创刊后，陈独秀倡导新思想、新观念和新道德，公开主张以西方近代文明来取代中国固有文明。陈氏倡导输入西方近代文明，是建立在对中西文明进行优劣比较基础上的。他在《青年杂志》创刊号上发表的《法兰西人与近世文明》，明确地把中国文明定为"未能脱古代文明之窠臼"的"古之遗"，其内容"不外宗教以止残杀，法禁以制黔首，文学以扬神威"，并认为以人权说、生物进化论、社会主义为特征的西方近世文明，才是代表世界文明发展方向的现代新文

---

[1] 李大钊：《由经济上解释中国近代思想变动的原因》，《新青年》第七卷第二号，1920年1月1日。

明。随后，他在《新青年》杂志发表了《东西民族根本思想之差异》，把东方文明和西洋文明加以比较之后，概括出东方文明和西洋文明的特点：西洋民族以战争为本位，东方民族以安息为本位；西洋民族以个人为本位，东方民族以家族为本位；西洋民族以法治为本位，以实利为本位，东方民族以感情为本位，以虚文为本位。正是在比较研究的基础上，他得出了这样的结论：中西文明的差异是时代的差异，中国文明落后于西洋文明。中国"若是决计革新，一切都应该采用西洋的新法子，不必拿什么国粹、什么国情的鬼话来捣乱"[1]。

陈独秀揭示中国固有文明的落后性，肯定西方文明的优越性之目的是很明显的：以西方先进文明代替中国落后的儒家旧文明，达到改造中国社会的目的。他强调："如今要巩固共和，非先将国民脑子里所有反对共和的旧思想——洗刷干净不可。"[2]

《东方杂志》主编杜亚泉从对比东西文明的角度，提出了"静的文明和动的文明"的概念。在他看来，东西两种文明只有性质的差别，而无程度的差别。世界大战已经暴露了西洋文明的"破绽"，中国文明"正足以救西洋文明之弊，济西洋文明之穷"。不过就整体而言，东西方两种文明各有所长，亦各有所短。中国人的正确态度应当是采取调和的办法，一边"统整"中国固有文明，使其有系统的得以明确，有错误的得以修正。同时，"尽力输入西洋学说"，使其融和于中国传统文明，用中国文明之绳索，"一以贯之"。这既是救济中国之道，

---

① 　陈独秀：《今日中国之政治问题》，《新青年》第五卷第一号，1918 年 7 月 15 日。

② 　陈独秀：《旧思想与国体问题》，《新青年》第三卷第三号，1917 年 5 月 1 日。

也是救济世界之道。①

陈独秀和杜亚泉对于东西文明的论断，引起了李大钊的兴趣。1918 年 7 月，李大钊发表了《东西文明根本之异点》，也像杜亚泉那样，将东西文明的特性概括为"静的文明"和"动的文明"，并把东西方文明不同的原因归结为自然地理环境的差异。李大钊采用了由西方和日本学者提出的以伊朗高原划分"南道文明"和"北道文明"即东西方两种文明的说法，对两种文明的特点作了详细阐述：南道文明即东方文明处于日照充足，自然条件较好的环境，故其文明表现为与自然和解，与同类和解；北道文明即西方文明处于日照时间短，自然条件差的环境，故其文明表现为与自然斗争，与同类斗争。由此，东方文明呈自然、安息、消极、依赖、苟安、因袭、保守、直觉、空想、艺术、精神、灵、向天、自然支配人间的特征；西方文明呈人为、战争、积极、独立、突进、创造、进步、理智、体验、科学、物质、肉、立地、人间征服自然的特征。东方民族由于自然条件好，故多为从事农业为生的定居生活；西方民族由于自然条件差，多迁徙生活，从事工商业者多。定居生活，家族繁衍，家族主义盛行，又因女子多于男子，而行一夫多妻制，从而成男尊女卑之习；迁徙生活，家族简单，个人主义盛行，男子多于女子，故行一夫一妻制，成尊重妇女之德。由此连带产生饮食、衣着、行旅、文化、日常生活习惯、思想、哲学、宗教、伦理、政治、法律诸多

---

① 参见伧父（杜亚泉）：《静的文明与动的文明》《战后东西文明之调和》《迷乱之现代人心》，分别载《东方杂志》第十三卷第十号，1916 年 10 月；第十四卷第四号，1917 年 4 月；第十五卷第四号，1918 年 4 月。

方面的不同。

李大钊的这些分析，显然比陈独秀、杜亚泉更为细致和全面。与陈独秀抬高西方文明而贬低东方文明不同，李大钊提出了调和东西文明的主张："东西文明，互有长短，不宜妄为轩轾于其间。以余言之，宇宙大化之进行，全赖有二种之世界观，鼓驭而前，即静的与动的、保守与进步是也。东洋文明与西洋文明，实为世界进步之二大机轴，正如车之两轮、鸟之双翼，缺一不可。"

李大钊的这种调和两种文明的观点，虽然与杜亚泉相似，但却与杜亚泉有很大区别。其不同之处在于：李大钊认为造成两种文明分歧的根源固然是很复杂的，不仅有地理环境的影响，还有文化背景的不同："而其最要之点，则在东西民族之祖先，其生活之依据不同"；东方生计"以农业为主"，西方生计"以工商为主"。由于东西方两种经济生活的区别，就导致了思想、哲学、宗教、伦理、政治等方面几十项文明因素的具体差异。这两种文明进化到了近代，中国"静的文明，精神的生活，已从处于屈败之势"，而西洋"动的文明，物质的生活"，"实属优越之域"。西洋整个社会绝不是"以静为基础"，而是出现了"动"的潮流："例如火车轮船之不能不乘，电灯电话之不能不用，个性自由之不能不要求，代议政治之不能不采行。凡此种种，要足以证吾人生活之领域，确为动的文明物质的生活之潮流所延注，其势滔滔，殆不可遏。"在这"动"的潮流面前，若"守静的态度，持静的观念，以临动的生活，必至人身与器物，国家与制度，都归粉碎"。李大钊形象地指出，"盖以半死带活之人，驾飞行艇，使发昏带醉之徒，御摩托车，人固死于艇车之下，艇车亦毁于其人之手"。换言之，当今不是西洋"动"的文明依靠中国"静"的文明以济穷救弊，而是要"竭力以受西洋文明之特长，以济吾静止文明之穷，断不许以义和团的思想欲以吾陈死寂灭之气象腐化世界"。他强调："断不许舍己芸人，但指摘西洋物质文明之疲穷，不自反东洋精神文明之颓废。"① 这样的结论与杜亚泉正好相反，而与陈独秀的结论相似。

李大钊与杜亚泉都讲东西文明之调和，而在实际追求新文明的道路选择上却得出了与陈独秀相近的结论，这是值得注意的。李大钊强调的是西方文明比东方文明"实居优越之域"，而"中国文明之疾病已达炎热最高之度，中国民族之命运已臻奄奄之垂死之期"。故他主张中国应当"竭力以受西洋文明之特长，济吾静止文明之穷"。这样看来，中国文明的出路，不是像杜亚泉所说的那样以中国固有文明来统整世界文明，而必须是东西两种文明各"以异派之所长补本身之所短，世界新文明始有焕扬光采、发育完成之一日"。为此，李大钊提出："希望吾青年学者出全力以研究西洋之文明，以迎受西洋之学说，同时将吾东洋文明之较与近世精神接近者介绍于欧人，期于东西文明之调和有所裨助，以尽对于世界文明二次贡献，勿令欧人认此陈腐固陋之谈为中国人之代表。"② 东西文明"疏通""调和"之后产生之"第三新文明"，乃是中国所要建构的现代新文明。

由此可见，李大钊的东西文化观既与杜亚泉的文化观有

---

① 李大钊：《东西文明根本之异点》，《言治》季刊第三册，1918 年 7 月。

② 李大钊：《东西文明根本之异点》，《言治》季刊第三册，1918 年 7 月。

本质的差异，也与陈独秀的文化观略有差异。陈独秀显然是采取"两分法"，而认为东西两种文明适成对立，取其一必废其一；李大钊则采取了"三分法"，在东西文明之外相信还有第三种文明出现。他认为："东方文明既衰颓于静止之中，而西洋文明又疲命于物质之下，为救世界之危机，非有第三新文明之崛起。"此处所谓的"第三新文明"，就是李大钊在《甲寅》日刊初期提出的"灵肉一致之文明，理想之文明，向上之文明"①。

对世界文明的"三分法"和第三新文明应当在前两种文明调和的基础上创造出来的观点，使李大钊把目光投向了苏维埃俄国。李大钊接受了美国政治学者和外交官芮恩施的观点，认为俄罗斯文明足以在东西文明之间担当起媒介之任。他认为，就地理位置而言，俄国位于欧亚接壤之处，故其文明兼有东西两种文明的特质。综合起来看，亚洲人长于宗教，其政治为神权政治；欧洲人长于政治，其发展演变的结果，创造了近代自由民主国家。俄国国民既有接近亚洲人的尊奉神权和独裁君主的思想，也有接近欧洲人的向往人民权利的思想，从而，人道、自由观念"深中乎人心"。十月革命前俄国人的生活只是"半为东洋的，半为西洋的"，还没有达到调和融会的境地。而经过十月革命的风云，俄国人冲破了神与专制君主的势力范围，"以人道、自由为基础，将统制一切之权力，全收于民众之手"，迷信的专制的束缚解除了，俄国人因此将能够创造出"兼东西文明特质、欧亚民族天才"的新文明，这将是"世界的新文明"，即是东方民族和西方民族都应当仿

_____

① 李大钊：《"第三"》，《李大钊文集》上册，人民出版社1984年版，第184页。

效的新文明。

李大钊对"第三新文明"的呼唤，暗含着热情地宣传俄国十月革命和接受马克思主义的契机，促发着他关注俄国革命及马克思主义。1918 年 7 月，李大钊发表了《法俄革命之比较观》，提出了为当时人们普遍接受的重要观点：法兰西之革命是十八世纪末期之革命，是立于国家主义上之革命，是政治革命而兼含社会革命之意味者；俄罗斯之革命是二十世纪初期之革命，是立于社会主义上之革命。在他看来，法国革命与爱国主义相依，俄国革命与人道主义并存；法国革命处于国家主义发达时代，其爱国精神"恒为战争之泉源"；俄国革命处于人道主义、世界主义萌发的时代，其"爱人的精神""足为和平之曙光"，当然也成为中国现代新文明效法的对象。

五、他为什么呼吁青年知识分子"到农村去"

五四爱国运动后的李大钊，开始从文化启蒙转向马克思主义传播，并最后接受了马克思主义，成为中国马克思主义的先驱和中国共产党的创始人。但他为什么会倾向于俄国式的社会主义并接受马克思主义？这是考察李大钊思想转变时无法回避的重大问题。实际上，李大钊思想的转变，主要是通过俄国民粹主义这个桥梁而实现的。

李大钊对俄国民粹派发起的"到农村去"运动给予关注而加以效仿，力图从俄国民粹主义运动那里汲取精神力量，用以改造中国社会。李大钊在十月革命后努力探寻俄国革命成功的原因，并试图以此启发中国青年。1919年2月，李大钊在《晨报》上发表《青年与农村》一文，把十月革命的胜利视为早期民粹派"到民间去"活动的结果。他指出："俄国今日的情形，纵然纷乱到什么地步，他们这回革命，总算是一个彻底的改革，总算是为新世纪开一新纪元。我们要晓得，这种新机的酝酿，不是一时半刻的功夫，也不是一手一足的力量。他们有许多文人志士，把自己家庭的幸福全抛了，不惮跋涉艰难的辛苦，都跑到乡下的农村去，宣传人道主义、社会主义的道理。有时乘他们休息的时间和他们谈话，有时和他们在一处工作，一滴血一滴汗的作他们同情的伴侣。有时在农村里聚集老幼妇孺，和他们灯前话语，说出他们的苦痛，增进他们的知识。一经政府侦知他们，或者逃走天涯，或者陷入罗网。在那阴霾障天的俄罗斯，居然有他们青年志士活动的新天地，那是什么？就是俄罗斯的农村。"他还认为："我们中国今日的情况，虽然与当年的俄罗斯大不相同，可是我们青年应该到农村里去，拿出当年俄罗斯青年在俄罗斯农村宣传运动的精神，来作些开发农村的事，是万不容缓的。"[①]

从这些阐述中可知，李大钊将俄国早期民粹派的活动与布尔什维主义取得的十月革命胜利联系起来，认为革命民粹派的"到民间去"的宣传活动是十月革命这种新机的"酝酿"，是民粹派到民间发动民众的必然结果，故中国也要效仿俄国民粹派，到广大的农村去发动和组织农民。他论证说："我们

---

① 李大钊：《青年与农村》，中国李大钊研究会编注：《李大钊全集》第二卷，人民出版社2006年版，第304页。

中国是一个农国，大多数的劳工阶级就是那些农民。他们若是不解放，就是我们国民全体不解放；他们的苦痛，就是我们国民全体的苦痛；他们的愚暗，就是我们国民全体的愚暗；他们生活的利病，就是我们政治全体的利病。"①

李大钊还在青年知识分子中倡导厌恶城市、喜爱乡村的民粹主义式情感，并充满激情地说："在都市里漂泊的青年朋友们啊！你们要晓得：都市上有许多罪恶，乡村里有许多幸福；都市的生活黑暗一方面多，乡村的生活光明一方面多；都市上的生活几乎是鬼的生活，乡村中的活动全是人的活动；都市的空气污浊，乡村的空气清洁。你们为何不赶快收拾行装，清还旅债，还归你们的乡土？……早早回到乡里，把自己的生活弄简单些，劳心也好，劳力也好，种菜也好，耕田也好，当小学教师也好，一日把八小时作些与人有益与己有益的工作，那其余的工夫，都去作开发农村、改善农民生活的事业。一面劳作，一面和劳作的伴侣，在笑语间商量人向上的道理。"② 这样的结论，包含着用农民的精神、乡村的伦理价值来塑造知识青年新的人格品性的思想，并成为五四以后"知识分子与工农群众相结合"思想的重要来源。

李大钊向城市知识青年呼吁："青年啊！走向农村去吧！日出而作，日入而息，耕田而食，凿井而饮。那些终年在田野工作的父老妇孺，都是你们的同心伴侣，那炊烟锄影鸡犬

① 李大钊：《青年与农村》，中国李大钊研究会编注：《李大钊全集》第二卷，人民出版社 2006 年版，第 304~305 页。
② 李大钊：《青年与农村》，中国李大钊研究会编注：《李大钊全集》第二卷，人民出版社 2006 年版，第 307 页。

相闻的境界，才是你们安身立命的地方啊！"①

这段著名的文字，突出地歌颂农民、赞美农村，推崇知识分子从事农业体力劳动、号召到农村去，明显地表现出对社会下层农民的道德与农村生活的憧憬，显然是用传统社会形态中道德的价值理性来批判现代工业文明的工具理性和功利主义，从而希望避开或跳过资本主义发展阶段，直接达到社会主义社会。这种思想倾向，显然是受到十九世纪俄国民粹派"到民间去"影响的结果，是用民粹派的行为方式指导中国知识青年的方向，是中国民粹主义的典型特征。在他看来，"到民间去"的意义，就在于"做现代文明的引线"，以启蒙的立场和姿态去开发民间，使平民知道要求解放，陈说苦痛，摈弃愚暗，自己为自己的生活打算，也就是要促使农民自觉。正因如此，美国学者迈斯纳断定：李大钊的《青年与农村》是中国现代知识分子发展史上对俄国早期民粹主义精神最准确的表达，堪称其民粹主义思想的代表作，李大钊也因此被视为中国马克思主义者中最具有民粹主义色彩的人②。

李大钊的民粹主义倾向在随后仍然有所体现。1919 年 9 月，他在《少年中国》上发表《"少年中国"的"少年运动"》一文中，再次呼吁知识青年到农村去，拥抱工农群众，不应漂泊在都市，"在工作社会以外作一种文化的游民"；而应投身到山林、村落里去，与那些辛苦的劳农为伴，"应该投身到山

---

①　李大钊：《青年与农村》，中国李大钊研究会编注：《李大钊全集》第二卷，人民出版社 2006 年版，第 307~308 页。

②　〔美〕莫里斯·迈斯纳：《李大钊与中国马克思主义的起源》，中共党史资料出版社 1989 年版，第 87~97 页。

林里村落里去，在那绿野烟雨中，一锄一犁的作那些辛苦劳农的伴侣。吸烟休息的时候，田间篱下的场所，都有我们开发他们、慰安他们的机会。须知'劳工神圣'的话，断断不配那一点不作手足劳动的人讲的；那不劳而食的智识阶级，应该与那些资本家一样受排斥的。"①他认为，只要知识阶级加入了劳工团体，那劳工团体就有了光明；只要青年回到农村，那农村的生活就有了改进的希望。他热情寄望于中国的知识青年："我所希望的'少年中国'的'少年运动'，是物心两面改造的运动，是灵肉一致改造的运动，是打破知识阶级的运动，是加入劳工团体的运动，是以村落为基础建立小组织的运动，是以世界为家庭扩充大联合的运动。"②

"到民间去"是十九世纪俄国民粹派提出的口号和行为方式，晚清的中国并没有出现过类似于俄国民粹派"到民间去"之类的运动。李大钊等人在五四时期如此反复倡导青年"到农村里去"，如此热忱关注劳工问题，显然是受了俄国民粹主义思潮影响的结果。这场"到民间去"运动，为李大钊及众多的五四知识青年将眼光投向苏维埃俄国，将思想转向马克思主义提供了历史的契机。这种明显的注重下层民众的倾向，成为李大钊接受马克思主义的思想基础。

---

① 李大钊:《"少年中国"的"少年运动"》，中国李大钊研究会编注:《李大钊全集》第三卷，人民出版社 2006 年版，第 12~13 页。

② 李大钊:《"少年中国"的"少年运动"》，中国李大钊研究会编注:《李大钊全集》第三卷，人民出版社 2006 年版，第 14 页。

六、他究竟介绍了马克思主义的哪些内容

五四运动后的李大钊接受了马克思主义，成为中国马克思主义的先驱。他的马克思主义理论是从哪里来的？是通过怎样的渠道接受的？在很多人看来，既然李大钊很早就关注俄国革命，其马克思主义应当来源于苏俄。实际上，李大钊的马克思主义，是受日本社会主义者河上肇思想影响的结果，是通过日本渠道而来的。

李大钊早在日本留学时，就接触了早稻田大学具有社会主义思想的进步教授安部矶雄，并从安部矶雄那里了解到马克思主义。但安部矶雄究竟对他产生了怎样的影响，目前还难以考定。实际上，李大钊真正知道马克思其人并为其所吸引，是受日本学者河上肇宣传的社会主义学说影响的结果。

1919 年初，河上肇在日本创办《社会问题研究》，开始研究马克思主义，后来成为日本著名的马克思主义理论家和革命者。《社会问题研究》第一期起连载河上肇撰写的《马克思的社会主义理论体系》一文，引起了李大钊浓厚的兴趣，开始用较多的时间进一步收集资料，对马克思主义理论加以研究。不久，李大钊协助《晨报》开辟了"马克思研究"专栏，刊载了他在日本时结识的朋友、同他一起加入过中国学生留日总会文事研究会和中国经济财政学会的陈溥贤（笔名"渊泉"）等翻译的河上肇著《马克思的唯物史观》、考茨基著《马氏资本

论释义》及马克思著《劳动与资本》等文。

按照《新青年》编辑部预先排定的顺序，李大钊负责编辑该刊第六卷第五号。他决定编辑"马克思研究号"，集中刊出介绍马克思和马克思主义的文章。由于《新青年》杂志出版拖期，故第六卷第五号实际上到1919年9月才出版。李大钊的《我的马克思主义观》一文，就是他在这段时间里潜心研究的成果。李大钊把编入该专号的文章分为三组：顾兆熊的《马克思学说》和黄凌霜的《马克思学说批评》分别为第一、二篇。中间编入译文《俄国革命之哲学的基础（下）》和鲁迅的小说《药》以及胡适谈作白话诗的文章。接下来是"马克思研究"专栏，转载《马克思的唯物史观与贞操问题》《马克思的唯物史观》《马克思奋斗的生涯》三篇文章。然后是《马克思传略》和李大钊本人的《我的马克思主义观（上）》。而紧跟其后又编入了无政府主义者尉克水的《巴枯宁传略》和高一涵的《老子的政治哲学》。

对马克思主义的欢迎态度、较好的政治经济学基础和长期以来对历史的兴趣，同时也由于用作蓝本的河上肇文章的帮助，使《我的马克思主义观》明显地表现出其他同时发表的文章所不及的思想深度。

过去学界同仁公认李大钊是中国接受马克思主义的第一人，这是没有问题的。但细读他的这篇代表作却会发现，李大钊所接受的马克思主义，主要是马、恩晚年的思想，所以他用"自相矛盾""总觉有牵强"的评说，委婉地批评了主张暴力革命的"偏蔽"，而强调"民主"和"人道主义"。他指出："现在，各国社会主义都也注重于伦理的运动，人道的运动的倾向，这未必不是社会改造的曙光，人类真正历史的前兆。"因此，他庄严地宣告："我们主张以人道主义，改造人的精神，同时以社会主义，改造经济组织。"李大钊不强调暴力革命和无产阶级专政的列宁主义，与他所接受的"马克思主义观"来自《晨报》上渊泉译的日本河上肇作的《马克思的社会主义理论体系》和福田德三的《续经济学研究》有关。①

河上肇在介绍马克思学说的同时，对马克思的唯物史观存有怀疑，认为不应该只进行物质方面的改造，还必须通过论理解放人的灵魂。故时人评他的思想是"灵肉二元论"，带有强烈的道德主义倾向。而李大钊的《我的马克思主义观》显然是根据河上肇文章而来的。

李大钊在文章中首先承认，自己平素对马克思学说没有什么研究，现在硬来谈那"卷帙浩繁、学理深晦"的著作包含的，据马克思故乡德国人说五十岁以下的人无法理解的马克思主义，实在是有不自量力之嫌。但是，"自俄国革命以来，'马克思主义'几有风靡世界的样子，德奥匈诸国的社会革命相继而起，也都是奉'马克思主义'为正宗"，马克思主义在惹动世人注意的同时，也受到很多误解。他这篇文章是为澄清人们的误解而作。

李大钊认为，马克思主义在世界经济思想史上有着极重要的地位：由经济思想史上观察经济学可分为三大系，个人主义经济学、社会主义经济学和人道主义经济学。个人主

① 河文载《晨报》副刊 1919 年 5 月 5 日；福著由同文馆 1913 年出版。当时的河上肇，一面介绍马克思的学说，一面又对马克思的唯物史观存有怀疑，认为不应该只进行物质方面的改造，还必须通过论理解放人的灵魂。所以，有人评他的思想是"灵肉二元论"，带有强烈的道德主义倾向。

经济学，以亚当·斯密为鼻祖，其基本观点是承认资本主义社会的经济组织的合理性，承认个人利己主义的经营活动的正当性。而这两点正是人道主义经济学和社会主义经济学所反对的。人道主义经济学者以为无论经济组织改造到怎么好的地步，人心不改造，仍是现在这样的贪私无厌，社会仍是没有改善的希望，于是否认经济上个人利己的活动，欲以爱他的动机代那利己的动机；不置重于经济组织改造的一方面，而置重于改造在那组织下活动的各个人的动机。社会主义经济学以为现代经济上、社会上发生了种种弊害，都是现在经济组织不良的缘故，经济组织一经改造，一切精神上的现象都跟着改造，于是否认现在的经济组织，而主张根本改造。前者持"人心改造论"，目的在"道德的革命"；后者持"组织改造论"，目的在"社会的革命"。马克思是社会主义经济学的鼻祖，他用"科学的论式"证明了社会主义经济组织成立的可能性和必然性，不仅明显地在个人主义经济学之外别树一帜，而且克服了他以前的偏于感情或空想的社会主义者的不足，从而使社会主义经济学成为一个"独立的系统"。

李大钊指出，由于俄、德革命反映了世界改造"机运"的变化，社会主义、人道主义经济学将取代个人主义经济学，以劳动者为本位的经济学将取代以资本为本位的经济学。"现在正是社会主义经济学改造世界的新纪元"，马克思主义经济学的地位如何重要，便是不难得知的了。正是按照河上肇的概括方式，李大钊把马克思主义分为：一是关于过去的理论，即历史论或社会组织进化论；二是关于现在的理论，即经济论或资本主义的经济论；三是关于将来的理论，即政策论或社会主义运动论。这三部分理论有着不可分割的关系，"而阶级竞争说恰如一条金线，把这三大原理从根本上联络起来。"

李大钊较多地介绍的是马克思的唯物史观、阶级斗争学说和剩余价值学说。关于唯物史观，李大钊首先指出，它不是马克思的创造，也不是马克思独有的理论，早在马克思之前孔多塞、圣西门等就提出了这一理论。李大钊尽管也说到历史唯物论者"于那些经济以外的一切物质的条件，也认他于人类社会有意义、有影响。不过……只把他们看作经济的要件的支流"，但却肯定地认为唯物史观的基本要点是承认社会经济的构造是最重要的；经济现象的发展变动"是有不可抗性的"，它能够影响其他社会现象，"而不能与其他社会现象发生相互的影响，或单受别的社会现象的影响"。"经济构造是社会的基础构造，全社会的表面构造，都依着他迁移变化。"经济构造变化有其"最高动因"，对此最高动因，不同的人看法不一，有人认为最高动因在于人口的过多增加，马克思则认为此最高动因是社会生产力。

李大钊确信唯物史观的这些原理是正确的。他举了一些法律、宗教现象证明经济现象的主动和不受他种现象左右。至于马克思的唯物史观，他引了河上肇摘译的有关马克思在《哲学的贫困》《共产党宣言》《〈政治经济学批判〉序言》中的若干段落，而后指出其中两个要点：一是马克思的唯物史观是"关于人类文化的说明"。它认为是人类社会生产关系的总和构成社会经济的结构。这是社会的基础构造。一切政治的、法制的、伦理的、哲学的，即一切精神的现象构成社会的表层结构，这些表层结构随着经济结构的变化而变化，而导致基础结构变动的最高动因则是生产力。生产力是主动的东西，人类意识丝毫不能给它以影响，而它却决定人类的精神、意识、主义、思想，使其适应它的发展。二是马克思的唯物史观是社会组织进化论。它认为生产力与生产组织有密切关系，生产力一变动，社会组织必须随之变动。生产力是不断发展的，当最初助长生产力发展的社会组织不能适应生产力发展的程度，反而束缚、妨碍生产力发展时，生产力与此社会组织之间便会产生愈来愈尖锐的冲突，结局是旧的社会组织非崩坏不可。然而，生产力的发展非到它所活动的社会不能容纳它的程度之时，该社会组织是万万不能打破的；而在旧社会组织内孕育而生的新的社会组织，在其没有完全长成，可以自然脱离母胎之时，也是万万不能发生，恰如孵卵，打破卵壳，使幼雏早生，是万万无效的。

关于阶级斗争，李大钊认识到马克思的阶级斗争理论与他的唯物史观密切关联，阶级斗争产生于一定经济结构中处于不同经济地位的人们之间由于经济利害关系发生的压迫和反抗压迫的斗争，它是被压迫阶级自觉的一种表现，同时认为这种阶级斗争与生物学和社会学上以宇宙间一切生命的"自我发展"为根本动机的"竞争"有相同意义。李大钊对斯宾塞的社会进化论比较熟悉，故他认为马克思与斯宾塞不同之处在于，他运用唯物史观得出阶级斗争结论之后，进一步指出了被压迫者的阶级斗争将从争经济利益发展到争政治权力，"直至那建在阶级对立上的经济的构造自己进化，发生了一种新变化为止"。这种新变化将产生一种新的社会结构，阶级斗争将随此新社会结构的产生而归于消灭。因此，在马克思那里，阶级斗争只是与人类历史的"前史"并存，而不是同过去、现在、未来所有的历史并存。

针对人们对马克思主义的非难，李大钊从四个方面加以解释：

其一，唯物史观与阶级斗争学说冲突的问题。有人认为，马克思一方面主张生产力是历史发展的原动力，一方面认为"造成"历史的是阶级斗争，也就是把阶级斗争看成历史的"终极法则"；一方面否认阶级的活动可以决定经济进程，一方面又说阶级斗争"可以产出历史上根本的事实，决定社会进化全体的方向"，这是一个明显的矛盾。李大钊指出：这些观点在马克思学说中是有其自圆其说的解释的，那就是，马克思是把阶级的活动看作是"经济行程自然的变化以内"的事，即社会结构是建立在阶级的对立之上的，生产力一有变动，社会关系也随之变动，而社会关系的变动则是依赖于在经济上处于不利地位阶级的活动。尽管如此，李大钊也认为，马克思的上述说法终究有些牵强矛盾之处。他说，造成这种牵强矛盾的原因在于马克思的唯物史观也同一般的学说一样，在其初创之时，不可避免地有"夸张过大"之处。但这一"小小的瑕疵"，无损于马克思唯物史观的莫大功绩。

其二，社会发展的"命定说"。有人根据唯物史观的经济发展有其不以人的意志为转移的规律性，把它归结为一种"命定说"，并说欧洲社会党根据这种"命定说"等待社会主义经济条件的自然成熟，放弃积极活动，以致出现问题。李大钊说，这固然可以说是唯物史观的"流弊"，但同时指出，马克思和恩格斯也在《共产党宣言》中号召劳工阶级联合起来，推翻资本主义，从而使人们知道社会主义的实现离开人民本身是万万做不到的，这则是马克思主义的绝大功绩。可见马克思恩格斯并不是"命定论"者。而他们的社会主义必然会代替资本主义的理论则可以加强人们对社会主义的信仰，产生一种类似宗教信仰的效果。

其三，上层建筑与经济基础的关系。有人怀疑作为上层建筑之一的法律政治现象不能改变经济现象的观点。李大钊举了英国工联从事经济斗争取得的一些效果和近代史上英法两国政府采取不同的经济立法制度导致的两国经济表现不同，说明人们的怀疑并不是没有理由的，"经济现象和法律现象都是社会的原动力，他们可以互相影响"，在决定经济发展进程方面有密切的关系。如此说来历史唯物论者所说的经济现象不受其他现象影响的观点不就站不住脚了吗？李大钊却否认这一论断。他指出，像工联那样的团体活动和英法两国不同的经济立法仍然是脱离不了一定的经济结构给予的条件，它们仍是随着经济的趋势而不是逆着经济的趋势而发生作用的。也就是说，社会中上层建筑不是绝对地不能对经济现象发生影响，"但是他们都是随着经济全进路的大势走的，都是辅助着经济内部变化的"，因此，"可以拿团体行动、法律、财产法三个联续的法则，补足阶级竞争的法则，不能拿他们推翻马氏唯物史观的全体"。

其四，伦理观念与社会发展的关系。李大钊否认把马克思学说看成是完全抹杀伦理观念的观点。他认为，马克思把人类的历史划成了两段。"前史"阶段是经济结构建立在阶级敌对基础上的阶段。在此阶段，社会上普遍的伦理道德不会改变由经济地位不同造成的阶级对立和斗争。注重伦理道德的李大钊认为马克思主义在对待"人类的前史"阶段伦理道德的价值，的确有不够重视的一面。他认为注重伦理运动、人道主义的新理想主义可以救治马克思唯物史观的偏蔽，提出在由人类的"前史"向真正的历史过渡期间应该加倍努力于伦理的感化和人道的运动，"以图划除人类在前史中所受的恶习染，所养的恶性质，不可单靠物质的变更"。他进而提出："我们主张以人道主义改造人类精神，同时以社会主义改造经济组织。不改造经济组织，单求改造人类精神，必至没有效果。不改造人类精神，单求改造经济组织，也怕不能成功。我们主张物心两面的改造，灵肉一致的改造。"他在承认以至准备接受马克思主义这种新的思想体系的时候，重申了他在两年前就提出过的主张。不过，这一次，"灵肉一致的改造"有了"物心"改造的具体内容，那就是一边改造社会制度，一边改造道德伦理。

李大钊在《我的马克思主义观》下篇中，着重介绍了马克思经济学说，并将其归结为两点："余工价值"（剩余价值论）和"资本集中说"。关于前者，李大钊较为准确地介绍了马克思的商品价值、资本的增值，平均利润、不变资本和可变资本等概念，并指出，马克思的论旨"不在诉说资本家的贪婪，而在揭破资本主义的不公"。资本家是在"公平交易"中对工人进行剥削的，工人像机器一样工作，其收入不及自己所创造价值的一半，既在法律上得不到任何保护，而工人自己又认识不到自己是怎样受剥削的，"这不是资本家的无情，全是资本主义的罪恶"。关于后者，李大钊简要指出了资本集中的原因及趋势、无产阶级贫困的加深和失业率的增加，阶级斗争的加剧和无产阶级必将埋葬资本主义制度的前景。

《我的马克思主义观》是五四时期第一次较为完整、准确地介绍马克思主义基本原理的文章，虽然带有明显的介绍、评论色彩，但李大钊对马克思主义的核心内容把握准确，并被马克思的逻辑严谨的和被历史上许多事实证实的论证所折服，奠定了他接受马克思主义的基础。从俄国十月革命到五四运动一连串国内外大事件的发生，使李大钊思想迅速转向马克思主义。李大钊从俄国革命中认知的人道、博爱、劳工世界观念，为他建立了世界主义信念，开始走上以马克思主义的阶级论代替原有的民族主义和民主政治双重含义的国家论的进程。

七、他是怎样解释"平民主义"内涵的

俄国十月革命的胜利，在很多人看来就是平民及平民主义的胜利。1918 年 11 月 16 日，在庆祝协约国胜利的大会上，蔡元培以学界领袖的身份发表演说，喊出了"劳工神圣"口号。他说："我们要自己认识劳工的价值。劳工神圣！"他反复陈述："我们不要羡慕那凭藉遗产的纨绔儿！不要羡慕那卖国营私的官吏！不要羡慕那克扣军饷的军官！不要羡慕那操纵票价的商人！不要羡慕那领干修的顾问谘议！不要羡慕那出售选票的议员！他们虽然奢侈点，但是良心上不及我们的平安多了！

我们要认清我们的价值！劳工神圣！"①对俄国十月革命特别关注的李大钊，也在天安门广场发表《庶民的胜利》演说，将第一次世界大战的胜利视为"庶民的胜利"。其云："这回战胜的，不是联合国的武力，是世界人类的新精神。不是那一国的军阀或资本家的政府，是全世界的庶民。"他坚信"庶民的胜利""劳工主义的胜利"潮流"是只能迎、不可拒的"②。

李大钊在随后发表的《Bolshevism 的胜利》中强调：对于德国军国主义的胜利，不是那些托名参战的军人和投机取巧的政客的胜利，而是民主主义的胜利、社会主义的胜利，是 Bolshevism 的胜利，是世界劳工阶级的胜利、二十世纪新潮流的胜利。因此，他大张旗鼓地为"庶民的胜利"而欢呼："在这世界的群众运动的中间，历史上残余的东西——什么皇帝咧，贵族咧，军阀咧，官僚咧，军国主义咧，资本主义咧——凡可以障阻这新运动的进路的，必挟雷霆万钧的力量摧拉他们。他们遇见这种不可当的潮流，都像枯黄的树叶遇见凛冽的秋风一般，一个一个的飞落在地。由今而后，到处所见的，都是 Bolshevism 战胜的旗。到处所闻的，都是 Bolshevism 的凯歌的声。"③他主张扫灭皇帝、贵族、军阀、官僚、军国主义、资本主义，实现"庶民"的平等和自由。

1920 年之前，李大钊谈论民主时经常使用英文，有时也

---

① 蔡元培：《劳工神圣》，中国蔡元培研究会编：《蔡元培全集》第三卷，浙江教育出版社 1997 年版，第 464 页。

② 李大钊：《庶民的胜利》，中国李大钊研究会编注：《李大钊全集》第二卷，人民出版社 2006 年版，第 255 页。

③ 李大钊：《Bolshevism 的胜利》，中国李大钊研究会编注：《李大钊全集》第二卷，人民出版社 2006 年版，第 263 页。

用"民主主义"译法，但从 1920 年起改用"平民主义"译法。1918 年 12 月，他指出："我们要求 Democracy，不是单求一没有君主的国体就算了事，必要把那受屈枉的个性，都解放了，把那逞强的势力，都摧除了，把那不正当的制度，都改正了，一步一步的向前奋斗，直到世界大同，才算贯彻了 Democracy 的真义。"① 他所向往的这种"解放"式民主和大同主义民主，具有强烈的民粹主义倾向。次年 2 月，他在《劳动教育问题》中进一步表达了其民主观念："现代生活的种种方面，都带着 Democracy 的颜色，都沿着 Democracy 的轨辙。政治上有他，经济上也有他；社会上有他，伦理上也有他；教育上有他，宗教上也有他；乃至文学上、艺术上，凡在人类生活中占一部位的东西，靡有不受他支配的。简单一句话，Democracy 就是现代唯一的权威，现在的时代就是 Democracy 的时代。"② 他进而强调："Democracy 的精神，不但在政治上要求普通选举，在经济上要求分配平均，在教育上、文学上也要求一个人人均等的机会，去应一般人知识的要求。"③

1921 年 12 月，李大钊在中国大学作了《由平民政治到工人政治》的讲演。他指出，Democracy 不仅是一种制度，而且是表现于社会生活各方面的近代趋势和现代世界潮流。由于其意涵广泛而不限于政治，故宜译为"平民主义"，或可音译

---

① 李大钊:《〈国体与青年〉跋》，中国李大钊研究会编注:《李大钊全集》第二卷，人民出版社 2006 年版，第 264 页。

② 李大钊:《劳动教育问题》，中国李大钊研究会编注:《李大钊全集》第二卷，人民出版社 2006 年版，第 291 页。

③ 李大钊:《劳动教育问题》，中国李大钊研究会编注:《李大钊全集》第二卷，人民出版社 2006 年版，第 292 页。

为"德谟克拉西"。Democracy 原意为"人民统治"，即民治，但其含义演进至今已不复有原初"统治"之意。现代德谟克拉西的意义，不是对人的统治，而是对事物的管理。社会主义与德谟克拉西有同一的渊源，凡社会上不平等不自由的现象，都为德谟克拉西所反对，亦为社会主义所反对。后德谟克拉西而起的，为苏俄式的"工人政治"。这种"工人政治"是一种新的德谟克拉西。他强调："真正的德谟克拉西，其目的在废除统治与屈服的关系，在打破擅用他人一如器物的制度。而社会主义的目的，亦是这样。"① 故在他看来，德谟克拉西与伊尔革图克拉西（工人政治）、社会主义、共产主义在精神上有同一的渊源。

1923 年 1 月，李大钊在商务印书馆出版《平民主义》小册子，对"平民主义"做了更加明显的民粹主义式诠释。他所谓"平民主义"或"平民政治"，是 Democracy 的意译。他所说的"工人政治"是 Ergatocracy 的意译，意思是工人的统治。在这部小册子中，李大钊对平民主义作了深刻阐述：（一）认为平民主义是世界的潮流、时代的精神。其云："现代有一绝大的潮流遍于社会生活的种种方面：政治、社会、产业、教育、美术、文学、风俗，乃至衣服、装饰等等，没有不著他的颜色的。这是什么？就是那风靡世界的'平民主义'。"② 在他看来，平民主义是社会政治前进的巨大动力，将来的世界是平

---

① 李大钊：《由平民政治到工人政治》，中国李大钊研究会编注：《李大钊全集》第四卷，人民出版社 2006 年版，第 6 页。

② 李大钊：《平民主义》，中国李大钊研究会编注：《李大钊全集》第四卷，人民出版社 2006 年版，第 114 页。

民主义的世界。（二）不仅将平民主义视为一种政治制度，而且是一种人生哲学。其云："现在的平民主义，是一个气质，是一个精神的风习，是一个生活的大观，不仅是一个具体的政治制度，实在是一个抽象的人生哲学；不仅是一个纯粹理解的产物，并且是深染了些感情、冲动、念望的色泽。"[1]在他看来，作为具体政治制度的民主主义已经无法涵盖他所理解的平民主义的丰富内容，他更强调的是平民主义者所具有的那种思想境界、感情境界和平民主义作为人生哲学的意义。（三）强调平民主义的真精神是"自由政治"。其云："'自由政治'的真谛，不是仗着多数的强力，乃是靠着公同的认可取决多数不过是表示公同认可的一种方法罢了。"[2]在李大钊看来，现代的平民主义已经不是"属于人民、为人民、由于人民的政治"，而是"属于人民、为人民、由于人民的执行"；不是对人的统治，而是对事物的管理。（四）断言工人政治是真实的平民政治、纯正的平民政治。他这样概括自己的平民主义理想："纯正的'平民主义'，就是把政治上、经济上、社会上一切特权阶级，完全打破，使人民全体，都是为社会国家作有益的工作的人，不须用政治机关以统治人身，政治机关只是为全体人民，属于全体人民，而由全体人民执行的事务管理的工具。凡具有个性的，不论他是一个团体，是一个地域，是一个民族，是一个个人，都有他的自由的领域，不受外来的侵

---

[1] 李大钊：《平民主义》，中国李大钊研究会编注：《李大钊全集》第四卷，人民出版社 2006 年版，第 114 页。

[2] 李大钊：《平民主义》，中国李大钊研究会编注：《李大钊全集》第四卷，人民出版社 2006 年版，第 119 页。

犯与干涉，其间全没有统治与服属的关系，只有自由联合的关系。这样的社会，才是平民的社会；在这样的平民的社会里，才有自由平等的个人。"①

李大钊的"平民主义"，以平等的最大化为首要价值目标，以人的政治经济社会全面解放为追求目标，实际上是民粹主义式的民主。这种崇尚绝对的人民主权和政治平等的平民主义民主，超越了西方近代自由秩序的民主理想，带有浓厚的民粹主义色彩。

八、如何看待"问题与主义"之争

李大钊与胡适留学期间分别受到的东西方不同文化的影响和他们不同的人生和思想发展道路，使他们在思想观点和方法上有较大区别。李大钊注重政治，思想中有赞成革命的倾向，胡适则热衷于思想文化，反对革命，赞成改良；胡适崇尚美国式的自由主义，李大钊则重视俄国文明的价值；胡适接受了杜威哲学，形成了较为成熟的观察社会人生问题的方法，李大钊则从各种思想中吸收营养，不断探索着新的救国救民的理论。李大钊发表了《法俄革命之比较观》，热烈欢呼俄国革命，并因而走上探寻马克思主义理论之路，他与胡适潜在思想的差别日益明显并表面化。

五四运动前夕，胡适和亦曾受业于杜威门下的陶知行（即

———————

① 李大钊：《平民主义》，中国李大钊研究会编注：《李大钊全集》第四卷，人民出版社 2006 年版，第 132～133 页。

陶行知）等人邀请杜威夫妇来中国讲学。在此期间，他用"实验主义"的名目，整理发表了杜威的实用主义哲学思想。这种思想提供了一种被胡适叫作"淑世主义"的人生观和重视实验的方法。前者认为世界是应该改造并且是可以改造的，但这种改造是一点一滴、一分一毫来实现的，人们应当有信心，有耐心地去实现这种改造。后者否认真理的存在，把解决人生问题看作是一个或无数个实验的过程。以这些思想为依据，胡适既反对学生长期从事政治运动，也不满意当时社会上流行的社会主义、无政府主义等。

1919 年 7 月 20 日，胡适发表了《多研究些问题，少谈些主义》一文，提出了自己最初的，也是最基本的政治见解。胡适把当时社会主义、无政府主义口号和思想的流行看成是人们空谈"主义"的表现，他说"空谈好听的'主义'，是极容易的事"，是阿猫、阿狗、鹦鹉、留声机都做得来的；"空谈外来进口的'主义'"，好比医生只记得许多汤头歌诀，而不去研究病人的症状，是没有用处的；"偏向纸上的'主义'很容易被无耻政客利用来做害人的事，是很危险的"。他认为，一切主义都是某时某地的有心人，根据当时当地的社会需要提出的救济方法，一开始大都是一种救时的具体主张。当人们把一种主张用一二个字加以概括，而后将其传播开来时，那种具体主张就成了"主义"。"主义"一旦成为这样一种抽象名词，人们便可以对它做出不同的理解或解释，于是，同一个主义就有许多不同的含义，这便造成主义不确切的缺点，也给拿"主义"骗人造成可乘之机。因此，他"奉劝新舆论界的同志"，"多提出一些问题，少谈一些纸上的主义"。

胡适列举的问题有：人力车夫的生计问题、大总统的权限问题、卖淫问题、卖官卖国问题、解散安福俱乐部问题、加入国际联盟问题、女子解放问题、男子解放问题、南北对立问题，等等。他认为，人们应当把精力多放在研究这类社会问题、实际地去解决这些问题上，而不应当视这些问题于不顾，倒去高谈社会主义、无政府主义，谈什么"根本解决"。在这里，胡适明确地点出了实用主义的一条原则：对于社会问题只能零碎解决，不承认有"包医百病"的"根本解决"的途径。

　　李大钊离京之时，读到了胡适的这篇文章。他感到胡适说的并不是完全没有道理，但胡适的根本主张却与自己的看法有很大差距，便决定把自己的意见写给胡适，着重讨论了"'问题'与'主义'""假冒牌号的危险""所谓过激主义""根本解决"等四个问题。

　　李大钊从社会改造必须依靠社会运动的观念出发，强调"主义"与"问题"这两件事有不可分离的关系。在他看来，要解决一个社会问题，首先应该使这个问题成为社会上多数人的问题。而若想使一个问题成为社会问题，那就要先有一个共同趋向的理想、主义作为标准。人们用这个理想或主义来衡量社会生活时，那些他们共同感觉到不满意的事情，才成为一个个的问题。相反，如果你提出的问题与社会上多数人不发生关系，那就无论你怎样研究，那问题永没有解决的希望。因此，他指出："我们的社会运动，一方面固然要研究实际的问题，一方面也要宣传理想的主义。这是交相为用的，这是并行不悖的。"此处所谓"社会运动"，既可以理解为他和胡适、陈独秀等人从事的新文化运动，又可以理解为带有俄国革命意义的社会革命运动。从前一个含义来理解，胡适没有理由反对他的说法。因此，胡适在其后写的答辩文章中，接受了李大钊的问题与主义不能分开之说，只不过他强调主义不能是离开具体问题的空谈，而李大钊则强调问题离开了主义便不能得到解决。但从后一个意义来理解，两个人的分歧就十分明显了。这个分歧不仅反映在对俄国革命的赞成与反对态度上，而且也反映在他们都重视的"实验"的概念含义上。

李大钊指出，既然主义和问题是交相为用和并行不悖的，那么高谈主义就"没有什么不可"，不过，"也须求一个实验"，即社会主义理想的实验。这是与胡适介绍的实验主义的"实验"内涵不同的，也是李大钊和胡适观点上的根本分歧所在。胡适虽然没有对李大钊的"社会运动"的含义提出疑问，但却反复强调了"具体问题"和解决具体问题方法的重要性，强调提倡主义不单单是为了"号召党徒"，而是要得到改革的效果，因而既要讲目的，还要讲方法。故批评李大钊的见解有"目的热""方法盲"的毛病，指责李大钊的"大凡主义都有理想与实用两面"，"我们只要把这个那个的主义，拿来作工具，用以为实际的运动，他会因时、因所、因事的性质情形生一种适应环境的变化"的说法是一种不负责任的主义论，是要犯"庸医杀人"的大罪的。① 实际上，李大钊强调的是宣传社会主义的人，"必须要研究怎么可以把他的理想尽量应用于环

---

① 胡适：《三论问题与主义》，《中国现代思想史资料简编》第一卷，浙江人民出版社 1982 年版，第 302、307~308 页。

绕着他的实境","现代的社会主义,包含着许多把他的精神变作实际的形式使合于现在需要的企图"之意,这与强调用主义、学理解决问题的观点毫不相悖。

李大钊进而谈了自己对"根本解决"问题的看法。他指出,在没有生机的社会,任何工具都不会产生效果时,必须用它才能使一个个社会问题得到解决。他依据马克思的唯物史观指出:"经济问题的解决,是根本解决。经济问题一旦解决,什么政治问题、法律问题、家族制度问题、女子解放问题、工人解放问题,都可以解决。"他还提出,专取唯物史观的第一说,即只信经济变动是必然的,而不注意它的第二说,即阶级斗争学说,不用阶级斗争这个学理作工具,进行工人联合运动,经济的革命恐怕在短期内,甚至永远不能实现。从这个道理来说,应当承认:"遇着时机,因着情形,或须取一个根本解决的方法,而在根本解决以前,还须有相当的准备活动才是。"李大钊以简短的语言,宣传了自己理解的马克思主义基本观点。

由此可见,李大钊和胡适关于问题与主义的争论,实际是要不要用马克思主义来指导中国社会改造的问题,也涉及社会改造能不能收到效果、社会改造的方向问题。但即便如此,这也是五四新文化阵营内部同人、朋友、伙伴乃至同志间的争论,并没有上升到思想斗争甚至路线斗争的高度。也正因如此,胡适接到李大钊的来信后,将其编辑在《每周评论》第三十五号上发表。由于第三十三号上转载了《国民公报》发表的蓝公武的一篇商榷文章《问题与主义》,李大钊的信遂被定名为《再论问题与主义》。随后,他接连在第

三十六、三十七号上刊载《三论问题与主义》和《四论问题与主义》两文，针对李大钊和蓝公武的批评发表自己的反驳意见。但令人遗憾的是，《每周评论》第三十七号编好正待印发时，被北京政府强行封闭，问题与主义的争论转到其他刊物和一些社团组织内部进行了。

九、他为什么认为产业落后的中国仍然能够实现社会主义

马克思主义是在发达的资本主义大生产的社会条件下产生的。它之所以被称作科学的理论，在于它对人类历史的发展作了科学的说明，对资本主义社会的本质矛盾做出了科学的分析，为无产阶级进行推翻资本主义制度，建立社会主义制度的斗争提供了科学的依据。按照马克思的最初解释，社会主义是在资本主义制度下生产力高度发展，以至于资本主义的生产关系已经无法容纳此生产力的发展的情况下，才会发生并取得胜利的。但在李大钊所面临的二十世纪二十年代初的中国，资本主义生产关系还没有成为社会中占主导地位的生产关系，社会中还没有形成无产阶级和资产阶级两大阶级独立对抗的形势，也就是说无产阶级和资产阶级两大阶级的斗争还没有成为社会中主要的阶级斗争形式。同时，中国社会的生产力发展水平还相当低，甚至还没有形成资本主义社会化生产的规模。这种社会现实使得一些知识分子和革命

者并不相信社会主义可以成为中国近期发展的目标。

在关于社会主义的讨论中，张东荪就提出了这种疑问，并以此作为反对宣传马克思主义、发动劳农革命的理由。张东荪在1920年11月5日的《时事新报》上发表了一篇题为"由内地旅行而得之又一教训"的短文，提出"救中国只有一条路"，就是"增加富力"，"开发实业"，后又发表了一系列文章申述自己的观点，引发了关于社会主义的争论。李大钊明确表达了不赞同张东荪等人主张的态度："不少人认为要实行社会主义，必须首先着力于发展实业，以开发全国的事业，增加富力，从而使一般人尤其是广大的下层农民富裕起来，认为这是最稳妥和最好的方法。然而我的想法却与此相反，我认为要在现存制度下发展实业，只能越发强化现在的统治阶级而迫使下层农民为少数的统治者阶级付出更多的劳动。"

1921年2月，费觉天在《改造》上发表《对于社会主义争论问题提出两大关键》一文后，李大钊回信讨论中国今日能否实行社会主义问题，阐述了社会主义在中国势在必行与世界经济发展趋势之间的关系。他指出，要问中国今日是否已具实行社会主义的经济条件，须先问世界今日是否已具实现社会主义的倾向的经济条件，因为中国的经济情形，实不能超出于世界经济势力之外。现在世界的经济组织，既已经资本主义，以至社会主义，中国虽未经自行如日本以及欧美等国的资本主义的发展实业，而一般平民间接受资本主义经济组织的压迫，较各国直接受资本主义压迫的劳动阶级尤其痛苦。中国国内的劳资阶级间虽未发生重大问题，中国人民在世界经济上的地位，已立在这劳工运动日盛一日的风潮中，想行保护资本家的制度，无论理所不可，抑且势所不能 ①。

　　李大钊的观点可以概括为：中国虽未经自行日本以及欧美等国的资本主义的发展实业，而一般平民间接受资本主义经济组织的压迫，较各国直接受资本主义压迫的劳动阶级尤为苦痛；中国国内劳资阶级间虽未发生重大问题，中国人民在世界经济上的地位，已立在这劳工运动日盛一日的风潮中，想行保护资本家的制度，无论理所不可，抑且势所不能；再看中国在国际上的地位，人家已经由自由竞争达到必须社会主义共管地位，我们今天才起首由人家的出发点，按人家的步数走，正如人家已达壮年，我们尚在幼稚，人家已走远了几千万里，我们尚在初步。根据上述三点，他认为中国"要想存立，适应这共同生活，恐非取兼程并力社会共管的组织不能有成"。他得出的结论是："今日在中国想发展实业，非由纯粹生产者组织政府，以铲除国内的掠夺阶级，抵抗此世界的资本主义，依社会主义的组织经营实业不可。" ② 他的立论前提是：要看中国是否已具备实现社会主义的经济条件，须先问世界今日是否已具备实现社会主义的倾向的经济条件，因为中国的经济情形，实不能超出于世界经济势力之外。现在世界的经济组织是"已经资本主义，以至社会主义"了，中国当然应该追随世界潮流，实行社会主义。

　　李大钊这个"中国成为国际上的无产阶级"的论断是别

---

① 李大钊：《中国的社会主义与世界的资本主义》，《评论之评论》第一卷第二号，1921 年 3 月 20 日。

② 李大钊：《中国的社会主义与世界的资本主义》，《评论之评论》第一卷第二号，1921 年 3 月 20 日。

具一格的：它从世界的范围看"阶级斗争"，有着某种同于马克思主义的"全世界无产者联合起来"观念的含义。但它强调的是一个民族国家的整体，而不是一个国家内的无产阶级的利益，因此，它毕竟又不完全等同于马克思的阶级斗争概念。它实际上体现的是反对外来侵略的民族主义。不过，这种民族主义又是以排斥资本主义和资产阶级，当然也排斥封建主义和官僚主义为内涵的，因此，它又不是资产阶级的民族主义。它点明了近代中国反对帝国主义侵略，建立独立的民族国家的主题，同时，又准备将这一独立的民族国家纳入世界无产阶级社会主义的大家庭中。他的民族主义情感和世界主义信念在这一理解中恰到好处地结合到一起。

李大钊在《曙光》杂志发表的《社会主义下之实业》一文中，进一步批评了张东荪等人提出的振兴实业必须依靠资本主义的观点。他以俄国数年间建筑大量铁路和计划大面积开垦荒地的事例说明"社会主义于发展实业，实在有利无害"，甚至可以说，"用资本主义发展实业，还不如用社会主义为宜"。他指出其中的道理在于：在资本主义制度之下，资本不能集中，劳动力不能得到普遍的充分的使用，而在社会主义制度下，可以解决这两个问题。中国并不缺乏"资本"，但占有"资本"者大多不肯将其投放于振兴实业，而是存于外国银行，甚或干脆藏在家中；中国更不缺乏劳动者，但由于实业不发达，他们或者无事可做，或者到国外去为外国资本家做牛马。实行社会主义制度后，既可以用强制办法将零散的资本集中起来，又可以把大量的游手好闲者变为劳动者，这样既吸收了劳动力，又可以消除官僚掣肘实业的弊端。总而言之，"中国实业之振兴, 必在社会主义之实行"①。所以, 李大钊得出了产业落后的中国仍然能够实现社会主义的结论。

---

① 李大钊:《社会主义下之实业》,《李大钊文集》下册, 第 445~446 页。

第三章　五四新文化运动的呵护者：蔡元培

　　提起新文化运动，人们不能不想到北京大学。人们想到北大，便不能忘记北大校长蔡元培。没有蔡元培出任北大校长，便不会有北大的整顿和改革；没有北大的整顿和改革，就不会有陈独秀、胡适、李大钊等新文化领袖在北大的聚集，新文化运动也很难产生那样广泛而深远的影响。没有蔡元培对新文化运动的悉心呵护，新文化运动难以迅速扩展；没有蔡元培对学生运动的支持，五四新文化运动命运或许会有所改变。从这样的意义上，称蔡元培是"北大之父"并不为过；称蔡元培是新文化运动的"呵护者"，也是准确的。五四百年后的今天评述这位著名教育家和思想家时，仍然有一些问题需要加以厘清。民国初年担任教育总长的蔡元培，为什么要出任教育部控制下的北大校长？他为什么一到北大就立即对学校进行大刀阔斧的整顿？他对北大的贡献究竟在哪里？他对新文化运动的贡献究竟何在？他如何将北大办成了新文化运动的大本营？作为一校之长，他如何处理大学师生"读书"与"爱国"的关系？他与北洋政府及国民党的关系究竟怎样？

一、他为什么提出"思想自由、兼容并包"的方针

北京大学在清季初办时称为京师大学堂，设仕学、师范等馆，所收学生均为京官，故大学堂中官僚习气甚为浓厚。从 1917 年底北京大学在校本科、预科生人数看：法科八百四十一人，文科四百一十八人，理科四百二十二人，工科八十人。选读法科者，是选读文理科数目的总和，更是选读工科的十余倍。这种情况说明，北大学生求学之目的在于"入仕为官"。故此时的北大学生对大学专任教员不甚欢迎，而对于官吏在学堂兼任者反而特别欢迎。北大学生除在讲堂上领受讲义、应付考试外，对于学术研究并无兴趣，讲堂以外亦无高尚娱乐。

1917 年初，蔡元培出任北京大学校长。他针对这种状况，抱定"我们第一要改革的，是学生的观念"的宗旨，严厉批评北大学生中存在的浓厚官僚习气，树立现代大学为"研究高深学问"的新理念。1917 年 1 月 4 日，蔡元培在就任北京大学校长演说中，除了对热衷做官之风气进行严厉批评外，重点阐述了他的大学理念：一要学术研究，二要学术独立。其云："诸君来此求学，必有一定宗旨，欲知宗旨之正大与否，必先知大学之性质。今人肄业专门学校，学成任事，此固势

所必然。而在大学则不然，大学者，研究高深学问者也。"①

他认为，学生群趋法科的原因，在于将学习法科作为从政当官的捷径："外人每指摘本校之腐败，以求学于此者，皆有做官发财思想，故毕业预科者，多入法科，入文科者甚少，入理科者尤少，盖以法科为干禄之终南捷径也。因做官心热，对于教员，则不问其学问之浅深，惟问其官阶之大小。官阶大者，特别欢迎，盖为将来毕业有人提携也。"他指出，实际上这些想当官从政者完全不必入北大法科，而应该进入法政学堂、商业学堂等专门学校，根本没有必要来北京大学就读。

在蔡元培看来，做官致富与从事学术研究是根本矛盾的，那些志在做官发财的学生，则不可能有真诚问学之心；抱有做官发财目的的学生充斥之大学，也难以成为中国现代学术研究的中心："平时则放荡冶游，考试则熟读讲义，不问学问之有无，惟争分数之多寡；试验既终，书籍束之高阁，毫不过问，敷衍三四年，潦草塞责，文凭到手，即可借此活动于社会，岂非与求学初衷大相背驰乎？"②故他呼吁：北大学生当以"求学"为目的，大学教员的职责是"为诸君求学之便利"。

蔡元培的现代大学理念，实乃将大学视为高等学术研究机关，而非现代官吏之养成所："对于大学之计划，大学生向来最大之误解，即系错认大学为科举进阶之变象，故现在首

---

① 蔡元培：《就任北京大学校长之演说》，中国蔡元培研究会编：《蔡元培全集》第三卷，浙江教育出版社 1997 年版，第 8 页。

② 蔡元培：《就任北京大学校长之演说》，中国蔡元培研究会编：《蔡元培全集》第三卷，浙江教育出版社 1997 年版，第 9 页。

当矫正者即是此弊，务使学生了解于大学乃研究学术之机关，进大学者乃为终其身于讲学事业。学生如此，教授亦如此，盖大学教授须一面教人，一面自家研究也。"①现代大学为研究学术的最高机关，是蔡元培反复强调和灌输的大学核心理念。他在《北京大学月刊》发刊词上对此做了集中阐述："所谓大学者，非仅为多数学生按时授课，造成一毕业生之资格而已也，实以是为共同研究学术之机关。研究也者，非徒输入欧化，而必于欧化之中为更进之发明；非徒保存国粹，而必以科学方法，揭国粹之真相。"尽管与欧美大学相比，北大尚缺乏必要的现代学术研究设备，但只要树立了研究精神，则定会取得相当的研究成绩："苟吾人不以此自馁，利用此简单之设备，短少之时间，以从事于研究，要必有几许之新义，可以贡献于吾国之学者，若世界之学者。"②

学术自由是西方现代大学的核心理念，也同样是蔡元培改革北大的基本目标。他指出，大学为各种学说荟萃之地，应该兼容并包："大学者，'囊括大典，网罗众家'之学府也。《礼记·中庸》曰：'万物并育而不相害，道并行而不相悖。'足以形容。如人身然，官体之有左右也，呼吸之有出入也，骨肉之有刚柔也，若相反而实相成。各国大学，哲学之唯心论与唯物论，文学、美术之理想派与写实派，计学之干涉论与放任论，伦理学之动机论与功利论，宇宙论之乐天观与厌

① 蔡元培：《对大公报记者谈话》，中国蔡元培研究会编：《蔡元培全集》第三卷，浙江教育出版社 1997 年版，第 36 页。

② 蔡元培：《〈北京大学月刊〉发刊词》，中国蔡元培研究会编：《蔡元培全集》第三卷，浙江教育出版社 1997 年版，第 450~451 页。

世观，常樊然并峙于其中，此思想自由之通则，而大学之所以为大也。"他对古代中国学术专制之积习做了猛烈抨击："吾国承数千年学术专制之积习，常好以见闻所及，持一孔之论。闻吾校有近世文学一科，兼治宋、元以后之小说、曲本，则以为排斥旧文学，而不知周、秦、两汉文学，六朝文学，唐、宋文学，其讲座固在也；闻吾校之伦理学用欧、美学说，则以为废弃国粹，而不知哲学门中，于周、秦诸子，宋、元道学，固亦为专精之研究也；闻吾校延聘讲师，讲佛学相家，则以为提倡佛教，而不知此不过印度哲学之一支，借以资心理学、论理学之印证，而初无与于宗教，并不破思想自由之原则也。"既然思想自由乃为现代大学的灵魂，故必须尽心培植。蔡氏创办《北京大学月刊》，即为实现此项原则的自觉表现："今有《月刊》以宣布各方面之意见，则校外读者，当亦能知吾校兼容并收之主义，而不至以一道同风之旧见相绳矣。"①

关于大学"学术自由"的主张，蔡元培在《答林琴南的诘难》中再次做了集中阐述："（一）对于学说，仿世界各大学通例，循'思想自由'原则，取兼容并包主义，与公所提出之'圆通广大'四字，颇不相背也。无论为何种学派，苟其言之成理，持之有故，尚不达自然淘汰之运命者，虽彼此相反，而悉听其自由发展。此义已于《月刊》之发刊词言之，抄奉一览。（二）对于教员，以学诣为主。在校讲授，以无背于第一种之主张为界限。其在校外之言动，悉听自由，本校从不过问，亦不

① 蔡元培：《〈北京大学月刊〉发刊词》，中国蔡元培研究会编：《蔡元培全集》第三卷，浙江教育出版社 1997 年版，第 451~452 页。

能代负责任。"① 他向学术界郑重声明："孑民以大学为囊括大典包罗众家之学府，无论何种学派，苟其持之有故、言之成理者，兼容并包，听其自由发展。"②

正是根据"思想自由""兼容并包"的方针，蔡元培在北大提倡学术民主，反对政治干涉学术，做到不因人废言，让学术上的不同流派自由竞争。他反复强调："我对于各家学说，依各国大学通例，循思想自由原则，兼容并包。无论何种学派，苟其言之成理，持之有故，尚不达自然淘汰之运命，即使彼此相反，也听他们自由发展。"③ 思想自由，成为蔡元培坚持的大学核心理念之一。蔡氏后来在总结自己改造北大的往事时回顾说："北大特色，余意有二点：一研究学问，二思想自由。无论何种学派思想，概不干涉。"④

二、他是如何为北大延聘各方面人才的

蔡元培要改变北大风气，将北大改造为纯粹研究学问机关，并将"学术自由""兼容并包"付诸实施，必须有一批真心向学的学者。为此，蔡元培对北大进行了大胆整顿，广泛

① 蔡元培：《答林琴南的诘难》，中国蔡元培研究会编：《蔡元培全集》第三卷，浙江教育出版社 1997 年版，第 576 页。

② 蔡元培：《传略》，中国蔡元培研究会编：《蔡元培全集》第三卷，浙江教育出版社 1997 年版，第 673 页。

③ 蔡元培：《我在教育界的经验》，中国蔡元培研究会编：《蔡元培全集》第八卷，浙江教育出版社 1997 年版，第 511 页。

④ 蔡元培：《在上海北大同学会成立会的演说词》，中国蔡元培研究会编：《蔡元培全集》第六卷，浙江教育出版社 1997 年版，第 87 页。

延聘人才。此时的北大文科主要被桐城派古文家所把持，顽固守旧者多，已经成为北大前进的障碍。故蔡元培对北大的整顿，首先是从文科开始；要整顿文科，物色合适的文科学长至为关键。

蔡元培将目光放在了《新青年》主编陈独秀身上。1918年初，陈独秀为"亚东"和"群益"两书局合并之事，与汪孟邹一起来到北京筹集股份。在北京琉璃厂，陈独秀遇到了在北京大学任教的老朋友沈尹默。沈随后将陈独秀在京的消息告诉在北京医专的汤尔和。沈、汤两人分别向蔡元培推荐陈独秀出任北大文科学长。蔡元培对陈独秀早年编辑《安徽俗话报》，鼓吹民主思想有印象。在翻阅了几期已经出版的《新青年》之后，蔡元培立即被陈独秀等人的新文化主张所吸引，断定他"确可为青年的指导者"，决定聘请他出任北大文科学长。

陈独秀当时住在前门附近的中西旅馆。蔡元培从汤尔和那里打听到陈独秀的住处之后，就亲自登门拜访。据汪孟邹日记载，这几天"蔡先生差不多天天来看仲甫，有时来得很早，我们还没有起来。他招呼茶房，不要叫醒，只要拿凳子给他坐在房门口等候"。蔡氏这种举动，颇有当年刘备三顾茅庐请诸葛亮出山的味道。

但陈独秀起初并没有答应。他说："我从来没有在大学教过书，又没有什么头衔，能否胜任，不得而知。"况且正在上海主编《新青年》，摆脱不了。蔡元培则答应：《新青年》可以带到学校里来办；没有头衔，不碍事，我了解你，我不搞论资排辈，只求真才实学的人。没有教过书，主要做教学的组织和管理工作。陈独秀拗不过，最后答应：我试干三个月，如胜任即继续干下去，如不胜任即回沪。1917 年 1 月 13 日，就在蔡元培到北大刚刚九天，教育部正式批准陈独秀为北大文科学长。

继陈独秀之后，蔡元培先后聘请钱玄同、刘半农、李大钊、杨昌济、周作人、鲁迅、胡适、梁漱溟等到北大执教或兼课。其中钱玄同于 1917 年 9 月被正式聘为北大文科教授兼国文门研究所教员；刘半农被聘为文科预科国文教授兼文科国文门研究所教员；周作人被聘为文科教授兼国史编纂处编纂员；李大钊被聘为北大图书馆主任，后兼任经济、史学等系教授；杨昌济被聘为伦理学教授。鲁迅因在教育部任职难以脱身，被聘为北大讲师，讲授《中国小说史》。

理科方面，由国内第一个介绍爱因斯坦相对论的物理学家夏元瑮任学长外，另陆续聘请李四光、王星拱、颜任光、任鸿隽、李书华、翁文灏、丁文江、朱家骅、冯祖荀、何育杰、温宗禹、胡濬济、俞同奎、王仁辅、秦汾、何杰以及外籍教授葛利普等任教。法科教员，原多由政府官吏兼任。蔡元培到校后，除留任在司法部工作的王宠惠和罗文干为讲师外，另聘请王世杰、周鲠生、马寅初、陶孟和、高一涵、陈启修、黄右昌等为法科专任教员，并规定专任教员不得在他校兼课，政府官吏不得为专任教员。

蔡元培在延揽人才工作中做到了不拘一格，唯才是举。他既聘请有真才实学的社会名流，同时也注意引用崭露头角的青年新秀。1917 年 8 月，他聘请年仅二十四岁的胡适任北大文科教授兼哲学研究所主任。而当他聘请梁漱溟到北大讲授印度哲学时，梁氏也只有二十四岁。梁漱溟不仅没有胡适的博士头衔，而且在中学毕业后报考北大也未被录取，但蔡元培却慧眼识真才，认为梁氏的文章颇能"成一家之言"，破格请他来北大执教，即使梁氏的学术观点与自己相左亦不介意。当梁漱溟担心自己力有所不胜而提出谦辞时，蔡元培诚恳地说："你不是爱好哲学吗？我此番到北大，定要把许多爱好哲学的朋友都聚拢来，共同研究，互相切磋，你怎可不来呢？你不要当是老师来教人，你当是来合作研究，来学习好了。"[①]梁漱溟后来回忆说，正是蔡元培的"这几句话打动了我，只有应承下来"。

蔡元培在延聘和使用学术人才过程中，身体力行地贯彻了"思想自由""兼容并包"的办学方针。当时北大教授广泛地包含了学术上的各个不同流派，如史学方面，有信古派的陈汉章、黄侃等，有疑古派的钱玄同、胡适等；经学方面，有今文学派的崔适，有古文学派的刘师培；文学方面，有文言派的黄侃、刘师培、林损等，有白话派的胡适、陈独秀、刘半农、钱玄同、周作人等；在文字训诂方面，有章太炎的弟子朱希祖、黄侃、马裕藻，还有其他学派的陈介石、陈汉章、马叙伦；在旧诗方面，同时有主唐诗的沈尹默，尚宋诗的黄节，还有宗汉魏的黄侃；法科方面，有英美法系的王宠惠，也有大陆法系的张耀曾。就政治立场而言，北大的教员则包括了共产主义、三民主义、国家主义、无政府主义以及立宪派、帝制派、复古派等各种不同政治派别的人，足可以用"五花八门，无奇不有"来形容。

蒋梦麟在《西潮》一书中，对蔡元培延聘人才带来的深刻

---

① 梁漱溟：《忆往谈旧录》，中国文史出版社 1991 年版，第 81 页。

变化做了精彩描述："北大在蔡校长主持之下，开始一连串的重大改革。自古以来，中国的知识领域一直是由文学独霸的，现在，北京大学却使科学与文学分庭抗礼了。历史、哲学和四书五经也要根据现代的科学方法来研究。为学问而学问的精神蓬勃一时。保守派、维新派和激进派都同样有机会争一日之短长。背后拖着长辫，心里眷恋帝制的老先生与思想激进的新人物并坐讨论，同席笑谑。教室里，座谈会上，社交场合里，到处讨论着知识、文化、家庭、社会关系和政治制度等等问题。这情形很像中国先秦时代，或者古希腊苏格拉底和亚里斯多德时代的重演。"①

三、他是如何将"教授治校"理念付诸实施的

蔡元培整顿北大的一项重要措施，是借鉴西方近代大学制度，在北大最早创设了评议会和教授会，将"教授治校"理念付诸实施。

所谓"教授治校"，乃是由大学教授、学者自己治理大学。此项原则实乃西方大学自治传统之体现。现代大学"教授治校"之制度设计，主要体现在大学设立评议会及教授会，并赋予其重大权力上。中国现代大学设立评议会及教授会，最初在 1912 年蔡元培起草的《大学令》中得以体现。设立大学评议会及各科教授会，实为大学"教授治校"原则之体现，亦为学术自由与学术独立精神之制度性保障。但遗憾的是，尽管

---

① 蒋梦麟：《西潮》，台北业强出版社 1990 年版，第 122~123 页。

民国初期《大学令》做了上述规定，但当时主要大学，尤其是作为全国大学之首的北京大学并没有设立评议会，"教授治校"原则并未付诸实施。真正将"教授治校"原则付诸实施并确立下来者，当为蔡元培在北京大学创设评议会及教授会之尝试。

为什么要设置大学评议会与教授会？因为评议会是在大学落实"教授治校"理念之组织保障。蔡元培在介绍德国大学制度时说："德国大学学长、校长均每年一换，由教授会公举，校长且由神学、医学、法学、哲学四科之教授轮值，从未生过纠纷，完全是教授治校的成绩。北大此后亦当组成健全的教授会，使学校决不因校长一人的去留而起恐慌。"①

蔡氏就任北京大学校长后，援引德国大学设立评议会之成例，将民初《大学令》中有关规定付诸实施。其对北京大学改革前之组织机构描述云："当时的组织系统尽管没有什么人对之有异议，但却存在着很大的问题。内部的不协调，主要在于三个科，每一科有一名学长，唯有他有权管理本科教务，并且只对校长负责。这种组织形式形同专制政府；随着民主精神的高涨，它必然要被改革掉。"蔡氏改革之思路为："首先是组织了一个由各个教授、讲师联合会组成的更大规模的教授会，由它负责管理各系。同时，从各科中各自选出本系的主任；再从这些主任中选出一名负责所有各系工作的教务长。再由教务长召集各系主任一同合作进行教学管理。至于北大的行政事务，校长有权指定某些教师组成诸如图书委员会、仪器委员会、财政委员会和总务委员会等。每个委员会

---

① 蔡元培：《我在北京大学的经历》，中国蔡元培研究会编：《蔡元培全集》第七卷，浙江教育出版社1997年版，第505页。

选出一人任主席，同时，跟教授、讲师组成教授会的方法相同，这些主席组成他们的行政会。该会的执行主席则由校长遴选。他们就这样组成了一个双重的行政管理体制，一方面是教授会，另方面是行政会。但是，这种组织形式还是不够完善，因为缺少立法机构。因此又召集所有从事教学的人员选出代表，组成评议会。这就是为许多人称道的北京大学'教授治校'制。"①

　　蔡元培到北大不久，就主持设立评议会，作为全校的最高立法机构和权力机构，负责制定和审核学校的各种章程、法令以及学科的废立、学校的预决算等。评议会会员由教授组成，校长和各科学长为当然评议员，其余评议员按文、理、法、工各科的本科和预科推举两名教授代表。第一届评议员有：校长蔡元培，文科学长陈独秀，理科学长夏元瑮，法科学长王建祖，工科学长温宗禹，文本科教授代表胡适、章士钊，文预科教授代表沈尹默、周思敬，理本科教授代表秦汾、俞同奎，理预科教授代表张大椿、胡濬济，法本科教授代表陶履恭、黄振声，法预科教授代表朱锡龄、韩述祖，工本科教授代表孙瑞林、陈世璋。评议员任期一年，期满即行下届选举，可以连任。1919 年底，评议员的产生按名额分配：每五名教授得举评议员一人，由投票表决确定。

　　为扩大教授治校的范围，蔡元培主持召开评议会会议，议决设立各学科教授会。蔡元培主持制定的《国立北京大学学科教授会组织法》，对大学各部教授会组织办法及职权作了原

---

① 蔡元培：《中国现代大学观念及教育趋向》，中国蔡元培研究会编：《蔡元培全集》第五卷，浙江教育出版社 1997 年版，第 312~313 页。

则性规定：各重要学科合为一部，每部设一教授会，其附属各学科或以类附属诸部或各依学科之关系互相联合组成合部，每一合部设一教授会。每部教员无论其为研究科、本科、预科教授，讲师、外国教员，皆为本部教授会会员；教授会负责规划本系的教学工作，如课程的设置，教科书的采择，教授法的改良，学生选科的指导和学生成绩的考核等。

蔡元培本着"教授治校"的宗旨，重新组建了北京大学行政组织体制。到 1920 年，北京大学内部组织分为四部：一是评议会，司立法；二是行政会议，司行政；三是教务会议，司学术；四是总务处，司事务。评议会与教务会议会员，由教授互选；行政会议及各委员会会员，为校长推举并经评议会通过；总务长及总务委员为校长所委任 ①。

到 1920 年，北京大学评议员有十七人，校长为评议长。凡校中章程、规则、预算均须评议会通过。大学各科分若干学系，各系主任由教授互选，任期二年。各系主任合组教务会议，操全校学术之大政。教务处为教务会议所组织，各系主任互选教务长一人长全校之学术，任期一年。行政会议由十一个委员会委员长及教务长、总务长组成，会员资格以教授为限。北京大学设置了各种委员会，委员由校长推举，评议会通过，操部分行政之权。其中设置委员会重要者有：庶务委员会，操校舍杂务斋务卫生之行政；组织委员会，主管大学改组，整理、起草章程，修改规律等事项；学生自治委员会，接洽学生自治事项，由学生代表三人组成；出版委员会，

---

① 《北京大学现行组织》，王学珍、郭建荣主编：《北京大学史料》第一卷，北京大学出版社 2000 年版，第 81 页。

审查出版书籍并策划出版之行政；预算委员会，负责大学预算；审计委员会，审查大学账目；图书委员会，操图书馆之行政；仪器委员会，操仪器室之行政；聘任委员会，审查各方面荐来教职员之资格；入学考试委员会，制定入学考试之标准；新生指导委员会，为新生入学时之顾问。

蔡元培建立的这套"教授治校"体制，为北大走上稳定发展的轨道提供了制度保证。北大在当时及后来都没有因政局动荡以及校长人选问题而影响正常的教学工作，与蔡元培建立的这套管理体制密不可分。对于北京大学改革后的组织机构，时人评论道："教务会议仿欧洲大学制。总务处仿美国市政制。评议会、行政会议两者，为北大所首倡。评议会与教务会议之会员，由教授互选，取德谟克拉西之义也。行政会议及各委员会之会员，为校长所推举，经评议会通过，半采德谟克拉西主义，半采效能主义。总务长及总务委员为校长所委任，纯采效能主义，盖学术重德谟克拉西，事务则重效能也。"[①]

曾任北大教务长的顾孟余深有感触地说："先生长校数年，以政治环境关系，在校之时少，而离校之时多。离校之时，校务之不但不陷停顿，且能依照计划以进行者，则以先生已树立评议会及各种委员会等之制度。"[②]蔡元培对这套教授治校的民主管理体制甚感欣慰。1920年9月，他对北京大学之组

---

① 《北京大学现行组织》，王学珍、郭建荣主编：《北京大学史料》第二卷，北京大学出版社2000年版，第116页。

② 顾孟余：《忆蔡孑民先生》，《蔡元培先生纪念集》，中华书局1984年版，第78页。

织建设回顾道：一年前"那时已经组织的惟有评议会、教授与教务会议。一年以来，行政会议与各种委员会均已次第成立。就中如组织委员会、聘任委员会、预算委员会、图书委员会等，都已经办得很有成效，与从前学长制时代大不相同。其余若仪器委员会、审计委员会等，也想积极进行"①。

这种情况说明，北京大学"教授治校"制度逐步形成。正因如此，他在赴欧考察教育与学生话别时说："我这次出去，若是于本校不免发生困难，我一定不去。但是现在校中组织很周密，职员办事很能和衷，职员与学生间，也都是开诚布公，我没有什么不放心的事了。"②

四、他为什么要停办北大工商两科

蔡元培改革北京大学的基本思路，是将其办成文理两科为主的研究性大学。其学科设置主要以德国大学模式为蓝本。1918 年 1 月，蔡氏在《大学改制之事实及理由》中对此设想作了详细阐述："窃查欧洲各国高等教育之编制，以德意志为最善。其法科、医科既设于大学，故高等学校中无之。理工科、商科、农科，既有高等专门学校，则不复为大学之一科。而专门学校之毕业生，更为学理之研究者，所得学位，与大学毕业生同。普通之大学学生会，常合高等学校之生徒而组织

① 蔡元培：《北京大学第二十三年开学日演说词》，中国蔡元培研究会编：《蔡元培全集》第 4 卷，浙江教育出版社 1997 年版，第 188 页。

② 蔡元培：《在北大话别会演说词》，《蔡元培全集》第三卷，中华书局 1984 年版，第 450 页。

之。是德之高等专门学校，实即增设之分科大学，特不欲破大学四科之旧例，故别列一门而已。我国高等教育之制，规仿日本，既设法、医、农、工、商各科于大学，而又别设此诸科之高等专门学校，虽程度稍别浅深，而科目无多差别。"①可见，蔡氏改变了清末模仿日本学制的做法，转而效法德国研究型大学："因日本并设各科大学与专门两种，流弊已见，我国不必蹈其覆辙也。在校务讨论会通过，教育部则承认此制，而不用本科、分科之名。"②

在大学课程设置方面，蔡元培深受德国学术教育体制的影响。他先是提出"学为基本，术为支干"主张，进而提出"注重文理"主张。蔡氏严格界定"学"与"术"之区别："学与术可分为二个名词，学为学理，术为应用。各国大学中所有科目，如工商，如法律，如医学，非但研求学理，并且讲求适用，都是术。纯粹的科学与哲学，就是学。学必借术以应用，术必以学为基本，两者并进始可。"他解释保留文理两科之原因云："鄙人之意，学与术虽关系至为密切，而习之者旨趣不同。文、理，学也。虽亦有间接之应用，而治此者以研究真理为的，终身以之。所兼营者，不过教授著述之业，不出学理范围。法、商、医、工，术也。直接应用，治此者虽亦可有永久研究之兴趣，而及一程度，不可不服务于社会；转以服务时之所经验，促其术之进步，与治学者之极深研几，不相侔也。鄙人初意

---

① 蔡元培：《大学改制之事实及理由》，中国蔡元培研究会编：《蔡元培全集》第三卷，浙江教育出版社 1997 年版，第 255 页。

② 蔡元培：《传略》，中国蔡元培研究会编：《蔡元培全集》第三卷，浙江教育出版社 1997 年版，第 672 页。

以学为基本，术为支干，不可不求其相应。故民国元年修改学制时，主张设法、商等科者，不可不兼设文科。设医、农、工各科者，不可不兼设理科。"这就是说，文理两科是"学"，其他五科则是"术"，大学既然是研究学问之最高机构，那么应当研究"学"，而非传授"术"，故应该保留文理两科，而将其余五科从大学分离出去，成为分科大学或独立专门学院，以与真正之综合性"大学"区分开来。萧公权亦认为："大学的功能在训练治学之才。所谓治学之才，当然不必限于埋首书案的纯粹学者……大学是培养治学人才的学府。造就实用的专门人才，可另设高等专门学校。"①

正是抱着大学应当重"学"轻"术"观念，蔡元培对当时学界注重"技术"而忽视"学问"之倾向给予批评："所以学工业，预备作技师。学法律，预备作法官，或当律师。学医学，预备行医。只从狭义做去，不问深的理由。中国固然要有好的技师、医生、法官、律师等等，但要在中国养成许多好的技师、医生等，必须有熟练技能而又深通学理的人，回去经营，不是依样画葫芦的留学生做得到的。"②蔡氏强调，大学是研究高深学问之机关，要达到研究目的，大学必须优先办好文理两科："拟竭力办理文理两科，完全其科目，因此两科乃法工农医诸科，原理原则所由出，而入是两科者，又大抵为

---

①　萧公权：《如何整顿大学》，《独立评论》第五十八号，1931 年 7 月 9 日。

②　蔡元培讲、于世秀记：《在爱丁堡中国学生会及学术研究会欢迎会演说词》，中国蔡元培研究会编：《蔡元培全集》第四卷，浙江教育出版社 1997 年版，第 340 页。

纯粹讲学而来，既不想做官，亦不想办大实业也。"[1]故拟通过学科调整，将北京大学办成以文理两科为主之学术研究中心。其云："孑民之意，以为大学实止须文理科，以其专研学理也。而其他医、工、农、法诸科，皆为应用起见，皆偏于术，可仿德国理、工、农、商高等学校之制，而谓之高等学校。其年限及毕业生资格，皆可与大学齐等。惟社会上，已有大学医科、大学工科之习惯，改之则必启争端。故提议文理科为本科大学。以医、工、农、法、商为分科大学。所谓分科者，以其可独立而为医科大学、工科大学等，非如文理科必须并设也。"[2]

注重大学文、理两科，是蔡元培进行北京大学学科调整的重要举措。其改革大学学科的具体办法是：一是大学专设文、理二科。其法、医、农、工、商五科，别为独立大学，名为法科大学、医科大学等。其理由有二："文、理二科，专属学理；其他各科，偏重致用，一也。文、理二科，有研究所、实验室、图书馆、植物园、动物院等种种之设备，合为一区，已非容易。若遍设各科，而又加以医科之病院、工科之工场、农科之试验场等，则范围过大，不能各择适宜之地点，一也。"二是大学分为三级，预科一年、本科三年、研究科二年。蔡元培之改革方案经过修正后得到北京各高校校长赞同，并呈教育部核准，将大学预科定为二年、本科四年。北京大学评

---

① 蔡元培:《对大公报记者谈话》，中国蔡元培研究会编:《蔡元培全集》第三卷，浙江教育出版社 1997 年版，第 36 页。

② 蔡元培:《传略》，中国蔡元培研究会编:《蔡元培全集》第三卷，浙江教育出版社 1997 年版，第 671 页。

议会亦赞同蔡氏"文理两科之扩张""法科独立之预备""商科之归并""工科之截止""预科之改革"等主张，认为"今既以文理为主要，则自然以扩张此两科，使渐臻完备为第一义"。"拟仿美、日等国大学法科兼设商业学之例，即以现有商科改为商业学，而隶于法科。""与教育部及北洋大学商议，以本校预科毕业生之愿入工科者，送入北洋大学，而本校则停办工科。"①

当有人对其设想提出批评时，蔡氏解释道：主张文理两科，停办法科和工科，主要是针对民初以来"吾国人重术而轻学"的偏向而来的，其用意在矫正"吾国人科举之毒"；"至于兼设文、理、法、工、商各科之北京大学，则又以吾国人科举之毒太深，升官发财之兴味本易传染，故文、理诸生亦渐渍于法、商各科之陋习。……鄙人以为治学者可谓之'大学'，治术者可谓之'高等专门学校'。两者有性质之别，而不必有所限与程度之差。在大学，则必择其以终身研究学问者为之师，而希望学生于研究学问以外，别无何等之目的。其在高等专门，则为归集资料，实地练习起见，方且于学校中设法庭、商场等雏形，则大延现任之法吏、技师以教之，亦无不可。即学生日日悬毕业后之法吏、技师以为的，亦无不可。"②

蔡氏后来回忆道："我那时候有一个理想，以为文、理两科，是农、工、医、药、法、商等应用科学的基础，而这些

---

① 蔡元培：《大学改制之事实及理由》，中国蔡元培研究会编：《蔡元培全集》第三卷，浙江教育出版社1997年版，第256页。

② 蔡元培：《读周春岳君〈大学改制之商榷〉》，中国蔡元培研究会编：《蔡元培全集》第三卷，浙江教育出版社1997年版，第291~292页。

应用科学的研究时期，仍然要归到文、理两科来。所以文、理两科，必须设各种的研究所；而此两科的教员与毕业生必有若干人是终身在研究所工作，兼任教员，而不愿往别种机关去的。所以完全的大学，当然各科并设，有互相关联的便利。若无此能力，则不妨有一大学专办文、理两科，名为本科；而其他应用各科，可办专科的高等学校，如德、法等国的成例，以表示学与术的区别。"[①]

五、他为什么要在北大率先废门设系

"废门设系"与"废科名"，是蔡元培改革北大学制的重要举措。所谓"废门设系"，就是将"七科之学"下各"科"所属之"门"，改称"学系"。在蔡元培的努力下，到1919年，北京大学共设数学、物理、化学、地质学、哲学、中国文学、英国文学、法国文学、德国文学、俄国文学、史学、经济学、法律学等十四个学系。

所谓"废科名"，即是将原来"七科分学"中之文、理、法、农、工、商、医等"科名"废止，重新根据"学系"进行组合。对于"废科名"之原因，蔡元培解释道："从理论上讲，某些学科很难按文、理的名称加以明确的划分。要精确地限定任何一门学科的范围，不是一件轻而易举的事。例如，地理就与许多学科有关，可以属于几个系：当它涉及地质矿物

① 蔡元培：《我在北京大学的经历》，中国蔡元培研究会编：《蔡元培全集》第七卷，浙江教育出版社1997年版，第503页。

学时，可归入理科；当它涉及政治地理学时，又可归入法科。再如生物学，当它涉及化石、动植物的形态结构以及人类的心理状态时，可归入理科；而当我们从神学家的观点来探讨进化论时，则又可把它归入文科。至于对那些研究活动中的事物的科学进行知识范围的划分尤为困难。例如，心理学向来被认为是哲学的一个分支，但是，自从科学家通过实验研究，用自然科学的语言表达了人类心理状况以后，他们又认为心理学应属于理科。摆在我们面前的，还有自然哲学（即物理学）这个专门名词，它可以归入理科；而又由于它的玄学理论，可以归入文科。根据这些情况，我们决定不用'科'这个名称，尽管它在中国曾得到广泛的承认，但我们却对这个名称不满意。"①

北大废除科名而改设学系后，蔡元培初于大学与学系间设立"部"以归并之。1920年，北大将按旧体制建立之文、理、法三"科"，改组为五"部"：第一部包括数学系、物理系、天文系；第二部包括化学系、地质系、生物系；第三部包括心理系、哲学系、教育系；第四部包括中国语言文学系、英国语言文学系、法国语言文学系、德国语言文学系，以及将要设置之其他国家语言文学系；第五部包括经济系、政治系、法律系、史地系。蔡氏解释道："当时之所以有这样的改变，其着眼点乃是现行大学制度急需重新厘订，以便适应国家新

---

① 蔡元培：《中国现代大学观念及教育趋向》，中国蔡元培研究会编：《蔡元培全集》第五卷，浙江教育出版社1997年版，第311页。

的需要。"①

后来，蔡元培采用"学院"以代替"部"，来统领各学系。关于大学与学系之间使用"学院"的设想，蔡元培在规划杭州大学学科设置中得到体现。他主张杭州大学先设四院，四个学院之下设置学系，四个学院分别为自然科学院、社会科学院、文艺学院、应用科学院。各学院分设若干学系，如自然科学院分数学系、物理学系、化学系、天文学系、地质学系、生物学系；社会科学院分哲学系、心理学系、社会学系、史学系、政治学系、法学系、经济学系、教育学系、家政学系；文艺学院分国学系、外国文学系、美术学系；应用科学院分应用化学系和应用生物学系②。这样，"废科名"之后，逐渐形成了大学、学院、学系三级学科建制，中国现代大学院系体制日趋完善。

蔡元培北大改制，不仅突出了文理两科在大学学科设置上的核心地位，而且改变了民初的大学体制，逐渐形成了大学、学院与学系的新体制。这套院系新体制为全国其他高校所效仿，产生了重大影响，也为南京国民政府教育部所认可。1929 年国民政府公布的《大学组织法》，将大学分为文、理、法、教育、农、工、商、医八学院，规定设有三所学院以上并有理或农、工、医之一者为大学，不满三个学院者为独立学院，抬高了"大学"标准。教育部随后颁布的《大学规程》，

---

① 蔡元培：《中国现代大学观念及教育趋向》，中国蔡元培研究会编：《蔡元培全集》第五卷，浙江教育出版社 1997 年版，第 311 页。

② 蔡元培、蒋梦麟等：《杭州大学章程》，中国蔡元培研究会编：《蔡元培全集》第五卷，浙江教育出版社 1997 年版，第 23 页。

以政府法令的形式将蔡元培北大改制的成果——新的院系体制加以巩固。

关于大学学系及课程，《大学规程》规定：大学各学院或独立学院各科，依大学条例第六条之规定，分为若干学系；大学文学院或独立学院文科，分中国文学、外国文学、哲学、史学、语言学、社会学、音乐学及其他各学系；大学理学院或独立学院理科，分数学、物理学、化学、生物学、生理学、心理学、地理学、地质学及其他各学系；大学法学院或独立学院法科，分法律、政治、经济三学系，但得专设法律学系；大学或独立学院之有文学院或文科而不设法学院或法科，以及设法学院或法科而专设法律学系者，可设政治、经济二学系于文学院或文科；大学教育学院或独立学院教育科，分教育原理、教育心理、教育行政、教育方法及其他各学系，大学或独立学院之有文学院或文科而不设教育学院或教育科者，可设教育学系于文学院或文科。大学农学院或独立学院农科，分农学、林学、兽医、畜牧、蚕桑、园艺及其他各学系。大学工学院或独立学院工科，分土木工程、机械工程、电热工程、化学工程、造船学、建筑学、采矿、冶金及其他各学系。大学商学院或独立学院商科，分银行、会计、统计、国际贸易、工商管理、交通管理及其他各学系。大学医学院或独立学院医科不分系。大学各学院或独立学院各科学生（医学院除外），从第二年起，应认定某学系为主系，并选定他学系为辅系。①至此，蔡元培北大改制所尝试的大学学科及院系设置，正式

---

① 《教育部公布大学规程》，中国第二历史档案馆编：《中华民国史档案资料汇编》第五辑第一编《教育》（一），江苏古籍出版社 1994 年版，第 174~175 页。

得到了政府的认可。中国现代大学学科与院系体制，正式以政府法令形式最后确定下来。

蔡元培以德国研究型大学为蓝本对北京大学进行改造之初，便开始筹设北大研究院。正是本着现代大学应当研究高深学问的学术理念，他在北大最早创办各学科研究所，吸收北大师生专门从事学术研究。1917年年底，文、理、法三科各学门分别成立了研究所。到1918年年初，北京大学文、理、法三科研究所有研究员一百四十八人（其中毕业生八十人，高级生六十八人），另有通信研究员三十二人。其中理科研究员仅十八人，文科七十一人，范文澜、冯友兰、叶圣陶、俞平伯等均为文科研究员。

为了吸收北大师生专门从事学术研究，蔡氏加快了各门研究所的改组。1921年12月14日，北京大学评议会第二次会议通过的《国立北京大学研究所组织大纲》规定："本校为预备将来设大学院起见，设立研究所，为毕业生继续研究专门学术之所。"该大纲还规定，北大研究所分设自然科学、社会科学、国学和外国文学四门；所长由大学校长兼任，各门设主任一人，经理本门事务，由校长于本校教授中指任之，任期两年。蔡氏在北大要创办的大学研究所，颇似后来的大学研究生院，是以培养研究生为主的学术教育机构。由于经费和人力条件的限制，北京大学到1922年仅开办了国学门研究所。蔡元培兼任研究所国学门委员会委员长，委员有顾孟余、沈兼士、胡适、马裕藻、钱玄同、李大钊、朱希祖、周作人等，沈兼士任国学门主任。该研究所聘请王国维、罗振玉、陈寅恪、朱希祖、马衡、刘复、沈兼士、周作人、钱玄同等人担任导师。

国学门成立后，出版《国学门季刊》，整理、摘采明清档案史料，进行考古调查和纂著考古方面书籍，刊印和征集民间歌谣，开展方言和风俗调查，培养了郑天挺、容庚、冯淑兰（女）、罗庸、商承祚、张煦、魏建功等一批国学研究人才。北大国学门研究所的建立，开创了中国大学设立研究所的先河，后来国内其他大学也纷纷仿效，相继设立研究所，对中国现代大学的发展产生深远影响。

六、他是如何在北大率先实现男女同校的

蔡元培整顿北大的一项重大改革措施，是招收女生，实行男女同校。民国成立以后，虽然在小学实行了男女同校，但由于受"男女授受不亲""男女七岁不同席"等封建礼教的束缚，在高等小学往往无法实行，高等教育更谈不到男女同校。这种男女不同校的惯例，严重损害了广大女性平等接受教育的权利。蔡元培出任北大校长后，对于这种状况极为不满，积极宣传男女应有同等受教育的权利，并努力创造条件实现大学男女同校。1917 年 12 月，他任北京孔德学校校长，学生以北大教员的子女为主，兼收男女生并且女生比男生还多。

1919 年 3 月 15 日，蔡元培在北京青年会做题为"贫儿院与贫儿教育的关系"的演说，呼吁社会起来破除男女界限，纠正轻视女子的恶习，尊重妇女的人格，平等互助，指出随着女权的发展，男女社交公开，权利平等，这是大势所趋，提出改变中国目前男女不相接触的状况，最好是从学校做起，

实行男女同校。随后，他在天津青年会的演说中，进一步提出要改善妇女教育，就必须打破男女不同校的旧例。

一位名叫邓春兰的甘肃女青年，读到蔡元培《贫儿院与贫儿教育的关系》演说后深受启发和鼓舞，便于5月19日写信给蔡元培，请求他本其历来提倡男女平等的精神，允许北京大学招收女子进补习班，她本人愿负笈进京，"为全国女子开一先例"。与此同时，她还发表告全国女子中学毕业生书，呼吁组织请愿，要求大学开放女禁。12月9日，一个署名"新青年一分子谢楚桢"的女学生也写信给蔡元培，声称代表全国女界请求北大率先开放女禁。

蔡元培利用教育部对大学男女同校并无明文禁令的机会，造成大学男女同校的既成事实。12月13日，他在回复谢楚桢的信中说："'大学开女禁'的事，大学规程并没有规定'女子不能进校'；报考时但说报中学毕业生，也没有说专报男生。所以大学并没有'女禁'，说不到'开'字。要是有中学毕业的女子来考预科，断没有不准考的理。"① 稍后，他又在报纸上公开宣布北大可以招收女生，实行男女同校。他说："大学之开女禁问题，则予以为不必有所表示。因教育部所定规程，对于大学学生，本无限于男子之规定，如选举法中之选举权者。且稽诸欧美各国，无不男女并收，故予以为无开女禁与否之问题。即如北京大学明年招生时，倘有程度相合之女学生，尽可报考，如程度及格，亦可录取也。"

1920年春，北大果然先后招收了九名女生旁听，至1920

---

① 蔡元培：《胡适遗稿及秘藏书信》第三十九册，黄山书社1994年影印，第335页。

年秋季起，北大正式招收女生，开了中国大学男女同校的先河。蔡元培在北大推行男女同校，不仅是中国大学教育史上的创举，同时也是对传统礼教的巨大冲击。北大接纳女旁听生不久，教育部出面干涉，致函北大说："国立学校为社会观听所系，所有女生旁听办法，务须格外慎重，以免发生弊端，致于女学前途，转滋障碍。"① 当时控制北京政府的直系军阀曹锟和奉系军阀张作霖对北大实行男女同校大表不满，扬言要将蔡元培"看管起来"。② 为了缓和事态，蔡元培于 1920 年 11 月赴欧美考察教育。但大学男女同校的禁锢一旦被打破，就不是保守势力所能阻止了的。继北大之后，男女同校在全国各高等学校推广开来。沿袭数千年的封建禁锢，终于在蔡元培的倡导下被打破。

由此可见，蔡元培整顿北大的意义，不仅把腐败和封建习气极浓的旧北大改造成为一所生机勃勃、名副其实的全国最高学府，而且开创了社会新风气，对民国思想文化界产生了广泛而深远的影响。1917—1923 年主持北大的六年，是蔡元培一生中最辉煌的时期，他无可争议地被奉为全国学界的领袖。

七、他在新文化运动中究竟扮演了什么样的角色

蔡元培主持北京大学期间，正是新文化运动狂飙突进的

---

① 教育部：《致北大函》，《教育公报》第七卷第六期，1920 年 6 月 20 日。

② 《曹、张宴客时之趣语》，《时事新报》1920 年 9 月 15 日。

时代。作为学界领袖，蔡元培在新文化运动中扮演了支持者和呵护者的重要角色。

蔡元培的贡献，首先体现在为新文化运动的发展提供坚强的阵地。蔡元培任北大校长后，延聘陈独秀、胡适、李大钊、钱玄同、高一涵、刘半农、鲁迅、沈尹默等新派学人为北大教员，使新文化运动的力量汇聚到北大。他支持陈独秀将《新青年》杂志迁到北大，对新文化运动的发展起了关键的作用。《新青年》杂志迁到北大后，由于北大进步师生的加盟，改变了以前作者多为皖人的局限，宣传内容更广泛，影响也更大，开始真正扎根到"新青年"之中。而在《新青年》杂志影响下，北大进步师生创办的《新潮》《每周评论》《国民》等杂志，又进一步扩大了新文化运动在全国的影响。这样，新文化运动便在北大进步师生的共同努力下，从原来由陈独秀等少数人提倡的文化运动，变成有大批青年学生拥护的全国性的思想启蒙运动，北京大学成为这场运动的中心。蔡元培对促进新文化运动的发展起了异常重要的作用。梁漱溟谈到新文化运动历史时说："所有陈胡以及各位先生任何一人的工作，蔡先生皆未必能作，然他们诸位若没有蔡先生，却不得聚拢在北大，更不得机会发抒。聚拢起来，而且使其各得发抒，这毕竟是蔡先生独有的伟大。从而近二三十年中国新机运亦就不能不说蔡先生实开之了。"[1]

蔡元培以其声望和社会地位，排除反对势力的进攻，极力维持北大这个新文化运动的中心。1919年年初，以桐城派古文家林纾为代表的守旧势力，一面写毁谤小说，对陈独秀、

---

[1] 梁漱溟：《忆往谈旧录》，中国文史出版社1991年版，第90页。

胡适、钱玄同和蔡元培进行人身攻击，把蔡元培比作赞助"毁圣灭伦"的怪物"元绪"，意为大龟；一面发表公开信，指责北大及陈、胡等人"覆孔孟，铲伦常"，"尽废古书，行用土语为文字"，"尽反常轨，侈为不经之谈"，警告蔡元培"以守常为是"，"为国民端其趣向"。① 同时，北京政府对蔡元培施加压力，指责《新潮》杂志的言论过于激进，要求他约束北大师生的言行。面对各方的压力，蔡元培毅然为新文化运动的坚强后盾。

蔡元培对林纾的恶语谩骂嗤之以鼻，对林纾写给他的公开信从容作复，辩明林纾的指摘是毫无根据的，是林纾俯拾谣言对北大进行攻击，最后声明自己决不改变"思想自由""兼容并包"的办学方针。在复教育总长傅增湘的信中，蔡元培重申"大学兼容并包之旨，实为国学发展之资"，指出北大学生所办《新潮》杂志，言论"间有殊于旧贯者，容为外间误会之所集。然苟能守学理范围内之研究，为细密平心之讨议，不涉意气之论，少为逆俗之言，当亦有益而无弊"②。对于守旧势力压迫他辞退陈独秀，约制胡适，蔡元培坚决予以拒绝，一人承担责任，表示："北京大学一切的事，都在我蔡元培一人身上，与这些人毫不相干。"③

1920 年 4 月，蔡元培还在北京英文《导报》增刊上发表

① 蔡元培：《林琴南致蔡元培函》，《蔡元培全集》第三卷，中华书局 1984 年版，第 272~275 页。

② 蔡元培：《复傅增湘函》，《蔡元培全集》第三卷，中华书局 1984 年版，第 285 页。

③ 傅斯年：《我所景仰的蔡先生之风格》，《蔡元培先生纪念集》，中华书局 1984 年版，第 81 页。

《洪水与猛兽》一文，以洪水喻新思潮，以猛兽比军阀，热情欢呼被喻作洪水的新文化运动。他说，历史上一个学者攻击别派学说，总是袭用"甚于洪水猛兽"这句话，"现在旧派攻击新派，也用他"。"我以为用洪水来比新思潮，很有几分相象。他的来势很勇猛，把旧日的习惯冲破了，总有一部分的人感受痛苦；仿佛水源太旺，旧有的河槽，不能容受他，就泛滥岸上，把田庐都扫荡了。"他断言："中国现在的状况，可算是洪水和猛兽竞争。要是有人能把猛兽驯服了，来帮同疏导洪水，那中国就立刻太平了。"[1] 在激烈的新旧文化斗争中，蔡元培坚定地支持和保护新文化运动。

新文化运动取得巨大成果，与蔡元培的支持是分不开的。而蔡元培的支持主要是通过推行其"兼容并包，思想自由"的方针实现的。蔡元培的这个方针，对陈独秀的新文化派起了保护和支持的作用。为此，在1940年蔡元培逝世时，陈独秀感言说："五四运动，是中国现代社会发展之必然的产物，无论是功是罪，都不应该专归到那几个人；可是蔡先生、适之和我，乃是当时在思想言论上负主要责任的人。"[2]

在保护新文化运动的同时，蔡元培积极提倡白话文，反对文言文。1917年2月，他与张一麐、严修、梁启超等人发起组织中华民国国语研究会并出任会长，呼吁学界为统一国语而共同努力。此后，他多次发表演说，宣传白话文必然取代文言文。守旧派提出文言是国家统一的利器，换了白话文

---

① 　蔡元培：《洪水与猛兽》，《蔡元培全集》第三卷，中华书局1984年版，第392页。

② 　陈独秀：《蔡孑民先生逝世后感言》，《中央日报》1940年3月24日。

会引起各地方用本地方言，导致国家的分裂。蔡元培驳斥这种说法是站不住脚的，他说："提倡白话的人，是要大家公用一种普通话，借着写的白话来统一各地方的话，并且用读音统一会所定的注音字母来帮助他，那里会分裂呢？"随后，他在国语讲习所就如何推动国语运动发表演说，建议提倡国语，应从语音、语法和国语的文章三方面依次着手。1920年10月，在北京高等师范学校国文部的演说中，蔡元培认为，言文一致，用白话代替古文，是文学发展史上合乎规律的现象，公开申明："我们现在不必模仿古文，亦不必作那种图案的文章；凡是记述说明，必要用白话才对。虽现在白话的组织不完全，可是我们决不可错了这个趋势。"[①]

蔡元培既反对定孔教为国教，也反对基督教运动。关于孔教问题，他指出，孔子并非宗教家，"自广义的宗教言之（信仰心），必有形而上之人生观及世界观。而孔子无之，其所言者，皆伦理学、教育学、政治学之范围"。"自狭义的宗教言之，必有神秘思想，而孔子又无之。"[②]因此，"所谓'以孔教为国教'者，实不可通之语"[③]。关于基督教问题，蔡元培指出，今日西方社会的进步，并非得益于基督教，"仍由于教育普及，科学发达，法律完备。人人于因果律知之甚明，何者行之而有利，何者行之而有害，辨别之甚析，故多数人率循正轨耳，于宗

---

① 蔡元培：《论国文的趋势及国文与外国语及科学的关系》，《蔡元培全集》第三卷，中华书局1984年版，第458页。

② 蔡元培：《蔡元培致许崇清函》，《蔡元培全集》第三卷，中华书局1984年版，第56页。

③ 蔡元培：《在信教自由会之演说》，《蔡元培全集》第二卷，中华书局1984年版，第491页。

教何与？"① 他郑重声明："我的意思，是绝对的不愿以宗教渗入教育的。"②

蔡元培倡导科学，支持中国科学社的活动，反对宗教迷信。1917年1月，他为中国科学社创办的《科学》杂志撰写《祝科学》一文，极言科学之重要，并在经济上援助科学社，每月由北大编译处拨款二百元，作为印刷《科学》杂志的津贴。1918年科学社办事机构由美国移归国内，发起一个五万元基金募集活动，为设立事务所、图书馆及维持杂志筹措经费，蔡元培又积极参与此项活动，撰写中国科学社征集基金启事，号召社会各界予以捐助，推动中国科学事业的发展。

八、他是如何保护爱国青年学生的

蔡元培主持下的北大，是新文化运动的中心和摇篮，也是"五四"反帝爱国运动的策源地。这场伟大的反帝爱国政治运动中，蔡元培的态度如何呢？作为一名教育家，蔡元培并不赞成学生沉溺于政治运动，他毫不讳言地说："我对于学生运动，素有一种成见，以为学生在学校里面，应以求学为最大目的，不应有何等政治的组织。其有年在二十岁以上，对于政治有特殊兴趣者，可以个人资格参加政治团体，不必牵涉学校。"1918年5月21日，当北大和其他学校的学生为抗

---

① 蔡元培：《在清华学校高等科演说词》，《蔡元培全集》第三卷，中华书局1984年版，第28页。

② 蔡元培：《在清华学校高等科演说词》，《蔡元培全集》第三卷，中华书局1984年版，第28页。

议段祺瑞政府与日本签订《中日陆军共同防敌军事协定》而前往总统府请愿时，蔡元培曾出来劝阻学生，认为学生爱国热情可嘉，但外交问题应静候政府解决。对于学生不听从他的劝告，坚持举行请愿活动，他事后果然十分认真，向总统徐世昌提出辞职。他在辞呈中说：是日，"元培特于七时到校，多方劝告，并许以代达意见于大总统，而彼等不肯听从，毅然列队进行。元培平日既疏于训育，临时又拙于肆应，奉职无状，谨此辞职"①。

但作为一校之长，蔡元培对学生不听劝告，违反政府禁令的行为不作任何处理，而由他本人出来承担责任，提出辞职，这其中所包含的对爱国青年学生的同情和保护是显而易见的。其实，蔡元培在主持北大期间并不一概反对学生参加政治活动，更不主张学生可以不关心国家和民族的命运。毕竟蔡元培不只是一位教育家，同时也是一位忠诚的爱国主义者。

1918 年 11 月 16 日，蔡元培发表著名的《劳工神圣》的演说，宣告"此后的世界，全是劳工的世界"。呼吁人们"不要羡慕那凭藉遗产的纨绔儿！不要羡慕那卖国营私的官吏！不要羡慕那克扣军饷的军官！不要羡慕那操纵票价的商人！不要羡慕那领干修的顾问谘议！不要羡慕那出售选举票的议员！他们虽然奢侈点，但是良心上不及我们的平安多了。我们要认清我们的价值！劳工神圣！"②

11 月 28 日，蔡元培再次组织北大师生在中央公园（即今

---

① 蔡元培：《向教育部辞北大校长职呈》，《蔡元培全集》第三卷，中华书局 1984 年版，第 171 页。

② 蔡元培：《劳工神圣》，《蔡元培全集》第三卷，中华书局 1984 年版，第 219 页。

中山公园）举行演讲大会，并要求北大学生务必全体参加。他在《对北大学生全体参与庆祝协商战胜提灯会之说明》中指出：国家的命运与世界的命运休戚相关，学校的命运与国家的命运休戚相关，学生的命运与学校的命运休戚相关，宣布凡是故意不参加演讲会的学生，"此其人即不屑以世界眼光、国家观念等绳之，而第即其对于本校及本班之无情，亦必为同班诸生所不齿。……苟有规避不到者，请本班同学自检举之，然后施以相当之惩戒。"①

在此，蔡元培背离了刚归国任北大校长时"不涉政界"的初衷，表现出高昂的政治热情。而他的政治热情又直接影响到北大的师生。胡适后来在《纪念五四》一文中指出，正是蔡元培的政治热情，使北大从那天起"就走上了干涉政治的路子，蔡先生带着我们都不能脱离政治的努力了"②。

1919年4月30日，英、法、美等置中国人民的感情和正义要求于不顾，屈服于日本帝国主义的压力，在巴黎和会有关山东问题的决议上竟然把德国在我国山东的权利全部转让给日本。这对包括像蔡元培在内的许多原来对巴黎和会寄予极大希望的中国知识分子来说，犹如晴天霹雳，使他们完全抛弃了"公理战胜强权"的幻想，自觉地走上斗争的前台。5月2日，蔡元培在北大饭厅召集学生代表和班长开会，"讲述了巴黎和会帝国主义互相勾结，牺牲中国主权的情况，指出

---

① 蔡元培：《劳工神圣》，《蔡元培全集》第三卷，中华书局1984年版，第223~224页。
② 胡适：《纪念五四》，《独立评论》第一百四十九号，1935年5月5日。

这是国家存亡的关键时刻，号召大家奋起救国。"[1]

5月3日，时任北京政府外交委员会委员长的汪大燮向蔡元培透露政府当局准备电令中国代表在巴黎和约上签字，蔡元培立即将这一消息转告持坚决反日立场的北大学生许德珩及《新潮》社的罗家伦、傅斯年、康白情、段锡朋等，把拒签和约的希望寄托在爱国青年学生身上。

蔡元培在五四运动爆发后所持的立场，也表明他是支持爱国青年学生的。5月4日那天，共有三十二名参加示威游行的学生被军警捕去，其中北大学生二十人。当日，教育部也发布第183号训令，要求蔡元培"严尽管理的责"，对不遵守约束，参加示威游行的学生，"应即立予开除"[2]。但蔡元培并没有执行教育部第183号训令。当晚，北大学生在三院礼堂开会，商讨营救被捕学生办法，蔡元培亲临会场，向同学们表示：发生这种事，他当校长的要引咎辞职，不过一定负责把三十二名同学保释出来[3]。同时，为减少营救困难，他劝告同学们不要再有激烈举动，贻政府以口实。散会后，他即拜访当年曾帮助他去德国留学的孙宝琦，希望与北京政府关系密切的孙宝琦出面营救被捕学生。

5月5日晨，北京政府以教育部名义，明令各校校长将查明为首滋事的学生一律开除，广大青年学生也针锋相对，开始十天的集体罢课。在学生与政府的对峙中，蔡元培坚定地

---

① 何思源：《五四运动回忆》，《北京文史资料选编》第四辑，第67页。

② 《北京大学日刊》，1919年5月19日。

③ 杨晦：《五四运动与北京大学》，《五四运动回忆录》上册，中国社会科学出版社1979年版，第225页。

站在学生一边。当天下午2时，他与北京其他十二所大专学校的校长在北大开会，商讨营救被捕学生，会议议决："此事乃多数市民运动，不可让被拘之少数学生负责，若指此次运动为学校运动，亦当由各校校长负责，应先推举代表往警厅要求释放学生，如警厅不允，则往教育部，教育部不允，则往总统府，总之不释放此少数学生，誓不终止。若政府不能容纳众议，虽致北京教职员全体罢职亦所不惜。"① 会上还成立了以蔡元培为首的校长团，专门负责与政府交涉。5月6日，蔡元培又与北大教务长马寅初、工科学长温宗禹、庶务主任李辛白等，联名在《北京大学月刊》上登出《校长布告》，公开向学生表示"为要求释出被拘留诸同学，鄙人愿负完全责任"。是日晚，蔡元培即率校长团再至警厅与警察总监吴炳湘交涉。吴炳湘提出释放被捕学生的两个条件：一、明日不许学生赴国民大会；二、学生明日起一律上课。为尽快保释被捕学生，蔡元培慨然以身家作保，表示同意。次日晨，他亲自率北大师生在红楼前面的文科操场迎接被捕同学归来，并发表讲话，备加慰勉。许德珩回忆当时的情景说："当我们出狱由同学们伴同走进沙滩广场时，蔡先生是那样的沉毅而慈祥，他含着眼泪强作笑容，勉励我们，安慰我们，给我们留下了极为深刻的印象。"②

正因为蔡元培对学生运动持同情和支持态度，当时的北

---

① 蔡晓舟、杨景公编：《五四》，《五四爱国运动》上册，中国社会科学出版社1979年版，第458页。

② 许德珩：《回忆蔡元培先生》，《蔡元培先生纪念集》，中华书局1984年版，第134页。

京政府和反动军阀对他恨之入骨，将他看作是学生运动的"罪魁祸首"。5月4日夜和次日凌晨，北京政府国务总理钱能训召集京师警察总监吴炳湘、警备司令段芝贵等，在自己家里召开内阁紧急会议，策划对付学生运动办法。会上他们一致叫嚷要解散北京大学，撤免蔡元培的校长职务。段芝贵甚至说："宁可十年不要学校，不可一日容此学风。"教育总长傅增湘出面抗争，并为蔡辩解，内阁总理钱能训即斥之曰："汝谓蔡鹤卿校长地位不能动摇，假若蔡死则何如？"[①]5月7日，被捕学生安全释放后，反动军阀和北京政府仍不罢休。5月8日，北京政府决定撤免蔡元培的校长职务，提出由桐城派古文家马其昶任北大校长，并发布整饬学风和将已经释放学生送交法庭依法审理的命令。同时，社会上也盛传卖国贼曹汝霖、陆宗祥等要对蔡元培报复，以重金收买人刺杀蔡元培，焚烧北大校舍，并杀北大学生；又说徐树铮已在景山顶上架炮，准备轰击北大。总之，他们把五四运动都加罪于蔡元培，认为"此事为北大学生所主持，北大学生系受蔡孑民之唆使"[②]。

面对反动势力的威胁，蔡元培为营救学生，保护学校，毫不退缩，态度始终"镇静而强硬"，曾对友人说："吾不可不去，然学生事必为之办好。"[③]当有友人以"恐危及君身"相劝时，蔡元培则笑答："如危及身体，而保全大学，亦无所不

可。"①

　　待至 5 月 8 日得知北京政府决定撤免他的北大校长职务，由马其昶任北大校长的消息后，蔡元培鉴于被捕学生已保释，为避免因他个人的进退导致学生与政府的冲突，影响学校，便于当日毅然提出辞呈，9 日清早即悄然离京南下。10 日，他在南行途中给北大同学写了一封信，声明他的出走绝无责怪学生之意。他说："仆深信诸君本月四日之举，纯出于爱国之热诚。仆亦国民之一，岂有不满于诸君之理。惟在校言校，为国立大学校长者，当然引咎辞职。仆所以不于五日即提出辞呈者，以有少数学生被拘警署，不得不立于校长之地位，以为之尽力也。今幸承教育总长、警察总监之主持，及他校校长之援助，被拘诸生，均经保释，仆所能尽之责，止于此矣。如不辞职，更待何时。至一面提出辞呈，一面出京，且不以行踪告人者，所以避挽留之虚套，而促继任者之早于发表，无他意也。北京大学之教授会，已有成效，教务处亦已组成，校长一人之去留，决无妨于校务。惟恐诸君或不见谅，以为仆之去职，为有不满意于诸君之意，故特在途中，匆促书此，以求谅于诸君。"②

　　尽管蔡元培将辞职说成是"惟在校言校，为国立大学校长者，当然引咎辞职"，但他既然认为五四学生运动无罪有理，实则也就无"引咎"可说。他辞职的真正原因，乃在于保护爱

---

①　龚振黄编：《青岛潮》，《五四爱国运动》上册，中国社会科学出版社 1979 年版，第 172 页。

②　蔡元培：《告北大同学诸君》，《蔡元培全集》第三卷，中华书局 1984 年版，第 295~296 页。

国学生。这是蔡元培当时在写给学生的信中不便说，也不能说的原因。而在南下途经天津与友人的一次谈话中，蔡元培就道出了他的这层用意。当友人问他何以辞职如此坚决，蔡回答说："我不得不然。当北京学生示威运动之后，即有人纷纷来告，谓政府方面之观察，此举虽参与者有十三校之学生，而主动者为北京大学学生。北京大学学生之举动，悉由校长暗中指挥。故四日之举其责全在蔡某。蔡某不去，难犹未已。于是有焚毁大学、暗杀校长之计划。我虽闻之，犹不以为意也。八日午后，有一平日甚有交谊而与政府接近之人，又致一警告谓：'君何以尚不出京？岂不闻焚毁大学、暗杀校长等消息乎？'我曰：'诚闻之，然我以为此等不过反对党恫吓之词，可置之不理也。'其人曰：'不然，君不去，将大不利于学生。在政府方面以为君一去，则学生实无能为，故此时以去君为第一义。君不闻此案已送检察厅，明日即将传讯乎？彼等决定，如君不去，则将严办此等学生，以陷君于极痛心之境，终不能不去。如君早去，则彼等料学生当无能为，将表示宽大之意以噢咻之，或者不复追究也。'我闻此语大有理，好在辞呈早已预备，故即于是晚分头送去，而明晨速即离校以保全此等无辜之学生。"接着，蔡元培还补充说："八日午后，尚有见告政府已决定更换北京大学校长，继任者为马君其昶。我想再不辞职，倘政府迫不及待，先下一令免我职，一人之体面而犹为小事，而学生恐不免起一骚动。我之急于提出辞呈，此亦其旁因也。今我既自行辞职而继任者又为年高德劭之马君，学生又何所歉然而必起骚动乎？我之此去，一面保全学生，一面又不令政府为难，如此始可以保全大学。在我可谓心安理得矣。"①

《晨报》刊载的蔡元培与友人的这段谈话记录与当时的历史背景是相符合的，反映了蔡元培辞职的真实用意。后来，蔡元培在《我在北京大学的经历》一文中谈到这次的辞职，也说是因为考虑到"被拘的虽已保释，而学生尚抱再接再厉的决心，政府亦且持不做不休的态度。都中喧传政府将明令免我职而以马其昶君任北大校长，我恐若因此增加学生对于政府的纠纷，我个人且将有运动学生保持地位的嫌疑，不可以不速去。乃一面呈政府，引咎辞职，一面秘密出京"②。由此可见，蔡元培的辞职，充分体现了他忍辱负重的高尚品德，而所谓"引咎辞职""奉职无状"云云，只是表面现象。

蔡元培的辞职，实则是对当时反动势力的一种抗议。蔡元培在出京时草拟的《不肯再任北大校长的宣言》中明确指出，他之所以坚决辞去北大校长职，是因为不愿做那政府任命的"半官僚性质"的校长，不愿做"不自由的大学校长"，不愿做"逐臭之夫"。他说："为了北京大学校长是简任职，是半官僚性质，便生出许多官僚的关系，那里用呈，那里用咨，天天有一大堆无聊的照例的公牍。要是稍微破点例，就要呈请教育部，候他批准。什么大学文、理科叫作本科的问题，文、理合办的问题，选科制的问题，甚而小到法科暂省学长的问题，附设中学的问题，都要经那拘文牵义的部员来斟酌。甚而部里还常常派了什么一知半解的部员来视察，他报告了，

---

① 《晨报》1919 年 5 月 13 日。

② 蔡元培：《我在北京大学的经历》,《蔡元培全集》第六卷，中华书局 1986 年版，第 353 页。

还要发几个训令来训饬几句。我是个痛恶官僚的人，能甘心仰这些官僚的鼻息么？我将进北京大学的时候，没有想到这一层，所以两年有半，天天受这个苦痛。现在苦痛受足了，好容易脱离了，难道还肯投入去么？"又说："思想自由，是世界大学的通例。德意志帝政时代，是世界著名开明专制的国，他的大学何等自由。那美、法等国，更不必说了。北京大学，向来受旧思想的拘束，是很不自由的。我进去了，想稍稍开点风气，请了几个比较有点新思想的人，提倡点新的学理，发布点新的印刷品，用世界的新思想来比较，用我的理想来批评，还算是半新的。在新的一方面偶有点儿沾沾自喜的，我还觉得好笑。那知道旧的一方面，看了这点半新的，就算'洪水猛兽'一样了。又不能用正当的辩论法来辩论，鬼鬼祟祟，想借着强权来干涉。于是教育部来干涉了，国民院来干涉了，甚而什么参议院也来干涉了，世界有这种不自由的大学么？还要我去充这种大学的校长么？"他还说："北京是个臭虫窠，无论何等高尚的人物，无论何等高尚的事业，一到北京，便都染了点臭虫的气味。我已经染了两年有半了，好容易逃到故乡的西湖、鉴湖，把那个臭气味淘洗净了。难道还要我再作逐臭之夫，再去尝尝这气味么？"①

当时广大爱国师生深知蔡元培的辞职系反动政府压力所迫，是要以个人的引退来保存学校，保护学生免受迫害。因此，在他出走的当天，各校代表即在北大开会，以北大全体学生名义呈请政府挽留蔡元培，表示："此次学生行动纯出至诚，乃本校校长过自引咎，呈请辞职，并已离校赴津。生等闻知，

① 蔡元培：《不肯再任北大校长的宣言》，《蔡元培全集》第三卷，第298页。

不胜惶恐，谨于本日决议全体停课待罪，无论何种谴责甘受无辞。若令校长得留，则生等虽去校之日犹怀补过之思，否则非惟贻教育前途以莫大之危险，且恐激起全国舆论之非难。伏乞万勿允准辞职，以维学务而平舆情。"①

　　同一天，北大学生代表还往见教育总长傅增湘，提出请总统特下令挽留蔡校长，并通电全国，宣布"北京大学校长蔡元培先生辞职离京，群情惶惑，恐酿大变，务乞各界垂察"。而在发给上海唐绍仪的电报中，则进一步指明蔡出走的真相，称："北京大学校长蔡元培因受外界胁迫辞职他去，请一致挽留。"同时，北大教职员也集合推举李大钊、马叙伦、马寅初、康宝忠、徐宝璜、王星拱、沈士远等八人为代表，于10日赴教育部面陈挽蔡决心，表示如蔡元培不留任，北大教职员"即一致总辞职"。②

　　鉴于北京政府对于留蔡仍无表示，5月13日，北京各大专学校校长齐上辞呈；医专校长汤尔和、工专校长洪熔等并于即日离京赴津，以示与蔡元培共去留的决心。当晚，北大评议会和教授会召开联席会议重申："本校教职员及学生全体，以蔡校长因学生救国义举致受奸人逼迫而去，其一身之去留，不独关系大学前途，实为全国人心民气所系属……务期挽回蔡校长而后已。"③5月11日成立的上海学生联合会，也于15日发表声明，要求政府："请自今日始，于一星期内作正当明确之表示，维持蔡校长之地位与大学尊严"，"若满一星期，

---

① 《五四爱国运动》上册，中国社会科学出版社1979年版，第461~462页。
② 《五四爱国运动》上册，中国社会科学出版社1979年版，第461~462页。
③ 《民国日报》，1919年5月15日。

犹无满意之表示，则誓筹最后之对付，惟政府实利图之。"

　　在广大师生和社会舆论的压力下，北京政府只好让步。5月14日，徐世昌不得已签署挽蔡的命令称："该校长殚心教育，任职有年，值兹整饬学风，妥求善后，该校长职责所在，亟待认真擎理，挽济艰难。所请解职之处，著毋庸议。"[1] 徐世昌的这道命令，明为挽留，实则毫无诚意，反暗存责备之意。徐世昌还玩弄花招，把挽蔡的命令和挽留卖国贼曹汝霖、陆宗舆的命令一道发表，阴谋以挽蔡为名把这两个卖国贼也保护起来。而更令人震惊的是，就在同一天，他又连下两道继续镇压学生的命令，威胁说："其有不率训诫，纠众滋事者，查明斥退。""纠众滋事不服弹压者，仍遵照前令，依法逮惩。"[2] 由于北京政府对于挽蔡缺乏诚意，广大爱国师生的挽蔡斗争继续进行。5月17日，北京中等以上学校学生联合会通过决议，向政府提出以下四条要求：一、切实挽留蔡校长。二、教育总长不予更动。三、准许学生自由集会。四、惩办曹汝霖等卖国贼。5月19日，全市学生开始实行总罢课。

　　蔡元培在去留问题上考虑的主要还是学生能否得到保护。教育部派员在上海与他商讨复职问题时，蔡元培明确表示，政府如能"曲谅"请愿学生，他方能勉为其难。5月20日，他在致总统、总理和教育总长的复电中，重申了这一意思，称"学生举动，逾越常轨，元培当任其咎。政府果曲谅学生爱国愚诚，宽其既往，以慰舆情，元培亦何敢不勉任维持，共图

① 《五四爱国运动》上册，中国社会科学出版社 1979 年版，第 463 页。
② 《五四爱国运动》上册，中国社会科学出版社 1979 年版，第 463 页。

补救"①。但由于5月19日北京学生实行总罢课后,北京政府对学生的迫害变本加厉,蔡元培又拒绝回任,于5月21日离沪抵杭州小住,并于26日致电教育部次长傅岳棻,称"卧病经旬,近又加重。即愿忝颜北上,亦且力不从心。敢求转请大总统俯赐解职,别任贤者"②。

直到6月中下旬,北京政府在广大人民的巨大压力下,解除曹汝霖、陆宗舆、章宗祥三个卖国贼的职务,中国代表在巴黎和会拒签和约,五四运动的目标基本实现,蔡元培才在各方劝说之下同意复职。7月9日,他致电全国学生联合会、北京中等以上学校学生联合会、北京大学学生干事会,告以"重以各方面责望之殷,已不容坚持初志"③。同日,他复电教育部,表示同意"暂任维持,共图补救",并告以胃疾未愈,"一经就愈,即当束装北上"④。随后,他又函告北大全体教职员,告以胃病未瘳,一时不能到京,委托蒋梦麟先行到校代署校务。

1919年9月12日,蔡元培悄然返京回校。20日,北大师生在法科大礼堂集会,热烈欢迎蔡元培返校任职。在学生的欢迎会上,方豪代表全体学生致热情洋溢的欢迎词,诚挚地表达了学生对蔡元培的无限信任和尊敬,立志遵循蔡元培

---

① 蔡元培:《致徐世昌等电》,《蔡元培全集》第三卷,中华书局1984年版,第297页。

② 蔡元培:《复傅岳棻电》,《蔡元培全集》第三卷,中华书局1984年版,第300~301页。

③ 蔡元培:《致全国学生联合会等电》,《蔡元培全集》第三卷,中华书局1984年版,第307页。

④ 蔡元培:《复傅岳棻电》,《蔡元培全集》第三卷,中华书局1984年版,第306页。

的教导，潜心学术，报答国家。方豪在欢迎词中说："信能启吾心灵，扬我国风者，环顾海内，惟先生耳！大学肩阐发新学、昌明旧术之巨任，为最高尚、最纯洁之学府，生等必以之御！潜研学业，修养德性，答海内之殷望，树国家之基础。自经此番之阅历，顿生绝大之觉悟。现代人材破产，学术衰败，诚引以为可凄恻之事！愿破除一切顽冥思想，浮嚣习气，以创造国家新文化、吾身新生命、大学新纪元。""故今日之欢迎先生，非感情的、非虚伪的，乃欢迎国家新文化！国立大学之新纪元！学生等之新生命！先生必能满足其要求，俾有以贡献于世界。……今先生返矣，大学新纪元作矣，生等新生命诞矣！生等于以有穷之欢乐、无限之兴奋，敬祝先生之健康！大学万岁！"[1]

五四运动期间，广大爱国师生对蔡元培的尊敬和拥戴，是对蔡元培支持爱国青年学生的最好说明。而事实上，蔡元培被尊为学界领袖，也是与他在五四运动中的态度密不可分的。

九、他与各派政治势力究竟有着怎样的关联

蔡元培任北大校长期间，政治态度发生了明显变化。他不主张任何激烈的阶级斗争和社会革命，而赞成和平渐进方式的改良。对于国内政治问题，他不再以党派的身份介入，而多以一位学者的身份发言，表现出明显的自由派知识分子的倾向。

1917 年蔡元培就任北大校长之初，国内政坛围绕对德政

---

[1] 《北京大学日刊》1919 年 9 月 20 日。

策出现了激烈争论。以孙中山为首的南方国民党人担心段祺瑞政府借口参战，乘机发展个人势力，打击异己，坚决反对中国加入协约国一方，对德绝交、宣战。但值得注意的是，作为国民党元老的蔡元培不为党派之见所囿，不赞同孙中山的意见。1917年3月3日，他与国民党的反对派梁启超、张君劢等研究系人物发起成立国民外交后援会，声援北京政府加入协约国一方，对德绝交、宣战。蔡元培认为，英、美、法与德国之间的战争是"强权与扶助""道德与不道德"的战争，中国应站在正义的协约国一方，向德宣战，不能因党派之见而意气用事，指出："以国内党派意见纷歧，恐乘此机以图破坏，则尤属非是。大凡一国之内，无论内部如何不稳，一至国外发生问题，国内反可一致对外。"[①]要求南方国民党人士在对外政策上与段祺瑞政府采取一致立场。

在以孙中山为首的广州护法军政府与北京政府的对峙中，蔡元培虽然在反对军阀统治、争取民主共和政治上与孙中山并无分歧，但他并不赞成孙中山为护法而诉诸武力，主张南北双方通过和平谈判以实现国家的统一。1918年10月23日，他与熊希龄、张謇、王宠惠等社会名流发起成立和平期成会，以超党派姿态，通电全国，呼吁结束南北分裂局面，减轻人民战乱之苦，痛陈"慨自国内构衅，忽已年余，强为畛域之分，酿成南北之局，驯至百政不修，土匪遍地，三军暴露，万姓流离，长此相持，何以立国"[②]。稍后，蔡元培在致孙中山的信函中也婉转地表达了同样意思。他在11月18日介绍老同盟

---

① 天津《大公报》1917年3月5日。

② 《熊希龄等拟组和平期成会电》，《民国日报》1918年10月26日。

会会员伊仲材拜见孙中山的信中说:"欧战既毕,国内和平之声浪洋溢南北,大势所趋,决非少数人所能障挽。"他建议孙中山放弃政治斗争,不要再拘于国会、约法之争,应致力于实业和教育建设,提出"倘于实业、教育两方面确著成效,必足以博社会之信用,而立民治之基础。较之于议院占若干席、于国务院占若干员者,其成效当远胜也"[①]。

对于蔡元培这种学人式的主张,孙中山不以为然,坚持和平只有在遵守民主和法律的前提下才能实现。他在 12 月 4 日复蔡元培的信中说:"今日国民希望平和之切,诚如尊论。惟是国民所蕲望之平和,为依法之平和,为得法律保障之平和。近闻少数谋平和者,方欲牺牲国会,而与武人为谋。夫国会者,民国之基础,法治之机枢,此而可废,于民国何有?蔑法律而徇权势,是乃苟且偷安,敷衍弥缝。虽足以勉持旦夕,而武人把持政柄,法律不能生效,民权无从保障,政治无由进化。权利争竞,扰攘不已。一旦倾轧破裂,则战祸又起。故民国若不行法治之实,则政治终无根本解决之望。暂安久乱,所失益多。"[②] 稍后,孙中山于 12 月 12 日致函熊希龄、蔡元培,希望他们正确认识形势,共同维护国法,指出"此次政争逾年,民生重困,其源皆于法律为武力听破坏,以致国纪荡然,民命莫托"。并再次强调:"国民鉴往诫来,所蕲求者不在暂时和平,而在永久和平,即使法律得完全之保障,而举

---

① 蔡元培:《致孙中山函》,《蔡元培全集》第三卷,第 220 页。

② 蔡元培:《孙中山复蔡元培函》,《蔡元培全集》第三卷,中华书局 1988 年版,第 221 页。

国皆托庇于法治之下也。"①

尽管蔡元培在1919年1月7日发表启示，宣称南北议和即将开幕，鼓吹和平之事已告一段落，本人羁于学务，自本日起，脱离与和平期成会有关的一切活动。但在"五四"前后，蔡元培始终没有改变自由派知识分子立场。1922年4月底5月初，直系军阀吴佩孚、曹锟打败奉系军阀张作霖，控制北京政府，成为北洋军阀的首要人物。由于吴佩孚在"五四"时曾表示支持学生运动，反对过安福系控制的亲日卖国政府，在当时颇得舆论的好评，被誉为"爱国军人""模范军人"。蔡元培也被吴佩孚的表面现象所迷惑，希望在吴佩孚的统治下，实现南北统一，出现一个"好人政府"。

1922年5月14日，蔡元培与王宠惠、罗文干、汤化龙、陶知行、李大钊等十六人，联名发表由胡适起草的《我们的政治主张》，要求建立一个"好政府"，以建设"宪政的政府""公开的政府"和"有计划的政府"作为政治改革的三项基本原则。他们认为："中国所以败坏到这步田地，虽然有种种原因，但好人自命清高确是一个重要的原因。"因此，政治改革的第一步就是"在于好人须寓有奋斗的精神。凡是社会上的优秀分子，应该为自卫计，为社会国家计，出来和恶势力奋斗"。宣言还就解决目前中国政治问题提出具体建议，其第一条就是南北早日议和："我们不承认南北的统一是可以用武力做到的"，"一切暗地的勾结，都不是我们国民应承认的，我们要求一种公开的、可以代表民意的南北和会。暗中的勾结与排

---

① 孙中山：《复熊希龄蔡元培函》，《孙中山全集》第四卷，中华书局1985年版，第523页。

挤是可耻的，对于同胞讲和并不是可耻的。"① 此外，宣言还提出召集国会克期完成宪法，实行裁兵、裁官，财政公开，量入为出，采用直接选举制等主张。

与此同时，蔡元培还反对孙中山的北伐主张，支持吴佩孚、曹锟提出的恢复旧国会，请黎元洪复职的倡议。5月22日，他与梁启超、熊希龄、汪大燮、孙宝琦、王宠惠、林长民、梁善济、张耀曾等联名发表解决时局意见的通电，称吴佩孚"伟略硕望，举国所仰，倘荷合力促成，民国前途，实利赖之"②。6月3日，在出席北京教育界举行的"六三"纪念会上，蔡元培又领衔与二百余名代表致电孙中山和广东非常国会，一面赞扬孙中山领导的南方护法运动，"使全国同胞永有一正式民意机关之印象"，"公等护法之功，永久不朽"。但同时认为非法总统徐世昌已去职，旧国会即将恢复，护法目的已达，"南北一致，无再用武力解决之必要"，要求孙中山"停止北伐，实行与非法总统同时下野之宣言"③。

6月8日，蔡元培又与王家驹、李建勋、毛邦伟等十余人代表教育界发表通电，欢迎黎元洪复职，称"中央政府负责无人，考量事实，非公莫属。务恳俯顺舆情，维持大局，事关国脉，万乞即日莅京，勉任艰巨，毋任企祷之至"④。对胡适不赞成他发电催促黎元洪来京，蔡元培复信坚持已见，表示："西南方反对旧国会，揭一黎以与孙对待而开和议，似亦未为不

---

① 蔡元培：《我们的政治主张》，《蔡元培全集》第四卷，中华书局1984年版，第188~189页。

② 《晨报》1919年5月25日。

③ 《晨报》1922年6月4日；《民国日报》1922年6月6日。

④ 《晨报》1922年6月8日；《民国日报》1922年6月10日。

可。"①

　　蔡元培的主张显然违背了他的党派立场，在当时就受到国民党人的严厉批评。上海《民国日报》于6月6日、7日、10日连续发表《主张"好人奋斗"者底失言》《问蔡老先生》《被坏人利用的好人》三篇社论，要求蔡元培认清形势，不要被军阀所利用，一针见血地指出，吴佩孚拥黎无非"借他作个傀儡，来行他什么'巩固北洋正统'底大计划，预备作袁世凯第二罢了"②。6月6日，章太炎、张继同时致电，严厉指责蔡元培的行为。章电称："此次北伐，乃南方自争生存，原动不在一人，举事不限护法。公本南人，而愿北军永据南省，是否欲作南方之李完用耶？或者身食其禄，有箭在弦上之势，则非愚者所敢知也。"③张电则云："阅公劝中山总统停止北伐一电，不胜骇然。北军宰割江流，行同强寇。仆北人也，尚不愿乡人有此行动。公以南人，乃欲为北军游说，是何肺肠？前者知公热心教育，含垢忍辱，身事伪廷，同人或尚相谅。今乃为人傀儡，阻挠义兵，轶出教育范围以外，损失名誉，殊不值也。"④而蔡元培在6月10日复电中则依然坚持自己的立场。他认为西南护法一由于国会被非法解散，二由于北方总统由非法议会选出，现在总统徐世昌告退，旧国会已恢复，因此，南方举兵护法，理由"均已消灭"；南北双方完全可以根据他们发表的《我们的政治主张》的建议召开代表民意的南北和会，实行联省自治，"初无武

① 中国社会科学近代史研究所中华民国史研究室编：《胡适的日记》下册，中华书局1985年版，第375页。

② 《被坏人利用的好人》，《民国日报》1922年6月10日。

③ 《民国日报》1922年6月7日。

④ 《民国日报》1922年6月7日。

力解决之必要"。对章、张两电中"为人傀儡""作南方之李完用""身事伪廷"等指责，蔡元培反驳说：一、请孙中山下野，不过本敬仰中山先生及非常国会议员之诚意，为爱人以德之劝告，并非"为人傀儡"。二、南人与北人同为中华民国国民，决非等同韩国与日本的关系，不能用李完用为喻。三、本人服务的北大，是国立的，并非私人所专有，弟尽相当之义务，得相当之报酬，乃天经地义，无垢无辱①。

"五四"前后的蔡元培并非如有些人认为的那样，是孙中山领导的国民党人在北方的代表。事实上，蔡元培在"五四"前后的政治舞台上是以一位独立的自由派人士出场的，与孙中山领导的国民党人存在明显的政治分歧。正因如此，当孙中山于1923年派人与他联络，希望他南下协助革命工作时，蔡元培就没有像在辛亥革命和二次革命期间那样积极响应，而是按计划偕子女赴欧洲游学，明确表示："现在军务倥偬，麾下所需要者，自是治军筹款之材，培于此两者，实无能为役。俟由欧返国，再图效力，当不为迟。"②

作为一位自由派知识分子，蔡元培在与北京政府的关系上采取不合作主义的态度，以辞职告退的方式进行斗争。这种"好人政府"和"不合作主义"的主张，显然是一种典型的学人政见。在政治家们看来，确乎书生气十足，正如陈独秀当时在《向导》周报的一篇文章中所说："革命的事业必须建立在大民众积极运动的力量上面，依赖少数人消极的拆台政策

①　《晨报》1922年6月12日。

②　蔡元培：《复孙中山函》，《蔡元培全集》第四卷，中华书局1984年版，第332页。

来打倒恶浊的政治，未免太滑稽了，太幼稚了，而且太空想了。""蔡校长打倒恶浊政治的运动，也只看见学者官吏而看不见民众，这可以说是中国领袖人物轻视民众的一个共同缺点。"[1] 但对广大知识分子来说，不合作主义不失为与恶势力做斗争的一种手段。胡适称赞说，蔡元培的不合作主义，"发出了正谊的呼声"，"以去就为抗议"，"拿人格头颅去撞开地狱门"，"明明是对恶政治的一种斗争方法"。[2] 蔡元培这种学人式的自由主义政治见解和态度，是值得充分肯定的。

---

① 　陈独秀:《评蔡校长宣言》,《向导》第十七期，1923 年 1 月 24 日。

② 　胡适:《蔡元培以辞职为抗议》《蔡元培的"不合作主义"》,《努力周报》第 38 期。

第四章　五四文学革命的主将：胡适

　　五四新文化运动，是一场影响深远的思想启蒙运动。以陈独秀为代表的先进知识分子，高举"民主"与"科学"的旗帜，从思想文化领域向封建主义展开了猛烈的斗争。作为与陈独秀齐名的五四风云人物，胡适率先倡导白话文运动，积极鼓吹个性自由，大胆宣传妇女解放，深入批判封建礼教，并在"研究问题，输入学理，整理国故，再造文明"思路指导下，尝试重建中国现代学术文化，成为当时进步青年心目中的思想导师。因此，提起五四新文化运动，胡适是无论如何都绕不过的关键人物。他是如何加盟《新青年》的？他为什么要进行文学革命？他为什么会暴得大名？他对白话文究竟有怎样的贡献？他的《中国哲学史大纲》为什么会产生那么大的影响？他是如何介绍实用主义并将其运用到中国的？他为什么倡导健全的个人主义？他提出的新文化运动的十六字诀有着怎样的价值？他与陈独秀、李大钊等人有着怎样的分歧并最终导致新文化派分裂的？这些问题需要认真思考。

一、他是如何与陈独秀交往并加盟《新青年》的

1915 年 9 月，陈独秀在上海创办《青年杂志》（从第二卷开始改名为"新青年"），发起了一场影响深远的思想启蒙运动。陈独秀通过上海亚东图书馆主人汪孟邹，约请留学美国的安徽同乡胡适为该刊撰稿。

陈独秀之所以约胡适撰稿，是此前他对胡适关于中西文明结合问题的看法有同感并印象深刻。早在 1915 年 8 月，胡适把自己译的德国小说《柏林之围》寄给《甲寅》并致信章士钊。但译稿遗失而信件却在《甲寅》上刊出。胡适在信中提出了中外文明如何结合的主张，认为输入之文明需"经本国人士之锻炼也。此意怀之有年，甚愿得明达君子之赞助"①。陈独秀觉得胡适之意与己甚合，故《青年杂志》创刊后就决定向胡适约稿。恰巧胡适的同乡汪孟邹接手《甲寅》的销售工作而与陈有联系，陈独秀就委托他与胡适联络。10 月 6 日，汪孟邹致函胡适，寄赠《青年杂志》创刊号并转达了陈向他约稿之意："拟请吾兄校课之暇担任《青年》撰述，或论文，或小说戏曲均所欢迎。每期多固更佳，至少亦有一种。炼亦知兄校课甚忙，但陈君之意甚诚，务希拨冗为之，至年感幸！"随后汪孟邹寄上《青年杂志》第二卷并催促胡适："陈君望吾兄来文甚于望岁，见面即问吾兄有文来否，故不得不为再三转达，每期

---

① 《甲寅》第一卷第四号。

不过一篇，且短篇亦无不可，务求拨冗为之，以增该杂志光宠，至祷至祷。否则陈君见面必问，炼将穷于应付也。"随后又致函说："陈君盼吾兄文字有如大旱之望云霓。"

1916 年 2 月初，胡适抽时间翻译了一篇俄国小说《决斗》寄给陈独秀，并在信中向陈披露了"创造新文学"的意见："今日欲为祖国造新文学，宜从输入欧西名著入手，使国中人士有所取法，有所观摩，然后乃有自己创作老祖宗新文学可言也。"①陈立即将其刊登在《新青年》第二卷第一号上。这是《新青年》发表的第一篇白话文。胡适看到陈独秀在《青年杂志》上刊登的《现代欧洲文艺史谭》及与张永言谈欧洲文艺发展史的通信后颇有心得，遂于 1916 年 8 月 21 日致函陈独秀，一方面赞赏陈氏主张："足下洞晓世界文学之趋势，又有文学改革之宏愿"；另一方面认为"今日之文学腐败极矣"："适尝谓凡人用典或用陈套语，大抵皆因自己无才力，不能自铸新辞，故用古典套语，转一湾子，含糊过去，其避难趋易，最可鄙薄！"郑重推出其在美国屡遭反对的文学革命八条主张："年来思虑观察所得，以为今日欲言文学革命，须从八事入手。八事者何？一曰，不用典。二曰，不用陈套语。三曰，不讲对仗（文当废骈，诗当废律）。四曰，不避俗字俗语（不嫌以白话诗词）。五曰，须讲求文法之结构。此皆形式上之革命也。六曰，不作无病之呻吟。七曰，不模仿古人，语语须有个我在。八曰，须言之有物。此皆精神上之革命也。"胡适表示："以上所言，或有过激之处，然心所谓是，不敢不言。"要求陈独秀刊登在《新青年》上公开讨论。但是，也许他的这个主张在美

---

① 胡适：《胡适留学日记》第三册，商务印书馆 1947 年版，第 845 页。

国遭到太多太尖锐的反对，他也有一丝保留和谨慎，表示："此一问题关系甚大，当有直言不讳之讨论，始可定是非。"①

胡适的这些主张，在当时具有惊世骇俗、振聋发聩之震撼威力。因为当时的文坛是有诗必律，有文必骈（骈四俪六，对偶排比），文以载道，内容陈腐，之乎者言，八股文独霸。所以，胡适的"八事"是对文坛传统的全面否定。陈独秀看了胡适复信后如获至宝，称其为"今日中国文界之雷音"，立即回信表示："承示文学革命八事，除五、八二项，其余六事，仆无不合十赞叹。"他希望胡适"详其理由，指陈得失，衍为一文，以告当世"②。

胡适遵嘱照办，立即撰写了一篇后来被称为"文学革命发难信号"的文章——《文学改良刍议》。陈氏阅后"快慰无似"，大喜过望，立即发表在《新青年》第二卷第五号上。陈独秀考虑到当时中国旧文化传统势力之巨大，而胡适的"八条"尚有不尖锐和不彻底之处，故在下期刊物上撰写了《文学革命论》，为胡文呼号助威，并弥补其不足，恢复其"文学革命"的气势。他写道："文学革命之是运，酝酿已非一日，其首举义旗之急先锋，则为吾友胡适。余甘冒全国学究之敌，高张'文学革命军'大旗，以为吾友之声援。"他提出了"文学革命三大主义"：推倒雕琢的阿谀的贵族文学，建设平易的抒情的国民文学；推倒陈腐的铺张的古典文学，建设新鲜的立诚的写实文学；推倒迂晦的艰涩的山林文学，建设明了的通俗的社会文学。陈独秀还宣告：凡"有不顾迂儒之毁誉，明目张胆与十八

---

① 　胡适：《寄陈独秀》，《新青年》第二卷第二号，1916 年 10 月 1 日。
② 　陈独秀：《通信》，《新青年》第二卷第二号，1916 年 10 月 1 日。

妖魔宣战者"，"予愿拖四十二生的大炮，为之前驱！"

这样，陈独秀把胡适的"文学改良"提升为一场真正的气势磅礴的"文学革命"。陈独秀的"三大主义"超出了文学的范畴，与伦理道德政治等革命相通，并且陈、胡很快相聚北京大学，故胡适后来说：陈独秀的这篇文章有可注意的两点："（一）改我的主张进而为文学革命；（二）成为由北京大学学长领导，成了全国的东西，成了一个严重的问题。……变成整个思想革命！最后，归纳起来说，他对于文学革命有三大贡献：由我们的玩意儿变成了文学革命，变成了三大主义。由他才把伦理道德政治的革命与文学合成一个大运动。由他一往直前的精神，使得文学革命有了很大的收获。"①

胡适对陈独秀所作这样的评论是中肯的。1917年4月9日，胡适激动地给陈氏写信说："今晨得《新青年》第六号，奉读大著《文学革命论》，快慰无似！足下所主张之三大主义，适均极赞同。适前著《文学改良刍议》之私意，不过欲引起国中人士之讨论，征集其意见，以收切磋研究之益耳。今果不虚所愿，幸何如之！"②同时表示：对于他的"八事"和陈的"三大主义"的讨论，"此事之是非，非一朝一夕所能定，亦非一二人所能定……吾辈已张革命之旗，虽不容退缩，然亦决不敢以吾辈所主张为必是而不容他人之匡正也"。陈独秀立即回信："改良文学之声，已起于国中，赞成反对者各居其半。鄙意容纳异议，自由讨论，固为学术发达之原则，独至改良中国文学，当以白话为文学正宗之说，其是非甚明，必不容反对者有讨

① 胡适：《陈独秀与文学革命》，陈东晓编：《陈独秀评论》，1933年版。

② 胡适：《通信》，《新青年》第三卷第三号，1917年5月1日。

论之余地，必以吾辈所主张者为绝对之是，而不容他人之匡正也。"①

这里再次表现了陈、胡两人的不同风格。胡适的特点是刚柔相济，想稳扎稳打；陈独秀的特点是看准了就猛冲猛打，一往无前，二人是各有千秋，相得益彰。胡适在《五十年来之中国文学》中，以第三人称的立场给陈独秀以很高评价："胡适自己常说他的历史癖太深，故不配作革命的事业。文学革命的进行，最重要的急先锋是他的朋友陈独秀。陈独秀接着《文学改良刍议》之后发表了一篇《文学革命论》，正式举起'文学革命'的旗子"；"陈独秀的特别性质是他的一往直前的定力"。"胡适当时承认文学革命还在讨论的时期。他那时正在用白话作诗词，想用实地试验来证明。"所以，陈平原的评论较为恰当："胡适的'文学改良刍议'与陈独秀的'必不容反对者有讨论之余地'，二者姿态迥异，互相补充，恰到好处。陈之霸气，必须有胡之才情作为调剂，方才不显得过于暴戾；胡之学识，必须有陈之雄心为之引导，方才能挥洒自如。这其实可作为新文化运动获得成功的象征：舆论家之倚重学问家的思想资源，与大学教授之由传媒而获得刺激与灵感，二者互惠互利，相得益彰。"②

《文学改良刍议》和《文学革命论》的发表，立即在中国文坛引起广泛关注和强烈反响，很快发展成全国性的文学革命运动。到1921年1月1日《新青年》出版第八卷第五号周作人、郑振铎、沈雁冰、郭绍虞等十二人发起成立"研究介绍世界文

① 陈独秀：《通信》，《新青年》第三卷第三号，1917年5月1日。
② 陈平原：《回眸〈新青年〉·序三》，河南文艺出版社1997年版。

学，整理中国旧文学、创造新文学为宗旨"的"文学研究会"止，仅在《新青年》上，就刊出讨论文学革命的文章、通信重要的有五十多篇，除胡、陈外，参加者中后来成名者有钱玄同、刘半农、傅斯年、朱经农、任鸿隽、欧阳予倩、周作人、俞平伯、朱希祖、潘公展等。

二、他为什么要提倡并尝试白话文

胡适早在清末主编《竞业旬报》时，已能熟练地运用白话文写作。到美国留学后，受到英语文学的影响，愈来愈感到中国言文截然分隔的不便与不合理。1915 年夏，他首次提出古文"乃是半死的文字"，作为日用语言的白话才是活文字的见解。他看到，由于脱离社会人生的实际，用半死的古文写出的文学，大多成了空无内容的东西，用他当时的说法，就是"文胜质"。这种虚有华丽的文辞，而没有实际内容的文学，与广大民众几乎毫无关系。他发现，清末以来虽已有人提倡白话文，但提倡者只是为了政治上动员群众的需要，只是写一些宣传品给大众看。至于文学，特别是散文、诗歌等仍然是文人们的特殊领地，故他提出："吾以为文学在今日，不当为少数人之私产，而当以能普及最大多数之国人为一大能事。"[①]为此，胡适提出应当用白话的文学取代文言文学，用白话作一切文学的利器。

1915 年 9 月，胡适赠给梅光迪的诗中进一步提出了"文

---

① 胡适：《胡适留学日记》第四册，商务印书馆 1947 年版，第 956 页。

学革命"口号："梅生梅生毋自鄙，神州文学久枯馁。百年未有健者起，新潮之来不可止。文学革命其时矣，吾辈誓不容坐视。且复号召二三子，革命军前杖马箠。鞭笞驱除一车鬼，再拜迎入新世纪。以此报国未云菲，缩地戡天差可拟。"[1]

1916年初，胡适考察中国文学史后认为，一部中国文学进化史就是"一部文字形式（工具）新陈代谢的历史，只是'活文学'随时起来替代了'死文学'的历史。文学的生命全靠能用一个时代的活的工具来表现一个时代的情感与思想。工具僵化了，必须另换新的，活的，这就是文学革命"[2]。胡适逐渐形成了三个基本的文学革命观念：一是救"文胜质"之弊，提倡写实主义；二是为使文学普及于大多数之国人而提倡平民主义；三是根据对中国文学史的考察而提出历史进化的文学观念。

胡适发表《文学改良刍议》后，接着撰写了大量有关白话文运动及文学革命的文章。他在《建设的文学革命论》中提出了"国语的文学，文学的国语"口号，大胆宣布："我们所提倡的文学革命，只是要替中国创造一种国语的文学。有了国语的文学，方才可有文学的国语。有了文学的国语，我们的国语才可算得真正国语。"

胡适不仅在理论上提倡白话新文学，而且努力用自己的创作实践来践行新文学的理念。1920年春，胡适将回国前后所作的白话诗集中起来出版，题为《尝试集》。钱玄同为之作序，对白话诗予以肯定并称赞说："适之是中国现代第一个提

---

① 胡适：《胡适留学日记》第三册，商务印书馆1947年，第784~785页。

② 胡适：《逼上梁山》，《东方杂志》第三十一卷第一号，1934年1月1日。

白话文学——新文学——的人。我以前看见适之作的一篇《文学改良刍议》，主张作诗作文不避俗字；现在又看见这本《尝试集》，居然就实行白话来作诗，我对于适之这样'知'了就'行'的举动是非常佩服的。"又说："适之这本《尝试集》第一集里的白话诗，就是用现代的白话达适之自己的思想和感情，不用古语，不抄袭前人诗里说过的话。我以为的确当得起'新文学'这个名词。"

胡适创作出版中国诗史上第一部白话新诗集《尝试集》，在古老的中华诗国开创了以"胡适之体"为特色的早期白话自由体新诗流派；他创作发表中国戏剧史上第一个现代白话散文剧本《终身大事》，突破传统戏剧与戏曲的观念和模式，开创了中国现代话剧的新形式；他的散文，"清新明白，长于说理讲学，好像西瓜之有口皆甜"；他热心提倡传记文学，所做的白话传记，文字清新晓畅，不假雕饰，具冲淡自然之美；他还率先用白话翻译西方文学作品，出版了第一部白话《短篇小说》译本，为中国文学的现代化提供了有益的借鉴与范本。

由于胡适的倡导和他的一群朋友们的努力，白话文学逐渐取代了文言文学的地位，白话的国语也终于得到社会的认同，当时白话报刊风行全国。自 1920 年起，北京政府明令规定，小学采用白话新课本。胡适提出的"国语的文学，文学的国语"的口号和目标，此时已获得了社会的承认。

三、为什么说《中国哲学史大纲》具有学术典范意义

1916 年年底，蔡元培受命出掌北京大学，锐意改革，聘请陈独秀为北大文科学长。经陈独秀推荐，蔡元培聘任远在美国的胡适为北大文学和哲学教授，负责教授英国文学、英文修辞学和中国古代哲学等课程。

1917 年 7 月，胡适归国。教英国文学和英文修辞学，对留美七年的胡适来说毫不费力，难的是那门中国哲学史。原先教这门课的陈汉章，功底扎实，但思想陈旧，他从传说中的伏羲讲起，讲了一年才讲到《洪范》。有的同学问他："照如此讲法，一门中国哲学史何时才能讲完？"他回答："无所谓讲完讲不完。若说讲完，一句话可以讲完，若说讲不完，那就永远讲不完。"胡适接课后，学生对他表示怀疑："一个从美国新回来的留学生，如何能到北京大学讲中国的东西，况且才二十几岁！"

谁知胡适一上来就非同凡响。他抛开以前的课本，重编讲义，劈头一章是"中国哲学胚胎的时代"，用《诗经》做时代的说明，丢开唐虞、夏、商，径从周宣王以后讲起。这样一改，给一般人那充满着三皇五帝的脑筋以沉重地打击，用当年听课的顾颉刚的话说，"骇得一堂中舌挢而不能下"，但又不以为然。顾颉刚听过几堂课后，认为胡适的课讲得不错，他便找到当时最敢放言高论的学生中的"无冕之王"傅斯年，要他

去听一听。学历史的傅斯年听后果然觉得不错，便对那些"不以为然"的学生说："这个人书虽然读得不多，但他走的这一条路是对的，你们不能闹。"

就这样，胡适的中国哲学史课取得了成功，那些思想保守的教师不仅未能看成他的笑话，相反，选修胡适课的学生越来越多，一些外校学生乃至不少社会青年也慕名来旁听。胡适成了北大最受学生欢迎的教授之一。对此，胡适后来回忆说：当时学生说他是学术造反，想把他赶走。因为傅斯年那时在校中已经是一个力量，班上的同学就请他去听听我的课，看看是不是应该赶走。他听了几天之后，就告诉同学们说：这个人，书虽然读得不多，但他走的这一条路是对的。你们不能闹。经他这么一说，这场风波才没有闹起来。说到这里，胡适很有感慨地说："过了十几年以后，才晓得是孟真暗地里做了我的保护人。"①

在北大讲授中国哲学史课程的同时，胡适以自己博士论文《中国古代哲学方法之进化史》为基础，增扩改写成《中国哲学史大纲》讲义，于1919年2月由商务印书馆正式出版。全书分为十二章，共十余万字，是中国学者第一次用近代学术观点和方法整理研究中国哲学史的专著。蔡元培在为此书写的序言中说，治中国哲学史必须具备两种本事：一是深厚的"汉学"功夫，二是系统的方法。后者在中国学术史上甚少可以借鉴的东西，必须借鉴西洋哲学史。然而懂"汉学"的人很少懂得西洋哲学史。而懂得西洋哲学史的人，又多不具备"汉学"功夫。唯有胡适，既懂西洋哲学史，又有深厚的"汉

① 《胡适讲演集》中册，第340页。

学"功底，胡能成就此书。蔡元培褒扬该书兼具四大优长：一是平等的眼光，二是扼要的手段，三是系统的研究，四是证明的方法。

中国古史因资料缺乏和观念上的原因，不断地堆砌了大量杜撰和编造的内容，真伪难辨。长期以来，人们对三皇五帝的古史体系多深信不疑，且视为信史。胡适的《中国哲学史大纲》首次对没有可靠材料依据的中国古史的内容采取了拒绝的态度。这部书在叙述中国古代哲学史的时候破天荒地"截断众流"，撇开三皇五帝尧舜汤禹的传说，径直"从孔子、老子"讲起。这种做法，不仅前人没有过，就是同时代的谢无量、陈汉章等人撰写或讲述的哲学史，也都没有摆脱旧有的思想框架。胡适抓住先秦各家各派的哲学方法为中心线索，从古代哲学中发掘出许多认识论、知识论、逻辑思想的精华。这一点在有关墨家、别墨、惠施、公孙龙以及荀子等章节中显示最为突出。故梁启超说胡适此书"凡关于知识论方面，到处发现石破天惊的伟论"。该书出版后，立即风行海内，胡适此举产生了极大影响，该书出版不到两个月即再版，到1922年已出第八版，其影响之大，实属空前。冯友兰说："这对于当时中国哲学史的研究，有扫除障碍，开辟道路的作用。当时我们正陷入毫无边际的经典注疏的大海之中，爬了半年才能望见周公。见了这个手段，觉得面目一新，精神为之一爽。"

《中国哲学史大纲》给当时的中国学术界展示了现代学术的研究方法。胡适在导言中界定了什么是哲学、什么是哲学史，以及研究哲学史的目的等研究哲学史首先应当明确的基本概念。他写道："凡研究人生切要问题，从根本上着想，要寻一个根本的解决，这种学问，叫做哲学。""若有人把种种哲学问题的种种研究法和种种解决方法，都依着年代的先后和学派的系统，一一记叙下来，便成了哲学史。"研究哲学史的目的在于"明变""求因""评判"。他以开阔的视野指出了中国哲学在世界哲学史上的地位，进而对中国哲学史的发展作了阶段划分，最后就研究哲学史的史料及史料的审定与整理作了分析。他希望"国中学者用这些方法来评判我的书"，"更希望将来的学者用这些方法来做一部更完备更精确的《中国哲学史》"。胡适是第一位阐明这一系列学术研究的规范，具有开一代学术风气之功。从这个意义上讲，胡适"暴得大名"绝非偶然。

《中国哲学史大纲》所引起的震动，不仅仅在哲学史研究本身，而是在中国当时整个的文化思想领域。胡适自信"这一部书的功用能使中国哲学史变色"。这部书除了在使用了证明的、分析的、系统的等研究方法而给予当时学术研究以极大的影响和启迪之外，更重要的是在观念上的启蒙作用。因此，后人称《中国哲学史大纲》是具有"示范""典型""典范""划时代意义"的书，也可以说，这部书使中国史学开始具有了现代学术的基本观念。余英时在《中国近代思想史上的胡适》中指出："从文学革命、整理国故，到中西文化的讨论，胡适大体上都触及了许多久已积压在一般人心中不知'怎么说才好'的问题。即使在思想上和他完全不同，甚至相反的人（如梁漱溟与李大钊）也仍然不能不以他所提出的问题为出发点，所以从思想史的观点看，胡适的贡献在于建立了孔恩（Thomas S. Kuhn）所说的'新典范'（paradigm）。"余英时用孔恩"典范"的概念精彩地点出了胡适在中国现代思想史上的意义。

蔡元培在《五十年中国之哲学》里评论说："距今四年前，绩溪胡适把他在北京大学所讲的《中国哲学史大纲》上卷，刊布出来，算是第一部新的哲学史。胡氏以实验哲学的眼光，来叙述批评秦以前的哲学家，最注重的是各家的辩证法（即逻辑学），这正是从前读先秦哲学书者，所不注意的。而且他那全卷有系统的叙述，也是从没有的。"这个评价代表了当时学术界的看法。冯友兰在《三松堂自序》里说："蔡元培给这部书以这样高的评价，就当时学术界的水平说，并非溢美"，并称此书有"划时代意义"。他还说："我在当时觉得，胡适的这一部书还有一点特别。在中国封建社会中，哲学家们的哲学思想，无论有没有新的东西，基本上都是用注释古代经典的形式表达出来，所以都把经典的原文作为正文用大字顶格写下来，胡适的这部书，把自己的话作为正文，用大字顶格写下来，而把引用古人的话，用小字低一格写下来。这表明，封建时代的著作，是以古人为主。而五四时期的著作是以自己为主。这也是五四时代的革命精神在无意中的流露。"①

四、他是如何支持并推动新文化运动的

胡适进入北大并站稳脚跟后，北大成为新文化运动的中心。胡适参与了《新青年》的编辑工作，帮助和指导进步学

---

① 冯友兰:《三松堂全集》第一卷，第201页。

生，还发表了《历史的文学观念论》《建设的文学革命论》《论短篇小说》《易卜生主义》等大量文章，积极从事文学革命的提倡，个性自由的鼓吹，妇女解放的宣传，实验主义的介绍，封建礼教的批判以及整理国故，考证小说等工作，创作了现代中国第一部反对封建礼教、主张个性解放、婚姻自主的白话剧——《终身大事》，出版了中国新文学初期的第一部白话诗集——《尝试集》，成为与陈独秀齐名的新文化运动的领袖。

胡适回国后不久，被教育部下属的"国语研究会"聘为会员。当时国语会以蔡元培为会长，成员有钱玄同、黎锦熙、陈懋治、彭清鹏等人。他们提出"国语统一"（即规定标准语）、"言文一致（即普及白话文）"的主张，但却没有找到一种"标准的国语"来进行统一，因此感到苦闷。这时胡适提出一个意见，认为要有"标准国语"必须先有用这种语言所写的第一流小说。因为人们写作不是先去查字典，然后才来写作的，所以他认为，标准不是从字典里找出来的，而是从一些不朽的小说里面自然形成的。不可能先有"标准"，然后才有"国语"，相反的是先有"国语（白话）文学"，其后才会产生"标准国语"的。根据这种认识，胡适发表《建设的文学革命》一文，公开提出国语改革的口号，他说："国语的文学，文学的国语。"他说："我们所提倡的文学革命，只是要替中国创造一种国语的文学（即白话文学）。有了国语文学，方才可有文学的国语。有了文学的国语，我们的国语才可算得真正国语。"胡适的意思是要先创作国语的小说、诗歌、戏曲，这些就是普通话的好教师了。因此当社会有了国语文学，我们自然就有了文学的国语了。

1918 年 12 月，北大学生傅斯年、罗家伦、康白情、徐彦之、汪敬熙、顾颉刚、江绍原、王星拱、俞平伯及周作人、孙伏园、叶绍钧等十余人，创办了《新潮》月刊，该刊宗旨：（一）批评的精神，（二）科学的主义，（三）革新的文词。胡适担任该刊顾问，给予多方支持。1919 年 1 月，《新潮》第一期出版，封面上印有英文 The Renaissance，即文艺复兴的意思。这是胡适的一贯主张，他们采纳了。该刊初期的文字提倡白话文，鼓吹新潮流，对传统旧礼教进行了尖锐的批评，在社会上影响很好，声誉也高，与当时的《新青年》有姊妹刊之称。

　　1918 年 5 月，胡适作了《易卜生主义》一文，发表在《新青年》第四卷第六号上。这期为易卜生专号，胡适的文章除上述外，还与罗家伦合译了《娜拉》；章士钊的夫人吴弱男翻译了《小爱友夫》。胡适指出：易卜生把家庭社会的实在情形都写出来，叫人看了动心，叫人看了觉得我们的家庭社会原来如此黑暗腐败，叫人看了晓得家庭社会真正不得不维新革命，这就是"易卜生主义"。易卜生是挪威资产阶级主张改良社会的剧作家，胡适等人把他的作品介绍到中国，是有积极意义的。特别在争取女权、提倡男女平等方面，娜拉的形象给人们以巨大的力量。

　　随着新文化运动的发展，改革丧葬旧俗的呼声增高。1918年 11 月，北京通俗讲演所请胡适讲演"丧礼改革"。讲演还未举行，他母亲便于此时病逝。胡适立即回故乡绩溪老家奔丧。许多旧派人物都紧紧盯着胡适，看这位提倡"改革丧礼"的新派人物如何办理这件丧事。新派人士希望他言行一致，为丧礼改革做一个好的示范；旧派人物则等着抓他的把柄。

与在自己的婚事上的态度截然不同，胡适大刀阔斧地进行了丧事改革，在自己母亲的丧礼中，删除了许多旧式葬礼中的虚伪、野蛮和迷信之处。他先印了讣告，但却不同于旧式的讣帖。他将传统的"不孝××等罪孽深重，不自损灭"等话去掉，简要地写："先母冯太夫人于中华民国七年十一月二十三日病殁于安徽绩溪上川宅。敬此讣闻。"没有旧式丧礼那种虚伪的客套话。

徽州的风俗，一家有丧事，家族亲属都要送锡箔、白纸、香烛，讲究的人家还要送盘缎、纸衣帽、纸箱担等物件。胡适回家乡后，发了一个通告，上书：本宅丧事，拟于旧日陋俗略有所改良。倘蒙赐吊，只领香一炷或挽联之类。此外如锡箔、素纸、冥器、盘缎等物，概不敢领，请勿见赐。"去掉了这一项，而且"和尚道士，自然是不用的了"。

关于祭礼，徽州一带颇有讲究，胡适本想把祭礼一概废除，改为"奠"，但他的外祖母不同意，于是把祭礼简化，亲戚公祭改为"序立，主祭者就位，陪祭者就位；参灵，三鞠躬，读祭文，辞灵，礼成，谢奠"。胡适认为这样省去了"三献"等环节，很可供一般人采用。他认为，只要表示对死者的敬意就行，而"三献""请食""望燎""举哀"都是见神见鬼的做作，带着古代宗教的迷信。这样，使原本需要好几天的祭奠，只用了十五分钟便完成了。

到了出殡的时候，胡适身穿麻衣，不戴帽，不执哭丧杖，不用草索束腰，但用白布腰带。胡适没有请人看墓地风水，就在他父亲的坟旁，葬了母亲。丧事完后，胡适仍旧是布袍、布帽、白帽结、白棉鞋，袖上蒙一块黑纱。穿布衣、戴白色是旧式的丧服，而戴黑纱则是民国元年定的新丧服，所以，胡适称之为"不中不西、半新半旧的丧服"。当然胡适并没有守丧三年，到了1919年5月就不穿丧服了。

对于自己被迫穿上这些"不中不西的丧服"，胡适感到很惭愧："仔细想来，我还是脱不了旧风俗的无形的势力——我还是怕人说话！"通过丧事的体验，胡适提出简化丧礼、实行短丧的一些主张。他指出，"一方面应该把古代丧礼遗下的种种虚伪仪式删除干净，一方面应该把后世加入的种种野蛮迷信的仪式删除干净"。

胡适改革丧礼的尝试，立即引起了一些人的响应。湖南一位青年给胡适信说，看到胡适《我对于丧礼的改革》一文，越读越痛快，越读越佩服，以自己给母亲办丧礼的亲身体会，气愤地控诉了旧式丧礼的种种弊端，力主改革旧式丧俗，主张人死后，入殓要快，葬期要短，丧事从俭，不立主牌，不搞祭祀。他在信中还对当时流行的一些"不中不西"的丧礼提出了严厉的批评："上海的习俗，出殡的时候，和尚、道士，走在一大排，中国音乐、外国音乐、笛子、喇叭、锣鼓、洋鼓、洋号，闹上几大队，叫上几十辆马车。女人走不动坐马车，男人走得动也坐马车。亲朋送，不是亲朋也要多约些来送葬。这哪里是出殡，这是约人逛马路！"[1]

虽然像胡适这样的进步人士认识到中国传统丧礼的陈腐落后，但传统习惯势力影响很大，绝大多数人都只得遵照旧俗。正如有人抱怨："和尚道士，我自然是主张不用，哪里依

---

[1]　任右民：《丧礼的改革》,《新青年》第七卷第五号,1920年4月1日。

得了我?"① 传统丧葬习俗仍有很牢固的基础。一生标榜自由主义的胡适极力鼓吹婚姻自主,反对包办婚姻,但自己的婚事却完全屈从于母亲的安排:"吾之就此婚事,全由吾母起见,故从不曾挑剔为难(若不为此,吾决不就此婚,此意但为足下道,不足为外人言也)。今既婚矣,吾力求迁就,以博吾母欢心。"②

即使像胡适这样一位在美国留学数年、名噪一时的新文化健将,也只能折衷新旧丧礼,更别说一般民众所办的丧礼了。但胡适变通的方式葬母,以实际行动推进了新文化运动的开展。

五、他为什么积极提倡健全的个性主义

五四新文化运动的真正价值,在于人的价值发现与人的个性解放。胡适、陈独秀等人倡导个性解放、人格独立和思想自由,提倡个性主义,将国人从蒙昧主义和专制主义的束缚中解放出来,实现"人的解放",对中国思想文化界产生了深远的影响。

五四时期的个性主义,就是通常所谓的个人主义。但这种个人主义决不同于个人利己主义。按照杜威和胡适的解释,个人主义有"假的个人主义"与"真的个人主义"之分,前者指"唯我主义"(egoism),其性质是自私自利,只顾自己的利益,不管群众的利益;后者指"个性主义"(individuality),其

---

① 任右民:《丧礼的改革》,《新青年》第七卷第五号,1920年4月1日。

② 石原皋:《闲话胡适》,安徽人民出版社1985年版,第15~16页。

特性有二：一是独立思想，不肯把别人的耳朵当耳朵，不肯把别人的眼睛当眼睛，不肯把别人的脑力当自己的脑力；二是个人对于自己思想信仰的结果要负完全责任，不怕权威，不怕监禁杀身，只认得真理，不认得个人的利害。只有"个性主义"才是健全的个人主义，才是真正的个性主义。

何谓个性主义？胡适在《易卜生主义》这篇经典文献中对其作了清晰界定。他指出，"发展个人的个性，须要有两个条件。第一，须使个人有自由意志。第二，须使个人担干系，负责任"[①]。也就是说，个性主义是个人的自由意志与个人的负责任的结合，一方面要有个人的意志自由，一方面要自己担干系、负责任，两者缺一不可。没有个人的自由意志，固然不是真正的个性主义，而不负责任的个人自由意志，同样不是真正的个性主义，而只能是唯我主义和个人利己主义。

胡适对个性主义的这种界说，既指出了个人自由意志的绝对必要，又指出了个人对自己的思想、言论、行为须负完全的责任，将真正的"个性主义"与通常所谓的"个人利己主义"根本区别开来。

"社会最大的罪恶莫过于摧折个人的个性，不使他自由发展。"胡适这句话在新文化运动中曾传诵一时。在他看来，旧社会一般是偏向于专制的，而那种专制的社会，"往往用强力摧折个人的个性，压制个人自由独立的精神；等到个人的个性都消灭了，等自由独立的精神都完了，社会自身也没有生气了，也不会进步了"。个性主义是现代社会保持健康发展的必要条件。他强调："社会国家没有自由独立的人格，如同酒

[①] 胡适：《易卜生主义》，《新青年》第四卷第六号，1918 年 6 月 15 日。

里少了酒曲，面包里少了酵，人身上少了脑筋，那种社会国家决没有改良进步的希望。"① 所以，要使社会能够不断地进步，就必须尊重人的个性，使其自由发展，养成独立的人格，将自己铸造成有益于社会的"器"："把自己铸造成器，方才可以希望有益于社会。真实的为我，便是最有益的为人"②。

现代社会是建立在充分尊重个性和发展个性基础上的，这不仅是胡适的精辟见解，同时也是五四启蒙者的共识。鲁迅指出，个性愈解放，人愈能自觉其生活，"则人生之意义亦愈邃，个人尊严之旨趣亦愈明"。陈独秀认为，西洋民族是"彻头彻尾个人主义之民族"；东洋民族则以家族为本位，而个人无权利，是以家族宗法制度为主的民族。宗法制度不仅损坏个人独立自尊之人格，窒碍个人意思之自由，而且剥夺个人法律上平等之权利，养成依赖性，戕贼个人之生产力，因此必须建立"以个人为本位"的社会，以奠定现代社会之根基："我有手足，自谋温饱；我有口舌，自陈好恶；我有心思，自崇所信；绝不认他人之越俎，亦不应主我而奴他人。盖自认为独立自主之人格以上，一切操行，一切权利，一切信仰，唯有听命各自固有之智能，断无盲从隶属他人之理。"③ 蔡元培认为，只要打破教育上的阶级制度，"个人就从束缚中得到解放，而完全任其自由发展"。蒋梦麟也指出："个人之天性愈发展，则其价值愈高。一社会之中，各个人之价值愈高，则文

① 胡适：《易卜生主义》，《新青年》第四卷第六号，1918 年 6 月 15 日。

② 胡适：《介绍我自己的思想》，胡明选编：《胡适选集》，天津人民出版社 1991年版，第 276 页。

③ 陈独秀：《敬告青年》，《青年杂志》第一卷第一号，1915 年 9 月 15 日。

明之进步愈速。吾人若视教育为增进文明之方法，则当自尊重个人始。"① 尊重个人是建立现代文明社会的基础。

五四时期提倡个性主义，首先要求冲破束缚个性的中国旧家庭制度和封建伦理秩序，故五四启蒙者在提倡个性主义之始，无一例外地将矛头对准旧的家族制度及封建礼教。批判旧的家庭制度和理论道德的束缚，成为个性主义的最直接体现。在他们看来，封建家族制度是摧残中国人个性的最大罪恶；封建礼教是束缚中国人个性的最大桎梏。傅斯年在《新潮》创刊号上发表的《万恶之原》明确指出："'善'是从'个性'发出来的。没有'个性'就没有了'善'。……'善'是一时一刻离不开'个性'的。"② 他将"中国的家庭"视为破坏"个性"的最大势力，是"万恶之原"。

鲁迅的白话小说《狂人日记》，深刻批判了吃人的封建礼教，无愧于一篇讨伐封建主义的檄文。吴虞则进而提出了"礼教吃人"口号："孔二先生的礼教，讲到极点，就非杀人吃人不成功，真是惨酷极了！"面对专制社会"人民无独立之自由"，"子女无独立之人格"的现实，吴虞宣布："到了如今，我们应该觉悟，我们不是为君主而生的！不是为圣贤而生的！也不是为纲常礼教而生的！甚么'文节公'呀，'忠烈公'呀，都是那些吃人的人设的圈套来诳骗我们的！"③ 中国人必须学会尊重人格，个人权利应受法律的保护；个人应有追求自由、平等的义务；人们在父母面前也"不必有尊卑的观念"，因为"同

---

① 蒋梦麟：《个人之价值与教育之关系》，《教育杂志》第十卷第四号。

② 傅斯年：《万恶之原》，《新潮》第一卷第一号。

③ 吴虞：《吃人与礼教》，《新青年》第六卷第六号，1919 年 11 月 1 日。

为人类，同做人民，没有什么恩，也没有什么德，要承认子女自有人格，大家都向'人'的路上走"①。

提倡个性主义，争取个人自由，是否会损害国家的自由？个人的自由如何与国家自由相调适？五四启蒙者认识到，个人自由不仅不与国家民主化的目标相冲突，而且是与建构现代民主制度一致的，提倡个性主义是与国家追求民主的目标紧密相连的。在他们看来，个性主义是建立民族国家的前提，是实现社会自由的保障，是现代民主制度的坚实基础。因此，争取个人自由，并不妨碍争取国家民族的自由和独立。陈独秀指出："国家利益，社会利益，名与个人利益相冲突，实以巩固个人利益为本因也。"②高一涵也指出："国家为人而设，非人为国家而生。离外国家尚得为人类，离外人类则无所谓国家。人民，主也；国家，业也。所业之事，焉有不为所主者凭借利用之理？"③这样，便将个人自由立于国家自由之基础地位，没有真正的个人自由，国家自由是难以保障的。

针对有人将个人自由与国家自由对立起来而主张放弃个人自由的言论，胡适在五四以后更明白地告诫中国青年："现在有人对你们说：'牺牲你们个人的自由，去求国家的自由！'我对你们说：'争你们个人的自由，便是为国家争自由！争你们自己的人格，便是为国家争人格！自由平等的国家不是一

---

① 吴虞：《说孝》，《星期日》，1920 年 1 月 4 日。

② 陈独秀：《东西民族根本思想之差异》，《青年杂志》第一卷第四号，1915 年 12 月 15 日。

③ 高一涵：《国家非人生之归宿论》，《青年杂志》第一卷第四号，1915 年 12 月 15 日。

群奴才建造得起来的！'"①

在胡适等人看来，没有个性主义，没有人格的独立和个人价值的确立和尊重，就不会有真实的现代民主制度，也难有国家民族的自由独立。中国要真正建立民主制度，必须提倡个性主义，尊重个性自由，实现人格独立。因此，他们极力主张在尊重个性基础上的合作。傅斯年解释发起《新潮》社动因时说："我们的结合是纯由知识的，所以我们的结合是极自由的。所以我们所发的言论是极自由而极不一致的；虽有统一的精神，而无一体的主张。"创办《新潮》社的同学"也是各人发挥个人的主张的，不是有一致的主张壁垒严整的。这可以从我们同社的性情、品质、知识、兴趣上断出。我觉得我们同社很多个性主义和智慧主义的人"②。蒋梦麟也强调："真正的个人主义，就是以个人为中心，以谋社会的发达，并不是自私自利。西方近代文明之所以如此发达，就因个人与社会同时并重。"③鼓励青年一方面各谋个人的发达，另一方面兼谋团体的发达，在个性主义的基础上谋团体合作，担负起改造社会的责任。

---

① 胡适：《介绍我自己的思想》，胡明选编：《胡适选集》，天津人民出版社1991年版，第277页。

② 傅斯年：《〈新潮〉之回顾与前瞻》，《新潮》第二卷第一号。

③ 蒋梦麟：《北京大学开学演说词》，《北京大学日刊》第六百九十四号，1920年9月16日。

六、他是怎样宣扬杜威的实验主义的

1919 年夏，美国哲学家杜威博士应北京大学、南京高等师范学校及江苏省教育会的邀请来华讲学。胡适代表北大专程由北京赶到上海迎接。当天，杜威及其夫人阿丽丝女士被安排在沧州别墅居住。为了替杜威开路，江苏省教育会请胡适先把杜威的哲学思想做一番介绍，因此 5 月 2 日，胡适在上海作"谈谈实验主义"的讲演。后来，他将在此前后的讲演稿整理成文，题为"实验主义"在《新青年》上发表。

胡适在这篇文章里比较系统地介绍了杜威的哲学思想。他说："经验就是生活，生活即是应付环境。"这是杜威哲学的基本观念。又说："知识思想是人生应付环境的工具。"所以杜威特别看重知识和思想，其目的是怎样能使人有创造的思想力。他的思想方法是以怀疑为起点，寻出新事物或新知识来解决这疑难。胡适将其归纳为"大胆的假设、小心的求证"。在教育方面，杜威提出"教育即生活"；"平民主义的教育"；"教育即是继续不断的重新组织经验"等主张。他认为教育是社会进化和改良的根本方法，所以很重视教育。杜威常说"哲学就是广义的教育学说"，这就是说哲学便是教育哲学。杜威的教育哲学，对当时中国教育发展起了推进作用。

5 月下旬，杜威抵达北京之后作了著名的五大讲演，分别为：（一）近代教育的趋势三讲；（二）社会哲学与政治哲学十六讲；（三）教育哲学十六讲；（四）伦理学十五讲；（五）思想的派别八讲。这些演讲都有记录稿，共五十八篇，经各报全文登载，后来印成单行本大量发行，影响很大。后来杜威在南京也做了三大讲演，分别为：（一）教育哲学十讲；（二）哲学史十讲；（三）实验的伦理学三讲。同年 10 月，全国教育联合会第五届年会在太原召开，讨论革新学校教育方法，改革女学制，推行国语等问题，胡适陪同杜威前往参加。

1921 年 7 月 11 日，胡适欢送杜威夫妇离京回美。为了纪念此次杜威的中国之行，胡适专门撰写了《杜威先生与中国》一文，对杜威来华讲学的贡献加以总结。他说："杜威先生于民国八年（1919）年五月一日——'五四'的前三天——到上海，在中国共住了两年零两个月。中国地方到过并且讲演过的，有奉天、直隶、山西、山东、江苏、江西、湖北、湖南、浙江、福建、广东十一省。他在北京的五种长期讲演录已经过十版了，其余各种小讲演录……几乎数也数不清了！我们可以说，自从中国与西洋文化接触以来，没有一个外国学者在中国思想界的影响有杜威先生这样大的。"又说：杜威此行没有带什么具体政治主张来，他只给了我们一个哲学的方法，让我们自己去解决问题。这个方法分开来说：一是历史的方法，即祖孙的方法。对事物要把握住中段，一头看它的原因，一头看它的效果。捉住两头，它就跑不了。另一个是实验的方法，从具体事物下手，提出假设，用实行来实验，并称实验是真理的唯一试金石。但是他又说：实验主义只承认一点一滴的进步。改良政治，改革教育是不言而喻的。说到教育，他说"杜威先生最注重的是教育的革新，他在中国的讲演也要算教育的讲演为最多"。

正是在胡适的推动下，杜威的实验主义在五四时期风行一时，对中国思想文化及教育界影响巨大，胡适一生不断地宣传倡导"科学方法"来源于实验主义。他多次提到这样的观点："我的唯一的目的，是要提倡一种新的思想方法，要提倡一种注重事实，服从验证的思想方法。"从1916年的《诗三百篇言字解》直到1960年的《中国哲学里的科学精神与方法》，胡适一生所写注重"学问思想的方法"的文章，据统计约在百万言以上。这在民国时期学者中是独一无二的，构成了胡适重要的学术特色。

胡适的"科学方法"是以他所接受的、他的老师杜威的实验主义为理论基础的。实验主义经美国的皮尔士创立，詹姆士、杜威的发展，已经形成了一个庞大的哲学体系。胡适接受和介绍的是杜威的学说，而真正使用的是其中的方法论。他多次强调，"实验主义只是一个方法，只是一个研究问题的方法"。胡适说："杜威对有系统思想的分析帮助了我对一般科学研究的基本步骤的了解。他也帮助了我对我国近千年来——尤其是近三百年来——古典学术和史学家治学的方法，诸如'考据学''考证学'等等（的了解）。……在那个时候，很少人（甚至根本没有人）曾想到现代的科学法则和我国古代的考据学、考证学，在方法上有其相同之处。我是第一个说这句话的人；我之所以能说出这话来，实得之于杜威有关思想的理论。"

胡适的"科学方法"的中心内容，可以归结为"大胆的假设，小心的求证"十个字。尽管仅十个字却"成为本世纪中国最响亮的学术口号"。然而，"大胆的假设、小心的求证"与其说是一种方法，不如说是一种治学的精神和态度。真正具有"方法"意义的内容，是胡适根据中国传统治学方法与西方现代科学法则加以贯通所得出的一系列结论。从这个角度而言，胡适所谓"科学方法"正是转型中的中国学术所需要的东西，适应了当时学术发展的内在要求。

七、他为什么从提倡新文学转向整理国故

胡适对于社会现实持改良主义的态度：主张多研究些问题，少谈些主义。对旧文化学术则反对盲从，胡适主张以科学的态度整理国故，以评判的态度重新估定一切价值，创造新价值。在对待中国传统文化遗产方面，胡适提出了"整理国故"口号。顾颉刚指出："整理国故的呼声倡始于太炎先生，而上轨道的进行则发轫于适之先生的具体的计划。"1919 年 8 月，胡适写了《论国故学——答毛子水》，文中首先强调要用"为真理而求真理"的标准去批评各家学术，要抛开"有用无用"的成见和"狭义的功利观念"，继而提出："现在整理国故的必要，实在很多，我们应当尽力指导'国故家'用科学的研究法去做国故的研究。"他甚至说，"发明一个字的古义，与发现一颗恒星，都是一大功绩"。

1919 年 11 月，胡适在《新青年》上发表了《新思潮的意义》一文，把新思潮概括为"研究问题、输入学理、整理国故、再造文明"。"整理就是从乱七八糟里面寻出一个条理脉络来，

从无头无脑里面寻出一个前因后果来，从胡说谬解里面寻出一个真意义来，从武断迷信里面寻出一个真价值来。"很显然，胡适已经把"整理国故"放到了新文化运动发展的过程中加以考虑和阐释。研究问题是指研究各种具体而实际的问题；输入学理是指输入国外的新理论、新观念和新学说，引入西方的思想和方法；整理国故是指对以往一切历史文化进行重新整理，其结果便是"再造文明"。

正在这种思想指导下，胡适除了整理中国古代经典并写出《中国古代哲学史大纲》外，还着手整理了不为人们所重视的古代通俗小说。他首先选择《水浒》《儒林外史》这两部书，作为整理对象，出版由上海亚东图书馆负责。整理的办法是：（一）本文中一定要用标点符号；（二）正文一定要分节分段；（三）正文前一定要有一篇对该书历史的导言。前一、二项由亚东图书馆去做，后一项胡适自任。

1920年8月，经过整理的亚东图书馆版《水浒传》出版。胡适撰写的《水浒传考证》作为该书的导言。胡适对这部书的历史进行了考证，称《水浒》是一部奇书，在中国文学史占的地位比《左传》《史记》还要重大得多；这部书很当得起一个阎若璩来替他做一番考证的功夫，很当得起一个王念孙来替他做一番训诂的功夫。他虽然够不上做这种大事业，只好让将来的学者去做——但他也想努力一努力，替将来的"水浒专门家"开辟一个新方向，打开一条新道路。由此可见，胡适对古典小说的重视，评价之高，非同凡响。其次，胡适在考察这部小说时，密切联系它产生的时代背景，从历史的角度来进行研究，把它提高到学术的地位。这在当时是一个很新颖的见解。他说："不懂得南宋的时代，便不懂得宋江等三十六人的故事何以发生。不懂得宋、元之际的时代，便不懂得水浒故事何以发达变化。不懂得元朝一代发生的那么多的水浒故事，便不懂得明初何以产生《水浒传》。"胡适对这部书的考证，前后有近五万字的论文，结论是：这部小说是经过长期演变出来的，属于历史小说一类，开始时是数千字的《宣和遗事》，后来经过多少无名作家、说书、演唱的不断修改补充，才成为现存的这个形式。其作者七十四回本为施耐庵，一百回本为罗贯中。上述这些成绩，胡适说是用历史方法得出来的。这在当时研究古典小说还是一片荒芜之地的情形下，有其筚路蓝缕之功。此外，陈独秀也为该书写了一篇短序，对这脍炙人口的小说做了简介，并指出："《水浒》的长处，乃是描写个性十分深刻，这正是文学上重要的。"所以陈氏说，许多人爱读它，正是因为文学的特性重在艺术的表现之原故。

胡适在讲"研究国故的方法"时提出四个方法：（一）历史的观念，把旧书当历史看，知它好到什么地方，或坏到什么地步，这是研究国故的起点；（二）疑古的态度，就是"宁可疑而错，不可信而错"十个字；（三）系统的研究，无论研究什么书，都要寻出脉络，从历史方面着手，寻出因果的关系，前后的关键；（四）整理，整理的目的，就是要使从前少数人懂得的，现在变为人人能理解的。就小说来说，形式方面，要加上标点符号、分开段落；内容方面，需加上新注解，并要有新的序跋和考证，还要讲明书的历史和价值等。胡适以《水浒》为例做了讲解。此后，他又与亚东图书馆合作出版了《儒林外史》《红楼梦》等古典小说，并通过撰写序言的方式对这些古代典籍进行深入研究。

由于胡适等人的提倡，五四以后学术出现了整理国故的新风气。1921 年 11 月，北大成立研究所国学门，沈兼士为主任，招收研究生作专题研究，先后设考古、歌谣、风俗等研究室。胡适随后负责筹办《国学季刊》，并拟订了一个整理国故的计划。他说，我们承认不曾整理过的古书是不容易读的。我们没有做过一番整理的功夫，就不能责备少年人不读古书。因此我们发起邀集一班朋友，想要把有价值的古书整理出来，每一种成为可读的单行本。接着报告他的方案说：我们所谓的整理，含有六个最低限度的条件：（一）校勘；（二）必不可少的注释；（三）标点；（四）分段；（五）考证或评判的引论；（六）索引。这是一般整理原则，谈到具体工作，落实到人时，他提出第一批整理书目及人员安排如下：诗经（俞平伯）、书经（马幼渔）、论语（郑奠）、孟子（朱希祖）、诸子文粹（刘文典）、论衡（刘文典）、史通（朱遏先）、韩愈（郑介石）、欧阳修（单不庵）、崔述（顾颉刚）、清代经学大师文选（沈兼士）、唐以前诗（沈尹默）、唐诗（沈尹默）、词选（胡适）、戏曲选（顾颉刚）……共三十三部书。

1923 年初，《国学季刊》正式出版，胡适在《发刊宣言》中对中国近三百年来研究国学工作进行总结，认为在整理古书、发现古书和古物方面很有成绩，但研究的范围太狭窄了，注重功力而忽略了理解。因此，这三百年之中几乎只有经师而无思想家；只有校史者而无史家，只有校注而无著作。对此现象，胡适说，我们的意思并不要菲薄这三百年的成绩，我们只想指出他们的成绩所以不过如此的原因。前人上了当，后人应该学点乖。于是他把自己多年来所不断思考的关于"整理国故"的观点更系统地提了出来：（一）用历史的眼光来扩大国故研究的范围；（二）用系统的整理来部勒国学研究的资料；（三）用比较的研究来帮助国学的材料的整理与解释。至此，历史的眼光、系统的整理、比较的研究，终于成为胡适自提出"整理国故"以来不断修正之后的较成体系的主张。

"文学革命"和"整理国故"作为新文化运动的重要内容，都与新文化运动有着密切的联系。文学革命重在革新文体文风，是五四新文化运动初始时期的主张之一；整理国故重在对传统学术的重新整理与研究，是新文化运动深入发展之后对传统文化重新审视的一种态度。因此，对胡适推动的整理国故运动应该予以正面的肯定。

八、如何看待新文化建构的十六字言

五四新文化运动对建构中国现代新文化起了重要的奠基作用。这种作用主要体现在四个方面：一是国人对西方文化认识逐渐深化，确定了全面效法西方以建构中国现代新文化的总目标；二是摧毁了以儒家思想为代表的中国固有文化体系，动摇了中国传统的核心价值观念，确定了以民主与科学作为中国现代新文化建构的核心价值；三是倡导个性解放和人格独立，对个性主义作了精辟阐释，强调以个性主义为基石来建构中国现代新文化；四是理性地处理西洋文化、中国旧学与中国现实之间的关联，提出了以研究问题、输入西学、整理国故来建构中国新文化的基本途径。

有着五千年独立发展历史的中国古代文明在鸦片战后受到西方近代文明的强力冲击，面临着严峻的重建任务。西方近代文明不仅有着古代文明所无法比拟的发达的科学技术，而且有着古代文明所不能容忍的民主、自由和科学精神。它远远高于中国古代文明，引领着世界文明发展的方向，对处于落后地位的中国传统文明形成了巨大的挑战和有力的冲击。鸦片战争之后西方列强入侵，不仅使处于"数千年来未有之变局"中的中国人真正感受到遇"数千年未有之强敌"，而且真切地感受到中国古老文明之衰落并陷入了空前未有之危机中。西方近代文明不仅没有被中国文明所同化，反而要来同化中国文明，将古老的中国纳入世界近代文明的新轨道之中。如何吸纳中西文化之长而创造出中国现代新文化，是近代以来中国人肩负的重大文化使命。但近代中国人并非一开始就意识到这种重建现代新文化之历史使命，而是经历了较长的痛苦经验后才逐渐认识到的。近代中国人对建构新文化之自觉程度，与其对西方文化之认知深化大致是同步的。

近代中国人对西方文化的认识及研习重心，经历了从器物、制度到精神层面的深化过程，其建构中国新文化之自觉性亦随之逐渐增强。但这个过程是漫长而曲折的，直到五四新文化运动时方有"最后觉悟之最后觉悟"，方有建构中国现代新文化之自觉。陈独秀认为，辛亥革命之所以失败，就是因为中国旧文化之作祟，故中国问题之根本解决必须从思想文化入手："盖伦理问题不解决，则政治学术，皆枝叶问题。纵一时舍旧谋新，而根本思想未尝变更，不旋踵而仍复旧观者，此自然必然之事也。"① 只有伦理的觉悟才是"吾人最后觉悟之最后觉悟"，只有进行思想启蒙，唤醒被旧伦理禁锢的民众，才能奠定民主共和之思想基础，才能建立真正自由的现代国家。这项思想启蒙工作，就是要重建中国新思想、新道德、新教育、新文学，实际上就是要建构中国现代新文化。

这样，陈独秀便将重建中国现代新文化之历史任务明确地揭示了出来。胡适明确地将这项任务概括为四个字："再造文明"。他在《新思潮的意义》中公开提出了中国新文化建设之完整纲领："研究问题，输入学理，整理国故，再造文明。"② "再造文明"不仅是五四新文化运动的最终目标，而且是近代以来国人建构现代新文化的历史任务。从此，建构中国现代新文化的历史使命就自觉化明晰化，并成为五四以后国人在新文化建设方面的追求目标。

中国必须在全面输入西方文化基础上建构现代新文化之总目标确定后，必然要面对这样无法回避的问题：中国所要建构的新文化之核心内容是什么？其核心价值观念是什么？回顾近代以来中国文化演进的历程后会清楚地发现，由于中国现代文化转型是在西方文明冲击下被迫进行的，并在较长时间内困扰于古今、新旧、中西等纠缠不清的文化纷争中，故国人在较长时间内并没有找到构成现代新文化的核心价值准则。直到《新青年》创刊之后，以陈独秀、胡适为代表的启蒙思想家才正式提出了"科学与人权并重"，形成了民主、科学、人权、理性等新文化准则，明确将"民主与科学"确定为

---

① 陈独秀：《宪法与孔教》，《新青年》第二卷第三号，1916 年 11 月 1 日。
② 胡适：《新思潮的意义》，《新青年》第七卷第一号，1919 年 12 月 1 日。

中国所要建构的现代新文化之核心价值。

中国现代新文化应该怎样建构？其建构的途径是什么？陈独秀、胡适等人做了初步探讨并形成了基本思路。胡适在《新思潮的意义》中对其作了经典阐述并将其概括为十六字："研究问题，输入学理，整理国故，再造文明。"[①] 这既是五四新文化运动的总纲领，也是创建中国现代新文化的基本途径。在胡适看来，五四新文化运动要做的事情，就是要研究当时中国社会生活中存在的具体问题，同时输入西洋的文化，就是自由、民主、平等、科学的道理等，然后以科学的精神整理国故，发掘中国传统文化中的民主性精华，达到再造中国现代新文化之目标。

胡适认为，新思潮的根本意义是"评判的态度"，它在实际文化运动中表现为两种趋势：一方面是讨论社会上、政治上、宗教上、文学上的种种问题；一方面是介绍西洋的新思想、新学术、新文学、新信仰。前者是"研究问题"，后者是"输入学理"。为什么要研究问题呢？因为中国社会处于根本动摇之时，许多风俗制度向来不发生问题者因不能适应时势需要而变成困难的问题，不能不进行彻底研究，不能不考问旧日的解决法是否错误，然后才谈得上新文化的建构。故研究问题就是立足于中国现实，研究中国面临的问题，为创建新文化提供现实的依据。《新青年》所讨论的孔教、贞操、礼教、婚姻、教育改良、文学改革、国语统一、女子解放等问题，就是"研究问题"之集中体现。

为什么要输入学理呢？因为中国不仅缺乏兵船、电报、

① 胡适：《新思潮的意义》，《新青年》第七卷第一号，1919 年 12 月 1 日。

铁路，还缺乏新思想与新学术，故应当尽量地输入西洋近世学说。学理的输入既可以帮助问题的研究，也是创建中国新文化的必要步骤，因为中国新文化是建立在输入学理基础上的，是吸取西洋近代文明成果而建构的。《新青年》的"易卜生号""马克思号"，《民铎》的"现代思潮号"，《新教育》的"杜威号"，及《建设》《国民公报》《每周评论》《星期评论》《时事新报》《解放与改造》等报刊所介绍的西洋新学说，就是"输入学理"之集中体现。肩负建构中国现代新文化使命者，今后努力的方向是："能把全副精力贯注到研究问题上去；能把一切学理不看作天经地义，但看作研究问题的参考材料；能把一切学理应用到我们自己的种种切要问题上去；能在研究问题上面做输入学理的功夫；能用研究问题的功夫来提倡研究问题的态度，来养成研究问题的人才。"这是胡适对于建构中国现代新文化路径的理性思考。

中国所要建构的新文化，显然不是儒家思想的复活，也不可能是全盘西化，而只能是建立在中西文化沟通与融合基础之上的现代文化。输入西洋文化所要建构的中国新文化，既然是"中国"的，当然无法回避如何处理中国传统文化的问题。如何对待中国旧文化？胡适的答案是：用评判的态度、科学的精神做一番整理功夫，即"整理国故"。他强调："新思潮对于旧文化的态度，在消极一方面是反对盲从，是反对调和；在积极一方面，是用科学的方法来做整理的功夫。"[1]

胡适所谓"整理国故"，就是从乱七八糟里面寻出一个条理脉络来，从无头无脑里面寻出一个前因后果来，从胡说

---

[1] 胡适：《新思潮的意义》，《新青年》第七卷第一号，1919年12月1日。

谬解里面寻出一个真意义来，从武断迷信里面寻出一个真价值来。用科学精神整理国故有四个步骤：因为中国古代学术思想向来没有条理、没有头绪、没有系统，故第一步是条理系统的整理；因为前人研究古书很少有历史进化的眼光，故不讲究学术的渊源及思想的前因后果，故第二步是要寻出每种学术思想的发生及其影响；因为前人读古书多是以讹传讹的谬说，故第三步是要用科学的方法作精确的考证，把古人的意义弄得明白清楚；因为前人对于古代的学术思想，有种种武断的成见，有种种可笑的迷信，故第四步是综合前三步的研究，各家都还他一个本来真面目，各家都还他一个真价值①。"整理国故"是建构中国现代新文化不可缺少的步骤。

这样，中国现代新文化的建构，就是以评判的理性态度，从研究问题与输入学理入手，注重研究中国社会的切要问题，于研究问题之中做输入学理的事业，同时以科学的精神整理国故，发掘其中民主性精华，以实现"再造文明"的总目标。胡适所谓"再造文明"，实际就是建构中国现代新文化："新思潮的唯一目的是什么呢？是再造文明！"②文明不是笼统造成的，而是一点一滴造成的；进化不是一晚上笼统进化的，而是一点一滴进化的，所以，再造文明的下手功夫是研究问题，再造文明的进行就是一个个问题的解决。从研究问题入手，通过输入学理和整理国故两个渠道以达到"再造文明"的总目标，便是建构中国现代新文化的基本途径。这样，便能够深刻理解胡适等人在五四后推进整理国故运动的真实动机。

① 胡适：《新思潮的意义》，《新青年》第七卷第一号，1919年12月1日。

② 胡适：《新思潮的意义》，《新青年》第七卷第一号，1919年12月1日。

九、为什么约定"二十年不谈政治"的他后来要谈政治

鉴于民国初年国内政治混乱和帝制复辟的局面，胡适认定，作为学子当有更庄严重大的学术文化使命，不愿谈论政治。他留美期间写给朋友的信中说："适近来劝人不但勿以帝制撄心，即外患亡国亦不足顾虑。祖国有不能亡之资，则祖国决不致亡。倘其无之，则吾辈今日之纷纷，亦不能阻其不亡。不如打定主意，从根本下手，为祖国造不能亡之因。"而"今日造因之道首在树人，树人之道端赖教育。故适近来别无奢望，但求归国后能以一张苦口，一支秃笔，从事于社会教育，以为百年树人之计，如是而已"[1]。

1917年夏，胡适归国途中，恰好赶上张勋复辟的闹剧登场，于是，他更加坚信，救国必须要从教育与思想文化方面入手。他遂"打定二十年不谈政治的决心，要想在思想文艺上替中国政治建筑一个革新的基础"[2]。所以胡适不主张在《新青年》上谈政治。正因如此，当陈独秀、李大钊等人从思想启蒙走向参与政治时，便创办了新的政论报刊作为阵地。1919年12月创办的《每周评论》，主旨在评论时政，传播马克思学说及社会主义等。

即便是胡适不愿谈论政治并"打定二十年不谈政治的决

---

[1]　胡适:《胡适留学日记》第三册，商务印书馆1947年出版，第832~833页。

[2]　胡适:《我的歧路》,《胡适文存》二集卷三，亚东图书馆1925年版，第96页。

心"，但现实的政治仍然影响着胡适的思想，其对政治的态度逐渐变化。1919 年 6 月，陈独秀因在北京城南"新世界"游艺场散发传单被捕。胡适代他做《每周评论》主编工作。胡适撰写《多研究些问题，少谈些主义》一文，批评当时舆论界传播社会主义学说的现象。他说："我们不去研究人力车夫的生计，却去高谈社会主义；不去研究女子如何解放，家庭制度如何救正，却去高谈公妻主义和自由恋爱；不去研究安福部如何解散，不去研究南北问题如何解决，却去高谈无政府主义；我们还要得意扬扬夸口道：我们所谈的是'根本'解决。老实说罢，这是自欺欺人的梦话，这是中国思想界破产的铁证，这是中国社会改良的死刑宣告！"又说："为什么谈主义的人那么多，为什么研究问题的人那么少呢？这都是由于一个懒字，懒的定义是避难就易……"胡这篇文章出笼后，遭到很多人的反对，引起了所谓"问题与主义"之争。但随着《每周评论》8 月 30 日被查封，这场争论不了了之。

胡适在《努力周报》第七期回顾这段往事说："独秀被捕，我接办《每周评论》，方才有不能不谈政治的感觉。那时正当安福部极盛的时代，上海的分赃和会还不曾散伙。然而国内的新分子闭口不谈具体政治问题，却高谈什么无政府主义与马克思主义。我看不过了，忍不住了，——因为我是一个实验主义的信徒，——于是发愤要想谈政治。"因此，五四运动以后，胡适从原来不谈政治转而开始谈论政治，这样便有了创办《努力周报》专门评议政治之举。

五四运动之后，北京政府对教育事业不仅不设法改善条件，反而严加控制，同时长期拖欠教员薪水，致使整个教育濒于破产，教员生活无法维持。为此，北京教职员联合起来向政府请愿，结果遭到镇压。胡适宣称不谈政治，但形势逼人，使他想避也避不了，尤其是好友丁文江常责备他不应该放弃干预政治的责任，批评说："你的主张是一种妄想：你的文学革命、思想改革、文化建设，都禁不起腐败政治的摧残。良好的政治是一切和平的社会改善的必要条件。"因此，在朋友谈话中，丁文江常说，你们不要上胡适的当，说改良政治要先从思想文艺下手。在当时社会环境与朋友的鼓励下，胡适实在忍不住了，于是他与丁文江、高一涵等自筹经费，开始准备办一个《努力周报》来发表言论，为社会进步贡献一点力量。

1922 年 5 月 7 日，《努力周报》第一期正式出版。胡适作《努力歌》代替发刊词："'这种情形是不会长久的'。朋友，你错了。除非你和我不许他长久，他是会长久的。'这种事要有人做'。朋友，你又错了。你应该说，'我不做，等谁去做？'天下无不可为的事。直到你和我——自命为好人的——也都说'不可为'，哪才是真不可为了。阻力吗？他是黑暗里的一个鬼，你大胆走上前去，他就没有了。朋友们，我们唱个《努力歌》：'不怕阻力！不怕武力！只怕不努力！努力！努力！阻力少了！武力倒了！中国再造了！努力！努力！'"

从这首歌词里可以看出，胡适是要为社会进步做一番努力，但具体主张不明确。所以，他在第二期上发表了《我们的政治主张》一文作为公开宣言，签名者有蔡元培、王宠惠、罗文干、李大钊、梁漱溟、高一涵、丁文江等十六人。他们主张好人政府，即宪政的政府，要求南北议和，召集民国六年解散的国会，裁兵裁官，改良选举制度，减少议员，等等。并称："我们以为国内优秀分子，无论他们理想中的政治组织是什么，现在都应当平心降格的公认'好政府'一个目标，作为现在改革中国政治最低限度的要求。我们应该同心协力的拿这共同目标向中国的恶势力作战。"

胡适在《努力周报》第七期上发表《我的自述》，系统地介绍了自己的政治观点和态度。他公开宣称自己是一个注意政治的人。从大学时代起就养成这个习惯，而且参与了那时在美国的政治活动。1917 年 7 月回国，碰到张勋复辟，使他大为吃惊。据他分析，这是中国文化落后而造成的自然现象，所以他下决心二十年不谈政治，想为中国打下一个思想文艺基础。1919 年 6 月陈独秀被捕，他接办《每周评论》，看到那时的新分子闭口不谈政治的具体问题，却高谈什么无政府主义与马克思主义。这种现象他看不过，因为他是一个实验主义的信徒，于是发愤要想谈政治，才写了《多研究些问题，少谈些主义》这篇文章，结果招致各方面的批评，他也写了文章答辩。后因《每周评论》被封，争论没有继续展开。之后，胡适说他自己一是忙，二是有病，因此不能来做这舆论的工作，心里总是希望有别人出来干这种事业。但他等了两年零八个月，也没有人来干，使他大失所望，而一班新分子仍高谈基尔特主义与马克思主义、高谈"阶级斗争"与"赢余价值"；内政腐败到了极点，无人过问，他忍不住了，于是出来谈政治。他说："我现在所谈的政治，只是实行我那'多研究些问题，少谈些主义'的主张，我自信是和我的思想一致的。"又说："我谈政治，只是实行我的实验主义。""实验主义自然也是一个主义，但实验主义只是一个方法，只是一个研究问题的方法。他的方法是：细心收求事实，大胆提出假设，再细心求证……故不承认根本的解决，他只承认那一点一滴做到进步。"在这种改良思想指导下，他在《努力周报》上，连篇累牍地发表文章，极力鼓吹联省自治，他认为实行"联省自治"可以增加地方权力，用"省议会"或"省宪"来裁制军阀与打倒军阀，使军阀不敢作乱，声称："打倒军阀割据的第一步是建设在省自治上面的联邦的统一国家。"

胡适坚持社会改良立场，将革命势力与反动军阀等同起来，甚至要孙中山将护法的事作一个结束，而以国民资格出来为国事尽力。这类主张不仅引起了国民党人的不满，就是社会舆论也不赞成。当时北大进步学生也是反对他们的"好人"政府的主张的。老资格的国民党员张难先曾写信给蔡元培和胡适，批评他们的政治主张："公等此种主张是偏颇的、是狭隘的、是苟且的、是糊涂的、是违反真正民意的、是袒护有枪阶级的、是造成异日大战的、是污辱吾国最高学府的。"并警告说："二公执学界牛耳，出言不可不慎，主张不可不公。军阀专横，赖政治家以纠正之；政治家卑污，赖学者以纠正之，今学者又复加如斯，则吾国之苦百姓将再无宁日矣。"[1]

十、为什么说他不是"全盘西化"论者

《新青年》创刊后，陈独秀为代表的新文化派对儒家思想

---

[1] 《胡适来往书信选》上，第151页。

为代表的中国传统文明进行了猛烈批判，提倡"所谓新者就是外来之西洋文化，所谓旧者就是中国固有之文化"，并认为，"新旧之不能相容，更甚于水火冰炭之不能相入也"[①]，尽管新文化阵营内部后来发生了很大分化，但五四时期《新青年》杂志周围的新文化派，主要包括了陈独秀、李大钊、胡适、鲁迅、蔡元培、钱玄同等主张"西化"论者，在"西化"趋向上并无太大差异，旨在追求一种师法西方的近代价值观念，只是各人立论的角度及"西化"之方略、途径略有差异而已。时人指出，东西文化两派的主要分歧在于："胡先生的口号叫大家'往西走'，而梁先生的口号叫大家'往东走'。"[②]五四新文化派均主张"往西走"，但在"往西走"之向度上有所分歧：以胡适为代表的西化派主张走欧美之路；以陈独秀为代表的西化派主张走俄国之路。这种文化选择上的分歧，导致了新文化运动后期新文化派内部的分化。经过"问题与主义"之争、"科玄论战"及马克思主义在传播活动中的数次思想论战，新文化派内部之激进的俄国派与稳健的自由派最终分道扬镳了。

1921 年 8 月，梁漱溟在山东济南作了《东西文化及其哲学》的讲演，从文化渊源、人生哲学的角度对新文化运动进行了总清算。这是文化保守主义者对五四新文化运动以来反孔批儒、提倡"西化"的第一次认真反思。这个演讲随后以《东西方文化及其哲学》为名正式出版，立即引起文化界的轰动。梁漱溟撰写《东西文化及其哲学》的目的在于，"阐明中国文化之深微"，以实现"复兴儒学"的时代使命。他解决中西文

① 汪叔潜：《新旧问题》，《青年杂志》第一卷第一号，1915 年 9 月 15 日。
② 郭湛波：《近三十年中国思想史》，北平人文书店 1936 年版，第 310 页。

化问题的具体方案就是："第一，要排斥印度的态度，丝毫不能容留。""第二，对于西方文化是全盘承受，而根本改过，就是对其态度要改一改。所谓改一改，即要求在全盘接受的同时保持批判的态度。"第三，"批评的将中国态度重新拿出来"。梁漱溟比较了三种文化后认为，西方文化弊端显著，处于不得不向第二种路向转变中，人类文化将"由西洋态度变为中国态度"，未来文化是"中国文化的复兴"[①]。

胡适在《努力周报》上发表《读梁漱溟先生的〈东西文化及其哲学〉》，批评梁著是"主观化的文化哲学"，"犯了笼统的毛病"。其论点是"笼统的断定一种文化若不能成为世界文化，便根本不配存在；笼统的断定一种文化若能存在，必须翻身成为世界文化"。他指出，梁氏关于西方化的根本精神是意欲向前要求，中国化的根本精神是意欲自为调和持中，印度化的根本精神是意欲反身向后要求的文化公式，是"闭眼说的笼统话"。事实上，印度人也是奋斗的，说印度人胆小不敢奋斗以求生活，实在是闭眼瞎说。至于调和持中、随遇而安，更不能说是哪一国文化的特性。他指出，梁氏关于"西洋生活是直觉运用理智""中国生活是理智运用直觉""印度生活是直觉运用现量"的公式，更是"荒谬不通"的。一切知识都需要现量、理智、直觉三种工具，只有成分轻重的不同。人脑的构造，无论在东在西，绝不能因种族不同而有这样的大差异。

胡适在批驳梁漱溟的"三路向说"的同时，提出了自己对东西文明的看法。他认为，文化是民族生活的样法，而民族生活的样法是根本大同小异的。中、西、印各种民族的文化

---

① 梁漱溟：《东西文化及其哲学》，商务印书馆1935年版，第199页。

走的都是一条路，只因时代环境的关系，"走的路有迟速的不同，到的时候有先后的不同"。现在由于种种原因，欧洲人走到前头去了，中国和印度只有急起直追，也走这条路，将来中国和印度也趋向"科学化与民治化"是无可置疑的。他自信地说："至于向来有伟大历史的民族，只要有急起直追的决心，终还有生存自立的机会。"①

胡适在随后发表的《我们对于西洋近代文明的态度》一文，进一步批判了东方文化派的主张，全面肯定西洋近代文明。他指出："今日最没有根据而又最有毒害的妖言是讥贬西洋文明为唯物的，而尊崇东方文明为精神的……近几年来，欧洲大战的影响使一部分的西洋人对于近世科学的文化起一种厌倦的反感，所以我们时时听见西洋学者有崇拜东方的精神文明的议论。这种议论，本来只是一时的病态的心理，却正投合东方民族的夸大狂；东方的旧势力就因此增加了不少的气焰。"②

胡适的这些分析，切中了东方文化派的要害。他指出，凡一种文明都包括物质的、精神的两种因子，没有一种文明单是物质的，也没有一种文明单是精神的。因此，西洋文明不仅在物质方面胜过东方文明，而且在精神方面也远胜过东方文明。

五四时期的胡适是公认的西化论者，但并不是"全盘西

---

① 胡适:《读梁漱溟先生的〈东西文化及其哲学〉》，罗荣渠主编:《从西化到现代化》，北京大学出版社1990年版，第122页。

② 胡适:《我们对于西洋近代文明的态度》，《现代评论》第四卷第八十三期，1926年7月10日。

化"论者。他在博士论文《中国古代哲学方法之进化史》中，反对用西方所谓"新文化"来全盘取代中国"旧文化"。他指出："如果对新文化的接受不是采取有组织的吸收的形式，而是采取全然替代的形式，因而引起旧文化的消亡，这确是全人类的一个重大损失。"故中国在文化上面临的"真正的问题"，不是"全盘西化"，而是应当"怎样才能以最有效的方式吸收现代文化，使它能同我们的固有文化相一致，协调和继续发展"，从而"成功地把现代文化的精华与自己的文化精华结合起来"，"在新旧文化内，在调和的新的基础上建立我们自己的科学和哲学。"胡适在根据博士论文修订出版的《中国哲学史大纲》中，再次重申了这种观点。他指出，今日的哲学思想有两个源头：一是汉学家给我们的古书；二是西方的哲学学说。中国所面临的就是中西这两大哲学系统的"互相接触，互相影响"，应该通过对中西哲学之精华的吸取、融合，建立起一种"中国的新哲学"。他在《新思潮的意义》中把"输入学理"与"整理国故"作为"再造文明"的两个必要条件，既要引进和吸取西方近代文明（"输入学理"），又要整理和研究中国固有文明（"整理国故"），这样才能创造中华现代新文明。他指出："在历史上，我们看出那现在科学化（实在还是很浅薄的科学化）的欧洲民族也曾经过一千年的黑暗时代，也曾十分迷信宗教，也曾有过寺院制度，也曾做过种种苦修的生活，也曾极力压抑科学，也曾有过严厉的教风，也曾为卫道的热心烧死多少独立思想的人。究竟民族的根本区分在什么地方？至于欧洲文化今日的特色，科学与德谟克拉西，事事都可用历史的事实来说明：我们只可以说欧洲民族在这三百年中，受了环境的逼迫，赶上了几步……将来中国和印度的科学化与政治化，是无可疑的。"① 中西文明存在着时代性差异，中国只要做好"输入学理"与"整理国故"两方面工作，一定能够"再造"近代新文明。可见，五四时期的胡适虽然是西化论者，但并非全盘西化论者。因此，陈序经在分析了胡适五四前后的言论后同样得出了这样的结论："胡先生所说的西化，不外是部分的西化，非全盘的西化。"②

"全盘西化"论的提出，是在五四新文化运动之后。"全盘西化"一词，最早见于 1929 年胡适在《中国基督教年鉴》上用英文发表的《中国今日的文化冲突》中。胡适在该文中明确反对变相的折衷论，而主张"wholesale westernization"和"wholehearted modernization"。该文发表后，潘光旦在英文《中国评论周报》上撰写书评，指出胡适用的这两个词，前一个可译成"全盘西化"，后一个可译为"全力现代化"或"一心一意的现代化""充分的现代化"。他本人赞成"全力现代化"，不赞成"全盘西化"。这两个词意义虽然不尽相同，但胡适的态度是鲜明的：既反对"抵抗西洋文化"的守旧派，也反对"选择折衷"的变相保守论。

胡适虽然是五四以后最早使用"全盘西化"一词者，但就其当时的思想倾向看，他实际上是主张"充分西化"或"充分的现代化"，而非"全盘西化"。1929 年，胡适在《新文化运动

---

① 胡适：《读梁漱溟先生的〈东西文化及其哲学〉》，罗荣渠主编：《从西化到现代化》，北京大学出版社 1990 年版，第 121 页。

② 陈序经：《全盘西化的理由》，罗荣渠主编：《从西化到现代化》，北京大学出版社 1990 年版，第 383 页。

与国民党》中，主张"承认中国旧文化不适宜于现代的环境而提倡充分接受世界新文明"；在《文明的冲突》中强调中国只有一条出路："必须充分接受现代文明，特别是科学、技术和民主。"宣布"我们决不受那些保守派思想家们的护短的观点的影响，也不害怕丢掉自己的民族特性而有所动摇"[1]，都使用了"充分接受世界新文明"的提法。

1930 年，胡适在《介绍我自己的思想》中提出，为了挽救中国，"无论什么文化，凡可以使我们起死回生，返老还童的，都可以充分采用，都应该充分接受"[2]。使用的仍然是"充分"，而非"全盘"。1933 年，他在《建国问题引论》中再次强调：中国文化的出路"不完全是'师法外国'的问题。因为我们一面参考外国的制度方法，一面也许可以从我们自己的几千年历史里得着一点有益的教训"，而是"集合全国的人力智力，充分采用世界的科学和方法，一步一步的作自觉的改革"。他使用的仍然是"充分采用世界的科学和方法"，而不是"全盘"西化。正因如此，真正的全盘西化论者陈序经在《中国文化的出路》第五章"全盘西化的理由"中断定，"胡先生所说的西化，不外部分的西化，非全盘的西化"，并不引胡适为"全盘西化"之同道。

然而到了 1935 年，胡适却使用了"全盘西化"一词来表达自己对中国文化出路的选择。1935 年 1 月 10 日，王新命、

① 胡适：《文化的冲突》，罗荣渠主编：《从西化到现代化》，北京大学出版社 1990 年版，第 368 页。

② 胡适：《文化的冲突》，罗荣渠主编：《从西化到现代化》，北京大学出版社 1990 年版，第 368 页。

陶希圣等十教授发表了《中国本位的文化建设宣言》，提出以中国文化为本位实现中西文明的调和折衷。该《宣言》发表后，立即引起了思想文化界关于中西文化的激烈论战。2月24日，胡适主编的《独立评论》发表吴景超的《建设问题与中西文化》一文，吴氏把当时思想界对中西文化的态度分为折衷派、全盘西化派和复古派。他自称是折衷派，着重批评主张"全盘西化"的陈序经，并引述胡适在《建国问题引论》中关于中国文化的主张，认为胡适和"十教授"一样，"对于中西文化的保守与采用采取的（也是）一种折衷的态度"，属于折衷派。吴文发表后，陈序经在《独立评论》上发表《关于全盘西化答吴景超先生》，就吴氏对全盘西化论的批评做了反驳，他虽然也同意吴氏对胡适文化观的看法，但又认为胡适的"整个思想虽不能列为全盘西化派，乃折衷派之一支流"，可是若以为胡适对于中国文化出路的主张与回到"中学为体、西学为用"的"十教授宣言"一样，"好像未免有点冤枉"。陈序经既不引胡适为"全盘西化"之同道，也不认为他是像"十教授"那样的折衷派。故明确希望"胡先生来给我们一个解答"。

其实，胡适对中西文化问题早有明确的主张。他向来主张输入西方文明而反对中西文明之折衷调和，并为此在五四以后与梁漱溟等人展开过激烈论战。而现在竟被吴景超、陈序经误解为与"十教授"同调之"折衷派"，胡适自然有些不服气，不能不再次公开表明自己对中西文明的态度。于是，胡适在刊有陈序经文章的这期《独立评论》"编辑后记"中声明，"我很明白的指出文化折衷论的不可能，我是主张全盘西化论的"。同时，他又指出，"文化自有一种'惰性'，全盘西化的结果自然会有一种折衷的倾向……现在的人说'折衷',说'中国本位'都是空谈。此时没有别的路可走,只有努力全盘接受这个新世界的新文明。全盘接受了,旧文化的'惰性'自然会使他成为一个折衷调和的中国本位新文化。若我们自命做领袖的人也空谈折衷选择,结果只有抱残守阙而已。古人说:'取法乎上,仅得其中;取法乎中,风斯下矣。'这是最可玩味的真理。我们不妨拼命走极端,文化的惰性自然会把我们拖向折衷调和上去的。"①

正因胡适在特定的场合下声明自己不是文化"折衷派"而主张"全盘西化",加上他又是最早使用"全盘西化"一词者,故后人多将胡适视为"全盘西化"论之始作俑者和主要代表。实际上,胡适并不是真正的全盘西化论者,而是"有限的"西化论者;其所谓使用的"全盘西化"一词,并不是表示"百分之百西化",其实际含义与"全力现代化""充分世界化"等词相似。因此,胡适关于中西文化态度的准确表达,应该是"充分世界化",而不是"全盘西化"。1935年6月,胡适觉得"全盘西化"在提法上有些不妥,也不符合自己本来的意思,就撰写了《充分世界化与全盘西化》一文,重新解释并修正了"全盘西化"的提法,提议用"充分西化""充分世界化"代替"全盘西化"的提法。他说:"(全盘西化)这个名词的确不免有一点语病。这点语病是因为严格来说,'全盘'含有百分之一百的意义,而百分之九十九还算不得'全盘'。……至少我可以说我自己的原意并不是这样。我赞成'全盘西化',原意只是因为这个口号最近于我十几年来'充分'世界化的主张;我一

---

① 胡适:《编辑后记》,《独立评论》第一百四十二号。

时忘了潘光旦先生在几年前指出我用字的疏忽，所以我曾特别声明'全盘'的意义不过是'充分'而已，不应该拘泥作百分之百的数量的解释。"①

　　所以，胡适所说的"充分世界化"实际上等同于"充分西化"。因此，五四时期的胡适主张以"最有效的方式"来汲取西方文明，以实现中西文明的结合，是西化派，而不是全盘西化派；五四新文化运动之后，他虽然最早提出并声明自己是"主张全盘西化的"，但实际上是主张"充分西化"或"全力西化"，而不是"全盘西化"。胡适的"充分世界化"主张，与陈序经的"全盘西化"论有着很大差异。

①　胡适：《充分世界化与全盘西化》，《大公报》，1935 年 6 月 21 日。

第五章　近代中国的"民族魂"：鲁迅

　　鲁迅被誉为近代中国的"民族魂"，中国新文学运动的革命旗手，毛泽东称他是"中国文化革命的主将，他不但是伟大的文学家，而且是伟大的思想家和伟大的革命家"。鲁迅在中国新文学史上的地位，在中国思想史上的地位，确实是显赫的。然而，近年来中国思想文化界"崇胡贬鲁"之声不绝于耳，鲁迅的崇高地位有所动摇。有人为了维护中国传统文化而要清算鲁迅，有人为了批判所谓现代性而批判鲁迅，有人提出要"搬掉这块老石头"，有人认定鲁迅在当代中国已经没有意义。这种"崇胡贬鲁"的议论，更使我们觉得有必要对五四时期的鲁迅及其思想进行认真梳理，弄清围绕着鲁迅及其言行而发生的种种争论。鲁迅为什么要加盟《新青年》？为什么要激烈地反孔批儒？为什么要着力于改造国民性？为什么要揭露民族劣根性？他对五四新文化运动究竟起了怎样的作用？他对中国思想文化究竟有着怎样的贡献？应该如何看待鲁迅式的反传统及其思想价值？

一、他为什么要深刻批判国民性

鲁迅早年入江南水师学堂、江南陆师学堂附设的矿务铁路学堂。1902 年 4 月，鲁迅赴日本东京留学，入弘文学院学习。在这里，他带头剪掉了那条作为种族压迫象征的辫子。课余时间，他贪婪地阅读欧洲科学、哲学和文学书籍，迫切地寻求民族民主革命的道路。两年后，鲁迅从弘文学院速成普通科毕业，进入日本仙台医学专门学校。他后来在谈到学医的动机说："我的梦很美满，预备卒业回来，救治像我父亲似的被误的病人的疾苦，战争时候便去当军医，一面又促进了国人对于维新的信仰。"

然而，鲁迅的美梦很快就破灭了。当时正值日俄战争期间，他在幻灯片上看到中国人因替俄军做侦探而被日军砍头的场面，而围着赏鉴这示众盛举的也是神情麻木的中国人。这一刺激不仅使鲁迅感到了身为弱国国民的悲愤，而且使他改变了医学救国的思想，转向文学，抱定以文学拯救中华民族灵魂的重任。

1906 年 3 月，鲁迅从仙台医专退学重返东京，发表《摩罗诗力说》《科学史教篇》《文化偏至论》等文，开始了以文学唤醒国人、拯救民族灵魂的工作。由于早年的人生经历，鲁迅对中国人的"国民性"问题特别留心观察，这使他发现了中国人的各种劣根性，而这正是他弃医从文的深刻动机。他对专制制度长期养成的缺乏个性的所谓"国民性"深恶痛绝，并推崇西方近代的个性解放、个性自由思想。

鲁迅是一位具有思想家特质的文学家，其文学作品包含着深邃的思想。改造国民性的"立人"思想，是贯穿其思想的核心内容。在他看来，国家的兴衰，与人的素质有着直接关系。国民愚弱，国家难以真正富强，故立国必先立人。为此，他在弃医从文时就发出慨叹："凡是愚弱的国民，即使体格如何健全，如何茁壮，也只能做毫无意义的示众的材料和看客，病死多少是不必以为不幸的。所以我们的第一要著，是在改变他们的精神。"因此，鲁迅在《文化偏至论》中系统阐述了他的"立人"思想。他尖锐指出："是故将生存两间，角逐列国是务，其首在立人，人立而后凡事举；若其道术，乃必尊个性而张精神。"在他看来，立人是根柢，人既立则"沙聚之邦，由是转为人国"，"人国既建，乃始雄厉无前，屹然独见于天下"。正因如此，鲁迅在《文化偏至论》一文中赞赏斯蒂纳、叔本华、易卜生、克尔凯郭尔等西方哲人赞扬个性解放和个性自由的思想。他写道："况人群之内，明哲非多，伧俗横行，浩不可御，风潮剥蚀，全体以沦于凡庸。非超越尘埃，解脱人事，或愚屯罔识，惟众是从者，其能缄口而无言乎？物反于极，则先觉善斗之士出矣。德人斯契纳尔（M. Stirner）（即'斯蒂纳尔'——引者注）乃先以极端之个人主义现于世。谓真之进步，在于己之足下。人必发挥自性，而脱观念世界之执持。惟此自性，即造物主。惟有此我，本属自由；既本有矣，而更外求也，是曰矛盾。自由之得以力，而力即在乎个人，亦即资财，亦即权利。故苟有外力来被，则无间出于寡人，或出于众庶，皆专制也。国家谓吾当与国民合其意志，亦一专制也。众意表现为法律，吾即受其束缚，虽曰为我之舆台，顾同是舆台耳。去之奈何？曰：在绝义务。义务废绝，而法律与偕亡矣。意盖谓凡一个人，其思想行为，必以己为中枢，亦以己为终极：即立我性为绝对之自由者也。至勖宾霍尔（A. Schopenhauer）（即'叔本华'——引者注），则自既以兀傲刚愎有名，言行奇觚，为世希有；又见夫盲瞽鄙倍之众，充塞两间，乃视之与至劣之动物并等，愈益主我扬己而尊天才也。至丹麦哲人契开迦尔（S. Kierkegaard）（即'克尔凯郭尔'——引者注）则愤发疾呼，谓惟发挥个性，为至高之道德，而顾瞻他事，胥无益焉。其后有显理伊勃生（Henrik Ibsen）（即'易卜生'——引者注）见于文界，瑰才卓识，以契开迦尔之诠释者称。其所著书，往往反社会民主之倾向，精力旁注，则无间习惯信仰道德，苟有拘于虚而偏至者，无不加之抵排。更睹近世人生，每托平等之名，实乃愈趋于恶浊，庸凡凉薄，日益以深，顽愚之道行，伪诈之势逞，而气宇品性，卓尔不群之士，乃反穷于草莽，辱于泥涂，个性之尊严，人类之价值，将咸归于无有，则常为慷慨激昂而不能自已也。"[1]

鲁迅明确指出，个性愈解放，人愈能自觉其生活，"则人生之意义亦愈邃，个人尊严之旨趣亦愈明"。现代国家是建立在有独立个性的国民基础上的，但儒家将个人束缚于以"孝道"和"君君臣臣父父子子"为核心的等级秩序中，扼杀了人

---

[1] 鲁迅：《文化偏至论》，《鲁迅全集》第一卷，人民文学出版社 1973 年版，第 51 页。

的个性。这是鲁迅激烈反孔及揭露国民性的根本原因。他针对中国社会普遍缺乏个性的弊病，提出了"自大主义"概念并对其进行了抨击。在他看来，所谓"自大"就是一种独特性，可分为"个人的自大"和"合群的自大"。而这两者又是根本对立的，前者就是他在肯定意义上所说的个人的"个性"，他称之为"独异"。不同凡俗的是，鲁迅明确地肯定前者，而愤然地反对后者。他写道："中国人向来有点自大。——只可惜没有'个人的自大'，都是'合群的爱国的自大'，这便是文化竞争失败之后，不能再见振拔改进的原因。"

什么是"个人的自大"？鲁迅说："'个人的自大'，就是独异，是对庸众宣战。除精神病学上的夸大狂外，这种自大的人，大抵有几分天才，——照 Nordau 等说，也可说就是几分狂气。他们必定自己觉得思想见识高出庸众之上，又为庸众所不懂，所以愤世疾俗。渐渐变成厌世家，或'国民之敌'。但一切新思想，多从他们出来，政治上宗教上道德上的改革，也从他们发端。所以多有这'个人的自大'的国民，真是多福气！多幸运！"那些有才华有鲜明个性者往往为社会多数人所不容，故鲁迅赞扬"自大的个人"，呼唤个性解放。

什么是所谓"合群的、爱国的自大"呢？鲁迅写道："'合群的自大''爱国的自大'，是党同伐异，是对少数的天才宣战；——至于对别国文明宣战，却尚在其次。他们自己毫无特别才能，可以夸示于人，所以把这国拿来做个影子；他们把国里的习惯制度，抬得很高，赞美的了不得；他们的国粹，既然这样有荣光，他们自然也有荣光了！倘若遇见攻击，他们也不必自去应战，因为这种蹲在影子里张目摇舌的人，数目极多。

只须用 mob（即'乌合之众'——引者注）的长技，一阵乱噪，便可制胜。胜了，我是一群中的人，自然也胜了；若败了时，一群中有许多人，未必是我受亏：大凡聚众滋事时，多具这种心理，也就是他们的心理。他们举动，看似猛烈，其实却很卑怯。至于所生结果，则复古、尊王、扶清灭洋等等，已领教得多了。所以多有这'合群的爱国的自大'的国民，真是可哀！真是不幸！"为什么说这是一种不幸呢？因为"不幸中国偏只多这一种自大：古人所作所说的事，没一件不好，遵行还怕不及，怎敢说到改革？"[①] 故他抨击那些合群的、爱国的自大者。

致力于中国国民性的改造，是鲁迅留日时期就确定的创作宗旨。鲁迅之所以要深刻批判民族的国民性，显然就是要改造民族灵魂，重铸民族精神。五四时期，鲁迅仍然坚持"最要紧的是改革国民性"，激烈抨击封建礼教吃人的"兽道"和蒙人的"鬼道"，以小说和杂文形式批判中国旧思想、旧道德、旧文化、旧礼教，其目的显然都是为了"立人"，为了求得人的解放，"以为只要扫荡了旧的成法，剩下来的便是原来的人，好的社会了"。鲁迅继《狂人日记》后，相继发表了《孔乙己》《药》《明天》《风波》《故乡》等影响巨大的白话小说，主持《新青年》"随感录"，并先后发表了《我的节烈观》等著名杂文，对封建礼教进行深刻揭露。1921 年，他又发表小说《阿Q 正传》，以小说的形式对国民性问题进行了深刻解剖。在小说《孔乙己》中，鲁迅通过酒客的笑声与主人公悲惨命运的对比，反映了"社会对受苦人的冷漠"，深刻揭示了人性的阴暗

---

① 　鲁迅：《随感录·三十八》，《鲁迅全集》第一卷，人民文学出版社 2005 年版，第 327~328 页。

面;《药》反映了因群众的愚昧造成的革命者的寂寞和悲哀;《示众》通过首善之区街头十八个人物的群像，揭示出他们灵魂麻木的共性。

在获得世界声誉的《阿Q正传》中，鲁迅对病态的国民灵魂——愚昧、麻木、保守、自私、狭隘、狡黠、惧强凌弱、以精神胜利法自欺欺人——的犀利解剖，刺中了国民性弱点的要害。他更将这些精神弱点，特别是所谓"精神胜利法"融进了阿Q这个不觉悟的落后的农民形象中，从而完成一个包含复杂思想和社会心理的、具有很高美学价值的典型形象，更具有深邃的思想穿透力。

正是基于"立人"思想，鲁迅将对国民性的批判视为实现民族更新改造的良药，毕生致力于批判国民性，深刻揭露中国人的劣根性，批判奴性、面子观念、看客心态、马虎作风，以及麻木、卑怯、自私、狭隘、保守、愚昧等。他带着自己深切的生命体验，带着无限的悲悯和无奈，"哀其不幸，怒其不争"，揭露和批判他所置身的那个病态社会和国民的种种劣根性。由于国民劣根性是儒家文化长期熏习和专制主义长期统治造成的，故鲁迅很自然地将批判矛头指向孔子、儒学及封建专制主义。

二、他为什么要参加新文化运动

1915年9月，陈独秀从辛亥革命失败后的短暂彷徨中奋起，创办《青年杂志》，发起了新文化运动。同样面对民国初年政治黑暗和社会混乱的局面，曾经是热血沸腾的爱国者的鲁迅却陷入更深的消沉之中。鲁迅说自己看到辛亥革命及其后一系列斗争的失败，就"怀疑起来，于是失望，颓唐得很了"。故新文化运动初期，鲁迅仍然处于彷徨观望之中，感到非常"寂寞"。用鲁迅的话说，寂寞就像"大毒蛇"一样缠住了自己的"灵魂"，使自己异常痛苦。为了解除内心深处的痛苦和寂寞，鲁迅就"用了种种法，来麻醉自己的灵魂"，使自己"回到古代去"，办法就是"钞古碑"，以使自己的生命"暗暗的消去"①。在北京政府教育部供职的鲁迅因主张"播布美术"而失败，因被迫参加"祭孔"而深感屈辱，因目睹"大内档案"流失而忧心忡忡。他亲身经历了从辛亥革命、二次革命、张勋复辟到袁世凯称帝的政治闹剧，故对民国前途感到颓唐失望。为了麻醉自己，他潜心古籍校勘，收集整理古碑古砖，其救国救民的精神在"昏睡入死灭"。

1917年8月9日，陈独秀派《新青年》编辑部成员钱玄同到北京宣武门外绍兴会馆，拜访了正在埋头钞古碑的鲁迅，向他约稿。鲁迅起先予以拒绝并痛苦地说："假如一间铁屋子，是绝无窗户而万难破毁的，里面有许多熟睡的人们，不久都要闷死了，然而是从昏睡入死灭，并不感到就死的悲哀。现在你大嚷起来，惊起了较为清醒的几个人，使这不幸的少数者来受无可挽救的临终的苦楚，你倒以为对得起他们么？"② 这

---

① 鲁迅：《呐喊·自序》，《鲁迅全集》第一卷，人民文学出版社2005年版，第440页。

② 鲁迅：《呐喊·自序》，《鲁迅全集》第一卷，人民文学出版社2005年版，第441页。

样看来，鲁迅对新文化运动的最初态度是怀疑的，认为这个运动是无望的，只能使少数清醒（觉悟）者更加痛苦，故采取了消极观望的态度。

鲁迅的观察不能说没有道理。《新青年》创刊初期并没有引起社会各界的广泛关注，因此也是"寂寞"的，"不特没人来赞同，并且也还没有人来反对"。他认为钱玄同就是因为陈独秀"寂寞"而来找他的。陈独秀自己后来也承认："大学风潮，报纸上虽然说得很热闹；但是毫无根据，不过是几个冒充古文家的老头儿、冒充剧评家的小孩子，在背地里勾串起来蠕动罢了。"① 但鲁迅所说的"你大嚷起来"，惊起了正在"昏睡入死灭"的中国人，倒是正确地描绘出创办《新青年》时陈独秀、钱玄同等人的心态。钱玄同劝说鲁迅道："然而几个人既然起来，你不能说绝没有毁坏这铁屋的希望。"鲁迅深受感动，"我早就很希望中国的青年站出来，对于中国的社会，文明，都毫无忌惮地加以批评"。于是，鲁迅抱着这一线希望，试着写了第一篇白话小说《狂人日记》，并第一次用"鲁迅"笔名向《新青年》投稿。

陈独秀看到鲁迅的《狂人日记》，以白话小说的形式暴露家族制度和礼教的弊害，悲愤地控诉封建礼教"仁义道德""吃人，吃孩子"的本质，最后发出"你们立刻改了，从真心改起！要晓得将来容不得吃人的人"的警示，和"救救孩子"的呐喊，完全与自己的思想启蒙理念相吻合，故立即安排在《新青年》第四卷第五号上发表。他后来致函周作人说："鲁迅兄做的小

---

① 陈独秀：《陈独秀答某某的信》，中国社会科学院近代史研究所藏，《胡适档案》第 981 号。

说，我实在五体投地的佩服。"①

鲁迅的《狂人日记》发表后，立即在思想界引起震动。此后，鲁迅便一发不可收，写下了大量小说杂文，到1921年8月止，鲁迅在《新青年》上先后发表了《狂人日记》《孔乙己》《药》《风波》《故乡》五部白话小说，还有四部翻译日本和俄国的小说及多则随感录、通信等。鲁迅后来谈到自己怎样做起小说时说："《新青年》的编辑者，却一回一回的来催，催几回，我就做一篇，这里我必得记念陈独秀先生，他是催促我做小说最着力的一个。"②鲁迅毫不掩饰自己对陈独秀的崇敬心情，并把自己比作一个战士，把自己的小说称作"遵命文学"：自己是"遵命"而作，"呐喊"向前，一扫此前的那种消极悲观情绪。他把陈独秀视为"革命的前驱者"和五四新文化运动的"主将"。他说："既然是呐喊，则当然须听将令的了……那时的主将是不主张消极的。"③

鲁迅将自己与陈独秀的关系比喻为战士与主将、将令与奉命的关系，表明两者在思想上是一致的。陈独秀不仅推动鲁迅撰写白话小说，而且带动他写"随感录"形式的杂文。陈独秀写信给周作人说："随感录本是一个很有生气的东西，现在为我一个人独占了，不好不好，我希望你和豫才、玄同二位有工夫都写点来。"④正是在陈独秀的带动下，鲁迅从1919

---

① 陈独秀：《陈独秀致周启明信》，《历史研究》，1979年第5期。

② 鲁迅：《我怎么做起小说来》，《鲁迅全集》第四卷，人民文学出版社2005年版，第526页。

③ 鲁迅：《呐喊·自序》，《鲁迅全集》第一卷，人民文学出版社1973年版，第274页。

④ 陈独秀：《陈独秀致周启明信》，《历史研究》，1979年第5期。

年年初开始在《新青年》上发表"随感录"形式的杂文。从此，杂文这种新型表现形式的文体，成为鲁迅进行思想批判的锐利武器。

三、他为什么要发出"礼教吃人"的呐喊

五四时期，中国数千年来树立起来的民众心目中的孔子及其儒学遭到猛烈抨击，传统的价值观念、道德信仰、人生态度、文化品格遭到前所未有的翻转。包括鲁迅在内深受儒学熏习的五四知识分子之所以要反孔批儒，与民国初期孔子及儒学被统治者利用进行复辟帝制活动有关。袁世凯称帝、康有为反对共和及张勋复辟闹剧，都打着尊孔旗号，人们自然会将尊孔与复辟帝制联系起来，断定尊孔是为了复辟帝制。鲁迅后来撰写的《在现代中国的孔夫子》中描述说："从二十世纪的开始以来，孔夫子的运气是很坏的，但到袁世凯时代，却又被从新记得，不但恢复了祭典，还新做了古怪的祭服，使奉祀的人们穿起来。跟着这事而出现的便是帝制。……余剩的是北洋军阀，当觉得渐近末路时，也用它来敲过另外的幸福之门。……而孔夫子之被利用为或一目的的器具，也从新看得格外清楚起来，于是要打倒他的欲望，也就越加旺盛。"

鲁迅的这段描述是符合历史事实的。在当时，帝制和孔教确实紧密地联系在一起。于是五四思想界先驱人士认为，反对帝制就必须反对尊孔，救国的首要任务就是打破专制思想对民众的束缚。这样，新文化运动的矛头便指向了孔子及

其儒学，以孔子为代表的儒家思想受到了空前猛烈的批判。1918 年 5 月，鲁迅在《新青年》第四卷第五号上发表了第一篇白话小说《狂人日记》，发出了"礼教吃人"的控诉和"救救孩子"的呼吁。鲁迅在 1918 年 8 月 20 日致许寿裳信中，谈到《狂人日记》的写作时说："后以偶阅《通鉴》，乃悟中国人尚是食人民族，因成此篇。此种发现，关系亦甚大，而知者尚寥寥也。"他在《狂人日记》中宣布了这个"发现"，将中国数千年历史视为"吃人"的历史。

鲁迅的《狂人日记》是中国新文学的第一篇作品，更是一篇讨伐封建主义的檄文。他通过一个既有狂人病理特征又有传统叛逆者气质的独特形象，对旧家族制度及封建礼教的弊害进行了深刻揭露。鲁迅借狂人之口宣布中国封建社会全部历史的秘密是"吃人"，喊出了"将来容不得吃人的人活在世上"的真理。其云："凡事总须研究，才会明白。古来时常吃人，我也还记得，可是不甚清楚。我翻开历史一查，这历史没有年代，歪歪斜斜的每叶上都写着'仁义道德'几个字。我横竖睡不着，仔细看了半夜，才从字缝里看出字来，满本都写着两个字，是'吃人'！"[①]

鲁迅以犀利的笔锋，剥开了历代统治者宣扬的"仁义道德"的伪装，控诉了传统礼教面具下"易子而食""食肉寝皮"等残酷现象，尖锐地指出了几千年来的所谓文明史是"吃人的历史"。鲁迅此处所提出的"人"，并不仅仅是具体的人，实际上就是中华民族的精神。中国千百年来的历史就是"吃人"的历史，吃掉的不仅仅是具体的人，而是中华民族的精神。鲁

---

① 鲁迅：《狂人日记》，《新青年》第四卷第五号，1918 年 5 月 15 日。

迅以辛辣、幽默和夸张的笔调对封建礼教的无情而彻底的批判，立即在中国社会文化界产生了强烈反响。

随着《狂人日记》的发表，"救救孩子"的呼声不胫而走，并引出了吴虞那篇著名的《吃人与礼教》。吴虞对鲁迅用形象的艺术形式揭露封建礼教的残酷性和"吃人性"赞叹不已："我觉得他这日记，把吃人的内容和仁义道德的表面看得清清楚楚。那些戴着礼教假面具吃人的滑头伎俩，都被他把黑幕揭破了。"他大声呐喊："到了如今，我们应该觉悟：我们不是为君主而生的，不是为圣贤而生的，也不是为纲常礼教而生的……我们如今应该明白了！吃人的就是讲礼教的！讲礼教的就是吃人的呀！"这个充满激情的呼声强烈地震动了五四进步青年。从此，"打倒吃人的礼教"就和"打倒孔家店"一样，成为五四时期反孔批儒的响亮口号。

鲁迅撰写了一系列批判"尊孔崇儒"的杂文，对专制制度、旧伦理道德进行抨击，对儒家文明的阴暗面进行深刻揭露。他尖锐地指出："所谓中国的文明者，其实不过是安排给阔人享用的人肉的筵席。所谓中国者，其实不过是安排这人肉的筵宴的厨房。"故他对一些人总是陶醉于中国传统文明的现象讽刺说："这文明，不但使外国人陶醉，也早使中国一切人们无不陶醉而且至于含笑。因为古代传来而至今还在的许多差别，使人们各各分离，遂不能再感到别人的痛苦；并且因为自己各有奴使别人，吃掉别人的希望，便也就忘却自己同有被奴使被吃掉的将来。于是大小无数的人肉的筵宴，即从有文明以来一直排到现在，人们就在这会场中吃人，被吃，以凶人的愚妄的欢呼，将悲惨的弱者的呼号遮掩，更不消说女人和小儿。这人肉的筵宴现在还排着，有许多人还想一直排下去。扫荡这些食人者，掀掉这筵席，毁坏这厨房，则是现在的青年的使命！"①鲁迅对中国儒家文明弊端的揭露入木三分，颇为深刻。

四、他是怎样批判传统孝道及节烈观的

在五四反孔批儒的时代大潮中，鲁迅发表了一系列批判尊孔、崇儒、专经、复古的杂文，对儒家宣传的孝道、节烈及家长制度作了入木三分的揭露和激烈抨击。"孝道"是儒家伦理道德的核心理念，也是专制主义和家族主义的伦理基石。陈独秀、鲁迅等人对封建"孝道"进行了激烈批判，主张以个人自由、独立、平等的个人主义价值观，取代宗法式的、等级制的、尊卑有序的专制主义价值观。施存统在《浙江新潮》第二期发表的《非孝》一文，抨击了封建家庭制度及其"孝道"。他写道："我的非'孝'，目的不单在于一个'孝'，是要借此问题，煽成大波，把家庭制度根本推翻，然后从而建设一个新社会。"

鲁迅在《新青年》上发表的《我们现在怎样做父亲》一文，堪称五四时期批判传统家族制度和孝道的最有影响的文章。鲁迅撰写这篇文章的本意，是想就"研究怎样改革家庭；又因为中国亲权重，父权更重，所以尤想对于从来认为神圣不可

① 鲁迅：《灯下漫笔》，《鲁迅全集》第一卷，人民文学出版社1981年版，第216页。

侵犯的父子问题，发表一点意见"。鲁迅在分析传统家庭制度及父子关系基础上，阐述了这样一个颇有现代意义的新道理：父亲对儿子没有什么恩，儿子自然也没有必要对父亲尽孝，父子之间应该是"爱"的关系。

鲁迅以进化论为根据，论证了生物演化的基本规律：一要保存生命，二要延续这生命，三要发展这生命。"生物都这样做，人也这样做，父亲也就是这样做。"他继续写道："因有食欲才摄取食品，因有食品才发生温热，保存了生命。但生物的个体，总免不了老衰和死亡，为继续生命起见，又有一种本能，便是性欲。因性欲才有性交，因有性交才发生苗裔，继续了生命。所以食欲是保存自己，保存现在生命的事；性欲是保存后裔，保存永久生命的事。饮食并非罪恶，并非不净；性交也就并非罪恶，并非不净。饮食的结果，养活了自己，对于自己没有恩；性交的结果，生出子女，对于子女当然也算不了恩。——前前后后，都向生命的长途走去，仅有先后的不同，分不出谁受谁的恩典。"在"孝道"盛行的传统社会里，说父子之间没有"恩"，自然是大逆不道之论。但鲁迅认为这是所谓"圣人之徒"的误解。他解释说："他们的误点，便在长者本位与利己思想，权利思想很重，义务思想和责任心却很轻。以为父子关系，只须'父兮生我'一件事，幼者的全部，便应为长者所有。尤其堕落的，是因此责望报偿，以为幼者的全部，理该做长者的牺牲。"鲁迅认为，儒家所强调的子对父的片面义务思想，不仅违背自然规律，而且违背人伦事理。他批判说："倘如旧说，抹煞了'爱'，一味说'恩'，又因此责望报偿，那便不但败坏了父子间的道德，而且也大反于做父母的实际的真情，播下乖剌的种子。""所以我现在心以为然的，便只是'爱'。"

鲁迅显然是站在近代个性独立、人人平等立场上批评传统父子关系及其"孝道"的。他将父子视为"人"来看待，既有一般的人与人之间的关系，也有其特殊的父母对于子女的义务关系。在鲁迅看来，父母对于子女的义务是教育和解放。因为"子女是即我非我的人，但既已分立，也便是人类中的人。因为即我，所以更应该尽教育的义务，交给他们自立的能力；因为非我，所以也应同时解放，全部为他们自己所有，成一个独立的人"。"这样，便是父母对于子女，应该健全的产生，尽力的教育，完全的解放。"① 父子之情应该是人类平等之爱。

由批评传统的父子关系及其"孝道"，鲁迅进而讨论并批判了传统家长制度。儒家学说主要靠以父权制为核心、以纲常名教为内容的"家本位"发挥其社会功能。它把儒家伦理道德与专制政治统治、治家与治国、孝亲与忠君结合起来，形成了"家国一体"的社会秩序。家是国的缩影，国是家的放大，家庭与国家是一种同构关系，家庭伦理可以扩大为社会以至立国的原则。因此，在家尽孝、在国尽忠，家庭的核心道德"孝"，就体现为国家的核心道德"忠"。所谓"以孝治天下"，典型地反映了以家族为本位的儒家伦常是如何有效地服务于专制统治的情景。

鲁迅对传统社会的家国同构特性有着深刻的认识，故自觉地用"匕首和投枪"式的杂文，对其进行猛烈抨击："总还想对于根深蒂固的所谓旧文明，施以袭击，令其动摇，冀于将

① 鲁迅：《我们现在怎样做父亲》，《新青年》第六卷第六号，1919 年 11 月 1 日。

来有万一之希望。"鲁迅在《我们现在怎样做父亲》一文中，抨击儒家学说的"一意提倡虚伪道德，蔑视了真的人情"，认为儒家强调的"孝""烈"之类道德是"一味收拾幼者弱者的方法"。与儒家提倡的以长者为本位的道德根本相反，鲁迅提出了以幼者为本位的道德主张。他指出："后起的生命，总比以前的更有意义，更近完全，因此也更有价值，更可宝贵；前者的生命，应该牺牲于他。"因此，长者须是指导者、协商者却不是命令者，"一切设施，都应该以孩子为本位"。怎样才能使孩子从父权主义束缚下解脱出来？鲁迅提出了颇为悲壮的解救办法："先从觉醒的人开手，各自解放了自己的孩子。自己背着因袭的重担，肩住了黑暗的闸门，放他们到宽阔光明的地方去；此后幸福的度日，合理的做人。"① 这显然就是新文化运动所提倡的个性解放和人格独立的启蒙思想。

由抨击孝道、家长制和父权主义，鲁迅进而主张男女平等，猛烈抨击儒家所提倡的"节烈"观。他在《我之节烈观》中指出："节烈这两个字，从前也算是男子的美德，所以有过'节士''烈士'的名称。然而现在的'表彰节烈'，却是专指女子，并无男子在内。据时下道德家的意见，来定界说。大约节是丈夫死了，决不再嫁，也不私奔；丈夫死得愈早，家里愈穷，他便节得愈好。烈可是有两种：一种无论已嫁未嫁，只要丈夫死了，他也跟着自尽；一种是有强暴来污辱他的时候，设法自戕，或者抗拒被杀，都无不可。这也是死得愈惨愈苦，他便烈得愈好，倘若不及抵御，竟受了污辱，然后自戕，便免不了议论。"这样一来，妇女只能至于牺牲的境地："女子

① 鲁迅：《我们现在怎样做父亲》，《新青年》第六卷第六号，1919 年 11 月 1 日。

死了丈夫，便守着；或者死掉。遇了强暴，便死掉。"他由此抨击道："我依据以上的事实和理由，要断定节烈这事是：极难，极苦，不愿身受，然而不利自他，无益社会国家，于人生将来又毫无意义的行为，现在已经失了存在的生命和价值。"这种极为残忍的"节烈"观念在现代社会已经失去了存在的价值，是必须予以批判的。但那些节烈女人是可怜而无辜的，是需要得到同情和哀悼的，而哀悼的目的在于抛弃这种不人道的节烈做法："我们追悼了过去的人，还要发愿：要自己和别人，都纯洁聪明勇猛向上。要除去虚伪的脸谱。要除去世上害己害人的昏迷和强暴。"还说："我们追悼了过去的人，还要发愿：要除去于人生毫无意义的苦痛。要除去制造并赏玩别人苦痛的昏迷和强暴。"①

由此可见，鲁迅对传统"节烈"观的本质的认识是相当深刻的，对传统"节烈"危害的揭露是相当激烈的。他斥责传统"节烈"的根本理由，是它不把女子当人看，完全否定妇女的平等权利。这是一种害己害人的做法，不仅给妇女带来了痛苦，抹煞了其作为人的生命价值，而且无益于社会国家。鲁迅对传统"节烈"观的批判产生了深刻影响，越来越多的国人看清了它的本质，起而控诉其对妇女的残害并捍卫妇女的正当权利。

---

① 鲁迅：《我之节烈观》，《新青年》第五卷第二号，1918 年 8 月 15 日。

五、如何看待鲁迅的反孔批儒的偏激性

五四时期的鲁迅对孔子和儒学的批判是非常猛烈和彻底的，林毓生将他视为五四"全盘反传统"的代表之一，也有一定道理。客观地说，鲁迅对儒学的批判是非常猛烈的，也有不少偏激的言论。鲁迅并不讳言自己言论上的偏激。他对中国传统文化的批判，往往采取"决绝"的态度。他说："无论是古是今，是人是鬼，是三坟五典，百宋千年，天球河图，金人玉佛，祖传丸散，秘制仙丹，全部踏倒他。"

鲁迅为什么要以偏激的方式批判儒学？当传统作为一个整体依然被强调并严重制约社会发展时，要冲破这个封闭的传统"铁屋子"，就不能不采取断然的态度，只好大声呐喊，不惜以矫枉过正的极端方式促人猛醒，冲破封建礼教束缚。他说："中国人的性情是总喜欢调和、折衷的。譬如你说，这个屋子太暗，须在这里开一个窗，大家一定不容许的。但如果你主张拆掉屋顶，他们就会来调和，愿意开窗了。没有更激烈的主张，他们总连平和的改革也不肯行。"鲁迅甚至还说，在中国办一件事太难了，连"搬动一张桌子也要流血"。鲁迅对中国传统文化的利弊看得非常透彻，故对传统儒学的批判采取了激烈而偏激的策略，有意采用激进的姿态和不合作的精神。

五四新文化运动后，中国思想文化界出现了一股复古思

潮，提倡"尊孔读经"，重读"中国书"。鲁迅对这种复古思潮非常反感。他认为，中国传统文化最大的弊病是对人的压抑、对个性的摧残、对生命的压抑、对创造力的压制。鲁迅为了冲破这种压制，让青年获得思想自由与个性解放，针锋相对提出"少看中国书"，面向世界，向外吸取营养，多读所谓"外国书"的建议。他在《青年必读书》中说："我看中国书时，总觉得就沉静下去，与实人生离开；读外国书——除了印度——时，往往就与人生接触，想做点事。中国书虽有劝人入世的话，也多是僵尸的乐观；外国书即使是颓废与厌世的，但却是活人的颓废与厌世。我以为要少——或者竟不——看中国书，多看外国书。"[1] 这里所说的"中国书"和"外国书"，分别代表着中国传统与西方现代文化。鲁迅的意思，显然鼓励青年继续吸纳西方现代文明，反对向复古倒退。

需要指出的是，鲁迅尽管激烈地反孔批儒，但并不笼统地"反孔"，更没有全盘否定儒学的价值。他仅仅反对以孔子为衡量是非的标准，更反对把孔子当作"敲门砖"，借尊孔以达到政治的目的。鲁迅没有全盘否定孔子及儒家思想的历史价值。他称颂"孔丘先生确是伟大，生在巫鬼势力如此旺盛的时代，偏不肯随俗谈鬼神"。他仍然将孔子视为"我们从古以来就有"的埋头苦干、拼命硬干、为民请命、舍身求法的人，为"中国的脊梁"。

同时，鲁迅对中国文化是热爱的，对古典文献做了大量的整理工作。因此，尽管鲁迅在策略层面猛烈攻击中国传统文化，但在操作的层面上特别注意对中国传统文化进行分析

---

[1]　鲁迅：《青年必读书》，《京报副刊》1925 年 2 月 21 日。

和继承。鲁迅尽管对儒学及国民性进行了激烈的批判，但并没有割断中国传统，更不是文化虚无主义者。鲁迅除了写小说、写杂文以外，多数精力都集中于整理和研究中国传统文化典籍。他整理了《唐宋传奇集》，撰写了《中国小说史略》《汉文学史纲》，他收集过汉代石刻、汉唐碑帖等珍贵文物。因此，鲁迅是儒学和中国文化传统的激烈批判者，同时又是对传统文化最有见地的继承者和价值重估者。

六、为什么鲁迅被誉为近代中国的"民族魂"

作为中国现代文学史上的文学巨匠，鲁迅在白话文学建设方面做出了划时代的贡献。最先提倡文学革命的胡适承认，自己对于白话文学是提倡有心而创造无力。他对白话新文学的创造在理论与方法问题上，都提出了很多重要的见解。但他本人在创作方面，除了一些新诗和短篇小说之外并没有太大贡献。而最早表现出创造新文学实绩的人物，是鲁迅。胡适称赞说：在新文学创作方面，"成绩最大的却是一位托名'鲁迅'的。他的短篇小说，从四年前的《狂人日记》到最近的《阿Q正传》，虽然不多，差不多没有不好的"[1]。鲁迅在《中国新文学大系·小说二集》的《导言》中自谦地说："从1918年5月起，《狂人日记》《孔乙己》《药》等，陆续的出现了，算是显示了'文学革命'的实绩。"[2]

---

① 胡适：《五十年来中国之文学》，《胡适文存》二集卷二，第169页。

② 鲁迅：《中国新文学大系·小说二集》《导言》，第1页。

鲁迅在从事小说创作的同时，又创造了一种新型的文学形式——杂文。这一文学形式萌芽了五四文学革命与思想革命。它一方面吸收了外来的随笔和小品的特点，另一方面又与中国古代散文（如魏晋文章）的深厚基础相关联。杂文在鲁迅创作中占有极大的比重，先后出版了《华盖集》《华盖集续编》《二心集》《花边文学》《且介亭杂文》《且介亭杂文二集》等杂文集。由于鲁迅把他那罕见的深刻思想、惊人的艺术天才、渊博的书本知识、丰富的人生体验，都凝聚在他的九百多篇杂文中，因而使他的杂文成为了中国思想史上的辉煌篇章，成为中国现代散文难以逾越的高峰。

　　五四新文化运动之后，鲁迅坚决抵制尊孔复古的逆流，继续坚持五四的启蒙价值并进行思想启蒙工作。1927 年移居上海后，鲁迅全力从事文学创作，更猛烈地对国民性进行批判。他比较系统地阅读新兴社会科学的著作，特别是马克思主义著作，开始了一生中思想的巨大转变，逐渐成为一名在文艺战线上反对国民党白色恐怖的斗士。1930 年 3 月，在鲁迅等人筹备下，中国左翼作家联盟在上海成立。鲁迅被邀为常务委员，并编辑《萌芽》《文艺研究》等左联重要机关刊物。他率领着广大左翼文艺战士，与"新月派"理论家和国民党策划的"民族主义文学"展开了激烈论辩。他冲破国民党的严密禁锢，创办秘密刊物，发表悼文纪念战死者。1933 年 1 月，鲁迅任中国民权保障同盟上海分会执行委员，为争取人民权利和营救被捕的革命者而英勇斗争。他参加了营救陈赓、罗登贤、廖承志等人的活动，并和宋庆龄等一道赴德国驻上海领事馆，递交反对希特勒法西斯暴行的抗议书。鲁迅冒着危险，保存了方志敏就义前写给中共中央的信和所著《可爱的中国》《清贫》等手稿，并妥善转交中共中央。

1936年5月，鲁迅患了严重肺病，体重减少至三十七公斤。宋庆龄等友人多次敦促鲁迅疗养。但鲁迅认为，与其不工作而多活几年，倒不如赶快工作而少活几年，继续坚持战斗。6月9日，鲁迅口授、冯雪峰笔录，作《答托洛斯基派的信》。10月初，鲁迅还托人将金华火腿和他抱病编印的《海上述林》赠送给中共中央和毛泽东。1936年10月19日晨5时，鲁迅与世长辞。上海各界民众二万多人为鲁迅送殡。鲁迅的遗体安葬于上海虹桥万国公墓，他的灵柩上覆盖着一面白底黑字的锦旗，上面由沈钧儒书写了"民族魂"三个大字。

郁达夫在《怀鲁迅》中说："没有伟大的人物出现的民族，是世界上最可怜的生物之群；有了伟大人物，而不知拥护，爱戴，崇仰的国家，是没有希望的奴隶之邦。因鲁迅的一死，使人们自觉出了民族的尚可以有为；也因鲁迅之一死，使人家看出了中国还是奴隶性很浓厚的半绝望的国家。"①

鲁迅在白话小说创作、杂文随笔撰写、苏俄文艺作品翻译、古典文献整理与研究等方面都做出了划时代的贡献，是伟大的文学家，是当之无愧的文学巨匠。但作为伟大的文学家的鲁迅，并不同于茅盾、沈从文那样的侧重描摹社会世态与乡土风俗的文学家，而是集中全力提炼中国人精神特征，为中国人提供反思自我"镜子"的文学家。

鲁迅固然在文学领域有所建树，但仅谈文学领域不足以涵盖其突出的贡献。鲁迅是有着思想家特质的文学家，是有

① 郁达夫：《怀鲁迅》，《文学》第七卷第五号，1936年11月1日。

着深厚文化功底的启蒙思想家。鲁迅对中国的思想贡献，集中体现在他对国人精神的深刻反思和对黑暗的坚韧反抗，堪称中华民族的"民族魂"。鲁迅是为了改变中国人的精神而走上文学道路的，他一生致力于反思民族精神，批判国民性，旨在重铸中华民族的民族精神。

鲁迅的思想本质与价值核心，就在于"对中国人精神的深刻反思"。他是中华民族最高境界的精神反思者，是专门致力于民族精神反思的伟大思想家。鲁迅对中国人精神的深刻反思是他留给中华民族以至整个人类的一笔宝贵精神财富。因此，鲁迅是近代中国有创新精神的伟大思想家，是深刻探索人类精神现象、深刻反思中国人精神的伟大思想家，是倾心于改变中国人精神世界的启蒙思想家。

对于鲁迅这样的一位致力于中国人精神革命的"精神界之战士"，毛泽东给予很高的评价。他在《新民主主义论》中指出："鲁迅是在文化战线上代表全民族的大多数，向着敌人冲锋陷阵的最正确、最勇敢、最坚决、最忠实、最热忱的空前的民族英雄。鲁迅的方向，就是中华民族新文化的方向。"[①] 他号召一切共产党员，一切革命家，一切革命的文艺工作者，都应该以鲁迅为榜样，做无产阶级和人民大众的牛，鞠躬尽瘁，死而后已。鲁迅不愧为近代中国的"民族魂"。

---

① 《毛泽东选集》第二卷，人民出版社 1991 年版，第 698 页。

第六章　反孔非儒两斗士：吴虞与易白沙

　　反孔批儒是五四新文化运动的主题之一，《新青年》对孔子及儒学的猛烈批判，是从易白沙发表《孔子平议》一文开始的。被誉为"四川省只手打孔家店的老英雄"吴虞起而响应，喊出了"礼教吃人"的响亮口号。如果说易白沙的《孔子平议》揭开了五四时期反孔批儒序幕的话，那么吴虞之批孔言论则从学理层面深刻揭示了儒家伦理道德与专制主义之间的密切关系，揭示了封建礼教的本质，因而受到当时进步思想界的称赞，成为当时与陈独秀齐名的反孔批儒的风云人物，被誉为"中国思想界的一个清道夫"。

一、为什么说易白沙是五四反孔第一人

　　五四时期的批孔和反孔，在中国历史上是空前的。五四时期之所以能够形成这样的批孔高潮，与辛亥革命后思想文化领域新旧价值观斗争的特点有着密切关联。辛亥革命推翻了中国最后一个封建专制王朝，高举民主主义的旗帜，这本身就是对几千年来根深蒂固的专制主义最沉重的打击。辛亥

革命最大的历史功绩在于，它摧毁了专制主义的社会制度基础。同时，南京临时政府颁布了一系列具有鲜明民主主义性质的政令，为近代民主价值观的形成奠定了政治基础。这其中引人瞩目的是对尊孔读经之制的明令废止。1912年年初，中华民国临时政府颁布法令，要求各地废止小学读经和跪拜孔子之礼，禁止使用前清政府所颁行的各种教科书。这项规定，对几千年来的尊孔读经传统无疑是一个致命的打击。

但辛亥革命之后，袁世凯适应复辟帝制的需要，反而使祀孔活动变本加厉，尊孔思潮甚嚣尘上。在复辟派的怂恿之下，那些封建遗老们肆无忌惮、猖獗一时。1912年10月7日，由陈焕章等发起的孔教会在上海召开成立会。该会声称"以昌明孔教，救济社会为宗旨"。陈焕章在《孔教会序》中说：本会"以讲习学问为体，以救济社会为用……宗祀孔子以配上帝，诵读经传以学圣人"。1913年9月27日，孔教会在曲阜召开第一次全国大会，公推康有为为总会会长，其门徒陈焕章为总干事，上海、北京各设一总事务所，并在各地成立分会支会。实际上，这股尊孔逆流是由袁世凯的支持而形成的。这样，孔教会的活动由于得到复辟势力的鼓励，遂使国内的尊孔祀孔活动愈演愈烈。

1913年3月19日，北京政府国务院依照袁世凯的指使，训令各省民政长，"将天坛改为礼拜堂配以孔子"。6月22日，袁世凯发布尊孔令说："天生孔子，为万世师表，既结皇煌帝谛之终，亦开选贤与能之始。所谓反之人心而安，放之四海而准者。本大总统证以数千年之历史，中外学者之论说，盖灼然有以知日月之无伤，江河之不废也。……前经国务院通电各省，征集多数国民祀孔意见……应俟各省一律议复到京，即查照民国体制，根据古义，将祀孔典礼，折衷至当，详细规定，以表尊崇，而垂久远。"11月26日袁世凯向全国发出尊孔告令："孔子之道，如日月经天，江河行地，树万世之师表，亘百代而常新。凡有血气，咸蒙覆帱，圣学精美，莫与比伦。……现值新邦肇造，允宜益致尊崇。"并且规定："所有衍圣公暨配祀贤哲后裔，膺受前代荣典祀典，均仍其旧。"1914年1月29日，袁世凯御用政治会议议决："崇祀孔子，乃因袭历代之旧典；议以夏时春秋两丁为祀孔之日，仍从大祀，其礼节、服制、祭品与祭天一律。京师文庙应由大总统主祭，各地方文庙应由该长官主祭。"2月7日，袁世凯据此通令全国举行"祭孔"。2月20日，公布《崇圣典例》，并重新颁发"衍圣公印"。1914年9月25日，袁世凯发布祭孔告令说："中国数千年来立国根本在于道德，凡国家政治、家庭伦纪、社会风俗，无一非先圣学说发皇流衍。是以国有治乱，运有隆污，惟此孔子之道，亘古常新，与天无极。"还说孔孟之道"如布帛菽粟之不可离"。告令定于9月28日中央与各地方一律举行"祀孔典礼"。是日，袁世凯率北京政府各部总长并文武官吏，着新制定祭服，在北京孔庙行秋丁祀孔典礼。

与此同时，康有为、陈焕章等人领导的孔教会及其他尊孔会社，不断上书北京政府国务院、总统、总理等，请定孔教为国教。他们在报刊上大造舆论，企图将孔教作为国教而载入中华民国宪法。虽然这个图谋最终没有实现，但《天坛宪法草案》于1913年10月31日三读会通过时，由于尊孔派的疏通，最后该草案在第十九条还是加上第二项："国民教育，以孔子之道为修身大本。"这显然极大地提高了孔教的地位及对国民教育的影响力。1914 年 5 月，北京政府教育总长汤化龙上书袁世凯，主张"中小学校修身或国语课程中采取经训，一以孔子之言为旨归；其有不足者兼采与孔子同源之说以为之辅"。袁世凯立即批曰："卓识伟论，由部本斯旨详审修订。"

辛亥革命刚刚结束就开始了这样大规模的尊孔活动，原因是比较复杂的。一方面，几千年的封建主义思想文化和价值观根深蒂固，虽然封建君主政体被推翻了，但儒家思想在意识形态领域中仍然占统治地位。那些本来就对辛亥革命抵制和仇视的前清遗老和保皇派们，则本能地要把历史的车轮向回拉，企图利用孔子的招牌达到自己的目的，于是狂热地鼓吹尊孔。另一方面，对大多数普通民众来说，由于传统旧文化的影响深，在无所适从中自然就跟着守旧派走。这可以说是辛亥革命后尊孔活动一度嚣张的社会基础。但对于那些尊孔活动的上层发动者来说，情况就不同了，因为他们从事尊孔活动的政治性质是很明确的。实质上，他们发起这样大规模的尊孔活动，不仅是对辛亥革命的一个明目张胆的反动，而且也是对戊戌变法以来思想界变革的一种反动。因为人们从尊孔活动发起人物一系列言论可以看出，尊孔派与袁世凯在本质上是一丘之貉，他们的最后目的，是要使已经被推翻了的专制王朝起死回生。所以，与袁世凯的政治活动密切联系的这股尊孔逆流，是一场明目张胆的帝制复辟丑剧。当然，有复辟，就必然有反复辟，思想文化领域的斗争是不可避免的。这样，批孔反孔的潮流也就自然出现了。

辛亥革命后在思想文化领域中的这场尖锐复杂的思想斗争，说明了一个重要的历史现象，即旧价值观的最终退出历史舞台、新价值观的深入人心，并不是一个平静的过程，而常常表现为一种激烈的思想斗争。从本质上说，辛亥革命后到五四时期的这场文化价值观的斗争，即反孔批儒的思想斗争，是人们要从旧的儒家偶像崇拜的束缚中解放出来，打破意识形态领域中定于一尊的思想专制主义局面，实现"人"的解放。这就是五四知识分子反孔批儒斗争的真正历史价值。

康有为及孔教会欲立孔教为国教之活动，袁世凯借尊孔之名行复辟帝制之实的举动，使陈独秀为代表的《新青年》杂志同人产生了这样的感觉：尊孔与复古、尊孔与帝制之间存在着密切的关联；为了防止帝制的发生并维护共和体制，必须反对尊孔复古，对孔子及儒学进行彻底的批判和清算。蔡元培对袁氏复辟帝制的社会基础作了分析，指出袁世凯称帝主要依靠三种社会势力，即官僚、学究和方士："畏强抑弱，假公济私，口蜜腹剑，穷奢极欲，所以表官僚之黑暗也。天坛祀帝，小学读经，复冕旒之饰，行跪拜之仪，所以表学究之顽旧也。武庙宣誓，教会祈祷，相士贡谀，神方治疾，所以表方士之迂怪也。"尽管"帝制"未能成功，但此"社会之流毒"依旧。故其强调："中华民国约法，有责任内阁，而当时普遍心理，乃不以为然。言统一，言集权，言强有力政府。于是为野心家所利用，而演出总统制，又由总统制而演出帝制。此亦崇拜总统、依赖总统之心理有以养成之。"[1]

---

① 蔡元培：《对于送旧迎新二图之感想》，《蔡元培全集》第二卷，浙江教育出版社1997年版，第464页。

陈独秀对蔡氏之论深表赞同:"由蔡先生之说,即强谓肉体之袁世凯已死,而精神之袁世凯固犹活泼泼地生存于吾国也。不第此也,即肉体之袁世凯,亦已复活。吾闻其语矣,吾见其人矣。其人之相貌、思想、言论、行为,无一非袁世凯,或谓为'袁世凯二世'。呜呼!"[1] 陈氏感慨道:"现在袁世凯虽然死了,袁世凯所利用的倾向君主专制的旧思想,依然如故。要帝制不再发生,民主共和可以安稳,我看比登天还难!""如今要巩固共和,非先将国民脑子里所有反对共和的旧思想一一洗刷干净不可。""否则不但共和政治不能进行,就是这块共和招牌,也是挂不住的。"[2]

1915 年 9 月,陈独秀创办《青年杂志》(次年改为《新青年》),发起了新文化运动,公开举起了"反孔批儒"的旗帜。《新青年》对孔子及儒学的猛烈批判,是从 1916 年易白沙发表《孔子平议》一文开始的。易白沙是跟随陈独秀从日本回国助其创办《青年杂志》的主要帮手,对陈独秀反孔之举十分赞同。易白沙及《新青年》同人之所以抨击孔子,显然是激愤于对袁世凯把孔子当作帝制运动工具的缘故。当袁氏下台后,易白沙便在《孔子平议》的下篇里声明,自己批孔之目的在于"使国人知独夫民贼利用孔子,实大悖孔子之精神"[3],至于孔子本人,那还是"革命"的。因此,他们将孔子与儒学区分开来,对孔子的历史功绩是肯定的,而对被统治者利用的儒学则严厉批判。

---

[1]　陈独秀:《袁世凯复活》,《新青年》第二卷第四号,1916 年 12 月 1 日。

[2]　陈独秀:《旧思想与国体问题》,《新青年》第三卷第三号,1917 年 5 月 1 日。

[3]　易白沙:《孔子平议》(上),《青年杂志》第一卷第六号,1916 年 2 月 15 日。

二、为什么说易白沙的评孔之论是平允的

易白沙在《新青年》第一卷第六号上发表长篇文章《孔子平议》，首先对近代以来尊崇孔子的做法提出了批评，认为这样的做法离真实的孔子相距甚远，或为"瞽说"或为"大愚"，均不足信。文章说："天下论孔子者，约分两端：一谓今日风俗、人心之坏，学问之无进化，谓孔子为之厉阶；一谓欲正人心、端风俗，励学问，非人人崇拜孔子，无以收拾末流。此皆瞽说也。"①

易白沙从考察儒家思想演变角度，分析了先秦以后孔子形象的演变，对被历代统治者奉为"独尊"的孔学持批判态度。其云："国人为善为恶，当反求之自身，孔子未尝设保险公司，岂能替我负此重大之责。国人不自树立，一一推委孔子，祈祷大成至圣之默祐，是谓惰性；不知孔子无此权力，争相劝进，奉为素王，是谓大愚。"②

易白沙在指出孔儒不足的同时，用较多篇幅阐述它的历史面目，故其观点更能为中间派人士所接受。易白沙指出，孔子在先秦时期不过是"九家"之一，是诸子百家中的普通学派，并未取得独尊地位，孔子更非素王。其云："孔子当春秋季世，虽称显学，不过九家之一；主张君权于七十二诸侯，

① 易白沙：《孔子平议》（上），《青年杂志》第一卷第六号，1916 年 2 月 15 日。
② 易白沙：《孔子平议》（上），《青年杂志》第一卷第六号，1916 年 2 月 15 日。

复非世卿，倡均富，扫清阶级制度之弊，为平民所喜悦，故天下丈夫女子，莫不延颈举踵而愿安利之。无地而为君，无官而为长，此种势力，全由学说主张，足动当时上下之听。"只是由于汉代以后之专制帝王为巩固自己的统治，利用孔子之名，逐渐使其神圣起来："汉高祖震于儒家之威，鉴秦始复辙，不敢再溺儒冠，祠孔子以太牢，博其欢心，是为孔子身后第一次享受冷牛肉之大礼。汉武当国，扩充高祖之用心，改良始皇之法术，欲蔽塞天下之聪明才志，不如专崇一说，以灭他说；于是罢黜百家，独尊儒术，利用孔子为傀儡，垄断天下之思想，使失其自由。时则有赵绾、王臧、田蚡、董仲舒、胡母生、高堂生、韩婴、伏生、辕固生、申培公之徒，为之倡筹安会；中国一切风俗、人心、学问，过去未来之责任，堆积孔子之两肩。全国上下，方且日日败坏风俗，斫丧人心，腐朽学问，此三项退化，至两汉以后，当叹观止矣！"①

汉武帝以后，历代帝王都极力尊孔崇圣："更以孔羡为宗圣侯，修旧庙，置吏卒，广宫室，以居学者。"而他们独尊孔圣的结果，是造成了中国学术文化上的高度统一，导致学术文化的衰落："不知汉高帝、武帝、魏文帝皆傀儡孔子，所谓尊孔，滑稽之尊孔也。典礼愈隆，表扬愈烈，国家之风俗人心学问愈见退落。孔子不可复生，安得严词拒绝此崇礼报功之盛德耶？就社会心理言之，昔之丈夫女子延颈举踵而望者，七十子之徒尊崇发扬者，已属过去之事。国人惟冥行于滑稽尊孔之彀中，八股试帖，俨然衣钵，久而又久，遂成习惯。……公羊家之邪说，实求合滑稽尊孔者之用心，故历代民贼，遂

---

① 易白沙：《孔子平议》（上），《青年杂志》第一卷第六号，1916 年 2 月 15 日。

皆负之而趋矣。乃忧时之士，犹思继续演此滑稽之剧，挽救人心，岂知人心风俗即崩离于此乎！"① 这是中国二千余年来尊孔之秘密所在，也是孔子为什么被后世野心家所利用、甘作滑稽之傀儡的原因。

但是，孔子为什么会被在汉武帝之后的历代帝王所利用呢？易白沙认为，这应当归咎于孔子之道自身的弊端："孔子以何缘被彼野心家所利用，甘作滑稽之傀儡，是不能不归咎孔子之自身矣。"易氏历数了孔学自身之四大弊端：第一，孔子尊君权，漫无限制，易演成独夫专制之弊。他指出，君主独裁若无范围限制其行动，势将如虎傅翼，择人而食。故中国言君权，设有二种限制：一曰天，一曰法。孔子之君权论则无此二种限制，遂使君权甚大，天子既超乎法律、道德之外，势将行动自由，漫无限制，则修身、齐家、治国、平天下成为"空论"。第二，孔子讲学不许问难，易演成思想专制之弊。他指出，诸子并立，各思以说易天下，孔子弟子受外界激刺，对于儒家学术不无怀疑，时起问难。孔子以先觉之圣，不为反复辨析是非，惟峻词拒绝其问。此不仅壅塞后学思想，即儒家自身学术亦难阐发。第三，孔子少绝对之主张，易为人所借口。他指出，孔子圣之时者也，可以仕则仕，可以止则止，可以久则久。其立身行道，皆抱定一"时"字。教授门徒，亦因时、因地而异。盖因孔子讲学无绝对主张，言节用、爱众，颇近墨家节用、兼爱之说。虽不答鬼神之问，又尝言祭鬼、祭神，颇近明鬼之说；虽与道家背驰，亦称不言之教，无为之治；不谈军旅，又言教民即戎；主张省刑，又言重罚；

---

① 易白沙：《孔子平议》（上），《青年杂志》第一卷第六号，1916年2月15日。

提倡忠君，又言不必死节；不答农圃，又善禹、稷躬稼。此讲学之态度极不明了也。美其名曰"中行"，其实是滑头主义和骑墙主义。第四，孔子但重做官，不重谋食，易入民贼牢笼。他指出，君子谋道不谋食，学也禄在其中，是为儒门安身立命第一格言。孔门之学在于六经，六经乃先王治国政典与先王之陈迹。而孔子既不屑耦耕，又不能捆屦织席，不能执守圉之器以待寇，不能制飞鸢车辖以取食。故孔子或志在救民，心存利物，决非熏心禄饵，竦肩权贵，席不暇暖，尚可为之原恕。惟流弊所趋，必演成哗世取宠、捐廉弃耻之风俗。[1]

正因孔子及儒学有此四弊，故为后世帝王及野心家所利用。实际上，正是汉武帝后之历代帝王及野心家"利用孔子之缺点"，遂使得全国上下日日败坏风俗，堕落人心，腐朽学问，专制思想横行。这样，易白沙眼中的孔子，便是一个既尊君权而又欲革命的儒学宗师，其本身的缺点易于为历代帝王及野心家利用，其学术不过是儒家一家之学而不足以"代表中国过去未来之文明"，国人不必"推诿孔子"。可见，易白沙批判孔子及儒学，并不仅仅批判孔子本人，而是着力将原始的孔子学说与被历代帝王利用的正统儒学区分开来，"使国人知独夫民贼利用孔子，实大悖孔子之精神。孔子宏愿，诚欲统一学术，统一政治，不料为独夫民贼作百世之傀儡，惜哉！"[2]

易白沙的《孔子平议》，从孔子及儒学本身理论，深刻揭示了孔子思想为历代帝王及野心家所利用的原因，说明了孔子思想对中国君主专制所具有的特殊价值。其对孔子的批判，

---

① 易白沙：《孔子平议》（上），《青年杂志》第一卷第六号，1916 年 2 月 15 日。

② 易白沙：《孔子平议》（下），《新青年》第二卷第一号，1916 年 9 月 1 日。

与历代的批孔言论相比，达到了一种新的历史高度，对当时那些长期被专制思想束缚的人们确实起到了振聋发聩的作用，故该文在五四时期产生了强烈反响，揭开了五四时期反孔批儒思潮的序幕。

《新青年》反对孔教，与辛亥革命后袁世凯之流借尊孔之名搞帝制复辟，康有为主张政府"以孔子为大教，编入宪法"之国教运动颇有关系。胡适指出："孔教的问题，向来不成什么问题；后来东方文化与西方文化接近，孔教的势力渐渐衰微，于是有一班信仰孔教的人妄想用政府法令的势力来恢复孔教的尊严；却不知道这种高压的手段恰好挑起一种怀疑的反动。因此，民国四、五年间的时候，孔教会的活动最大，反对孔教的人也最多。"[1] 故《新青年》的反孔教批儒有其历史的合理性。

三、吴虞为什么要响应易白沙的评孔之论

易白沙的《孔子平议》发表后，立即得到了远在四川成都的吴虞的支持。

吴虞的祖父曾获得过朝廷的军功嘉奖，父亲吴士先弃武从文，担任过地方州县的教育官员，后回成都养老。由于吴虞的父亲长期在外地做官，故长期随母亲生活的吴虞与父亲的感情并不亲密。1892 年，与吴虞感情甚笃的吴母去世，吴

---

① 葛懋春、李兴芝编辑：《胡适哲学思想资料选》上册，华东师范大学出版社 1981 年版，第 128 页。

士先罢官回成都，不久续弦年仅十五岁的杨氏。次年底，因吴虞与父亲及后母杨氏的关系紧张，故分得新繁老家房产单独生活。通过家庭纠纷，吴虞对封建旧家庭的弊端感受颇深，情绪长期受到压抑，遂产生了反礼教的思想。他后留学日本法政大学，并于1910年留学归来在成都任教。

以新派人物自居的吴虞再度与恪守旧礼教的父亲产生了尖锐矛盾。吴虞在留学日本的同学支持下，将自己与父亲的家庭矛盾撰成《家庭苦趣》一文，印刷成传单在成都到处散发。他在该文最后感叹道："中国偏于伦理一方，而法律亦根据一方之伦理以为规定，于是人子者，无权利可言，惟负无穷之义务。而家庭之沉郁黑暗，十室而九，人民之精神志趣，半皆消磨沦落极热严酷深刻习惯之中，无复兴有激昂发越之慨。其社会安能发达，其国家岂能强盛乎？是则重可哀者。"[1] 吴虞的这种离经叛道的言行，是当时比较封闭的成都士绅难以容忍的，故他被吴父告上法庭并被成都教育当局开除。吴虞为了躲避法庭传讯，被迫躲到乡间避难。辛亥革命爆发后，吴虞赴成都任《西成报》总编辑、《公论日报》主笔、《四川政治公报》主编。

吴虞早年留学日本，颇受西方自由民主思想的影响，早期著作中即带有反孔色彩。他的文章遭到清政府和北京政府的禁止，但当读到易白沙在《青年杂志》上发表的《孔子平议》后，他深受鼓舞，引为同道。1916年12月3日，吴虞致函陈独秀说："读贵报《孔子平议》，谓自王充、李卓吾数君外，多

---

① 　吴虞：《家庭苦趣》，赵清、郑城编：《吴虞集》，四川人民出版社1985年版，第20页。

抱孔子万能思想。不佞丙午游东京，曾有数诗（题为《中夜不寐偶成》，载《饮冰室诗话》），注中多'非儒'之说。归蜀后，常以六经、《五礼通考》、《唐律疏义》、满清律例及诸史中'议礼'、'议狱'之文，与老、庄、孟德斯鸠、甄克思、穆勒·约翰、斯宾塞尔、远藤隆吉、久保天随诸家之著作，及欧美各国宪法，民、刑法比较对勘。十年以来，粗有所见。"故撰写《辛亥杂诗》《李卓吾别传》略有发挥，并在投登《甲寅》的《辛亥杂诗》中发表。"此外尚有《家族制度为专制主义之根据论》《儒家大同之义本于老子说》《儒家重礼之作用》《儒家主张阶级制度之害》《消极革命之老庄》《读〈荀子〉》诸篇，其主张皆出王充、李卓吾之外，暇当依次录上，以求印证。"吴虞认为："不佞常谓孔子自是当时之伟人，然欲坚执其学，以笼罩天下后世，阻碍文化之发展，以扬专制之余焰，则不得不攻之者，势也。"[1] 他在信中说到，这些"非儒"文章，由于内务部朱启钤电令封禁，"成都报纸，不甚敢登载"。"读贵报大论，为之欣然。故不揣冒昧，寄尘清监，教之为幸。"[2]

陈独秀接读吴虞之函后，如同又得一知音，立即回信吴虞说："久于章行严、谢无量二君许，闻知先生为蜀中名宿。《甲寅》所录大作，即是仆所选载，且妄加圈识。钦仰久矣！兹获读手教并大文，荣幸无似。"并表示：尊著倘全数寄赐，载于《青年》，"嘉惠后学，诚盛事也"。陈独秀赞同吴氏见解并阐述了自己与吴虞相似的"非儒"观点："窃以无论何种学派，

① 吴虞：《致陈独秀》，赵清、郑城编：《吴虞集》，四川人民出版社 1985 年版，第 385 页。
② 陈独秀：《答吴又陵》，《新青年》第二卷第五号，1917 年 1 月 1 日。

均不能定于一尊，以阻碍思想文化之自由发展。况儒术孔道，非无优点，而缺点正多。尤与近世文明社会绝不相容者，其一贯伦理政治之纲常阶级说也。此不攻破，吾国之政治、法律、社会、道德，俱无由出黑暗而入光明。"最后，他对吴虞的文章寄予极高的期望："神州大气，腐秽蚀人，西望峨眉，教之为幸，瞻仰弗及我劳如何！"①

遵照陈独秀之嘱，吴虞将自己撰写的《家族制度为专制主义之根据论》《儒家主张阶级制度之害》《儒家重礼之作用》等文寄送《新青年》杂志。1917 年 2 月，吴虞在《新青年》上发表《家族制度为专制主义之根据论》，随后，又相继发表《读〈荀子〉书后》《消极革命之老庄》《儒家主张阶级制度之害》《儒家大同之义本于老子说》《儒家重礼之作用》等文，对传统儒学及封建礼教进行了猛烈批判。

吴虞的反孔批儒，主要集中于传统儒学而不是孔子本身，故并没有将儒学与孔子本人混为一谈。他对孔子的人格形象给予高度评价，认为抨击儒学不必涉及孔子本人人格之高下问题，孔子与孔教（即儒教）从根本性质而言是两回事，从道德人格上说，"孔子自是当时之伟人"②。他还援引日本久保天随的话说："孔子伟大而多面……故与希腊之大圣梭（苏）格拉底相同，其生活道德之模范也。"故其批判对象不是孔子，而是对中国社会造成极大危害的儒学。

---

① 陈独秀：《答吴又陵》，《新青年》第二卷第五号，1917 年 1 月 1 日。

② 吴虞：《对于祀孔问题之我见》，《吴虞集》，第 240 页。

四、吴虞是如何从学理上批判儒学的

吴虞在五四时期发表的《家族制度为专制主义之根据论》《儒家主张阶级制度之害》等文，对儒家忠孝观念的分析，对家族制度与君主专制关系的揭示，对封建礼教进行了猛烈抨击。吴虞批孔反儒的突出特点，是引经据典地进行"说理"，极富学理性，具有较高的理论水平和思想深度，因而更能令人信服，产生了广泛的社会影响。

吴虞认为，儒学之所以能够被历代统治者所接受并定于一尊，是由其本质所决定的。他分析说，儒家思想体系的价值构成要素之一是承认尊卑贵贱、上下等级的合理性，换言之，就是承认"天子、诸侯、大夫、士、庶人阶级有种种之区别"[①]。在承认差别的基础上竭力维持社会各等级间的稳定。儒家的维护社会秩序的思想与历代统治者的治国治民目标不谋而合。同时，儒学对君主专制政体推崇备至，深得历代君主之心，"直驾父母而上之，故儒教最为君主所凭藉所利用"[②]，所以，儒家思想在其长期演变过程中，始终与统治阶级意识形态紧密配合，成为中国封建社会占统治地位的思想和专制制度的帮凶。

吴虞对儒学的批判，主要集中于揭示儒学对国家和民众

---

① 吴虞：《对于祀孔问题之我见》，《吴虞集》，第 244 页。
② 吴虞：《读荀子书后》，《吴虞集》，第 110 页。

的种种危害，而明显的问题是迫害异端、禁锢思想、破坏学术等，旨在将人们从孔教束缚中解放出来。他指出："夫儒者于吾国之圣人，既集古今之大成，绝对无诤，而不可非矣。又昧于宗教之流派性质，凡不同于我者，概目之为异端；不本于我者，概指之为邪说。'息邪说，辟异端'之谬见深中人心，岸然自封，深闭固拒，坐成锢蔽，方自诩为正学、为真儒；而不悟其乖僻迂妄，误国殃民，为祸之烈，百倍于洪水猛兽也。何以言之？国内之学，既禁毁摧残而挫折之，使不克发达；域外之学，又鄙夷轻蔑而闭塞之，使不能传布。愚民日陋劣，政府日专横，学绝道丧，至于今日，宙合棣通，而其效可睹矣。向使无儒教之束缚拘挛，则国内之学分歧发展，骎骎演进，未必无欧美炜晔灿烂之观。"①

吴虞指责儒学压制思想，排斥异端，误国殃民，因而成为专制制度的帮凶，故"为祸之烈，百倍于洪水猛兽也"。正因儒学与现代新思想冲突，故吴虞在《儒家主张阶级制度之害》提出了"儒学革命"的激进口号："儒教不革命，儒教不转轮，吾国无新思想，新学说，何以造就新国民？悠悠万事，惟此为大已！"他尖锐地指出："自孔氏诛少正卯，著'侮圣言''非圣无法'之厉禁；孟轲继之，辟杨墨，攻异端，自附于圣人之徒；董仲舒对策，以为诸不在六艺之科、孔氏之术者，皆绝其道，勿使并进；韩愈《原道》'人其人，火其书，庐其居'之说昌，于是儒教专制统一，中国学术扫地！……明李卓吾以卑侮孔孟，专崇释氏，为张问达所劾，逮死狱中，所著《焚书》，两次禁毁，言论出版皆失自由。则儒教徒之心理与犷悍

————
① 吴虞：《吴虞文录》卷下，上海亚东图书馆1922年版，第42~43页。

可以想见。谬种流传至今日，某氏收取章太炎《诸子学略说》，烬于一炬，而野蛮荒谬之能事极矣！"①

对于孔门好古之徒以各种理由迫害思想自由，钳制学术发展的做法，吴虞深恶痛绝。他引证说："明李卓吾曰：'二千年以来无议论，非无议论也，以孔夫子之议论为议论，此其所以无议论也。二千年以来无是非，非无是非也，以孔夫子之是非为是非，此其所以无是非也。'而孟轲之辟杨、墨，亦曰：'杨氏为我，是无君；墨氏兼爱，是无父。无父无君，是禽兽也。'仍以君父并尊，为儒教立教之大本。夫为我何至于无君？兼爱何至于无父？此不合论理之言，学者早已讥之。而今世民主之国，概属无君，岂皆如孟轲所诋为禽兽者乎？使孟轲生今日，当慨禽兽之充塞于世界，抑将爽然自悔其言之无丝毫价值也？"②

吴虞揭示了儒学对中国民族性格的消极影响。他认为，国人自幼读儒家经典，接受儒家思想熏陶，竟沾沾自喜而不自觉，于是乎整个民族陷入"乐天知命，委天任运之见解，沉浸于数千年中国之人心而莫能自拔"的境地。故他感叹道："吾国自来由六经之理论制成礼法，由礼法之实行习为习俗，风俗既成，则人由之而不知。积非成是，虽已酿成亡国之祸亦不一悟。"③他指责"麻木不仁的礼教，数千年来不知冤枉害死了多少无辜的人"。中国国民"毕生颠倒于专制之圣贤、经传、

---

① 吴虞：《吴虞文录》卷上，上海亚东图书馆 1922 年版，第 78~79 页。
② 吴虞：《家族制度为专制主义之根据论》，《新青年》第二卷第六号，1917 年 2 月 1 日。
③ 吴虞：《国立四川大学文本科同学录序》，《吴虞集》，第 262 页。

帝王威势之下，而认为当然之正义。沉沦于阶级之制度，奴隶之生涯，不敢妄想脱其羁绊，殊可悲也！"①

吴虞认为，礼教的禁锢使人丧失了自我。他援引汉顺帝对臣子樊英说的话揭示个人生命与命运的不确定性："朕能生君，能杀君；能贵君，能贱君；能富君，能贫君。"吴虞阐述了中国自古以来以习惯为法律、以道德代法律的倾向，并指出了它们的吃人本性。只要君主说某人有罪当诛，就等于在法律上做出了判决，君主的意志就是法律的体现，臣民的生命对君主来说，根本算不上什么，甚至连草芥都不如。中国的劳动妇女地位更为卑下，痛苦更为深重。吴虞举例说，汉将臧洪杀死爱妾以享兵将，把人当成狗屠，把他人的生命拿来供自己的牺牲，然而，就是"这样蹂躏人道蔑视人格的东西，史家反称准他为'壮烈'，国人反亲慕他为'忠义'，真是是非颠倒，黑白混淆了！"正是这些恶魔为了"在历史故纸堆中博得'忠义'二字，那成千累万无名的人，竟都被人白吃了"。②礼教就是"吃人"，"吃人"就是礼教，这是吴虞继戴震、鲁迅等人的反封建礼教思想而对中国封建礼教所进行的猛烈抨击。

吴虞呼唤着人性的复归，呼唤着人的价值与尊严的确立。面对专制社会"人民无独立之自由"，"子女无独立之人格"的现实，吴虞宣称："到了如今，我们应该觉悟，我们不是为君主而生的，不是为圣贤而生的，也不是为纲常礼教而生的，甚么'文节公'呀，'忠烈公'呀，都是那些吃人的人设的圈套，

---

① 吴虞：《康有为"君主之论不可废"驳论》，《吴虞集》，第 144 页。
② 吴虞：《吃人与礼教》，《吴虞集》，第 171 页

来诳骗我们的。"① 由此可见，吴虞对传统礼教的批判是尖锐而深刻的，他是五四时期激烈地反儒主义思想的代表人物，正如当时日本学者青木正儿所说："现代中国底新人物都是反对儒教底旧道德的多，但是像吴氏那么热诚来呼号非儒论的一个也没有。"

五、吴虞是怎样揭示忠孝与专制之内在关联的

吴虞认为，中国封建专制主义能延续二千多年的原因，在于有家族制度作为社会基础，而将宗法家族制度和封建君主专制主义联结起来的桥梁和纽带，则是儒家的孝悌学说。儒家学说重社会伦常关系，把修身养性作为人的存在的第一要义和"治国平天下"的根基，进而把"孝"摆在突出地位。故吴虞评价儒家道："故其立教，莫不以孝为起点，所以'教'字从孝。"② 儒家所谓"孝"，乃一切伦常之本，所有后天萌生的七情六欲皆源于其中。吴虞把儒家所提倡之"孝"与儒家之"礼"进行比较后指出，孝与礼相为表里，但具有不同的效用。"孝"是发自内心的道德情感，具有内具而非外附，自觉而非强加的特点；而"礼"是外在的规定，其"作用全在保护尊贵长上，使民众安于卑贱幼下、恭恭顺顺的"。由于儒家重孝重礼，人的自由天性和日常行为受到很大限定。

吴虞对儒学的批判主要集中于道德、政治领域。儒家之

---

① 吴虞：《吃人与礼教》，《吴虞集》，第 171 页
② 吴虞：《家族制度为专制制度之根据论》，《吴虞集》，第 62 页。

"孝"要通过"礼"来体现，故他对"礼"的本质高度重视。他指出，"礼"不是笼统的，"礼"有礼教、礼仪之分别，"我们今日所攻击的，乃是礼教，不是礼仪"。礼仪是社会存在的仪式，"不论文明野蛮人都是有的"，而礼教则不同，它是把特定历史时期的道德原则和行为规范凝固化，使之成为空洞无物的道德说教。吴虞把批判矛头指向了封建的伦理道德，认为儒家赋予道德以神秘色彩，掩盖了道德的本质，必须予以矫正。他认为，"道德是人为的，不是天生的"，故对先秦道、儒、法诸家的道德观作了比较后指出，儒家弘扬道德并以之作为人生准则，道家则把道德视为社会沦丧、人性泯灭的根由。在道家看来，道德是违背人性的，"道德是不道德的原因"，"所谓道德，不过是媚于世俗多数人的一个东西"，它与社会的全面发展背道而驰，若要使社会机体稳定和睦，人之本性返璞归真，必须抛弃虚假道德而代之以自然无为。法家则以进化的眼光审视道德，认为"社会的变，道德的进步，都是因时制宜，没有一定的规则"。法家把道德看作历史的产物，道德随社会发展而改变。吴虞在比较过程中，提出了自己对道德起源的观点。他指出："原来道德本是社会的意志，即由多数压制的所发现。"在吴虞看来，道德是随着人类社会的出现发展起来的，儒家的道德已不再适合中国近代"世界大通、人群进化"的变革时代。中国在专制时期形成的社会习惯、道德意识、行为规范等应予以荡涤打破，"采取世界最通行、最合人生的习惯道德，来改正从前荒谬、愚陋、残酷、野蛮的'土人习惯''土人道德'"①。

① 吴虞：《道家法家均反对旧道德论》，《吴虞集》，第156页。

在揭示儒家伦理道德的核心观念孝与礼关联基础上，吴虞还将"孝"与"忠"联系起来考察，揭示由家族伦理强调的"孝"走向专制伦理强调的"忠"的逻辑关联。其云："详考孔子之学说，既认孝为百行之本，故其立教，莫不以孝为起点，所以'教'字从孝。凡人未仕在家，则以事亲为孝；出仕在朝，则以事君为孝。能事亲、事君，乃可谓之为能立身，然后可以扬名于世。由事父推之事君事长，皆能忠顺，则既可扬名，又可保持禄位。……家族制度之与专制政治，遂胶固而不可以分析。"[①]

正因如此，吴虞着力揭示忠孝之间的关联，说明中国家族制度与君主专制制度之间的密切关系。他说："孔子道在《孝经》……共和之政立，儒教尊卑贵贱不平等之义当然劣败而归于淘汰。顽固锢蔽之士大夫，虽欲守缺抱残，依据'非先王之法服不敢服，非先王之法言不敢言，非先王之德行不敢行'之学理，尽其三年无改之孝，而终有所不能。何也？吾国领事裁判权所以不能收回，实法律不良之故。法律之所以不良，实以偏重尊贵长上，压抑卑贱，责人以孝敬忠顺，而太不平等之故……夫孝之义不立，则忠之说无所依；家庭之专制既解，君主之压力亦散，知造穹窿然，去其主石，则主体堕地。"[②]

中国传统社会组织中，由于忠孝的联结，家庭是国家机能的缩小，国家是家庭机能的扩大，家、国以某种奇特的组

① 吴虞：《家族制度为专制主义之根据论》，《新青年》第二卷第六号，1917 年 2 月 1 日。

② 吴虞：《家族制度为专制主义之根据论》，《新青年》第二卷第六号，1917 年 2 月 1 日。

合方式构筑成稳固的实体，共同履行着治理国家、维护君主专制统治的职责。针对这种社会现象，吴虞把孝与家族制度和君主政体连在一起进行批判，指出"孝之范围，无所不包，家族制度之与专制政治，遂胶固而不可以分析"，说明"儒家以孝弟（悌）二字为二千年来专制政治与家族制度联结之根干，而不可动摇"。他揭示道："居处不庄，非孝也；事君不忠，非孝也；莅官不敬，非孝也；朋友无信，非孝也；战阵无勇，非孝也。"① "凡人未仕在家，则以事亲为孝，出仕在朝，则以事君为孝。能事亲事君，乃可谓之能立身，然后可以扬名于世。"针对这种社会现象，吴虞把孝与家族制度和君主政体连在一起进行批判。他指出：儒家"往往把君父二人并尊，忠孝二字连用。忠孝二字，就是拿来连结专制朝廷和专制家庭的一个秘诀"②。

在儒家思想看来，作为国家之臣民，居家则孝敬父母兄长，有此孝之情感，出则自然将此情感移至君主，这种放大了的情感便是忠。吴虞指出，儒家提倡忠孝之社会目的就是强化"家—国"结构，"教一般人恭恭顺顺的听他们一干在上的人愚弄，不要犯上作乱，把中国弄成一个'制造顺民的大工厂'"③。他强调，在专制社会里，君主与"国家"是同一个意思，忠君即是忠国。君父至高无上，是真理的代表，权力的化身。在中国人心目中，只"知有君主而不知有国家，知有个人而不

① 吴虞：《家族制度为专制主义之根据论》，《新青年》第二卷第六号，1917 年 2 月 1 日。

② 吴虞：《墨子的劳农主义》，《吴虞集》，四川人民出版社 1985 年版，第 191 页。

③ 吴虞：《说孝》，《吴虞集》，四川人民出版社 1985 年版，第 173 页。

知有群体"①，其结果导致了"家与国无分"，"君与父无异"的奇异的社会现象。

正是由于忠孝观念的长期影响以及以此为核心理念建构起来的"家—国"同质同构的社会联合体，使中国几千年来宗法社会更为稳固。吴虞说："商君、李斯破坏封建之际，吾国本有由宗法社会转成军国社会之机，顾至于今日，欧洲脱离宗法社会已久，而吾国终颠顿于宗法社会之中而不能前进，推原其故，实家庭制度为之梗也。"他还说："儒家之主张，徒令宗法社会牵掣军国社会，使不克完全发达。"② 因此，儒家孝悌说的实质就是维护君主专制：君主"既握政教之权，复兼家长之责，作之君、作之师，且作民父母，于是家族制度与君主政体遂相依附而不可离"③。忠孝思想及"家—国"同质同构体对中国封建社会长期延续起了重要作用。

吴虞指出，要使中国传统的思想形态出现重大转折，除在接受新思想新文化的冲击外，就是努力促使"家—国"同质同构体的分化，以恢复家、国各自的社会功能。要达到这一目的，吴虞认为首先必须破除忠孝观念在社会各领域的消极影响，其解决办法是：无"孝"则"忠"无所依附，由"孝"所构筑的家族制度既解，那么由"忠"所维系的君主制度也随之而散。他说："夫孝之义不立，则忠之说无所附；家庭之专制既解，君主之压力亦散，如造穹窿然，去其主石，则主体堕

---

① 吴虞：《松冈小史序》，《吴虞集》，第 71 页。
② 吴虞：《家族制度为专制主义之根据论》，《新青年》第二卷第六号，1917 年 2 月 1 日。
③ 吴虞：《读〈荀子〉书后》，《新青年》第三卷第一号，1917 年 3 月 1 日。

地。"① 故必须首先消除忠孝观念，然后才能瓦解"家—国"结构体；当这种家国一体结构在近代逐渐解体过程中，必须注意清除忠孝思想的影响。

六、吴虞为什么被誉为"只手打孔家店"的老英雄

1918年4月，鲁迅将自己的隐喻白话小说《狂人日记》发表在《新青年》上。吴虞读后颇有同感，立即撰写《吃人与礼教》一文投给陈独秀，很快便在《新青年》第六卷第六号上发表。吴虞在《吃人与礼教》中写道："我读《新青年》里鲁迅君的《狂人日记》，不觉得发了许多感想。我们中国人，最妙是一面会吃人，一面又能够讲礼教。吃人与礼教，本来是极相矛盾的事，然而他们在当时历史上，却认为并行不悖的，这真正是奇怪了！"他继续说："《狂人日记》内说：我翻开历史一查，这历史每叶上都写着'仁义道德'几个字。我仔细看了半夜，才从字缝里看出字来，满本都写着两个字，是'吃人'。我觉得他这日记，把吃人的内容和仁义道德的表面看得清清楚楚。那些戴着礼教假面具吃人的滑头伎俩，都被他把黑幕揭破了。"②

吴虞根据历史资料列举了齐桓公、刘邦、汉代臧洪与唐代张巡的事例，以血淋淋的史实，来证明《狂人日记》里说的

---

① 吴虞：《家族制度为专制主义之根据论》,《新青年》第二卷第六号，1917年2月1日。

② 吴虞：《吃人与礼教》,《新青年》第六卷第六号，1919年11月1日。

道理。吴虞最后总结说:"孔二先生的礼教讲到极点,就非杀人吃人不成功,真是惨酷极了!一部历史里面,讲道德说仁义的人,时机一到,他就直接间接的都会吃起人肉来了。就是现在的人,或者也有没做过吃人的事;但他们想吃人,想咬你几口出气的心,总未必打扫得干干净净!"他呼吁:"到了如今,我们应该觉悟:我们不是为君主而生的!不是为圣贤而生的!也不是为纲常礼教而生的!什么'文节公'呀,'忠烈公'呀,都是那些吃人的人设的圈套来诳骗我们的!我们如今应该明白了!吃人的就是讲礼教的,讲礼教的就是吃人的呀!"[①]

这样,经过吴虞对鲁迅白话小说《狂人日记》的精彩点评和深刻解读,《狂人日记》成为一篇声讨中国封建家庭制度的檄文,"礼教吃人"成为五四进步青年响亮的反封建口号。吴虞之批孔言论,从学理层面深刻揭示了儒家伦理道德与专制主义之间的密切关系,揭示了封建礼教的本质,因而受到当时进步思想界的称赞,成为当时与陈独秀齐名的反孔批儒的风云人物。新文化运动的著名领袖胡适称赞吴虞是"'四川省只手打孔家店'的老英雄",说他是"中国思想界的一个清道夫"。

胡适对吴虞的反孔言行高度评价说:"吴先生和我的朋友陈独秀是近年来攻击孔教最有力的两位健将。他们两人,一个在上海,一个在成都,相隔那么远,但精神上很有相同之点。独秀攻击孔丘的许多文章(多载在《新青年》第二卷)专注重'孔子之道不合现代生活'的一个主要观念。当那个时候,

① 吴虞:《吃人与礼教》,《新青年》第六卷第六号,1919 年 11 月 1 日。

吴先生在四川也做了许多非孔的文章，他的主要观念也只是
'孔子之道不合现代生活'的一个观念。吴先生是学过法政的
人，故他的方法与独秀稍不同。……他的非孔文章大体都注
重那些根据孔道的种种礼教、法律、制度、风俗。他先证明
这些礼法制度都是根据于儒家的基本教条的，然后证明这种
种礼法制度都是一些吃人的礼教和一些坑陷人的法律制度。
他又从思想史的方面，指出自老子以来也有许多古人不满意
于这些欺人吃人的礼制，使我们知道儒教所极力拥护的礼制
在千百年前早已受思想家的批评与攻击了，何况在现今这种
大变而特变的社会生活之中呢？"①

　　胡适解释说，吴虞所使用的这种"实际标准"，是很厉害
的，于是那些"卫道"的老先生们，就拿出各种"遁辞"来为
孔子辩护，说社会上这种种流弊都不是孔老先生的本旨，而
是孙叔通、董仲舒、刘歆、程颢、朱熹等人误解孔道的结果。
胡适在这里引证了陈独秀批驳这类"遁辞"的一段话："足下分
汉宋儒者以及今之孔道、孔教诸会之孔教，与真正孔子之教
为二，且谓孔教为后人所坏。愚今所欲问者，汉唐以来诸儒，
何以不依傍道、法、杨、墨，而人亦不以道、法、杨、墨称
之？何以独与孔子为缘而复败坏之也？足下可深思其故矣。
（《新青年》第二卷第四号）"于是，胡适写道："这个道理最明
显：何以那种种吃人的礼教制度都不挂别的招牌，偏爱挂孔
老先生的招牌呢？正因为二千年吃人的礼教法制都挂着孔丘
的招牌，故这块孔丘的招牌——无论是老店，是冒牌——不

① 　胡适：《〈吴虞文录〉序》，《胡适文集》第二卷，北京大学出版社 1998 年版，
　　第 609 页。

能不拿下来，捶碎，烧去！"①因此，吴虞、陈独秀及《新青年》同人对儒学的批判是非常激烈的。

吴虞、陈独秀及《新青年》同人虽发表过带有全面否定儒学的言论，但并没有全部否定儒学，更没有全盘打倒中国传统文明之意。从总体上看，《新青年》同人激烈的反孔批儒，有着历史的合理性，有着巨大的思想启蒙意义。蔡元培后来评述五四时期的反孔时云："《新青年》杂志中，偶有对于孔子学说之批评，然亦对于孔教会托孔子之学说以攻击新学说而发，初非直接与孔子为敌也。"台湾学者殷海光在《中国文化的展望》中评论道："在民国初年的'非孔'人物中，以吴又陵最锋利。我们拿吴又陵作中心，可以看出当时'非孔'的中国知识分子在这个方向的思想言论之一斑。胡适之、陈独秀和吴又陵等人士的'非孔'思想言论，今日的我们无论赞成或不赞成，我们由之可以看出两个重大的问题：第一，二千多年来孔制在中国社会文化里所造成的种种现象。第二，吴又陵等为什么那样痛恶'孔家店'且必欲摧之毁之而后快，这样强烈的情绪是怎么发生的？这些重大的问题，虽然发生于四十多年以前，可是到现在并非没有了，所以依然颇值得我们来研究。……在研究孔制的时候，我们首先必须了解，孔制并非康德式的纯粹思想系统。康德式的纯粹思想系统，在中国即令不是没有，也引不起一般中国知识分子的兴趣。因为一般中国知识分子在传统中没有养成纯思和为知识而知识的兴趣。康德式的纯粹思想系统如对人生有所涉及——'实用理性'，它所涉及的只有它所涉及的那个单纯的层面。因此，它的存

---

① 胡适：《〈吴虞文录〉序》，《胡适文集》第二卷，第610页。

亡无关乎社会文化的全体。可是，孔制与中国社会文化的全体不可实分，而且它又提供一种弥漫式的生活原理。既然如此，如前所述，所以孔制的存亡就能引起巨大的社会文化变动。"①

　　这样的评论是比较公允的。殷海光还指出，在一定意义上，吴虞是一位超时代的人物，是新旧过渡时期的人物，因此，尽管对他在思想上的成就可以做各种不同的评价，但他还是充满了为时代而思想的热心和真诚，是一位真诚的理想主义者。

---

① 　殷海光:《中国文化的展望》，上海三联书店2002年版，第272~273页。

第七章 新文化运动"双簧戏"的主角：钱玄同与刘半农

钱玄同是五四时期著名的启蒙思想家，他与陈独秀、胡适、刘半农并称《新青年》的四大台柱。他将"桐城谬种"和"选学妖孽"确定为文学革命对象，击中了旧派文人的要害；他与刘半农在《新青年》上合唱"双簧戏"，扩大了文学革命的影响；他主张废除汉字而改用世界语，产生了轰动性影响，堪称五四时期最具有反传统精神气质的启蒙思想家。钱玄同在白话文、语言改革及音韵学等方面做出了突出成绩，精通西方现代语音学的刘半农同样做出了独特贡献。刘半农发明的"她"字，随着他创作的那首《教我如何不想她》的著名情诗而迅速传唱全国。

一、钱玄同为什么会从章门弟子转变为激进的反传统者

钱玄同祖籍浙江湖州，父亲钱振常与李鸿章的女婿张佩纶及鲁迅的祖父是晚清时期的同科进士，曾任礼部主事及绍兴、扬州、苏州等地书院山长，培养出像蔡元培那样的优秀人才。钱振常六十二岁才有钱玄同，给他起名师黄，字德潜。

后改名钱夏，字中季。他1916年改名玄同，1921年以"疑古"为别号，自称"疑古玄同"。"玄同"见于老子《道德经》："知者不言，言者不知。挫其锐，解其纷，和其光，同其尘，是谓玄同。"抗战初期北平沦陷后，他为示不屈气节便改回"钱夏"，意在非为"夷"所动。

钱玄同自幼受传统的旧式教育，父亲是他的授业先生。在很小的时候，他就知道作为臣民不能直呼皇帝的名字，书写的时候有些字要改变原来的字形，如"玄"字要去掉末点，因为康熙皇帝名玄烨；嘉庆皇帝颙琰的"颙"字要去右边"页"的两只脚，"琰"字右边的"炎"下边的"火"要换成"又"字；"寍"字要借用"甯"，因为道光皇帝名旻宁（旻宁）。故青少年时期的钱玄同是深受传统文化熏习的儒学士子，赞同"保皇"，欣赏梁启超的政治主张。

1903年冬，受"苏报案"影响，钱玄同阅读了邹容的《革命军》和章太炎的《驳康有为论革命书》后，其忠君保皇的思想开始转变。章太炎《驳康有为论革命书》引经据典、层层驳诘、破中有立、论据充分、文辞激昂，论证了革命的必要性和合理性。其中"载湉小丑，未辨菽麦"一句更使千百年来神圣不可侵犯的皇帝脸面尽失、威严丧尽。正是在这篇文章的感召下，钱玄同走上了反清革命的道路。他回忆说："读完太炎先生此书，方恍然大悟二百年以来满廷之宰割汉人，无所不用其极……章、邹底主张，实在是'有理呀有理'。"[①] 随后，钱玄同陆续阅读了《浙江潮》《汉声》《黄帝魂》《警世钟》《猛

---

① 钱玄同：《三十年来我对于满清的态度底变迁》，《钱玄同文集》第二卷，中国人民大学出版社1999年版，第100~111页。

书》《攘书》等，萌发了强烈的民族主义和激进的"排满"思想。

1905年冬，同父异母兄钱恂出任湖北留日学生监督，钱玄同随兄赴日，进入早稻田大学师范科学习。1906年，他结识章太炎，成为章的崇拜者，主张"保存国粹""光复旧物"。1907年，他由章太炎介绍加入中国同盟会，改名为"夏"。按《说文解字》的解释，"夏"即"中国人也"。日本知识界流行无政府主义思潮，钱玄同一度参加"社会主义讲习会"，与无政府主义者刘师培等人交往。

1908年4月以后，章太炎在日本东京大成中学讲习国学。当时在早稻田大学读书的钱玄同，为了能听章太炎讲学牺牲了早稻田大学的课程。章氏讲学的内容，以小学为主，其次为诸子学、文学、史学等。从7月11日开始，章太炎又在民报社寓所专门为鲁迅、周作人、许寿裳、钱家治及由大成中学赶来的钱玄同、龚宝铨、朱希祖、朱宗莱等人讲课。许寿裳回忆当时讲课情形说：先师讲段氏《说文解字注》、郝氏《尔雅义疏》等，精力过人，逐字讲解，滔滔不绝，或则阐明语原，或则推见本字，或则旁证以各处方言，以故新谊创见，层出不穷。即有时随便谈天，亦复诙谐间作，妙语解颐。自八时至正午，历四小时毫无休息，真所谓默而识之，学而不厌，诲人不倦。周作人亦有精彩的描述：民报社在小石川区新小川酊，一间八席的房子，当中放了一张矮桌子。先生坐在一面，学生围着三面听，用的书是《说文解字》，一个字一个字地讲下去，有的沿用旧说，有的发挥新义，干燥的材料却运用说来很有趣味。

钱玄同在东京随章太炎听讲国学，在音韵训诂学方面颇有造诣，收益良多。同时也与听讲的其他章门弟子如龚宝铨、黄侃、朱希祖、沈士远、沈兼士、鲁迅、周作人、许寿裳、马裕藻、马叔平等人建立了良好关系。1910年，他协助章太炎等人创办《教育今语杂志》，批评"欧化"倾向，以白话讲述中国的文字学、经学、诸子学。同年，钱玄同归国，先后任教于湖州、海宁、嘉兴等地的中学堂。

武昌起义后，浙江光复，钱玄同无比兴奋。1912年3月，钱玄同在浙江教育司任科员。他在"复古"思想影响下，参考《礼记》等书，自制"深衣""玄冠"，系上"大带"上班，一时引为笑谈，体现了"排满"情绪之外的复古意识。1913年，钱玄同随兄钱恂到北京，先后任教于北京高等师范学校及附属中学和北京大学，讲授文字学和音韵学。从1917年起，他在陈独秀创办的《新青年》上的随感录、通信等栏目发表文章，力主文学革命，成为新文化运动的健将。

钱玄同早年接受传统儒学熏习而具有保皇思想，后跟随章太炎研习国学，保存国粹，提倡复古，擅长作为"小学"的音韵学和文字学。这样一位精通国学的章门弟子，为什么会毅然抛弃原来的守成立场而转向新文化运动？为什么他会从旧学起家而转向思想超前的启蒙思想家？他的思想转变是那样彻底，他对儒学传统的批判又是那样猛烈，真是令人费解。

实际上，正像清末在政治上经历了从"保皇"到"排满"的思想转变那样，钱玄同在民国初期确实经历了从复古守旧到激进启蒙的思想转变。如果说第一次转变是受章太炎"排满"革命思想的影响所致，那么其第二次转变，则是多方面因素促成的。其偏激的性格容易走极端是一方面原因，受激进的无政府主义的影响也是一方面原因，而更重要的原因则缘于其深冷的思考。作为古文经学大师章太炎的弟子，钱玄同继承了章氏音韵训诂之真传，更继承了体现在章氏身上的那种"学术经世"传统和狂放不羁的性情。学术经世的传统使他关注民国初年政局、思考国家前途；狂放不羁的性情决定了其反传统态度的决绝和偏激。

钱玄同看到了民国初年政治腐败和社会混乱，更看到了国民的愚昧、官吏腐败与武人跋扈等种种现象。他对这些现象进行了深入的思考。袁世凯复辟帝制、康有为发起孔教运动及各种政治势力利用孔子及儒学，给他以巨大刺激，引起了他的强烈不满和极端愤恨。部分复辟分子利用孔子学说制造舆论，钱玄同因之断定"孔氏之道断断不适用于二十世纪共和时代"。[1] 他辨清并顺应时代发展的趋势，像陈独秀那样产生了从思想文化入手解决政治问题的想法。这样，他的思想就迅速从推崇古学复兴的守成思想，转向批判传统儒学、接受西方新知的启蒙思想。因此，当《新青年》创刊并将矛头指向封建礼教时，钱玄同产生了强烈的共鸣。他以自己激烈而偏激的决绝方式，投入到新文化运动中，成为新文化运动的斗士。

参加新文化运动的钱玄同在《新青年》上发表了大量文章猛烈批判旧文学、旧道德和旧礼教和旧思想，堪称五四新文化运动中最富有战斗精神的启蒙思想家。1917 年年初，钱玄同撰文激烈地攻击"选学妖孽"与"桐城谬种"。他明确将"桐城谬种"和"选学妖孽"确定为文学革命的对象，击中了当时

---

① 《钱玄同日记》第四册，福建教育出版社 2002 年版，第 1695 页。

模仿桐城派古文或《文选》所选骈文的旧派文人的要害。鲁迅高度评价道："桐城谬种"和"选学妖孽"这八个字"形容惬当，所以这名目的流传也较为永久"。

钱玄同积极提倡白话文，化名"王敬轩"致函《新青年》，攻击新文化运动，供刘半农来反驳，两人共同演出了有名的"双簧"，扩大了新文化运动的影响。他激烈地反孔批儒，提出"废除汉字"这样的激进主张。他提出写文章加西化标点符号，用阿拉伯数字书写数目，并提倡采用公元纪年，书写方式改右行直下为左行横迤等。正是在他的倡议下，《新青年》杂志从第四卷第一号起刊登白话文章，使用标点符号。此后，钱玄同用白话撰写了大批杂文，对守旧文人进行了不妥协的斗争。

钱玄同在五四新文化运动中的最大特点，就是"偏激"。这是钱玄同自己承认的。为了文学革命，为了呼唤新思想，他的见解很多是偏激的，有时甚至达到了惊世骇俗的地步。那些被历朝文人颂为经典的东西：从唐代小说到元人杂曲，从桐城派文章到传统戏剧，从《论衡》到《三国演义》到《聊斋志异》，从韩愈、苏轼到袁枚等人的作品，都被钱玄同视为毫无价值的垃圾而加以抨击。这些偏激的言论，包含着"反封建"的合理性。在五四特定的时代环境中，没有彻底批评旧文化和旧思想的决心和魄力，是很难完成如此艰巨启蒙使命的。因此，钱玄同当之无愧地成为新文化运动中最激进的反传统骁将。

言论激进的钱玄同不仅自己投稿《新青年》并积极参加新文化运动，而且将章门弟子的鲁迅、周作人兄弟也动员加盟

《新青年》。钱玄同之所以劝说鲁迅参加新文化运动，不仅仅因为两人同为章门弟子的缘故，而是他认同鲁迅反对儒学及改造国民性的"立"人思想，坚信鲁迅参加新文化运动将极大地推进文学革命和启蒙运动。

　　早在清末留学日本之时，钱玄同就结识鲁迅，并一起投入章太炎门下研习国学，在古典文献和音韵训诂学方面颇有建树。鲁迅弃医从文后，发表了《文化偏至论》等文，以文学为武器改造国民性，重铸民族精神。对此，钱玄同是认同并敬佩的。故民初鲁迅到北京政府教育部任职后，钱玄同因任教于北京高师和北京大学，两人得以依然保持较密切的联系。1913年8月，章太炎赴京被袁世凯拘禁期间，钱玄同与鲁迅、朱希祖等人不仅前往探望，而且当章太炎在北京开坛讲学时，他们再次亲临面聆章师训导。据当时听讲的吴宗慈回忆：讲授的科目，为经学、史学、玄学、子学，每课编讲义。共和党部书籍不多，章太炎也不要求向外间购借，全凭记忆，取之有余。讲授时，原原本本，如数家珍。其于贯串经史，融合新旧，阐明其义理，剖析其精要，恒多独到创见之处，在讲学时绝无政治上感情歧出之意义。

　　1917年年初，钱玄同追随陈独秀为《新青年》撰稿。他们自然想到约请有着深厚国学功底和很高学术造诣的鲁迅为《新青年》杂志撰稿。因陈独秀与鲁迅并不熟悉，而钱玄同与鲁迅有着非同寻常的关系，故钱玄同受陈独秀之托，到鲁迅在京寓所约稿。

　　1917年8月9日，钱玄同到位于北京宣武门外绍兴会馆，拜访了正在埋头钞古碑的鲁迅，劝说鲁迅及周作人为《新青年》撰稿。鲁迅起初予以拒绝，并痛苦地说："假如一间铁屋子，是绝无窗户而万难破毁的，里面有许多熟睡的人们，不久都要闷死了，然而是从昏睡入死灭，并不感到就死的悲哀。现在你大嚷起来，惊起了较为清醒的几个人，使这不幸的少数者来受无可挽救的临终的苦楚，你倒以为对得起他们么？"[1] 这样看来，鲁迅对新文化运动的最初态度是怀疑的，认为这个运动是无望的，只能使少数清醒（觉悟）者更加痛苦，故采取了消极的态度。

钱玄同劝说鲁迅道："然而几个人既然起来，你不能说绝无毁坏这铁屋的希望。"这段对话，后来被鲁迅写进《呐喊》自序中。鲁迅被钱玄同、陈独秀等人打破"铁屋子"的勇敢精神所感动，"我早就很希望中国的青年站出来，对于中国的社会、文明，都毫无忌惮地加以批评"。这样，鲁迅答应为《新青年》撰稿，动笔创作了第一篇白话小说《狂人日记》，并第一次用"鲁迅"笔名发表在《新青年》上。从此，鲁迅正式加盟《新青年》并成为新文化运动的主将。

二、钱玄同与刘半农为什么要唱"双簧戏"

1917 年年初，当胡适在《新青年》第二卷第五号上发表《文学改良刍议》并提出"文学革命"主张之后，时任北京大学教授的钱玄同立即予以响应。他在该刊第二卷第六号发表

---

[1]　鲁迅：《呐喊·自序》，《鲁迅全集》第一卷，人民文学出版社 2005 年版，第441 页。

《通信》作为声援，内云："顷见五号《新青年》胡适之先生《文学刍议》，极为佩服。其斥骈文不通之句，及主张白话体文学说最精辟……具此识力，而言改良文艺，其结果必佳良无疑。惟选学妖孽、桐城谬种，见此又不知若何咒骂。"[①] 钱玄同在这封信里，首次举起了讨伐"选学妖孽，桐城谬种"的旗帜。此后，他又发表了《论应用文之亟宜改良》等文，提出了文章应加新式标点符号、数目字可改用阿拉伯号码、凡纪年尽量改用世界通行的公元纪元、书写方式"改左行直下为右行横迤"等主张。

钱玄同的起而响应，使陈独秀、胡适在寂寞中深受鼓舞。陈独秀对钱玄同的"崇论宏议"表示"钦佩莫名"。他复函钱玄同称赞道："以先生之声韵训诂学大家而提倡通俗的新文学，何忧全国不景从也。"胡适亦云："钱教授是位古文大家。他居然也对我们有如此同情的反应，实在使我们声势一振。"尤其重要的是，钱玄同将"桐城谬种"和"选学妖孽"确定为文学革命的对象，击中了当时模仿桐城派古文或《文选》所选骈体文的旧派文人的要害。钱玄同认为："六朝的骈文满纸堆垛词藻，毫无真实的情感，甚至用典故代替实事，删割他人名号，去迁就他的文章对偶，打开《文选》看，这种拙劣恶滥的文章，触目皆是。直至现在，还有一种妄人说，文章应该照这样做。《文选》文章为千古之正宗。这是第一种弄坏白话文的文妖。"可见，钱玄同是从更新文学观念和促使文章发展与时代发展步调一致的角度反对"选学妖孽、桐城谬种"的。

正是在钱玄同的带动下，刘半农接着在《新青年》第三卷

---

① 钱玄同：《通信》，《新青年》第二卷第六号，1917 年 2 月 1 日。

第三号上发表《我之文学改良观》，投入文学革命讨论中，推动了文学革命的展开。刘半农，原名寿彭，改名复，初字半侬，后改半农，民国初年写过旧体小说，加盟《新青年》后成为新文化运动的重要人物。刘半农对文学改良的许多问题均进行了讨论，内容涉及文学之界说、文学与文字之区别、白话的特点、新散文文体的做法、新韵文的规范、新文学的标点符号及格式等，其中阐述最充分的是新文学用语的特点、文学的基本特征及规范问题。这些内容集中反映在《我之文学改良观》。

刘半农认为，"文字为无精神之物"，建议"以言文合一"来建构新文学的语言。他论述了文学美的本质及其特征，认为文学的美来自内容与形式的统一，但决定文学美的主要因素是文学的内容。他提出，改良散文应该注意三个问题：一是破除迷信，作文有"我"，即新文学的建立非破除对旧文学的迷信，做到我手写我口方可成功；二是文言、白话可处于对等的地位，因为二者各有所长，又各有不相及处；三是不用不通之字。韵文改良同样应该注意三个问题：一是破坏旧韵，重造新韵；二是增多诗体；三是提高戏曲在文学上的地位。最后，他对文学作品形式上的改革提出了分段、运用句读符号和坚决废除圈点等意见[1]。

刘半农的《我之文学改良观》有力地响应了胡适提倡的文学改良运动，系统地阐述了刘半农的文学改良主张，推动了新文学理论体系建设。陈独秀主持的《新青年》相继有读者投书发表意见。其中有学者、教师、学生（包括留学海外的学

[1] 刘半农：《我之文学改良观》，《新青年》第三卷第三号，1917 年 5 月 1 日。

生）、社会人士，甚至有些政治活动家（例如易宗夔）也表示非常关注。一位署名曾毅的致长书说：陈独秀、胡适倡文学革命"窃不禁大喜。中国文学坏滥久矣，得足下之伟论，冲荡而振刷之，一扫黄茅白苇之习，使吾人精神界若顿换一新天地。"又说：当下中国，无论政治、道法、学术、文学，皆"不适于现世界之生存"。若行改革，启动新机，政治难于有成，因以"权利之所存而又阻于种种遗传之惰性"，所以没有希望。惟有文学界，"诚得海内外名宿相与提倡，不出十年，必可奏廓清之功；即亦资之以助新政治之进化。真韩愈氏所云，其功不在禹下也"[①]。李镰铠在致胡适的信中说："盖今日吾国欲臻富强之域，非昌明科学普及教育不可。欲昌明科学普及教育，则改良文学，实入手第一着也。"所以，"改良文学，实经国之大业，不朽之盛事"[②]。这两人的观感，印证了新文化派想从文学革命入手，来引导新文化运动的决断是正确的。

参加文学革命的讨论的人们，围绕着胡适所提出的问题，各抒己见，步步深入。从古典主义之应否彻底废除，到写实主义之如何实现；从白话文的基本条件和要求，到白话诗的创作；从注音字母到标点符号；从国语文法到汉字横排；从对历史上的白话小说的评价到新的白话小说的提倡；从旧戏的改革到新剧的翻译与创作；从汉字的存废问题到拼音文字是否可行的问题；等等。

然而，文学革命的兴起并未像提倡者所预想的那样轰轰烈烈，开始时还是很寂寞的。那些从心理上绝对不赞成文学

---

① 曾毅：《通信》，《新青年》第三卷第二号，1917 年 4 月 1 日。

② 曾毅：《通信》，《新青年》第三卷第二号，1917 年 4 月 1 日。

革命的人们，甚少公开发表他们的意见。这样，推动文学革命的人们未免有寂寞之感。自胡适的《文学改良刍议》发表之后，只有古文家林纾在《民国日报》上发表《论古文之不宜废》一文，算是第一篇公开反对文学革命的文字。然文不过五百余字，且谓古文之"不宜废者，吾识其理，乃不能道其所以然"，只是哀叹"国未亡而文字已先之"。这样一种反对声音显得非常微弱，不仅未能引起反对者关注，也同样不能引起赞同者注意。

为了打破新文化运动初期这种冷清寂寞的氛围，将《新青年》倡导的文学革命推向高潮，号称文学革命中最激进的钱玄同与同样激进的刘半农，合演了一幕批评与反批评新文学运动的"双簧戏"。

1918 年 3 月 15 日，《新青年》杂志第四卷第三号上发表了钱玄同假托"王敬轩"之名，写给《新青年》杂志编辑部的公开信《文学革命之反响》。该信以坚决反对文学革命者的立场，极尽谩骂之能事，历数新文学的坏处，猛力攻击文学革命的主张。而就在同期上发表了署名"半农"的《复王敬轩书》，对"王敬轩"的公开信严加驳斥。

刘半农在《复王敬轩书》中，首先对王来信中的"大放厥词"深表"感谢"，因为"记者等自从提倡新文学以来，颇以不能听见反抗的言论为憾"；接着针对来信中的八个部分逐条进行批驳：一是王敬轩之流的"狂吠之谈，固无伤于日月"；二是旧中国"朝政不纲，强邻虎视"，并非因为"提倡新学"，而是因为封建社会的腐朽没落造成的；三是"孔教之流毒无穷"，故非"排斥孔丘"不可，"西教之在中国，不若孔教之流毒无穷"，故应当介绍外国各种新思潮；四是"浓圈密点，本科场恶习"，应在扫荡之列，要引进应用西式句读符号；五是"桐城谬种，选学妖孽"们口头上"扶持名教"，骨子里却是一些诲淫诲盗的封建文人；六是林译小说只能看作一般闲书，因为它原稿选择不精，翻译谬误太多，语言过于古奥，因此用文学的眼光去评价它，则相差太远；七是严译文章有"附会拉拢"的毛病；八是中国故有的赋颂铭楹联挽联之类，则是"半钱不值"。刘半农将"王敬轩"定义为旧学不深、西学不通的顽固派，并将"不学无术，顽固胡闹"八个字送给王敬轩，"生为考语，死作墓铭"。

钱玄同以深厚的旧学功底撰写"王敬轩"的公开信，将守旧派文辞模仿得惟妙惟肖，树立了经典的批判靶子；刘半农以犀利泼辣的文笔于嬉笑怒骂中，将卫道士们的迂腐观点批驳得体无完肤，阐述了文学革命观点。两人的观点不免偏激，语调不乏刻薄，但确实起到了扩大新文化运动社会影响的作用，使得林纾、张厚载等人起而与新文化派论辩，达到了新文化运动者最初目的："旧式文人的丑算是出尽，新派则获得压倒性的辉煌胜利。"

三、钱玄同为什么激烈地反孔并主张全盘欧化

在五四反孔批儒思潮中，陈独秀为代表的新文化派并没有全部否定儒学，更没有全盘打倒中国儒家文明之意。但这并不意味着五四时期没有激烈的反孔者和"全盘西化"论者。

北京大学教授钱玄同，堪称五四时期最为激烈的反孔者，也是当时真正意义上主张"全盘西化"论者。

对于儒家为代表的中国固有文化，钱玄同尖锐地指出："这种种糟糕的道德与思想，可用一言以蔽之曰，'不拿人当人'。他们不拿别人当人，也不拿自己当人。"这是非常精辟的阐述，揭示了儒学存在的根本缺陷。钱玄同将孔子为代表的儒学贬为"孔家店"，给予严厉的批判和彻底的否定。他说："孔家店真是千该打、万该打的东西；因为它是中国昏乱思想的大本营。它若不被打倒，则中国人的思想永无清明之日；穆姑娘（moral）无法来给我们治内，赛先生无法来给我们兴学理财，台先生无法来给我们经国惠民；换言之，便是不能'全盘受西方化'；如此这般的下去，中国不但一时将遭亡国之惨祸，而且还要永远被驱逐于人类之外！"①

既然传统儒学已经腐败不堪，那么只有彻底打倒"孔家店"，全盘输入西方近代文明。他申明："所谓根本改革者，鄙意只有一条路可通，便是先生所谓'惟有爽爽快快讲欧化之一法而已'。我坚决地相信所谓欧化，便是全世界之现代文化，非欧人所私有，不过欧人闻道较早，比我们先走了几步。我们倘不甘'自外生成'，惟有拼命去追赶这位大哥，务期在短时间之内赶上……万万不可三心两意，左顾右盼，以致误了前程，后悔无及。"因此，钱玄同极力推进现代化，而且认定现代化就是西化。

在钱玄同看来，欧化就是现代化，现代化就是欧化，而

---

① 钱玄同：《孔家店里的老伙计》，《钱玄同文集》第二卷，中国人民大学出版社1999年版，第58页。

西方文化就是世界文化，中国人书画就是采纳世界文化。他反复强调："一般人所谓'西洋文化'，实在是现代的世界文化，并非西洋人的私产，不过西洋人作了先知先觉罢了。中国人要是不甘于'自外生成'，则应该急起直追，研究现代的科学、哲学等等。"

因此，钱玄同坚决反对各种保存国粹的守旧言论，坚决主张用科学方法整理国故："若要研究'国学'，尤其非懂得科学方法不行（这还是说'起码'的话。其实不懂得现代的新文学，决不配整理中国的旧文学；不懂得历史学，决不配整理中国的经史，其他类推）。我们今后对于'国学'，只应该做'整理国故'的事业，绝对的不应该再讲那什么'保存国粹''宣扬国光'这类废话了。我们要使中国人都受现代文化的洗礼，要使现代世界文化之光普照于中国，要使中国人都可以看现代的科学、哲学、文学等等书籍，则非将它们用国语翻译或编述不可。"①

钱玄同主张彻底废止与帝制相联的以儒家文化为主体的所谓"国粹"，全盘接受欧美近代文明。他说："我也很爱国，但我所爱的中国，恐怕也和大同世界一样（实际上尚未有此物，这便是'欧化的中国'这句话，老实人若要误解，尽管请误解，我可不高兴负解释的责任）。至于有些人要'歌颂'要'夸'的那中国，我不但不爱它，我对于它极想做一个'卖国贼'。卖给谁呢？卖给遗老（广义的）。他们爱磕头，请安，打拱，除眼镜，拖辫子，裹小脚，拜祖宗，拜菩萨，拜孔丘，

---

① 钱玄同：《汉字革命》，《钱玄同文集》第三卷，中国人民大学出版社 1999 年版，第 77 页。

拜关羽，求仙，学佛，静坐，扶乩，做古文，用'夏历'，说'中国道德为世界之冠'，说'科学足以杀人'……爽性划出一块龌龊土来，好像'皇宫'那样，请他们攒聚到那边咬干屎橛去。腾出这边来，用'外国药水'消了毒，由头脑清晰的人来根本改造，另建'欧化的中国'岂不干脆！讲到救国，我极愿意——也只愿意——'救救孩子'，救救那'没有吃过人的孩子'而已，其他则不敢闻命。"其云："既在二十世纪建立民国，便该把法国、美国做榜样。一切'圣功''王道'，'修、齐、治、平'的鬼话，断断用不着再说。中华民国既然推翻了自五帝以迄满清四千年的帝制，便该把四千年的'国粹'也同时推翻，因为这都是与帝制有关系的东西。民国人民，一律平等；彼此相待，止有博爱，断断没有什么'忠孝节义'之可言。"①

对于儒学为代表的中国传统文化，钱玄同主张彻底清除，并激烈地呼吁："我要请你们千万不要拜那宗法遗毒的祖宗牌位！千万不要拜那主张忠孝的孔丘！千万不要再拜那杀人魔王的关羽和尽忠报国（君的国）的岳飞！"②

正是看到了中国传统文化的弊端，而这些弊端体现在古典文献、日常习俗及传统节日中，故钱玄同提出了废除古籍、习俗、节日等激进主张。其云："我的意思，以为端午、中秋，正该废除。若要吃箬壳包的糯米，玫瑰白糖馅儿的圆饼，什么时候都可以吃。现在特别定了这两个日子来吃这两样东西，白白的耗费了两天的光阴，已觉荒唐。何况端午还要挂什么

① 钱玄同：《随感录·二十八》，《新青年》第五卷第三号，1918 年 9 月 15 日。
② 钱玄同：《我对于耶教的意见》，《钱玄同文集》第二卷，中国人民大学出版社1999 年版，第 45 页。

没有做过人的鬼的鬼脸，叫做什么钟馗；中秋还要供什么'兔儿爷'，磕上一阵子头。这简直是疯子胡闹，当然应该废除，当然应该禁止。"[1] 在他看来，中国传统节日习俗中包含有太多的带有迷信色彩的毒素，故应该禁止和废除。还有那些被历代文人视为经典的东西，无论是三坟五典还是旧诗、旧戏、旧小说，在钱玄同看来都是需要清理的文化垃圾。

钱玄同是五四启蒙运动的坚定参与者，也是启蒙精神价值的坚定守护者。五四新文化运动之后，李大钊与胡适之间为《新青年》的办刊方针发生冲突，钱玄同主张思想自由，认为尽可任《新青年》"劳农化"，"我们和他们全不相干而已，断断不能要求他们停版"。他坚持新文化的启蒙精神，继续反对尊孔复古。他认为，"赛先生绝对不是西洋人所私有，的的确确是全世界人类所公有之物"。故《新青年》的议论"现在还是救时的圣药"，反对将启蒙的目的归于救亡，认为救亡不应该是启蒙运动的目的。他说："从前倡言革命的人们（孙中山、吴稚晖数先生除外），其目的仅在救亡。救亡固然是极应该的，但革命的目的决不在此。以此为革命的目的，实在是根本大错误。若因救亡而革命，则转亡为存以后便可以不革命吗？假使中国现在国势还是很强，武力足以御外，便可以不革命吗？假使中国国势虽弱，武力虽不足以御外，而别国也与我们同样的不济，或他们没有侵略我们的野心，我们便可以不革命吗？我以为现在的中国，无论国强国弱，国危国安，国存国亡，革命总是不可以已。吾人一息尚存，革命之志总

---

① 钱玄同：《随感录三十一》，《钱玄同文集》第二卷，中国人民大学出版社1999年版，第17页。

不容少懈。何以故？以中国人为根本败类的民族，有根本改造之必要故。至于一时的国势危殆，算不得什么大不了的事，以此为革命的目的，直所谓目光如豆，宁有是处！"[①]

正因如此，钱玄同在五四启蒙运动退潮之际，对"打倒帝国主义"等口号进行思考，对救亡和革命的关系进行思考。他说："编'内除国贼'这句口号的人所谓'国贼'，当是指军阀政蠹而言。军阀政蠹自然是国贼，但我觉得不值得特别去提他们，因为他们非由天降，非由他出，固来自田间也。军阀政蠹一旦倒了运，与普通国人固无以异；普通国人一旦走了运，还不是十足道地的军阀政蠹吗？那么，不唤醒国人，不改良国人，而徒沾沾焉惟军阀政蠹之是詈，真舍本逐末之论也！"

钱玄同仍然坚守五四的启蒙立场并肯定启蒙的价值，对五四后出现的各种反启蒙思潮进行抵抗，继续对传统儒学进行猛烈抨击。他激愤地说："我明明白白地告诉你们：在共和国体之下而说什么'君为臣纲'，什么'君臣之伦'，什么'忠君'的话，的的确确是鼓吹造反！！！至于父子夫妇等等，仅仅是名称的不同，而人权彼此完全一样，在共和国体之下而说什么'父为子纲'，什么'夫者妻之天'的话，也是等于造反！！！你们用专制时代的旧道德来束缚压迫共和时代的国民，你们未见得因此而得到什么好处，而我民国被你们这一捣乱，岂独国体动摇，简直成了'率兽食人，人将相食'的世界。"

---

① 钱玄同：《回语堂的信》，《语丝》第二十五期，1925 年 4 月 20 日。

四、钱玄同为什么主张废除汉字

钱玄同主张"全盘西化"的偏激言论，集中体现在主张"废除汉字"问题上。

早在 1908 年，吴稚晖在《新世纪》撰文激烈鼓吹废除汉文，改用万国新语。其废除汉字的理由是：象形字是未开化人所用，合并字（即拼音文字）为开化人所用。而且汉文纷杂，非有准则，不能视形而知其字，故应当以万国新语而代之。章太炎则提出了不同意见。他指出，语言是思维的工具，是社会交往的产物，由于思想意识形态不同，更由于社会生活和交往的不同，所以语言就必然会有不同。语言的本质决定了民族语言与民族生存、民族特性、民族文化密不可分。只要国家不消亡，民族界限不消除，民族语言就不可能消灭，不能用强制的手段消灭一种民族语言，而使之改用另一种民族语言。否则会"举文史学术之章章者，悉委而从他族，皮之不存，毛将焉附？"其结果必然会导致"语言文字忘，而性情节族灭"。至于万国新语，本以欧洲为本，对其他各洲的语言未有所取，不足以流行世界，命为"万国新语"不如命为"欧洲新语"。

作为章太炎的及门弟子，钱玄同在音韵训诂及文字学方面有很高的造诣，深谙中国汉字之长短。钱玄同赞同其师章太炎的观点，认为"中西文之难易实相等，未必西文较易于中文，"尖锐讽刺《新世纪》用"万国新语代汉语"的主张是想入非非的可笑之事①。他强调："愚谓立国之本，要在教育，果使学术修明，必赖文字正确……文字一灭，国必灭致亡。"②他还说："我国文字发生最早，组织最优，效用亦最完备，确足以冠他国而无愧色。……夫文字者，国民之表旗，此而拨弃，是自亡其国也。"③

但受袁世凯复辟帝制的刺激，民国初年的钱玄同逐渐改变了对中国汉字的看法。他认为，中国国民之所以思想愚昧，屡屡被封建统治者蒙蔽利用，就是因为汉字难以掌握、妨碍了文化普及。由此出发，他开始倾向废除汉字、采用万国新语的主张。1916 年 9 月 29 日，钱玄同在日记中写道："经典之精义全不系乎文字。纵令今日中国之书焚毁净尽，但有精译本之西文五经则经典即可谓之不亡。"④这显然是产生了废除汉字的想法。但钱玄同此时的主张较为平和，故指出："昔年吴稚晖先生著论，谓中国文字艰深，当舍弃之，而用世界语。章太炎师曾著论驳之。弟则以为世界未至大同，则各国皆未肯牺牲其国语，中国人自亦有同情。故今日遽欲废弃汉文而用世界语，未免嫌早一点。然不废汉文而提倡世界语，有何不可。"认为此时废弃汉文时机不成熟，应该不废汉文而提倡世界语。

然而，张勋复辟给钱玄同以强烈刺激。以此为转折点，

---

① 《钱玄同日记》第一册，福建教育出版社 2002 年版，第 102 页。
② 《钱玄同日记》第二册，福建教育出版社 2002 年版，第 844~845 页。
③ 钱玄同：《刊行〈教育今语杂志〉之缘起》，《钱玄同文集》第二卷，第 313 页。
④ 《钱玄同日记》第三册，福建教育出版社 2002 年版，第 1429 页。

他提出了废除汉字的激烈主张。1918年3月4日，他在日记中批评汉字说："论其本质，为象形字之末流，为单音字之记号。其难易巧拙已不可与欧洲文字同年而语。……此等文字亦实在不可以记载新文明之事物。"[①] 正因他断言汉字无法记载"新文明之物"，是传统腐朽思想之载体，故他致函陈独秀，认为汉字不能适用于新时代，必须予以废除。他说："中国文字论其字形，则非拼音而为象形文字之末流，不便于识，不便于写；论其字义，则意义含糊，文法极不精密；论其在今日学问上之应用，则新理新事新物之名词，一无所有；论其过去之历史，则千分之九百九十九为记载孔门学说及道教妖言之记号。此种文字，断断不能适用于二十世纪之新时代。"在他看来，"欲使中国不亡，欲使中国民族为二十世纪文明之民族，必以废孔学，灭道教为根本之解决，而废记载孔门学说及道教妖言之汉文，尤为根本解决之根本解决"[②]。至此，钱玄同正式提出了"废除汉字"的极端主张，并反复强调："废孔学，不可不先废汉字；欲驱除一般人之幼稚的野蛮的顽固的思想，尤不可不先废汉文。"[③]

尽管钱玄同这种"石条压驼背"的激烈言论并未得到陈独秀之赞同，但却得到了鲁迅、刘半农等人的响应。鲁迅赞同钱玄同的主张，提出了更激进的口号："汉字不灭，中国必亡！"钱玄同在五四新文化运动之后仍然坚持自己的激进主张，痛

① 《钱玄同日记》第四册，福建教育出版社2002年版，第1682页。
② 钱玄同：《中国今后之文字问题》，《钱玄同文集》第一卷，中国人民大学出版社1999年版，第166~167页。
③ 钱玄同：《中国今后之文字问题》，《钱玄同文集》第一卷，中国人民大学出版社1999年版，第162页。

斥"汉字的罪恶",主张废除汉字。

1923 年初,钱玄同在《汉字革命》中断言:"汉字的罪恶,如难识、难写,妨碍于教育的普及、知识的传播:这是有新思想的人们都知道的。"因此,他在五四之后废除汉字的言论更趋偏激:"我敢大胆宣言:汉字不革命,则教育决不能普及,国语决不能统一,国语的文学决不能充分的发展,全世界的人们公有的新道理、新学问、新知识决不能很便利、很自由地用国语写出。"[①]他将废除汉字上升到"革命"的高度加以强调,认定这是关乎教育能否普及、国语能否统一、国语的文学能否发展及新知识能否充分表达的根本问题。

废除汉字后将代之以何种文字?钱玄同提出:"中国的语言文字总是博物馆里的货色,与其用了全力去改良它,还不如用了全力来提倡一种外国语为第二国语,或简直为将来的新国语,那便更好。"[②]而在各种外语中,钱玄同认为 Esperanto 语根精良,文法简赅,发音平正,是人类文字而非民族文字,主张用万国新语取代汉字。这实际上是赞同清季《新世纪》废除汉字而改用万国新语的主张。

钱玄同提出的"废除汉字"的偏激主张,体现了他与传统彻底断绝联系的决绝态度,也确实看到了中国汉字的短处。他有感于汉字难识难写,妨碍了教育的普及和文化的传播而提倡彻底废止,在一定程度上揭示了中国汉字的某些弊端,尽管有一定道理,但这种偏激的文化主张总体上是错误的。

---

① 钱玄同:《汉字革命》,《钱玄同文集》第三卷,中国人民大学出版社 1999 年版,第 62 页。

② 《钱玄同日记》第四册,福建教育出版社 2002 年版,第 1707 页。

语言文字是民族文化的基本构成要素，是维系民族共同体的重要工具，不能单纯凭某些人的主观意志而取消。汉字作为中华文明的构成要素和价值符号，承载了中华民族数千年的文明发展史，维系着民族精神和血脉亲情，是不可能完全废除的。瑞典汉学家高本汉说："中国人抛弃汉字之日，就是他们放弃自己的文化基础之时。"①

因此，钱玄同提出的废除汉字、提倡世界语的激进文化主张，具有重大认识偏差，难以得到人们的普遍认同，更没有构成五四新文化运动之主流思想。当然，因这种激进主张在实际操作层面更难实施，故多停留在学理讨论的层面，钱玄同在实践层面的用力之处，主要在文字倡导改革方面，尤其是推行国语罗马字方面。

五、钱玄同对文字改革究竟做出了哪些贡献

1917 年，钱玄同加入中华民国国语研究会，参与审订吴稚晖主编的《国音字典》。1919 年，北京政府教育部成立国语统一筹备委员会，钱玄同任委员兼常驻干事，与胡适、刘半农、马裕藻、周作人、朱希祖等人拟定了标点符号方案。他们指出："现在有些报纸书籍，无论什么样的文章都是密圈圈到底，不但不讲文法区别，连赏鉴的意思都没有了。""因此我们想请教育部把这几种标点符号颁行全国，使全国的学校都用符号帮助教授；使全国的报馆渐渐采用符号，以便读

① 〔英〕帕默尔著，李荣等译：《语言学概论》，商务印书馆 1983 年版，第 61 页。

者。""以省读书人的脑力，以谋教育普及。"1920 年年初，北京政府教育部接受了这个建议，将这个方案转发各省区，转发各校采用。

钱玄同在五四时期主张废除汉字而改用世界语，但同时意识到这个目标短期内难以实现，故公开声明："我固然是主张中国当废汉文而用 Esperanto 之一人，但我以为这是将来圆满之解决。若讲现在，则 Esperanto 尚在提倡时代，未至实行时代。"[①] 在汉文尚未废灭的过渡时代，可行的办法是推行国语罗马字。

所谓"国语罗马字"，原本是作为一种注音符号提出来的，也就是用罗马字母来为汉字注音，类似此前所述的注音字母。钱玄同最初虽然承认中国应该兼用罗马字母和注音字母两种来标音，但也认识到，因为中国字是直行的，罗马字母只能横写，两者存在形式上的矛盾，而且罗马字母记音的方法，长短不大相同，记在汉字旁边往往会参差不齐。因此，钱玄同在记音符号上倾向于注音字母，在新文字上则大力提倡世界语，起初对罗马字母并无太大兴趣。

随着实践经验的丰富，钱玄同开始认识到注音字母的缺陷以及推行世界语的困难。注音字母虽是建立在章太炎创制的基础上，具有较为充分的学理依据，但因仍采用汉字的基本形式，难以与国际接轨，故钱玄同提出："若承认中国应该和世界文化不隔膜，应该设法补救国语贫乏的缺陷，而主张无限制的采纳外国的词儿并且直写原字到国语中来，则非

---

① 钱玄同：《答胡天月论 Esperanto》，《钱玄同文集》第一卷，中国人民大学出版社 1999 年版，第 276 页。

将国语改用罗马字母式的字母拼音不可。……就是'注音字母'虽然是改革过了的汉字，虽然是拼音的字母，但和世界的字母——罗马字母式的字母——还是隔了一层。"① 他还认为："因为要图形式美观，书写便利，表音精确，所以要提倡国语罗马字。因为要与现世界的文化学术融合，有尽量采用西文原词之必要，所以要提倡国语罗马字。"② 总之，"汉语一日未废，即一日不可无表汉语之记号。此记号，自然以采用罗马字拼音为最便于写识"③。因此，他主张倾向于罗马字母："中国拼音字用了罗马字母，采用西文原词，真如天衣无缝，自然熨贴。"

钱玄同尽管坚信未来大同世界的语言必定是世界语，但意识到短期内用世界语取代汉字是困难的。他在日记中写道："汉字在将来总是废除成的，不过究竟是在若干年后，则此次没有把握，我那篇文章以十年为期，不过是聊作快语，以鼓励同志罢了，实际上恐未必能够这样称心如意。"④ 因此，他在1923年1月发表的《汉字革命》一文中，把中国的新文字定名为"国语罗马字"。同年，钱玄同在国语研究会第五次常年大会上提出组织"国语罗马字委员会"的议案，获得通过并出任委员。从此，他更将大部分精力投入到"国语罗马字"研究和

① 钱玄同：《汉字革命》，《钱玄同文集》第三卷，中国人民大学出版社1999年版，第80页。

② 钱玄同：《为什么要提倡"国语罗马字"？》，《钱玄同文集》第三卷，中国人民大学出版社1999年版，第390页。

③ 钱玄同：《关于Esperanto讨论的两个附言》，《钱玄同文集》第一卷，中国人民大学出版社1999年版，第212页。

④ 《钱玄同日记》第五册，福建教育出版社1999年版，第2485页。

设计工作中去。

1925年4月，章士钊出任北京政府教育总长，创办《甲寅》杂志，反对白话文和注音字母。钱玄同与黎锦熙等创办《国语周刊》与之进行针锋相对的斗争。1925年9月，刘半农自欧洲留学归国，组织语音学团体"数人会"，钱玄同、黎锦熙、赵元任等均成为会员，专门研究"国语罗马字"问题。1926年11月，钱玄同与该会同仁精心制定的《国语罗马字拼音法式》公之于世，并于1928年9月26日由南京国民政府大学院作为"国音字母第二式"在全国范围内正式颁行。钱玄同倾注许多心血制定的这份《国语罗马字拼音法式》，是相当完备的："查国语罗马字拼音法式，标音的分别，既不厌精详，拼切的形式，尤务求平易。信可谓斟酌尽善，毫发无憾之法式。"[①] 中华人民共和国成立后制定的、沿用至今的《汉语拼音方案》正是建立在它的基础之上。

钱玄同为提倡和推行国语罗马字做出了突出的贡献，同时也转移了反对者的注意力，客观上起了推动白话文运动的作用。鲁迅回顾白话文运动时说："在中国，刚刚提起文学革新，就有反动了。不过白话文却渐渐风行起来，不大受阻碍。这是怎么一回事呢？就因为当时又有钱玄同先生提倡废除汉字，用罗马字母来替代。这本也不过是一种文字革新，很平常的，但被不喜欢改革的中国人听见，就大不得了了，于是便放过了比较的平和的文学革命，而竭力来骂钱玄同。白话乘了这一个机会，居然减去了许多敌人，反而没有阻碍，能

---

① 钱玄同：《抗议"北平"音译违式致教育部长蒋梦麟书》，《钱玄同文集》第三卷，中国人民大学出版社1999年版，第294~295页。

够流行了。……那时白话文之得以通行，就因为有废掉中国字而用罗马字母的议论的缘故。"[①]

六、"她"字是如何发明出来的

在现代语言发展史上，说起新造字词的社会影响，当数刘半农首创的"她"字。"她"字被公认是五四时期国人所发明的最迷人的新语词之一，为今人所普遍使用。

中国古典汉语中没有区分男女第三人称单数代词的传统，晚清以来英语翻译汉语过程中，人们发现汉语中没有字与"she"对译，故最初多将"she"译成"他女""那女的"。由于"she"是常用词，这样的对译往往造成连篇累牍的"他女""那女的"，读起来很别扭。后来人们借用吴地方言中的"伊"来专门代表女性第三人称单数，并在清末民初成为一种趋势。五四白话文兴起后，热心于引介世界新文学而又对传统文化持批判态度的新文化派，在怎样对待西方第三人称代词的性别区分以及如何更好地翻译"she"问题上，表现出勇敢的创新精神。

早在1917年，刘半农就提出创造"她"字以对译"she"的建议。1918年8月5日，周作人在《新青年》上撰文讨论刘半农的这个建议："中国第三人称代名词没有性的分别，狠觉不便。半农想造一个'她'字和'他'字并用。"但周作人以"印

---

① 鲁迅：《无声的中国》，《鲁迅全集》第四卷，人民文学出版社1981年版，第13页。

刷所里没有，新铸许多也为难"等理由，认为此事尚须从长计议，仍然使用"伊"字。1920年年初，上海《新人》杂志刊登了署名"寒冰"的《这是刘半农的错》一文，认为新创"她"字毫无必要，因为第一、第二人称的"我""汝"等字没有阴阳之分，"她""他"两字只能在阅读时分别，读音上区分度不大。上海《时事新报·学灯》接着发表了署名"孙祖基"的《她字的研究》，对刘半农首创的"她"字表示支持。随后，"寒冰"再次发表《驳她字的研究》一文进行批评。这样，社会各界开始展开对"她"字问题的讨论。

此时正在英国伦敦留学的刘半农，密切关注着这场由自己引发的争论，并继续思索和探讨"她"字问题。1920年8月9日，刘半农在《时事新报·学灯》发表《"她"字问题》，从两方面进行了探讨：一是中国文字中，要不要有第三位阴性代词；二是假如需要，能不能用这个"她"字。刘半农在分析了"她"字的必要性后，进而说明了"她"字使用的可能性。他说："形式上和'他'字极像，容易辨认，而又有显然的分别，不至于误认，所以尽可以用得。"[1]他认为当时习用的"伊"字带有吴地口语，使用地域小，难求普及，而且在表示女性上没有"她"字明白。这篇文章发表后，"她"字得到了社会各界的广泛认同。

1920年9月4日，正在英国伦敦的刘半农创作了一首《教我如何不想她》的著名情诗，首次将"她"字入诗。这首诗的全文是：

---

[1]　刘半农：《"她"字问题》，《时事新报·学灯》，1920年8月9日。

天上飘着些微云，地上吹着些微风。

啊，微风吹动了我头发，教我如何不想她！

目光恋爱着海洋，海洋恋爱着目光。

啊，这般蜜也似的银夜，教我如何不想她！

水面落花慢慢流，水底鱼儿慢慢游。

啊，燕子，你说些什么话，教我如何不想她！

枯树在冷风里摇，野火在暮色中烧。

啊，西天还有些残霞，教我如何不想她？

著名语言学家赵元任将这首情诗谱成乐曲，收入 1925 年出版的《新诗歌集》，在全国各地经年传唱。随着《教我如何不想她》在千百万读者和歌者中不断地传播，"她"字快速推广开来，逐渐成为第三人称女性的专有代词。在"她"字的具体使用中，刘半农还赋予其更宽泛的含义。他致函周作人道："说起文学，我真万分的对她不起，她原是我的心肝宝贝！"用"她"字而非"它"字，来代称自己格外珍爱的事物。

对于刘半农发明"她"字的首创之功，鲁迅给予高度评价："他（刘半农）活泼、勇敢，很打了几个大仗。譬如罢，答王敬轩的双簧信，'她'和'它'字的创造，就都是的。这两件，现在看起来，自然是琐屑得很，但那是十多年前，单是提倡新式标点，就会有一大群人，'如丧考妣'，恨不得'食肉寝皮'，所以的确是大仗。"[1]

---

① 鲁迅：《忆刘半农君》，《青年界》第三卷第三号，1934 年 10 月。

第八章　新文化运动的风云人物：张东荪

　　长期以来，海内外学术界将北京大学及北京视为五四新文化运动的中心，对陈独秀等人创办的《新青年》《新潮》《每周评论》及由此引起的新文化运动给予密切关注和高度评价，这是必要和合理的。但仅仅强调这些是不够全面的，因为除了北京这个新文化运动中心之外，上海在五四新文化运动中的地位同样重要，堪称是五四新文化运动的另一个中心。在当时的上海，商务印书馆、中华书局、申报馆等大型文化机构先后转向介绍新文化，国民党人戴季陶、沈玄庐、邵力子等人主持的《民国日报》《星期评论》及《建设》杂志同样积极介绍新思潮；以梁启超、张东荪等人为代表的研究系创办（或主持）的《时事新报》及其副刊《学灯》《解放与改造》（后改为《改造》）等报刊及其组织的众多文化社团（新学会、讲学会、尚志学会等），更是致力于输入新思潮，对上海地区新思潮的传播和新文化的引导起了重要作用。对于张东荪与研究系在五四新文化运动中的文化活动及其作用，学术界长期未予充分关注。五四时期张东荪在上海创办了哪些有影响的报刊？他对上海新文化运动究竟做出了哪些贡献？他为什么积极宣传社会主义但拒绝在中国筹组共产主义政党？他为什么发起社会主义论战并最终选择了德国式社会主义道路？这些问题都是值得认真探究的。

一、他为什么从评议政治转向文化运动

从辛亥革命到五四前夕，张东荪积极活跃于民国政治舞台，"动了几年救国念头，从事研究政治"，成为民国初期著名的政论家。在此时期，张东荪在《庸言》《中华杂志》《新中华》和《甲寅》等刊物上发表大量政论文章，对当时重大的政治问题，如国会性质、宪法性质、总统制与内阁制、总统权限、行政裁判制度、预算制度、联邦制度、地方自治制度均提出了自己的独立见解，在当时思想界产生了较大影响。但从 1917 年起，张东荪突然脱离现实政治而转向思想文化领域，从一个侧面说明五四新文化运动兴起的必然性。

民国初年，梁启超领导的进步党人的基本立场是拥护袁世凯统治，他们希望通过袁世凯来实现共和制度，将国家纳入现代民主轨道。张东荪如梁启超等人一样，对袁世凯也抱有极大希望。即使到了 1915 年袁世凯复辟帝制的企图已昭然若揭时，张东荪也还有"迫之使入正轨"的想法。只是由于张氏没有直接"干政治"，故并没有像梁启超等人那样走得那么远。同时，他虽然对革命党人采取排斥态度，但始终保持一个近代中国知识分子的爱国与报国之心。但袁世凯在解散国会，颁布《中华民国约法》，破坏了民主共和政体后，却走得更远，开始了复辟帝制活动。因此激起了包括张东荪在内一度拥袁的进步党人

的强烈反对。张东荪先后发表《复辟论之评判》《名实与帝制》《对于古博士国体论之质疑》等文，批评帝制活动。

袁世凯帝制败亡后的混乱政局，对张东荪刺激很大。他痛感北京政府政治的腐败和行政管理上的无能，对现实政治产生了悲观情绪。此时，张东荪虽对政治也产生了厌倦情绪，并开始逐渐将注意力转向文化运动方面，但还是力图对腐败无能的北洋政治加以补救。这样，张东荪经过认真的思考，公开怀疑与批评民初的议会制度，提出了"贤人政治"的主张，但并没有被北洋政府所采纳。

民国初期几年的政论生涯，使张东荪极感失望。1917 年后混乱的政局，更使他感到自己资产阶级共和国的理想难以实现。政治革命为什么屡遭失败？痛定思痛，张东荪意识到，中国所以不能如西方那样建立共和政体，主要是由于中国缺乏必要的社会基础，即政治革命太速，而社会革命太迟。早在 1914 年，他便在《政治革命与社会革命》一文中指出："政治革命若离社会革命而独立，则为全无意味。故政治革命已告成而社会革命方在进行中者，其功用隐微而不易见。"主张"政治革命必与社会革命同时而存在"，"社会革命者，政治革命之根本也，政治革命之后盾也"。中国政治革命所以未获成功，实在是由于"政治革命太速，社会革命太迟耳"[①]。所以，张东荪产生了分社会与政治为二、努力发达社会组织的思想。他后来的"政治与社会分离"论，就是有见于此而提出的。但在较长时间内，张东荪对于政治抱有极大的期望，对政论有着极大兴趣，所以，他并没有将主要精力集中于社会革命方面。

---

① 张东荪:《政治革命与社会革命》,《正谊》第一卷第四号，1914 年 4 月 15 日。

1916 年以后，政治方面的一系列失败，使张东荪对北洋政治日益失望；同时，也使他感到在军阀统治的局面下，很难再通过评议政治、以言语文字对政治产生多大的影响。这样，便开始将主要精力放在文化运动方面。对此，他在 1916 年 6 月发表的《今后之政运观——守法与让德》中说："国家庶政之兴废，恒视各都督之意向，以为依违之准绳。于此状态之下，倡分权，不能更益之也；倡集权，不能以削之也；倡联邦，不能为联邦也；倡统一，不能为统一也；倡法治，不能遽行也；倡议会大权，亦不能遽行也；倡军民分治，更不能遽行也。于是吾人于此必大大醒觉者，即须知中国此数年来之政变，皆未尝以言论为因果，实以历史上之因果为因果也。"①

　　言论还能对政治起多大的作用？这样，张东荪对政治失去信心和希望，是顺理成章的。从此，梁启超、张东荪等研究系便彻底告别了政治活动，开始致力于文化事业和文化运动。

　　对于将注意力由政治转移到思想文化方面而不再关注政治、评议政治的原因，张东荪在 1925 年所写的《联邦论辩》中解释说："我近来久不作讨论政治的文字，因为精神集中于他方面，所以无暇及此。"即转移到哲学和文化方面。他又说："我也不愿再讨论此类政治问题，因为政治究竟是一件实施的问题，若所谈与所主张均不能见诸实行，而实际反相距渐远，则谈时安能有兴味呢？我所以不愿论到政治，纯因现实状态不成样子，完全离了轨道。若所言不求切于实际，便是在脑

---

① 圣心：《今后之政运观——守法与让德》，《新中华》第一卷第六号，1916 年 6 月。

中自造一乌托邦，当然不算讨论政治。可见现在中国的政治真是无法讨论了。"①这既是张东荪不愿再"评议政治"的原因，同时也是他转向"思想启蒙"的主要原因。

张东荪的所见，几乎是当时思想界有识者之共见。张东荪思想的转变与中国知识界的思想转向是一致的。在此之前，陈独秀创办《青年杂志》，发动新文化运动，开始将注意点由政治方面转移到思想文化方面了。客观地说，张东荪虽较早意识到该问题，但转移得较晚，直到1917年接办《时事新报》时才开始将兴趣和精力转移到思想文化方面。

二、他是如何创办《学灯》副刊的

1917年初，张东荪接替张君劢任《时事新报》主笔之后，积极改善版面，亲自主持"论说"栏和"时评"栏，对国内外重大事件进行评述，发表研究系对当时政治、经济和社会问题的见解。经过艰辛努力，张东荪将《时事新报》办成了"议论最真实，消息最灵通，材料最丰富，为人人必读之唯一大日报"②，并与北京的《国民公报》《晨报》相呼应，成为以梁启超为代表的研究系在上海的主要喉舌，在国内舆论界享有盛誉。除了评议政治的"论说"和"时评"栏外，《时事新报》还注意介绍西方各种新学说。从1918年1月1日起，柏格森的《创化论》由张东荪翻译，在《时事新报》上连载达三个月

① 张东荪：《联邦论辩》，《东方杂志》第二十二卷第六号，1925年3月。

② 《解放与改造》第二卷第十四号封页。

之久。

　　1918年3月4日，为了更广泛地介绍新学说以指导和反映文化教育界情况，张东荪创刊了五四时期影响深远的《时事新报》副刊《学灯》，致力于宣传西方新思潮。《学灯》一开始便用白话发刊，风格与北京《晨报》副刊很相似。《学灯》创刊时每周一次，5月间每周二次，12月起每周三次，1919年1月起改为日刊，星期日休刊。从1921年5月10日起，《时事新报》增辟《文学旬刊》；1921年9月16日，又增辟《社会主义研究》旬刊。《学灯》的版式也几度改变。最初每期只占大半版，1919年2月起扩充为两版。1922年后改为四开四版的附张。从1924年10月开始，《文学》和《艺术》等副刊的第四版辟为《教育界》附刊，《学灯》的篇幅只占三版；1925年7月后缩小为两版，同年11月11日起与《教育界》合为四版。

　　张东荪在阐述创办《学灯》的缘由时指出："方今社会为嫖赌之风所掩，政治为私欲之毒所中，吾侪几无一席之地可以容身。与其与人角逐，毋宁自辟天地，此学灯一栏之由立也。"这是他创办《学灯》的主要原因。他接着说明了《学灯》的宗旨："一曰借以促进教育，灌输文化；二曰屏门户之见，广商榷之资；三曰非为本报同人撰论之用，乃为社会学子立说之地。"① 实际上，《学灯》创刊时，主要内容是评论学校教育和青年修养。在这三项创刊宗旨中，"屏门户之见""为社会学子立说之地"只是表示对待思想自由的态度，只有第一项"促进教育，灌输文化"才是其真正的宗旨。

　　在创办《学灯》初期，张东荪主要是通过议论教育问题来

① 　张东荪：《学灯宣言》，《学灯》1918年3月4日。

灌输新文化的，故它在当时是一个以教育为主题的刊物。这在其历次所发的征稿启事中可以窥得一斑。1918年4月，张氏发表《学灯》启事：内称"近来吾国教育弊端百出，如学制之荒谬，教员之堕落，学风之卑下，此外邪说披猖，道德陵夷，尤为伤心之象。苟有人焉，以铸鼎燃犀之笔，为之一一揭发，与纰缪之主义激战，以其文字投诸本报，当敬为披露，并愿以优厚之酬资，为定交之纪念"。1918年4月15日，张氏又刊《学灯》启事："本栏征求下列各稿：一、征求学艺上之意见；二、征求教育上之意见；三、征求对于近来出版物之批评；四、征求对于全国各学校之批评；五、征求教育上之讽刺画；六、征求学生关于修养之实验。"在1918年4月张氏所发的另一《学灯》启事中，又说："本栏征求全国中等以上学校调查报告（详述历史沿革及现在状况，如能将校长照片及校舍摄影附寄，尤所欢迎）。诸君如以平日参观所得，赐稿敝报者，无任欢迎。"可见，张东荪一再表示欢迎介绍各地中等以上学校的历史和现状、批评和揭露教育界的黑暗、讨论青年修养和教育理论的稿件，而且也的确大量发表了关于这些方面的文章。《学灯》前后开辟过"教育小言""教育研究""教育界消息""学校指南""学校消息""青年俱乐部"等专栏。直到1919年后，一般性的"思潮"栏才逐渐代替教育方面的言论而居主要地位，但有关教育界的报道和评论始终占有很大篇幅。

张东荪特别关注《学灯》副刊。在创办初期，他亲自为"讲坛"和"教育小言"两个栏目撰稿。从1918年3月到12月，张氏在"讲坛"栏中连续发表了《国人读书力之缺乏》《贩卖外国书籍之必要》《中西思想之绝对相反》《说鬼》《运命思想亡国论》《运命思想余谈》《论演说》《论译书》《论报纸》等十二篇随感录，讨论读书、译书、贩卖西书等问题。同时，他在"教育小言"栏目中连续发表《职业教育》《人格之感化》《教育与生计》《教育与教会》《门户之见》《竞争之风》《教授留学》《哲学与教育》《文艺与教育》《本栏之提倡》《秦贺兰之思想》《只崇洋却不模仿》《模仿与文化》《新……旧》《人格与主张》等文，讨论当时的教育问题。这些文章与当时其他报纸相比，内容充实，思想开明，给人以清新之感，因而受到了广大青年的欢迎。

此时，张东荪所创办的《学灯》，积极致力于介绍和输入西方各种新思潮，但他却不主张对旧思想进行攻击，极力回避新旧文化之冲突。1918 年 9 月，张氏在《本栏之提倡》中明确主张："一、于教育主义，提倡道德感化之人格主义，以为职业教育之实用主义之辅助。二、于教育制度，反对抄袭的制度与反对固执不化的制度。三、于教育事情，揭穿各种教育流弊。四、于教师，主张改造以身作则之良教师，反对现在与恶社会同流合污之教师。五、于学风，主张改造活泼朴实之学风，反对现在萎靡不振之学风。六、于原有文化，主张尊重，而以科学解剖之。七、于西方文化，主张以科学与哲学调和而一并输入，排斥现在流行之浅薄科学论。"[1] 按照张东荪的设想，进行新文化运动只需要单纯地输入新思想，而不必去碰旧思想，新思想进来多了，旧思想自然会消灭。他说："我们若认定中国今天既需要新道德新思想新文艺，我们就该尽量充分的把他输入，不要与那旧道德旧思想旧文艺挑战，

[1] 《本栏之提倡》，《学灯》1918 年 9 月 30 日。

因为他自然而然会消灭的。"① 他认为这种看法才是符合"新陈代谢"道理的。张氏对待中西文化的这种态度，贯穿《学灯》之始终。

正是基于这种认识，张东荪对陈独秀创办的《新青年》激烈地反对旧文化、与旧思想进行论战的做法表示不满。1919年1月，傅斯年等北大学生创办了《新潮》杂志，张氏立即发表了《新潮杂评》，对该刊输入新思潮之做法表示欢迎，希望它像《学灯》一样站在稳妥的立场上做输入新思潮的工作，而不要像《新青年》那样向旧文化挑战。他说："现在中国的情势，要求新道德新思想新文艺的输入非常之殷，恐怕是没有人不晓得的。但是有一班人，他虽是做这输入的事业，然并不是将新文艺新道德新思想，多多益善的输入进来，却在那里专门想打破旧文艺旧道德旧思想，终日里做了许多驳难痛骂的文章。"又说："我以为这个样子，与那新陈代谢的道理，颇不相合。譬如一个瓶，藏满了旧空气，如要改为新空气，虽是终日拿这个瓶来摇动，那旧空气依然不出来的。所以我们若认定中国今天既需要新道德新思想新文艺，我们就该尽量充分的把他输入，不要与那旧道德旧思想旧文艺挑战，因为他自然而然的会消灭的。"②

但傅斯年所办《新潮》显然与《新青年》站在一起，主张一方面输入新思想，一面破坏旧思想。傅氏在《新潮》上发表《破坏》一文，对张东荪只注重输入新思想而不破坏旧文化的观点进行了批评。他说："若是中国并没有旧思想旧道德旧文

---

① 张东荪：《新与旧》，《学灯》1918 年 12 月 14 日。

② 张东荪：《新潮杂评》，《时事新报》1919 年 1 月 21 日、22 日。

艺，那么只用介绍新的就完了，不必对于旧的打击了。只是中国本来有一种道德思想、文艺，大家对它信服的很，以为神圣似的。若果不发现了他的不是，不能坠大家对他的信仰心，自然不能容新的，还用什么方法引新的进来？一个空瓶子，里面并没有多量的浑水，把清水注进就完了。假使是个浑水满了的瓶子，只得先把浑水倾去，清水才能进来。中国是有历史文化的国家，在中国提倡新思想新文艺新道德，处处和旧的冲突，实在有异常的困难，比不得在空气无所有的国家，容易提倡。所以我们应当一方面从创造新思想新文艺新道德着手，一方面应当发表破坏旧有的主张。这是势必处此的办法。"[1]

傅斯年骂张东荪的议论"竟是似是而非不通的很"，激起了张氏强烈不满。从其一贯主张将精力放在输入新思想、不刺激旧思想的观点出发，张氏立即在《时事新报》上发表时评《破坏与建设是一不是二》，对傅氏观点进行反驳。傅斯年随即在《新潮》第一卷三号上发表《答〈时事新报〉记者》，对张东荪观点再加批判。傅氏指出："他一向对于《新青年》是痛骂的，至于痛骂的理由，无非说《新青年》骂人，居然以骂人两字，把《新青年》上建设的事业一笔勾销。"[2] 论战中双方显然均夹杂有感情因素。张东荪在遭到傅氏痛骂后仍坚持其"不骂不破坏论"，拒绝与傅氏进行过多的争论，仅在《时事新报》上发表《不骂主义之胜利》，继续坚持自己的观点。

傅斯年与张东荪之间的讨论，是新文化阵营内部激进派

---

[1]　傅斯年：《破坏》，《新潮》第一卷第二号，1919 年 2 月 1 日。

[2]　傅斯年：《答〈时事新报〉记者》，《新潮》第一卷第三号，1919 年 3 月 1 日。

与稳健派的争论。张氏对《新青年》激烈地反对旧文化、旧思想不能理解，更不能赞同。他认为，现在主要任务是输入新思想，不是与旧思想进行论战。整日忙于论战，便会无暇做新文化之输入工作，并且刺激持旧思想者之反对，无疑是人为地为新文化运动增加阻力。张氏着眼于未来新文化建设，固然表明其一贯的温和、渐进的改良态度，但也的确有其长远考虑，这显然是从新思想能否真正地在中国思想界扎下根来立论的。通过与傅斯年的论战，可以看出张东荪在五四新文化运动中的基本立场：主张彻底输入新文化，进行思想启蒙，但不主张与持旧文化者争论，不愿进行过多的时论性的东西。这种理念，应该说与《新青年》《新潮》在实质上并无差异，所不同的只是激进与缓进、干预现实政治与单纯进行思想启蒙之区别。

张东荪所办的《学灯》副刊在五四时期产生了极大影响。它不仅在介绍和宣传新思潮方面起了极大作用，而且对当时国内外重大问题进行讨论，故颇受关注。五四运动后，除了介绍新思潮和讨论教育问题之外，《学灯》还特别注意讨论人们关心的社会、劳动、妇女等问题。1919 年 6 月 17 日《学灯》启事："本栏特别欢迎关于（一）社会问题、（二）劳动问题、（三）产业组合、（四）妇女问题以及其他社会改良问题之著作与译稿，倘蒙见投，凡本报认为可登者，当尽先披露。"[1]《学灯》刊出的"妇女"及"妇女评论"两专栏，颇受时人欢迎。

由于张东荪等人的努力，《时事新报》副刊《学灯》成为五四时期非常有影响的介绍新思潮之刊物。《学灯》与《民国

---

[1] 《启事》，《学灯》1919 年 6 月 17 日。

日报》副刊《觉悟》及《晨报》副刊并称为五四时期三大副刊。对于张氏主笔《时事新报》和创办《学灯》的影响，俞颂华后来追忆："他办过《时事新报》《解放与改造》杂志，对于介绍新思想是很有贡献的。在五四运动时读过他的报与杂志的人，想必还都肯为我这话作证。"①

三、他是如何创办《解放与改造》的

1918 年 12 月 26 日，梁启超游欧前在上海与张东荪等研究系骨干会晤。他回忆道："是晚我们和张东荪、黄溯初谈了一个通宵，着实将从前迷梦的政治活动忏悔一番，相约以后决然舍弃，要从思想界尽些微力，这一席话要算我们朋辈中换了一个新生命了。"②相约脱离政治而致力于文化运动，是梁启超欧游前夕与张东荪达成的共识。当张君劢、蒋百里等研究系骨干随梁启超赴欧之后，研究系的文化事业便主要由留在上海的张东荪承担。除了主笔《时事新报》和创办《学灯》副刊之外，张氏还创办了介绍新思潮的重要刊物——《解放与改造》。

《解放与改造》是张东荪以"新学会"名义在上海创办的文化刊物。新学会是张东荪与梁启超、蒋百里、张君劢等人于 1918 年秋发起成立的学术团体，其宗旨是从学术思想上谋根本的改造，以为新中国之基础。它最初的参加者有梁启超、

① 俞颂华：《论张东荪》，《人物杂志》第二年第六期，1947 年 6 月 20 日。

② 梁启超：《欧游心影录》，《饮冰室合集·专集》之二十三，中华书局 1936 年版，第 39 页。

张东荪、张君劢、蒋方震、郭虞裳、俞颂华等二十多人。张东荪在《新学会宣言书》中对该会情况及该杂志之性质作了说明："我们现在创办这个'新学会'，就是抱定上文所说的两层意思。第一，我们现在承认国家的革新是没有取巧的捷径的，是必须经过那条思想革新的大路的。第二，我们承认学术思想的革新有一条捷径，那条捷径就是研究欧美先进国几百年来积聚所得的最后的结果，就是本会简章所说的'研究世界新思潮新学说'。我们的希望是研究世界最新的思潮，最新的学说，用来作为我们研究中国种种问题的参考材料，再尽我们的能力把这种学说传播出去，使全国的人都添无数参考印证的材料，使中华民国的思想有一些革新的动机，使中华民国的新生命有一个坚固的基础。"[①]

新学会成立后，按梁启超的意思，应该努力筹备发行新的定期期刊。但很快梁启超、蒋百里等人欧游出国，该团体主要由留在上海的张东荪主持，筹办新的文化刊物的工作自然由张东荪负责。经过几个月的预备，1919 年 9 月 1 日，张东荪与俞颂华等人在上海创办了《解放与改造》杂志。在《解放与改造》创刊号上，张氏发表《第三种文明》，阐述了创办该刊所要努力的方向。他将人类的文明分为三个时期：习惯与迷信的文明、自由与竞争的文明、互助与协同的文明。第一期文明是宗教的文明；第二期文明是个人主义与国家主义的文明；第三期文明是社会主义与世界主义的文明。张氏认为："在事实上，这第三种文明，因为大战的缘故，方才出芽。"又指出："我们说大战

---

① 张东荪:《新学会宣言书》,《解放与改造》第一卷第一号，1919 年 9 月 1 日。

比如春雨，第三种文明的萌芽经了这春雨，自然茁壮起来。"①
那么，中国所应做的，自然是"依第三种文明的原则来改造"，
培植第三种文明之基础。他说："所以我们现在应当准备着，以
待大改造的临头。"如何培植第三种文明的基础？张氏指出，必
须首先开展文化运动。即"要提倡互助的精神，要培植协同的
性格，要养成自治的能力，要促通合群的道德"②。

此后，张东荪主办的《解放与改造》，便是本着这个"文
化运动"的主旨，致力于中国社会的解放与改造。他在该刊
上发表一系列的文章，如《罗塞尔的"政治理想"》《指导竞
争与运动》《中国知识阶级的解放与改造》《奥斯氏社会主义
与庶民主义》《头目制度与包办制度之打破》《为什么要讲社
会主义》《妇女问题杂评》《青年之烦闷》《职业自由的要求》
《评资本主义的办事方法》《利害冲突背后的人性观冲突》等。
这些文章集中讨论的问题，一是介绍社会主义思潮，二是评
议当时的社会问题，努力于社会改造的准备。

在五四运动前后，中国社会产生了"改造社会"的强烈要
求，并围绕着如何"改造中国与世界"进行了激烈的讨论。在
这样的背景下，张东荪创办了《解放与改造》，树起了"改造
社会"的旗帜，在当时思想文化界产生了较大影响，对推动
五四新文化运动的深入开展，对中国广大民众的思想解放，
无疑都起了极大的促进作用。

但值得注意的是，张东荪从其一贯坚持的社会改良立
场出发，坚决反对采取激进的革命方式实现社会的改造，

---

① 张东荪：《第三种文明》，《解放与改造》第一卷第一号，1919 年 9 月 1 日。
② 张东荪：《第三种文明》，《解放与改造》第一卷第一号，1919 年 9 月 1 日。

只是主张社会的改造应该采取渐进的改良方式。这种观点在 1920 年 3 月发表的《改造要全体谐和》中得到集中阐发。他认为，社会改造，实际上就是在"做一个社会的修整（societal adjustment）"的工作，即"把社会全体来修整一下，虽则成了一个新社会，但这个新社会仍旧是一个谐和的全体（a harmonious whole）"，所以，我们要改造社会，"必定预定一个全体谐和的计划。若是只注目在一部分，将来必定有自相矛盾。因此我主张改造虽是一步一步的进行，但不是由小而大的单纯堆积，乃是按着全体预定计划的逐渐填补"。他认为目前应该分三步进行："第一步须得使人人都知道社会非改造不可。第二步是须得使人人对于改造社会的全体方案都去绞脑想一想。第三步是须得把大家共同研究的结果做一个普遍的信念，然后大家一齐的向此猛进。"[①] 张东荪所从事的"解放与改造"工作，就是依照这三步计划循序渐进地进行的。

1920 年 3 月 5 日，梁启超等人从法国回到上海，与张东荪等人进行了多次商谈。按照梁启超的设想，回国后主要从事张氏已经在国内进行的"文化运动"，并拟办几项事业来推动：创办中比公司，办好《时事新报》及其副刊《学灯》，接办中国公学，组织共学社和讲学社等学术社团[②]。除了第一项外，张东荪参与了其他几项文化事业之兴办。

梁启超回国后，认为《解放与改造》虽然影响很大，但还不够旗帜鲜明，故与张东荪商议改组杂志社，并让蒋百里与

---

① 张东荪:《改造要全体谐和》,《解放与改造》第二卷第五号，1920 年 3 月 1 日。

② 张君劢:《致黄溯初书》, 丁文江等编:《梁启超年谱长编》, 上海人民出版社 1983 年版，第 896 页。

张氏负责改组事宜。5月25日，张氏致函梁启超，认为《解放与改造》杂志"改名称与改体裁，均有问题，非慎重出之不可"[1]。随后，张氏与蒋百里积极进行改组杂志社筹备事宜，决定将《解放与改造》易名为"改造"，由过去的"新学会"主办，改为新成立的"共学社"主办。

1920年4月，共学社成立，社址设在北京石达子庙，宗旨是培养新人才、宣传新文化、开拓新政治。其主要工作为编辑新书，奖励名著，出版杂志，选送留学生。首脑人物除梁启超外，有蒋方震、张君劢、张东荪等人。蔡元培、王敬芳、蒋梦麟、蓝公武、赵元任、张謇、胡汝麟、张元济、张嘉璈、丁文江、梁济善等社会名流均在发起人之列。该社设立评议会，徐新六、杨维新、吴统续、叶景莘、舒新城、杨适夷、陈敬第、傅铜等人为评议员。为保障经费来源，凡加入共学社者均在财力方面有所赞助。梁启超捐助四千元，王敬芳三千元，胡汝麟二千元，蓝公武等人各一千元，上海富商穆藕初、聂云台等亦有捐助。

张东荪积极参与了共学社的组织活动，负责在上海吸收会员，并与梁启超以通信方式讨论《共学社章程》。这可以从1920年4月梁启超《与东荪兄书》中窥得："共学社章寄上（请以一份交菊生）。此间社员已有二十人（原单外加入数人），沪上更得几人耶？编译书目已列单，请社员自认，汇齐当奉尘，顷读公致志先书，何忽悲观至是，然为道日损之说，却是切

---

① 张东荪:《致任公先生书》，丁文江等编:《梁启超年谱长编》，上海人民出版社1983年版，第910页。

实受用，愿共勉之。"①

经过几个月的筹备，1920 年 9 月 1 日，从第三卷第一号开始，梁启超与张东荪等人将《解放与改造》易名为"改造"，由蒋百里负责主编。名称虽改，而其精神却与《解放与改造》相同。在梁启超、张东荪、蒋百里等人集体讨论所定的《发刊词》中，他们公开申明：要将社会主义的精神向"实际的方面"贯彻。此后，《改造》杂志积极宣传温和的社会主义，主张社会改良。在随后张东荪、梁启超等人与陈独秀等马克思主义者的"社会主义论战"中，张东荪、梁启超、蒋百里等人在《改造》上发表了许多反驳马克思主义者的文章，积极鼓吹基尔特社会主义，成为研究系重要的舆论阵地。

共学社成立之主要目的，是专门组织翻译国外各种新思潮的著作。张东荪与蓝公武等人专门开列了所要编译新书的书目，并建议梁启超"先生事繁，宜另觅一人专办关于编书之事务"②。经梁启超出面与商务印书馆主持人张元济接洽，张元济专门拨出三万元作为共学社译书的开支，并由商务印书馆负责印行《共学社丛书》。这套丛书分时代、教育、经济、通俗、文学、科学、哲学、哲人传记、史学、俄罗斯文学等十类，每类又包括许多种。据初步统计，1922 年出版四十余种，总计不下百余种。其选书标准，"以浅近简明为主"，但有特别需要之名著经过评议会决定者，亦可提请社员翻译出版。在

---

① 梁启超：《与东荪兄书》，丁文江等编：《梁启超年谱长编》，上海人民出版社 1983 年版，第 906 页。

② 张东荪：《致任公先生书》，丁文江等编：《梁启超年谱长编》，上海人民出版社 1983 年版，第 910 页。

社会学、哲学方面，出版了介绍克鲁泡特金的互助论、基尔特社会主义、马克思主义和无政府主义的书籍，"所以论共学社译书所发生的影响，不能以一派的好恶而下断语"[①]。

四、他是怎样筹组讲学社并邀请罗素来华的

梁启超、张君劢等人游欧期间，接触了西方各种新思想，也会晤了一些欧洲著名学者。他们感到，要提高中国学术思想的水平，促进中国社会和思想的解放与进步，必须彻底输入西方思想。而输入之方式，除了编译西书、介绍西学外，最直接、最有效的方式是聘请西方学者到中国来讲学。于是，他们力谋组织一个社会学术团体，专门做聘请外国著名学者来华讲学的工作。这个组织，便是1920年9月成立的讲学社。

讲学社名义上是私人学术团体。梁启超、张东荪等人在发起讲学社时便决定不完全仰赖北京政府。其经费来源除了教育部每年补助的二万元外，主要靠梁启超、张东荪等人向社会各界募捐所得。该社董事会主要由当时的社会名流、著名学者及与梁启超关系密切的原进步党人和研究系骨干组成，其中包括汪大燮、蔡元培、王宠惠、熊希龄、范源濂、蒋梦麟、王敬芳、张伯苓、严修、张謇、张元济、黄炎培、郭秉文、胡汝麟、林长民、陈小庄及梁启超等二十多人。这些董事的捐款，是讲学社的主要资金来源。如罗素来华讲学的主要费用，就是由共学

---

① 张朋园:《梁启超与民国政治》,（台北）食货出版有限公司1981年版，第156页。

社和讲学社成员、研究系的骨干王敬芳、胡汝麟等人负担的。

讲学社的宗旨是邀请西方学者来华讲学，每年一人。这在当时梁启超致张东荪的信中有所反映："一、组织一永久团体，名为讲学社，定每年聘名哲一人来华讲演。一、讲学社董事暂定以下诸人，伯唐、子民、亮寿、秉三、仲仁、任公、静生、梦麟、搏沙、陈小庄（高师校长）、金仲蕃（清华校长）、张伯苓（南开校长），尚拟邀范孙、季直、菊生，尚未得本人同意，想必乐就也。一、经费政府每年补助二万元，以三年为期，此外零碎捐款亦已得万元有奇。"① 随后，梁启超致函张氏："讲学社规约及董事名单寄上，请登报。第二年所聘之人，已由董事会决议为倭伊铿矣。"②

罗素应讲学社之邀来华，张东荪等人在上海负责接待与组织工作，这在梁启超致张氏函中有所反映："一、罗素所乘之船，改期10月12日乃到沪。一、讲演或先在南举行最佳，搏沙日内到沪，面罄一切。"③ 因为此时梁启超在天津，本打算赴上海迎接罗素，但因忙于撰写《前清一代中国思想界之蜕变》，"一出游又恐中缀"，所以"决作罢矣"，便委托张东荪等人迎接罗素来华讲学。张氏为此做了精心准备，聘请著名语言学家赵元任担任翻译并制订了罗素来华讲演的计划。不久，梁启超告诉张氏："其实对罗氏亦不必行亲迎礼也。顷促百里

① 梁启超:《致东荪兄书》，丁文江等编:《梁启超年谱长编》，上海人民出版社1983年版，第919页。

② 梁启超:《致东荪兄书》，丁文江等编:《梁启超年谱长编》，上海人民出版社1983年版，第920页。

③ 梁启超:《致东荪兄书》，丁文江等编:《梁启超年谱长编》，上海人民出版社1983年版，第919页。

代行，惟赵君处最好能由南中要求彼往迎，能由公及黄任之、陈仲甫、沈信卿联名致一电与赵及金（清华校长）最妙，望速办。或约人费时日，则用上海学界同人名义发电亦可。"[1] 但当罗素到达上海时，梁启超还是前往迎接。

在讲学社之前，北京大学已经聘请美国著名哲学家杜威在华讲学，并且有一年多了。第二年，杜威便名义上由讲学社续聘继续在华讲学，遂成为讲学社聘请的第一位西方学者。讲学社聘请的西方学者，有英国哲学家罗素（1920—1921年）、德国哲学家杜里舒（1922—1923年）和印度著名文学家泰戈尔（1924年4月至5月）。由于讲学社经费来源困难，而北京政府又未能继续拨款，1925年后讲学社便无力再延聘西方学者来华。但按照梁启超、张君劢、张东荪等人的计划，他们拟邀请哲学家柏格森、倭伊铿，经济学家凯恩斯，自由主义者霍柏生等人，但皆因故未能来华。

对于讲学社聘请外国著名学者来华讲学的影响，有人评价说："虽然应讲学社邀请来华讲学的学者不过四位，他们都是名重一时的哲学家和文学家，对中国思想界的影响是难于估计的。综合言之，讲学社的活动是很有意义的，日后国人约请外国学者来华，直接间接均受讲学社倡导的影响。知识分子思想的改变，与这一类的活动有着密切的关系。"[2] 张东荪作为这些活动的参与者和具体负责者，无疑做出了重要贡献。

---

[1] 梁启超：《与东荪书》，丁文江等编：《梁启超年谱长编》，上海人民出版社1983年版，第920页。

[2] 张朋园：《梁启超与民国政治》，（台北）食货出版有限公司1981年版，第161页。

将主要兴趣和精力从政治运动转到文化运动上的梁启超及研究系所从事的诸多文化活动，无疑促进了上海新文化运动的发展，构成五四新文化运动不可或缺的组成部分。

五、他为什么积极介绍社会主义学说

民国初年，张东荪注意到社会主义问题，认为社会主义不适合中国，提出以资本主义发展实业的主张。他说："至于劳动，则中国今日正不患劳动者之多，但患工场之少耳。工场兴，贫民得其生计，则盗贼自然减少。语云：衣食足然后知礼义，殆不刊之言也。至于社会主义，更无发生之余地。资本家立工场必为劳动者所大欢迎，决无有反对资本主义者，有之则一二妄人，故为立异，以求糊口。即使其劝说传播，然亦决无影响及于实在之社会组织也。"[①] 然而，数年以后，张东荪却大张旗鼓地介绍起社会主义来，这的确使人惊异。实际上，张东荪在五四时期致力于介绍社会主义思潮，是基于他对世界思想发展趋势敏感而准确地把握上的。具体而言，是由于以下两方面原因促成的：

一是认为社会主义是世界思潮发展的趋势。这在张东荪于《解放与改造》创刊号上发表的《第三种文明》中得到集中体现。张东荪认为，人类的文明，自有历史以来，可以分作三个时期：第一期文明是宗教的文明；第二期文明是个人主义与国家主义的文明；第三种文明是社会主义与世界主义的

①　张东荪：《中国之社会问题》，《庸言》第一卷第十六号，1913 年 7 月 16 日。

文明。由于第一次世界大战，第二种文明破产了，国家主义与资本主义已到了末日，不可再维持下去。于是，"在事实上，这第三种文明，因为大战的缘故，方才出芽"。"我们说大战比如春雨，第三种文明的萌芽经了这春雨，自然茁壮起来。"这样，全世界"依第三种文明的原则来改造"，便成为世界历史发展的必然趋势。处于世界大改造中的中国，也"现在应当准备着，以待大改造的临头"。尽管中国"大多数的人仍逗留在第一种文明与第二种文明之交。不但没有第三种文明的资格，并且也没有第二种文明的陶养。这个真是苦痛极了"。然而张东荪并不感到失望，"我对于我们中华民族的前途，是很乐观的。因为世界改造以后，必定是取互助主义与劳动生活"。而当务之急就是从事"文化运动"。具体而言就是"应该专从第三种文明去下培养功夫。要提倡互助的精神，要培植协同的性格，要养成自治的能力，要促通合群的道德"①。顺应世界思潮发展的趋势，介绍社会主义学说，从事"文化运动"，培植第三种文明的种子，自然成为五四时期张东荪努力的方向。

在稍后发表的《我们为什么要讲社会主义》中，张东荪继续发挥了在《第三种文明》中的观点，认为社会主义是一种"新文明"，他所以要在中国宣传社会主义，就是要顺应世界新文明发展的趋势。他说"须知社会主义是包括的。就是新文明的总称。这个新文明虽则从世界上一二处发源，但必定总汇起来，布满了全世界，方能完全实现。所以不可把社会主义认作那一国对于他的特别状态下的特别政策。他乃是全人类反对现在状态的一个共通趋向，不过顺着这个趋向，往前

---

① 张东荪：《第三种文明》，《解放与改造》创刊号，1919 年 9 月 1 日。

走，各有快慢的不同罢了。可见得我们今天讲社会主义既不是专讲未来而抛弃现在；也不是专讲世界而抛弃中国。我们既认中国是世界的一部分；要改造世界，便不当遗漏了中国。况且改造中国，非就从现在预备起不可。"①

二是为了防遏所谓"过激主义"。1919年1月15日，张东荪在《时事新报》上发表《世界共同之一问题》，被认为是防治马克思主义在中国传播的"罪证"。为什么张东荪要反对"过激主义"？所谓过激主义，就是指当时的"布尔什维主义"，即马克思主义。在张东荪看来，列宁领导的布尔什维克党所实行的，是一种革命的、激进的社会主义，它可以在俄国实行，但却不适合中国，因为中国缺乏这样的经济和社会基础，一旦传入中国并在中国勉强实行，将会贻害无穷。

张东荪敏感地看到了十月革命后"布尔什维主义"在欧洲传播的事实，他说："过激主义产于俄，传于德，今则浸浸而播至英法日矣，是过激主义亦如西班牙伤风症，流行于全球也。"对于过激主义之侵入，是断然拒之？还是极力压抑？张东荪认为："盖完全拒绝之，为势既不能，完全承诺之，其果亦不良。则舍调和外无他策矣。"又说："据吾所见，压抑之法必属无效，盖抑之犹激之也，是火上加油，益其燃耳。"那么高明而正确的方法是："当采纳其主义中之含有至理者，先行改良社会组织，使人民于经济上得相安，于心理上得其平。然后对于过激之谬说提起正确之舆论以宰制之，则其势必渐杀也。要之，一方面于经济制度社会组织先自改良，此为釜

---

① 张东荪:《我们为什么要讲社会主义?》,《解放与改造》第一卷第七号，1919年12月1日。

底抽薪。他方面于思想研究，致其精微明辨，则人民有反复之思维，能自辨是非，则感情之论不足以动之也。易言之，即过激主义之稳健化。"在文章最后，他强调："吾知过激主义不来中国则已，来则必无法救药矣。"[①] 张东荪以其对于西方思潮的敏感，意识到社会主义思潮必然要影响中国；他鼓吹社会主义，主要是为了"防遏过激主义"；而防治之法，不是从正面阻止宣传社会主义学说，而是在中国介绍稳健的社会主义，即"过激主义之稳健化"。

正是基于上述两种原因，张东荪一方面密切关注着欧洲社会主义运动的发展情况，另一方面，积极在国内宣传稳健的社会主义学说。1919 年 4 月，张东荪建议正在欧洲游历的梁启超、张君劢等人注意研究欧洲社会主义问题。他在《与君劢、子楷、百里、振飞四兄书》中说："又世界大势已趋于稳健的社会主义，公等于此种情形，请特别调查，并收集书籍，以便归国之用，未识以为然否。"[②]

本着顺应世界思想发展趋势的要求，张东荪积极介绍社会主义学说；本着"过激主义之稳健化"的目的，张东荪所致力介绍的社会主义必然是"稳健"的社会主义。1919 年 4 月 28 日，《学灯》发表关于"社会主义"征文的启事，内容包括：赞成说、反对说和译述三部分，强调这些介绍社会主义的文章"总以朴实说理为限，但本报认为有碍治安者不为揭载"。此后，张东荪在其主办的《时事新报》《学灯》和《解放与改造》上，发表了许多介绍社会主义的文章。《学灯》上的文章主要有：

---

① 张东荪：《世界共同之一问题》，《时事新报》1919 年 1 月 15 日。
② 张东荪：《与君劢、子楷、百里、振飞四兄书》，1919 年 4 月。

《劳动与资本》（7月25日起转载《晨报》上的文章），《河上肇博士关于马克思之唯物史观的一考察》（12月6日起），《马克思的唯物史观》（河上肇，5月19日起），《社会主义之进化》（6月11日起），《马克司社会主义之理论的体系》（8月5日起）等长文；也发表了刘秉麟（南陔）的《社会党泰斗马格斯之学说》（5月12、13、14日），《社会主义两大派之研究》（6月23、24日），《社会改良与社会主义》（7月7、8日）等。在《解放与改造》上，张东荪亲自撰写了《罗塞尔的"政治理想"》（第一卷第一号）、《奥斯氏社会主义与庶民主义》、《为什么要讲社会主义》（第一卷第七号）等文章，其中以《为什么要讲社会主义》最为著名。

1919年12月，张东荪在《解放与改造》上发表了《我们为什么要讲社会主义》的长篇对话体文章，除了解释自己介绍社会主义的动机外，较全面地阐述了他所介绍的社会主义的内容。

在张东荪看来，社会主义本身是多方面的，不是一个单纯的经济问题，也不是一个单纯的生活问题，更不是一个单纯的阶级问题，"社会主义乃是一种人生观与世界观——而且是最进化最新出的人生观与世界观"。作为一种社会改造的学说，是要改造人的全体生活——从个人生活到全体生活，从精神生活到物质生活，都要改造。"是总改造，不是特改造。"①

正是基于对社会主义含义的这种理解，张东荪虽然也承认社会主义发展到马克思时便得到了"科学的基础"，但指出：若是说社会主义以马克思的学说为止境，"无论什么人都不能

---

① 张东荪：《我们为什么要讲社会主义?》，《解放与改造》第一卷第七号，1919年12月1日。

承认这句话"。他认为，"现代的社会主义是经过无数的修正，无数的扩充的最后结果，不单是马克思一人的学说了"。张东荪对马克思的社会主义做了自己的修正和发挥，提出了所谓"浑朴的社会主义"。他说："说到这里，便知道我们主张社会主义既不像工行的社会主义（Guild Socialism 前译为自活的社会主义似不甚妥）建立一个全国的工行（National Guild）；又不像多数的社会主义（Bolshevism）组织一个无产者专制政治（Proletarian Dictatorship）；更不像无治的社会主义（Anarchism）废去一切机关；复不像国家的社会主义（State Socialism）把所有生产收归国有。乃是浑朴的趋向，却是唯一的趋向。……这个趋向就是逆现社会的——现社会的逆向。"

张东荪不满意马克思只注意社会物质生活上的改造的观点，认为社会主义的改造应该包括精神生活方面的改造在内。"因为单纯主张经济改造的社会主义一旦实行到实际上，便需要二个条件，一是非把个人的精神生活改造不可。二是非把全地球的旧制度一齐推翻不可。"这样，社会主义便是从"唯物主义"移到"精神主义"；从"一阶级主义"移到"全世界主义"。"因为精神方面的思想不解放，道德不改造，那物质方面的经济组织是不能改造的。又因为世界上全部的旧制度不推翻，一个阶级的障碍是去不掉的，既然是精神解放与世界改造，那便不是一个阶级的事，乃是各阶级共通的事了。"①

基于这样的分析，张东荪断定：中国目前所采取的社会主义，便只能是一个"浑朴的趋向"，而不能是具体的社会主

---

① 张东荪：《我们为什么要讲社会主义？》，《解放与改造》第一卷第七号，1919年12月1日。

义制度。张东荪认为，既然社会主义首先一种新的人生观和宇宙观，是一种精神上的革命，然后才是一种社会制度，那么实行社会主义的第一步，是进行精神上的改造，然后才是物质上的具体制度的改造。因为中国社会发展的程度远较欧洲为低，还远远没有到达"选择制度的境地"，所以，中国人的第一步"用不着做具体的规画，但要提倡一种社会主义的人生观与宇宙观，先使中国人的精神革了命再说。不久到了第二步，自然就有讨论具体制度的必要了"。这样，中国目前所采取的社会主义，便只能是一个"浑朴的社会主义"："我们只能定方向，而不能定以后的步骤。因为步骤不能预定，非走了第一步，不能有第二步。"目前的当务之急"就应当先把第一步的功夫做完了，不必急急讲第二步"①。即用社会主义人生观进行精神上的改造，而不必采用社会主义制度。

这样，张东荪十分明白地宣布了自己努力介绍社会主义的动机和所要介绍的社会主义的主要内涵："我们讲社会主义不是从物质方面破坏现在的制度入手，乃是从精神方面传播一种新思想、新道德、新人生观、新生活法入手，也就是先从打破现在社会上资本主义的习惯入手。不是对于中国问题做单独解决，乃是对于中国问题用解决全体人类问题的共通方法去解决他。不是对于中国前途的自然破坏去促进他，乃是预先指出将来所不能逃避的自然破坏起来了以后的建设方向。所以不是专讲未来而抛却现在，也不是专讲世界而忘记

---

① 张东荪：《我们为什么要讲社会主义？》，《解放与改造》第一卷第七号，1919年12月1日。

中国。"① 中国现在所应努力的，只是朝着"社会主义"这个浑朴的趋向渐进，致力于文化运动，为将来采取社会主义的具体制度奠定基础，而不必进行具体的社会主义运动，更不应进行社会主义革命。

由此可见，张东荪在当时所宣传的社会主义，并不是马克思的社会主义，而是所谓"浑朴的社会主义"。这种"浑朴的社会主义"，表面上是对马克思主义的观点的修正，而实际上是一种温和型的社会主义，是一种资产阶级社会改良主义。张东荪对马克思主义"过分强调物质而忽视精神""过分强调一个阶级的事而忽视各阶级共通的事""单纯的经济改造"等观点进行了猛烈的批评，用所谓"精神主义""世界主义""道德主义"和"互助主义"来改造马克思主义，实际上抛弃了马克思主义的革命本质，将其"修正"为一种适合资产阶级口味的社会改良学说。同时，他所强调的"因为精神方面的思想不解放，道德不改造，那物质方面的经济组织是不能改造"的观点，很明显地暴露了其唯心主义的本质。

张东荪对马克思主义的批评，其中有很多误解和歪曲之处，但在当时未引起马克思主义者必要的批评。这主要是因为：当时人们对于社会主义的认识正处于十分幼稚的水平，尚缺乏对于各种社会主义应有的辨别力。对于当时人们对社会主义模糊的认识的情况，瞿秋白的比喻最能说明问题："社会主义的讨论，常常引起我们无限的兴味。然而究竟如俄国十九世纪四十年代的青年思想似的，模糊影响，隔着纱窗看晓雾，

---

① 张东荪:《我们为什么要讲社会主义?》,《解放与改造》第一卷第七号，1919年12月1日。

社会主义流派，社会主义意义都是纷乱，不十分清晰的。"[①] 也正是在这种思想界普遍缺乏必要辨别力的特殊条件下，张东荪不仅成为当时介绍和主张社会主义的风云人物，而且他一度被陈独秀邀请为中国共产党的发起人。然而，张东荪所主张的"浑朴的社会主义"，与马克思主义有着天壤之别，他与李大钊、陈独秀等马克思主义者实际上已经存在着巨大的思想分歧。随着社会主义思潮在中国介绍的深入、马克思主义在当时思想界的广泛传播、人们认识的深刻和辨别力的增强，张东荪与马克思主义者关于社会主义问题上的这些分歧，便不可避免地暴露出来。这种思想上的分歧，最初体现在张东荪与陈独秀等人筹备成立中国共产党的实际活动中。

六、他为什么要退出筹备上海共产主义小组

五四时期，张东荪是介绍社会主义思想的著名人物之一，也是在当时上海思想文化界和新闻界颇有影响的人士。他与陈独秀、李达、茅盾（沈雁冰）、周佛海等人保持了较好的关系。所以，当1920年陈独秀在上海筹备成立共产主义小组时，张东荪也被邀请。

1920年春，共产国际代表吴庭斯基来华，在北京先会晤了李大钊，商讨了在中国建立共产党的事宜。由李大钊介绍，吴庭斯基来到上海，会晤了在上海的陈独秀。李氏负责在北

---

① 　瞿秋白：《饿乡纪程》，《瞿秋白文集》第一集，人民出版社1954年版，第23~24页。

方筹建共产主义小组，陈独秀负责在南方筹建共产主义小组。当时上海思想文化界介绍新思潮、鼓吹社会主义的著名期刊，有陈独秀主办的《新青年》，张东荪主办的《学灯》和《解放与改造》，沈玄庐主办的《民国日报》副刊《觉悟》及戴季陶主编的《星期评论》等。当时，吴庭斯基有意让陈独秀、张东荪、沈玄庐、戴季陶等人出面，利用他们在上海思想文化和新闻界的广泛影响，联络一批激进的鼓吹社会主义的青年，发起成立中国共产党。1920年四五月间，张东荪参加了吴庭斯基和陈独秀召集的关于建立共产党的秘密聚会。然而，在酝酿过程中，张东荪认为，中国远远不具备实行共产主义的条件，更没有实行马克思主义的社会基础，所以，不赞同立即在中国建立共产党，进行社会主义的实际运动。这样，在参加了几次秘密商谈后，张东荪便退出了建党的筹备工作。

关于张东荪参加酝酿组织中国共产党的情况，周佛海在《扶桑笈影溯当年》中回忆说：1920年夏，"张东荪告诉我，陈仲甫（独秀）要见我。仲甫本是北大教授，主办《新青年》鼓吹新思想，为当时的当局所忌，所以弃职来沪，《新青年》也迁沪出版。有一天，我和张东荪、沈雁冰，去环龙路渔阳里二号，去访仲甫。当时有第三国际远东代表俄人吴庭斯基在座。吴庭斯基当时讲话的大意是：'中国现在关于新思想的潮流，虽然澎湃，但是第一，太复杂，有工团主义，有社会民主主义，有基尔特社会主义，五花八门，没有一个主流，使思想界成为混乱局势；第二，没有组织，做文章、说空话的人多，实际行动，一点没有。这样决不能推动中国的革命。'"所以，吴庭斯基"希望我们组织'中国共产党'"。"当天讨论，没有结果，东荪是不赞成的，所以以后的会议，他都没有参加。我和雁冰是赞成的。经了几次会商之后，便决定组织起来。"周佛海在《我逃出了赤都武汉》一文中继续回忆说，当时，张东荪约他一起面晤陈独秀等人，"当时同他（指张东荪——引者注）到环龙路渔阳里二号晤陈，这是我会见陈独秀的第一次。当时谈话的人，除我及张、陈二人外，还有沈雁冰（即茅盾）和第三国际代表吴庭斯基及翻译杨明斋等"。"谈话时，吴庭斯基主张中国即刻组织共产党，张东荪似不赞成，他和沈未发言。后来陈独秀又约我谈话，说上海方面有邵力子、沈玄庐、陈望道、李汉俊等人，均主张即刻组织，请我加入，我便答应了"[①]。

后来，张东荪在回忆自己参加中国共产党的筹建工作时说："在民国十三年光景，我和陈独秀先生来往甚多，彼时他们虽明知我是赞成社会主义，但在组织共产党的时候却不敢来约我，因为他们亦未尝不知我反对在这样工业未发达的中国鼓动阶级斗争的罢工与怠工。所以我始终是一个'非党派者'。"[②]

张东荪虽然参加了中国共产党的发起工作，但由于他认为中国根本就不具备建立无产阶级政党的经济和阶级基础，所以反对组织共产党；他虽然宣传和介绍社会主义，但根本反对在目前便实行社会主义运动，所以与陈独秀等马克思主义者在社会主义问题上的分歧很突出地暴露出来了。这样，张东荪很快便退出了上海共产主义小组的筹备工作，继续鼓吹其"温和型"的社会主义，从而加剧了与马克思主义者的思想冲突。

---

① 《陈公博、周佛海回忆录合编》，香港春秋出版社 1967 年版，第 113~114 页，139~140 页。

② 张东荪：《理性与民主·序论》，上海商务印书馆 1946 年版。

张东荪退出了中国共产党的筹建工作，本已引起了那些倾向马克思主义的朋友们的不满，也表明张东荪与陈独秀等马克思主义者间关于社会主义的理解上有着巨大的分歧。这种分歧，到 1920 年下半年达到白热化，终于爆发了影响巨大、意义深远的"社会主义论战"。

七、他为什么要发起社会主义论战

1920 年 10 月，英国哲学家罗素应邀来华演讲，张东荪负责接待并陪同其到湖南演讲。湖南经济的落后、官吏的横行等给张氏留下了深刻印象。11 月 6 日，张东荪在《时事新报》上发表《由内地旅行而得之又一教训》说："救中国只有一条路，一言以蔽之，就是增加富力。而增加富力就是开发实业。"[①]

救中国的道路不是"空谈主义"，而是"开发实业""增加富力"，这既是张东荪自己得到的宝贵教训，是他对自己过去大讲社会主义的忏悔，同时也是对当时积极宣传社会主义学说者的忠告。这篇时评表明张氏思想发生了变化，由大谈社会主义转变为批评社会主义宣传，由大力宣传社会主义变成通过发展实业为实行社会主义准备条件。如此公开地批评社会主义宣传活动，自然是正在为筹备成立中国共产党积极工作的早期马克思主义者所不能接受的，必须予以严厉批评。11 月 7 日，李达署名"江春"在《民国日报》副刊《觉悟》上发表《张东荪现原形》，陈望道发表《评东荪君底〈又一教训〉》；

---

① 　张东荪：《由内地旅行而得之又一教训》，《时事新报》1920 年 11 月 6 日。

11 月 8 日，邵力子在《觉悟》上发表《再评东荪君底〈又一教训〉》，掀起了五四时期著名的"社会主义论战"。

张东荪在《由内地旅行而得之又一教训》中提出"开发实业"问题，但并没有明确指出开发实业的方法。由于他不主张谈社会主义，遂使马克思主义者误认他是不主张用社会主义方法。因为没有提出用社会主义方法，实际上是仍用资本主义方法，故陈望道质疑："你所谓'开发实业'，难道想用'资本主义'吗？你以为'救中国只有一条路'，难道你居然认定'资本主义'作唯一的路吗？"[1] 邵力子则申明："现在中国穷到极点，和谈论社会主义毫不相干，谈论社会主义者也正急欲救穷；这种很浅显的道理，我敢断定东荪君也是很清楚的。"[2]

李、陈、邵等人对张氏的批评，表明了中国早期马克思主义者的严正立场，使他们与张东荪为代表的研究系关于社会主义的思想分歧公开化。他们之所以要对张氏进行批评，旨在坚持社会主义宣传的必要性，坚持只有社会主义能够救中国。但客观地说，他们对张东荪的批评有失公允，因为张氏此时并未反对走社会主义道路，更没有诅咒社会主义，只是他所理解的社会主义并非科学社会主义而已。

张东荪的时评亦引起陈独秀的关注。陈氏在《新青年》第八卷第四号上开辟"关于社会主义的讨论"专栏，刊出讨论社会主义的文章和通信十三篇。其中以张东荪与陈独秀之间的通信最重要。张东荪在致陈氏信中第一次公开提出增加富力的方法："或用 Cooperation 或用资本主义，不妨各据当地的情

---

① 陈望道：《评东荪君底〈又一教训〉》，《觉悟》1920 年 11 月 7 日。

② 邵力子：《再评东荪君底〈又一教训〉》，《觉悟》1920 年 11 月 8 日。

势而定。"他将自己的意见归纳为四点:"一、我不相信以地域如此广大交通如此不便之中国,能实行一种主义。我以为中国以后总不外乎地方自决。二、勿论地方如何自决,而以中国民族的根性与时代的趋势,决不会产生强有力的地方政府。无强有力的政府,则劳农主义不能全部实行。三、中国物力太穷乏,而穷乏的原因不是纯由于资本主义。故救穷乏也不当专在打破资本主义一方面下功夫。四、但我深信外国资本主义是致中国贫乏的唯一原因。故倒外国资本主义是必要的。若以倒国内资本主义而为倒外国资本主义之手段,其间是否有密切的关系,我尚未敢断言。"① 在他看来,中国并不排除用资本主义方法发展实业的可能,宣传社会主义并从事社会主义运动并不一定要打倒中国幼稚的资本主义。

陈独秀在回复张氏信中提出了自己的意见:"如果说中国贫穷极了,非增加富力不可,我们不反对这话;如果说增加富力非开发实业不可,我们也不反对这话;如果说开发实业非资本不可,且非资本集中不可,我们不但不反对这话而且端端赞成;但如果说开发实业非资本主义不可,集中资本非资本家不可,我们便未免发笑。"他向张氏提出三点质问,将马克思主义者与张东荪为代表的研究系在"社会主义论战"中争论的焦点问题作了集中概括。陈独秀对这些问题提出了早期马克思主义者的见解:中国可以通过社会主义方式开发实业,根本不可能用资本主义方式发展中国实业。他说:"所谓中国资本家都直接或间接是外国资本家底买办,只能够帮着外国资本家来掠夺中国人,只望他们发达起来能够抵制外国

---

① 张东荪:《东荪先生致独秀底信》,《新青年》第八卷第四号,1920年12月1日。

资本家,能够保全中国独立,再过一两世纪也没有希望。"① 这样,陈独秀将马克思主义者关于"社会主义论战"中所持的基本观点阐发出来了。

八、他为什么主张用资本主义方式开发实业

1920 年 12 月,为了答复中国早期马克思主义者的质问,张东荪在《改造》第三卷第四号上发表《现在与将来》一文,对自己的社会主义主张"做一个比较的正式说明",系统论述了自己的总观点:用资本主义发展中国实业。在提出自己的主张之前,张氏首先分析了中国社会现状和发展趋势,然后指出中国所应选择的道路,故他在《现在与将来》中主要回答三个问题:中国现状是什么?从现状的潜伏趋势里推测未来呈何状?我们的使命是什么?

第一,中国的现状是"四病"交加。张氏认为,中国社会存在四种病症:多数民众无知识,与原始人状态差不多,可称其为"无知病";多数民众困于生计,加以连年天灾人祸,以致愈贫,可称其为"贫乏病";自民国成立以来连年内战,以致兵匪增多,可称其为"兵匪病";自前清以来,外国的国家主义与资本主义合而为一以压倒中国,可称其为"外力病"。他认为,"四病"中无知病和贫乏病是根本的,外力病对中国社会起了推波助澜作用,而兵匪病则是对中国社会危害最严重的病症。张东荪的分析揭示了当时中国社会的实情,但为

---

① 陈独秀:《独秀复东荪先生底信》,《新青年》第八卷第四号,1920 年 12 月 1 日。

何会造成这四种病症，张氏并没有说明。

第二，关于中国未来发展的趋势，张氏认为中国不能发生社会主义运动，而只能对劳动者进行改良；中国所走的道路只能是社会主义与资本主义并行的道路；资本主义是利在目前而害在将来。张氏在对中国社会发展的趋势进行观察后认为，社会发展的趋向是军阀趋于分裂并日趋末路，"其消灭之路有二种：一，一部分蜕化为财阀，而他部分为新兴阶级所灭；二，为等于军阀者所灭"。前者是平和的或渐进的，后者是革命的或急变的。打倒军阀只能用渐进的方式，而又必须依靠正在发展中的"中产阶级"——绅商阶级（张氏称之为"财阀"）。他说："我们还要晓得财阀必定亦有和军阀开战的时候，必定亦有一部分军阀是灭在财阀手里，因为财阀可用经济力制垂毙的军阀之死命。更有一因，就是中国的实业，不论中国自己开发与否，外国总是要来大开发而特开发的；不过外国势力一来，中国自己的企业亦必乘势而蜂起。到那时，外国的势力便不啬给中国财阀以保障与后盾，则末路的军阀更无法相抗了。"即财阀与外国的势力合作而制服军阀。因"财阀"与"外力"合作而倒军阀是一种缓慢的发展趋势，绅商阶级"在其迟迟而行的中途"，而"人民贫乏太甚，求食不得，不能久持"，故极有可能发生劳农主义。因中国缺乏实现劳农主义的阶级、经济和社会基础，故这样的劳农主义必定是"伪劳农主义"。正是基于这种分析，张氏坚决反对在中国实行无产阶级专政，并断言："真的劳农制度决组织不成，而伪的劳农革命或可一度发生。"一旦伪劳农革命发生，将会给中国造成严重灾难："伪劳农主义万一发生，必是纯粹破坏的，绝难转到建设方面，不过在许多内乱上加一个内乱罢了。"

第三，张东荪提出了解决中国社会问题的方案。用什么方式来开发实业？张氏的回答是明确的：不排除资本主义方式。为什么要采用资本主义？主要有四方面原因：一是用资本主义发展实业，对于"增加富力及于一班人民"都有好处。二是资产阶级是将来打倒军阀的主要力量，发展资本主义就是顺应"绅商阶级"渐造的趋势，逐步增大其力量，渐渐地消灭军阀势力。三是绅商阶级发展后，劳动阶级也随之壮大，为将来实行社会主义提供必要的基础。四是资本主义是人类社会必经的历史阶段，世界范围内的社会主义运动未必会兴起，故资本主义生产方式仍然适用于中国："资本主义、机器生产的工厂必日增一日，乃是不可抗的。"

这四方面的原因，决定了中国要发展实业必须采用资本主义方式。所以，张东荪告诫中国马克思主义者说，目前最急要的问题是如何打倒军阀、发展实业。他强调："我们当有自知之明，我们无力打倒军阀而只能眼看军阀与绅商阶级的瓜代；我们无力阻止绅商阶级的发生，纵我们极力鼓吹劳农主义亦不过引起一个伪劳农革命。"所以，现在还不是进行社会主义运动的时代，社会主义"对于现在尚是不合宜"。他批评马克思主义者现在就实行社会主义的主张"似乎太越阶了"。而合宜于现在的只能是顺应造成绅商阶级的趋势，发展中国的资本主义 [1]。

《现在与将来》写好后，张东荪将它寄给在天津的梁启超。

---

[1]　以上四段引文均见张东荪《现在与将来》，《改造》第三卷第四号，1920 年 12 月 15 日。

梁启超撰写《复张东荪书论社会主义运动》[①]一文，详细阐述其对社会主义问题的意见，对张氏观点做了发挥。梁启超的观点与张氏观点互为表里：张氏主张发展资本主义用以救穷，梁启超也强调"不能不奖励生产事业以图救死"；张氏主张发展资本主义的同时必须注意劳动者利益，梁启超也强调"借资本阶级以养成劳动阶级"；张氏认为中国工人阶级还很幼稚、劳资对立并不突出，梁启超则提出中国目前不是阶级对立问题，不是"有产"与"无产"问题，而是"有业"与"无业"的问题。他们均主张中国的当务之急是用资本主义方式发展实业。

张东荪在《现在与将来》中并没有对为什么现在不能实行社会主义问题展开论述，故他撰写并发表《一个申说》来集中阐发对社会主义问题的意见[②]。第一，重申了所谓"始终固守的阶段说"。所谓"阶段论"的含义是：中国目前有"共管"与"赤化"两条路，这实际上正向着一个方向——资本主义方向前进。这实际上是一个中国必经的"资本主义必兴"阶段。在这个阶段，"我们必须积极地研究社会主义"，而不是实行社会主义；这个阶段之后才是实行社会主义的阶段。张氏明确主张现在应该采用资本主义，将来实行社会主义："我们对于社会主义总当认为最后的标的，宜努力随着各民族的共同研究去创造。"第二，重申了他所理解的社会主义，主张只有基尔特社会主义适合于中国。其理由是：基尔特社会主义的基本原理可以普遍采用。中国原有的"同业公会"制度可以作为引进及实行时的参考。张氏将社会主义分为"学理上的社会主

---

① 载于《改造》第三卷第六号，1921 年 2 月 15 日。

② 张东荪：《一个申说》，《改造》第三卷第六号，1921 年 2 月 15 日。

义"与"信仰上的社会主义",信仰上的社会主义等于各种宗教,只是一种热烈的感情;学理上的社会主义则尚在"创造修改"之中。一般人往往把两个混谈,遂变成了一个学理与信仰相混合的社会主义。张氏所推崇的社会主义实际上就是"学理上的社会主义"。他说,"我以为我们非把学理上的社会主义推进一步,换言之,即不能创造出来一种更圆满的社会主义",也就是"基尔特社会主义"。"不但基尔特社会主义如此,其他一切社会主义都是正在研究修正中。"这是张氏首次公开赞美基尔特社会主义是"比较圆满的社会主义"。

至此,张东荪等人关于社会主义的见解已经基本形成:他们虽然厌恶资本主义,但认为这是不能超越的历史阶段;社会主义虽然是他们欢迎的,但却不是目前要采纳的;中国所要采纳的社会主义是温和的社会主义。

张东荪、梁启超的文章发表后,立即得到蒋百里、蓝公武、彭一湖等研究系同人的支持与共鸣,但受到了陈独秀、李大钊等马克思主义者的激烈批评。在这场社会主义论战中,张东荪等人所介绍的基尔特社会主义、议会社会主义、国家社会主义等,都属于"温和"的社会主义;陈独秀等人坚持的马克思的社会主义,才是科学的社会主义。在论战中,双方都力图论证自己所介绍和主张的社会主义是适合中国国情的,自己关于中国社会问题的意见是正确的,都力图说服对方。但论战后的实际情况却是:论战的双方并没有说服对方,而是各自坚定了自己的立场和信仰,都认为自己的意见在原则上是正确的。而对那些密切关注这场论战并倾向于社会主义的青年知识分子来说,他们很自然地面临着痛苦的抉择:是用社会改良的"温和"社会主义改造中国，还是用"激进"的社会主义"根本改造"中国？其结果，自然造成了社会主义阵营的分野和此后中国社会主义运动的分化。

以陈独秀、李大钊为代表的早期马克思主义者选择走"俄国人的路"，仿效列宁的建党路线和革命道路，组建中国共产党，进行革命，肇始了中国共产主义运动，并掀起了二十世纪上半期的中国革命；以梁启超、张东荪为代表的社会改良主义者，选择走"德国式"或"英国式"道路，接受并信仰温和的社会主义，随后建立了国家社会党，成为民主社会主义（或社会民主主义）在中国的鼓吹者和践行者。这样，陈独秀、李大钊等早期马克思主义者与张东荪、张君劢等为代表的温和社会主义者做出了各自的抉择，公开表明了两者之间的根本差异，从而形成中国社会主义的分野——科学社会主义与民主社会主义的分野。

1921 年 9 月，张东荪创办《时事新报》副刊《社会主义研究》，将主张基尔特社会主义的研究系同人集合起来，公开打出"基尔特社会主义"旗帜："我们怀抱基尔特社会主义的思想，竖起基尔特社会主义的旗帜，在《社会主义研究》发刊的第一天，宣言我们是基尔特社会主义者。"认定："我们之主张基尔特社会主义系出于我们的研究结果，我们信任基尔特社会主义确是民主主义思想的究极，而且是社会改造原理最彻底的一个。"他们强调自己所理解的社会主义与马克思主义是根本不同的："我们的目的是要根本改造现社会全体；我们的要求既不是产业上的自由，又不是政治上的自由，我们实为着人类生活的根本原理而要求自由。……所以我们认为正当的方法，不在于革命的宣传，而在于思想的传播。"①

　　这样，张东荪等人选择了温和的社会主义思想路径，走上一条"德国式"的渐进的中国社会改良道路。1932 年 5 月，张东荪与张君劢等人组织国家社会党，提出"修正的民主政治"主张，实际上正是这种社会主义思想的继续和发展。

九、他为什么主张"彻底输入西方文化"

　　陈独秀发起以传播西方民主与科学、反对中国旧文化为主要内容的新文化运动后，当时思想文化界围绕着东西文化异同优劣的问题进行了东西文化论战。

　　在论战初期，张东荪处于旁观地位，没有参加。因为在他看来，西方文明高于中国文化是不刊之论，无须罗列许多表面现象来加以论证；并且西方文明滚滚而来，是必然的趋势，实在没有讨论的必要，应该注意的是"如何"输入西方文化问题。在《新潮杂评》中，他表达了这种思想。当该文受到傅斯年的批驳后，他仅在《时事新报》上发表了《不骂主义之胜利》，仍坚持自己的主张。后来，他明白地说："我们对于西洋文明到中国之前途非但不必杞忧，且亦正可预料其必然大兴，这是自然的趋势，即大势所趋，不是任何人鼓吹主张的力量。"又说："须知西洋文明之输入既排山倒海而来，是阻挡不住的，即反抗亦是百分之九十九无效的。所以我们正不必

---

① 　同人：《宣言》，《时事新报》副刊《社会主义研究》，1921 年 9 月 16 日。

引为毒害的妖言,特辞然而辟之。"[1] 五四文化论战之初他不参加,甚至三十年代不参加"全盘西化"与"中国本位文化"的论战,均是受这种思想支配的结果。

然而,1919 年后,形势发生了较大变化。新文化运动的广泛开展极大地冲击了传统文化,新旧思想调和论便应运而出。1919 年秋,章士钊在上海、杭州等地发表演讲,鼓吹新旧思想调和论。主张"物质上开新之局,或急于复旧,而道德上复旧,必甚于开新"。认为新旧思想应该调和,以达到"国粹不灭,欧化亦成"的目标[2]。它实际上是"中体西用"论的翻版,由于它貌似公正,又有科学的依据(移行说),颇具影响力,所以此论一出,"调和""折衷"之声蜂起。张东荪认为,守旧论不足为害,因为它无法阻挡新思想的输入,但调和论却足以消灭社会改造的动因。所以对于这种调和论他不能不"提出异议",加以批驳。他在《时事新报》上先后发表了《突变与潜变》《答章行严君》等文,批评章士钊的观点,申明了自己的文化观。

首先,张东荪运用抵费里(Devrie)发明的"突变"论作为反对移行说的科学依据。他认为,突变是变的意思,潜变是变因的发生,一个生物表面上不变,但变因已潜萌其中,到条件成熟便发生突变。生物是依"潜变—突变"规律进化,并非章士钊所谓的移行。批驳了移行说后,他接着指出,社会进化如生物进化一样,也处于"潜变—突变"中。他用"突变"

① 张东荪:《西方文明与中国》,《东方杂志》第二十三卷第二十四号,1926 年12 月。

② 章士钊:《新时代之青年》,《东方杂志》第十六卷第十一号,1919 年 11 月。

论说明输入新思想与社会变动的关系："比如我们鼓吹新思想便是制造潜变（下变的种子），决不能与旧的调和，一调和了，便产不出变化"[1]。

其次，他详细界定了"调和"的内涵。认为："调和有二个意思，一个是甲乙化合变为丙，一个是甲乙互让"[2]，前者是自然现象，后者是人为的调停；章士钊的"调和"实际上是指人为的调停。他强调，新旧思想的真正调和是双方融合变成丙种新思想，它是按照自然的趋势而变化。根据这样的道理，他说明了当时新旧思想不能调和的原因。输入西方文化是"变的酝酿"，然而"酝酿"是不能调和的，一经调和就把未成熟的新思想消灭了，所以，他指出："我以为变后可以调和，而未变时的变因不能调和，调和变因便是消灭变化，也就是使变因不发效力，如甲乙调和成丙，必定先有甲，次有乙，现在乙还没有成熟，如何能调和呢？"现在中国处于新文化输入阶段，当务之急是准备变因、培育新机，即输入西方文化，而不是作人为调停工作。所以，他认为"守旧论不足阻害新机，而调和论最危险"[3]，章士钊的调和论，实际上阻挡了新思想的传播和西方文明的输入。

这里，张东荪虽没有直接倡明"彻底输入西方文化"的文化观，但从他主张酝酿变因、培植新机、确认中国现在是"潜变时代"等观点看，实际包含了这个意思。只是他旨在从理论上说明输入西方文化的必要，反对任何阻挡输入新思想的企

---

[1] 张东荪：《突变与潜变》，《时事新报》1919 年 10 月 1 日。

[2] 张东荪：《答章行严君》，《时事新报》1919 年 10 月 12 日。

[3] 张东荪：《答章行严君》，《时事新报》1919 年 10 月 12 日。

图，所以，没有机会系统阐述该文化观。此后不久，在批评梁漱溟文化理论时，张东荪将"输入西方文化"的文化观全面展开。

1922 年年初，梁漱溟的《东西文化及其哲学》出版。在该书中，他把西方文化、中国文化和印度文化视为三种不同"路向"的文化，西方文化是"意欲向前"的路向，印度文化是"意欲向后"的路向，中国文化是"意欲自为调和持中为根本精神"的路向，三种文化平行发展，没有优劣之分。他比较了三种文化后认为，西方文化弊端显著，处于不得不向第二种路向转变中，人类文化将"由西洋态度变为中国态度"，未来文化是"中国文化的复兴"①。由于梁漱溟是通过比较中、西、印文化后得出的结论，具有较强的说服力，加之又是在第一次世界大战后西方文明危机四伏时提出的，所以，立即得到怀疑和反对新文化运动的人们的赞同。在这种背景下，一贯主张"彻底输入西方文化"的张东荪，感到有从理论上系统阐发自己文化观的必要。1922 年 3 月，他在《时事新报》副刊《学灯》上发表了《读〈东西文化及其哲学〉》，对梁漱溟的文化观进行批评，"在批评中指明批评者的立足点"。此"立足点"，便是其"输入"论的文化观。该文可视为五四时期张东荪系统阐发中西文化观的代表作。

第一，批评梁漱溟研究文化的方法，用民族心理学的成果论证"民族特性"是可以改变的，为输入西方文化提供科学依据。张东荪认为，一个民族的文化并不是由一种哲学产生的，同时文化与哲学的范围亦不相应，所以，梁漱溟把文化

① 梁漱溟：《东西文化及其哲学》，上海商务印书馆 1935 年版，第 199 页。

还原到一个哲学（儒家学说）的态度，"只能算一种观察而不能算研究文化全体的方法"。既然只是一种观察法，梁据此而得出的结论，自然带有主观臆想成分。张东荪申明：自己要用"科学"方法研究文化问题，"读者须知我是主张用科学（即民族心理学人种学地文学社会学历史学）来研究文化的"。他用美国学者郝金在《人性及其改造》中的研究成果，来论证"人性可以改变"的观点，得出了一个精辟结论："我们不必因民族有特别本能而就以为不能采用他族的文明了。"① 即不同民族虽有其根性，但又有相通性，人类文化是可以沟通的，一个民族完全可以学习和采用他族的文化。这实际上暗示：中国虽然有自身的民族性，西洋民族亦有其民族性，但这决不能成为中国无法学习西方文明的依据；恰恰相反，由于不同文化可以沟通，中国必须输入、采用西洋文明来改变自身的民族性。这样，张东荪从民族心理学角度论证了中国采用西洋文明的必要性。中国面临的问题不是能不能采用西洋文明，而是去不去采用和如何采用西洋文明的问题。

第二，批驳梁漱溟对西方文化发展趋势的错误观察，认为西洋文明发展到更高阶段，中国更应输入和采用西方文明。梁漱溟断定，中国的自得其乐主义将代西洋向前奋进主义而兴。张东荪认为，梁的这个观察是错误的。从西方文明的变迁看，西方文化不但没有回到中国文化之路上来，反而进展到一个更高阶段：思想上，科学发展如故，新式机器层出不穷，功利思想仍然发达；哲学上，实用主义是讲淑世主义的，柏格森等思想有接近中国文化的倾向，但他们是主张动的，与

---

① 张东荪：《读〈东西文化及其哲学〉》，《学灯》，1922 年 3 月 19 日。

孔子自得其乐主义绝不相同；社会上，现代最大的潮流是社会主义，它只是个人主义的反动，即由个人享乐主义转为社会享乐主义，并不是调节意欲。所以，无论从哪方面，都看不出西方文明向中国文化转变的趋势。

张东荪认为梁漱溟观察失误的原因，就在于"把西洋文化只看作物欲的争逐"。实际上，西方文明并不仅仅表现为物欲的争逐。罗素、基尔特社会主义派虽反对物欲的争逐，反对战争等，但这绝不是西洋文明放弃"向前要求"，"这些说只是主张向前追求应改变方法而不是主张持中意欲以自得安分"[①]，所以，西洋文明已由"个人逐物"进至"社会逐物"阶段；其"向前要求"的精神不但未变，而且更强烈了，只是其方法变得更进步了。面对西洋文明的新发展，中国更应摒弃"自得乐"的文化，彻底输入西方文化，走西方奋进主义之路。

第三，批驳梁漱溟持中意欲的人生观，论证中国应采取西洋奋进主义的人生观。在梁漱溟看来，持中意欲、自得其乐，是中国文化的特点；持中意欲的生活，也是最完美的生活。张东荪则认为，这种生活是违背生活本性的、极不自然的生活，"因为我们若不取顺应生活本来的趋势以奋进便应得息止生活"。只有西洋奋进主义的人生观，才是生活的正态。佛家"灭欲"的生活是一种变态，儒家的"持中意欲"也是勉强的，既不能减轻痛苦又不能满足意志。所以一旦与西洋物质文明相遇，"没有不立败的"。"我以为从此以后中国人没有法子再抑止他的意欲了，因为他本来是饥虎，不看见食物便罢，一旦看见还不要立刻跳出来么？等到已经跳出来了，再讲孔孟

---

① 张东荪：《读〈东西文化及其哲学〉》，《学灯》，1922 年 3 月 19 日。

之道以为救济，必是劳而无功的了。"既然"制欲"失灵、"持中意欲"的不自然生活已被打破，那么中国人必须改变人生态度。于是张东荪顺理成章地认为，"中国所应采取的自然是除去物欲争逐的奋进主义，换言之，即淑世主义"。所谓淑世主义，就是"一方面虽不控制'欲'而他方面却极力扩充'爱'。妙在调和众欲而成大欲，即是不使个人福利相抵牾而成人类的大福利。换言之，即使自利与利他各得其所并合在一起以发展到极高度。这种生活完全是奋进的而不是持中的"[1]。所以，西方淑世主义生活观必然代替中国"制欲"的生活观，中国理应"彻底输入"并采纳。这是张东荪主张"输入西方文化"的重要依据。

第四，批评梁漱溟"重提中国原有的态度"，断定西方文明已取得世界文化的地位，中国必须采用西方文化。梁漱溟认为，由于东西文化的民族性差异，中国不可能真正习得西方民族的文化，必须"批评的把中国原来态度重新拿出来"，才不失中国文化的民族特性[2]。对此，张东荪坚决反对。他除了用民族心理学的成果论证"民族根性是可以改变"的观点外，还为输入西方文化提供了一条十分重要的根据：西方文明已大部分处于世界文化的地位，代表世界文化发展的方向。他说："我们须知西洋文化实在已不仅是西洋的了，已大部分取得世界文化的地位。例如梁君所举的科学与民治。就最浅近的而言，我敢问那一个民族能不坐火车点电灯么？如其不能，便是已经跪在科学的面前了。将来人类的交通日密，全

---

① 张东荪：《读〈东西文化及其哲学〉》，《学灯》，1922 年 3 月 19 日。

② 梁漱溟：《东西文化及其哲学》，第 202 页。

地球的人类渐渐同化起来，自然都向这一条路走。因为奋进以征服自然而扩张生活是生命固有的倾向。"中国当然不能例外，必然要按照自然发展的趋势走到西洋文明所开创的道路上来。"西洋文化既是大部分上含有世界文化的要素，则我们采取西洋文化便不是直抄他族的东西。"① 于是，中国输入并采用西方文化的问题，已转变成中国采纳世界文化的问题。中西文化的关系不仅仅是东西两个民族文化的关系，而是地方性文化与世界性文化的关系，是世界文化主流与次流的关系。这样，他实际上把中国学习西方文化的问题，提到了中国应走向世界、迈向现代化的高度，突破了狭隘的东西文化民族性、地域性观念。这种观点，对梁漱溟为代表的东方文化派以东西文化"性质之异"为由，反对输入和采用西方文化的论调，无疑是一记重大打击。

张东荪的"西洋文化大部分取得世界文化的地位""大部分上含有世界文化的要素"的观点，是十分精辟的，它不仅体现了张东荪对西方文明认识的深刻，而且标志着近代中国人士对西方文化认识的飞跃。当时，杜亚泉、梁漱溟等人坚持认为，东西文化是"性质之别"，根本不承认西洋文明在总体上比中国文化优越；陈独秀、胡适等人新文化运动的领导者们对中西文化差异问题的认识，也比较模糊。早在 1915 年，陈独秀曾说："近世文明者，乃欧罗巴人之所独有，即西洋文明也，亦谓之欧罗巴之文明。"② 实际上是主张东西文化为"古今之别"，即"犹古之遗"与"近世文明"之别，未将西洋文明

① 张东荪：《读〈东西文化及其哲学〉》，《学灯》，1922 年 3 月 19 日。
② 陈独秀：《法兰西人与近世文明》，《青年杂志》第一卷第一号，1915 年 9 月。

置于世界文化地位；李大钊在《东西文明根本之异点》中，虽提出了"世界新文明"概念，但与张东荪所谓"世界文化"的含义并不同；同时，他强调的是"东西民族文化差异"，即地域性差异，实际上与杜亚泉的文化观颇为相似。胡适在《读梁漱溟先生的〈东西文化及其哲学〉》中，强调中西文化是"古今之别"，侧重于从纵向的"迟速""先后"立论，似乎也未从横向上认识到中西文化乃"世界文化"与"地方文化"差异。

较早视西方文明为"世界文化"的是常燕生。他说："我们大家要晓得世界上只有古代文明和近世文明，没有东方文明与西方文明的区别。现代西洋的文明是世界的，不是一民族的；是进化线上必经的，不是东洋人便不适用的。"[①] 这其中包含了西方文明处于世界文化地位的意思，与张东荪的观点相似。它们代表了近代中国先进分子对西方文化独立思考后的真知灼见。然而，张东荪与常燕生的见解虽然相似，却仍有较大差别。常燕生的观点带有极强的偏激性：只承认中西文化是"古今之别"，根本否认中西文化有"性质之异"。他说："我对于世界文化的意见，向来主张世界上并没有东西文化之区别，现今一般所谓东西文化之异点，实即是古今文化之异点。""西洋近代文明之发展并非基于其民族性之特殊点，乃人类一般进化必然之阶级。"[②] 张东荪承认"古今之别"，但又承认"民族根性"对中国输入和采用西方文化的巨大影响。他说："我也相信一个民族有他由历史而来的根性，断不是一旦要采取外

---

① 常乃德（燕生）：《东方文明与西方文明》，《国民》第二卷第三号，1920 年 10 月。

② 常乃德：《东方文明与西方文明》，《国民》第二卷第三号，1920 年 10 月。

来的文化而就能立刻办到的。并且外来的文化充分灌入以后，固有的根性也不会消灭，必仍杂然呈露于其间，所以总不免有些变态。"①

总之，张东荪通过批评梁漱溟的文化观，不仅公开申明了"彻底输入西方文化"的文化观，而且系统论证了主张"输入西方文化"的理由，而侧重点尤在于阐发输入和采用西方文明的理论和现实依据。由于民族特性是可以改变的、西方文明经过"危机"进至更高阶段、西洋淑世主义是人类生活的正态，更因为西方文明已大部分取得世界文化的地位、大部分含有世界文化的要素，中国不仅能够，而且必须输入和采用西方文化。正因西方文明是"世界文化"，所以，中国学习和采用这种文化"便不是直抄他族的东西乃是吸收人类公同的东西"。这是五四时期张东荪对中西文化的基本态度和根本观点。

作为一种对中西文化的基本态度和观点，五四时期张东荪的文化观，可用"彻底输入西方文化"来概括。他在阐发自己的文化观时，曾用过"彻底输入西方文化""彻底输入西洋思想""彻底采用西洋文明""全盘承受西方文化"等说法，似乎与"全盘西化"论相似或相同。实际上，张东荪是一个西化论者，但绝不是一个全盘西化论者。他所谓的"彻底"包含两方面意义：一是从时间上看，新思想成熟到足以促成社会"突变"之时，便是输入西方文化"彻底"之日；二是从内容上看，必须把西洋文明的基础——西方哲学输入进来并使之扎根后，方算是"彻底"。他认为，输入西方文化不仅应是西方自然科学，而且尤应指西方哲学。他"主张以科学与哲学调和而一并

① 张东荪：《读〈东西文化及其哲学〉》，《学灯》，1922 年 3 月 19 日。

输入，排斥现行流行之浅薄科学论"①。后来，他又作了进一步阐发："要起中国的沉疴非彻底输入西方文化不可。所谓输入西方文化自然是指科学而言，然而输入科学却非先改变做人的态度不为功。所以输入科学而求其彻底，则非把科学的祖宗充分输入不可。科学的祖宗非他，西洋哲学便是。……我们介绍科学不求彻底则已，如其要彻底，则非充分介绍哲学不可。"② 这就是张东荪所谓"彻底"的内涵。

应该看到，五四时期张东荪的文化观，主要是对于西方文化的态度，他实际上是想回避另一个问题：如何对待中国传统文化。他承认固有文化的价值，反对一味乱骂、全盘否定，表明他对传统文化持一种十分温和的态度。这种态度与陈独秀的激进态度形成鲜明的对比。陈独秀说："要拥护那德先生，便不得不反对孔教、礼法……要拥护那赛先生，便不得不反对旧艺术、旧宗教。……若因为拥护这两位先生，一切政府的迫压，社会的攻击笑骂，就是断头流血，都不推辞。"③ 这是何等勇猛！而张东荪却根本没有这样的勇气。他所谓"瓶子与空气"的比喻，正形象地刻画出他的温和渐进态度。后来，他又用"盐水冲淡水"来比喻输入西方文化与中国固有文化的关系："这好像以盐水来冲淡水，盐水的成分愈多则淡水中必愈咸了。"④ 西方文化似盐水而中国文化如淡水，输入西方文化愈多，中国文化便愈少，中国由此渐次走上西方文明之路。这

①　《本栏之提倡》，《时事新报》副刊《学灯》，1918 年 9 月 30 日。

②　张东荪：《初学哲学之一参考》，《东方杂志》第二十三卷第一号，1926 年 1 月。

③　陈独秀：《本志罪案之答辩书》，《新青年》第六卷第一号，1919 年 1 月 15 日。

④　张东荪：《西方文明与中国》，《东方杂志》第二十三卷第二十四号，1926 年 12 月。

充分说明，张东荪对传统文化抱温和态度：不愿触动旧的文化，不愿向旧势力挑战，担心会激起旧文化势力更大的反扑，阻碍西方文化的输入，使方兴未艾之输入西方文化运动夭折。这固然暴露了中国民族资产阶级的软弱性，但更重要的是：为此后张东荪的文化观向"传统"复归，留下了余地，埋下了伏笔。此后不久，张东荪在阐发补救论时公开为"礼教"辩护，1930年进一步主张恢复"固有的文化"，显然与他在五四时期所持的这种态度密切相关。

第九章　少年中国学会之少年学子：王光祈

　　提起王光祈，可能除了研究中国近现代史和中国音乐史的人之外，已经没有多少人知道了。然而，在百年前的五四时期，王光祈堪称新文化运动的风云人物。他是五四时期最大的社团——少年中国学会的主要创始人，他是安那琪主义的狂热信奉者和践行者，他是五四时期影响巨大的工读互助团试验的主要组织者，他是"音乐救国"的积极提倡者和实践者。他是五四思想天空不能忘却的风云人物。他为什么要发起并组织少年中国学会？他是如何领导少年学会并发起少年中国运动？他为什么要进行工读互助团试验并从中得出了哪些教训？少年中国学会为什么会分裂？他为什么转向"音乐救国"？这些都是研究五四时期王光祈思想时不能回避的重要问题。

一、他为什么要发起创办少年中国学会

　　王光祈，四川温江人，生于 1892 年。祖父王泽山是清季四川著名诗人，父亲王茂山早卒。他童年依靠寡母劳动生

活。九岁开始入温江私塾读书。后由于得到四川总督赵尔巽的资助，1908 年，十四岁的王光祈进入成都高等学堂分设的中学堂学习，其同班同学有李劼人、周太玄、魏时珍、郭沫若、曾琦、李璜等人。1911 年四川保路运动时，他们这批学生都是活跃分子。1912 年，他从中学堂毕业以后，对辛亥革命的预期没有实现十分失望，生活得"顶无聊了"。李劼人后来回忆说，王光祈那时"在一个无聊的报社编稿子，但是只有一碗小菜饭吃，日暇无聊，便来找着我，少城公园茶铺里一坐，相对无言，连谈女人的兴趣都没有了"。

1913 年，王光祈离别家乡到泸州，随后由泸州出川到达北京。怀着"直行终有路，何必计枯荣"的勇毅，几乎身无分文的王光祈来到了大都市。刚刚走出巴山蜀水的王光祈还来不及感受这个崭新的世界，他首先要解决的是吃饭问题。他找到时任清史馆馆长的赵尔巽。赵尔巽曾受业于王光祈的祖父王泽山，在他任四川总督时就接济过王光祈，王光祈的中学学业就是在他的帮助下得以完成的。这次，又是在他的帮助下，王光祈在清史馆里谋到一个书记员的职位，月薪八元，与毛泽东后来在北京大学图书馆的月薪一样。赵尔巽之所以伸出援手，是因为王光祈的祖父王泽山与赵家颇有渊源。清朝光绪年间，任四川总督的赵尔丰慕王泽山的诗名，请王在赵家教读。赵家上下对这位川中名诗人尊敬有加，以至后来对其孙王光祈也多所照顾。对此，王光祈从不炫耀，连好友李劼人也不知晓他祖父的诗名以及他们与赵家的密切关系。

1915 年秋，王光祈考入北京中国大学专门部学习法律，对"国际公法"和"中西外交史"尤感兴趣，课余时间则在清史馆任书记工作，以其所得作为学费和生活费。1918 年 6 月毕业后，王光祈先后任成都《群报》和《川报》的驻京记者。当时，他寓居北池子一间狭小简陋的小屋，过着半工半读的艰苦生活。这个时候，他由周太玄介绍，担任《京华日报》的记者。李劼人在四川办《群报》时，王光祈也受邀为《群报》的驻京记者，并积极从事社会活动，课余兼任成都《群报》（后改名为"川报"）的驻京记者。王光祈从事新闻工作，广泛接触了五四时期的社会思潮并受了较深的影响。也正是借着这个机缘，王光祈结识了正在主编《晨钟报》副刊的李大钊。李大钊与王光祈一见如故，称赞他是一个极有志气的"能想、能行的青年"。

　　1918 年 5 月，段祺瑞政府与日本秘密签订了《中日陆军共同防敌军事协定》，激起留日学生的激烈反抗，遂有"留日学生救国团"的成立以及其团员归国的壮举，先后有三千多留日学生罢学回国。在这些人中，就有王光祈的好友雷宝菁、张尚龄、曾琦。就这样，中学同班的好朋友王光祈、曾琦、周太玄在北京又见面了，并常在川中老乡、留日学生陈愚生家里聚会，谈论时局。他们认识到，单凭一腔热血是不能救国的，必须做一些基础性的准备工作。王光祈提出，救国的长远办法，"应早日集结有志趣的青年同志，互相切磋，经过磨炼，成为各项专门人才，始足以救国建国各种实际问题之解决"。正是基于这种认识，成立少年中国学会的想法诞生了。对此，周太玄回忆少年中国学会的缘起时强调说：酝酿发起少年中国学会的主要动因，就是都感到现状不能容忍，"必须由自己联合同辈，杀出一条道路，把这个古老腐朽、呻吟垂绝的被压迫、被剥削的国家改变为一个青春年少、独立富强的国家"。

王光祈之所以发起成立少年中国学会，显然是受到梁启超的"少年中国"说影响，为了使古老中国焕发青春，实现"少年中国"之梦想。二十世纪初，梁启超在其脍炙人口的名篇《少年中国说》中大声疾呼："造成今日之老大中国者，则中国老朽之冤业也；制出将来之少年中国者，则中国少年之责任也。"他还给未来的少年中国描绘了一幅绚丽的图画，并充满激情地讴歌："美哉！我少年中国，与天不老！壮哉！我少年中国，与国无疆！"梁氏"少年中国"之梦想，影响了清末民初众多的有志之士。因此，王光祈在讨论学会宗旨时明确指出："十九世纪之少年意大利党、少年德意志党所创造之少年意大利、少年德意志，在当时视为少年者，在今日吾人视之，亦老大意大利、老大德意志而已。""吾人所创造非十九世纪、十八世纪之少年中国，实为适合廿世纪思潮之少年中国也。"

王光祈等人发起成立学会并将其命名为"少年中国学会"，就在于意识到要创造未来的少年中国，必须趁早做扎实的预备功夫，但做这些预备功夫的人不能求之于现有势力，而应集结一批志同道合的青年。王光祈后来谈到发起该学会的原因时说："盖以国中一切党系皆不足有为，过去人物又使人绝望，本会同人因欲集合全国青年，为中国创造新生命，为东亚辟一新纪元。故少年中国学会者，中华民国青年活动之团体也。"①

---

① 王光祈：《本会发起之旨趣及其经过情形》，《少年中国学会会务报告》第三期，1919 年 5 月。

1918 年 6 月 30 日，王光祈联合从日本归来的曾琦、雷眉生、张梦九以及陈愚生、周太玄，在顺治门（即宣武门）外南横街岳云别墅（今盆儿胡同 55 号）张文达祠召开"少年中国学会"筹备会。这次聚会被认为是少年中国学会第一次比较正式的筹备会议。7 月 21 日，由于李大钊在思想界、新闻界的威望，曾琦邀请他参与会议并列为七个发起人之一。王光祈起草了具有规约性质的《吾党今后进行意见书》，以"少年意大利党""少年德意志党"为榜样筹备组织少年中国学会，获得大家的赞同。大家达成共识："联合同辈，杀出一条道路，把这个古老腐朽、呻吟垂绝的被压迫被剥削的国家，改变成为一个青春年少、独立富强的国家。"与会的发起者七人（王光祈、曾琦、陈愚生、李大钊、周太玄、张梦九、雷眉生）共同署名发起"少年中国学会"，公推王光祈为筹备处主任兼会计，周太玄为文牍，李大钊为临时编译部主任，并委托王光祈组织筹备处，筹备期为一年。王光祈最初在少年学会确定的宗旨为："振作少年精神，研究真实学术，发展社会事业，转移末世风俗。"

少年中国学会的发起人，既有同学、同乡之谊，又是在年龄、教育、思想背景相仿，对国事持关心态度，对改造中国抱急切心理的相同情况下集合起来的。李大钊参与发起学会，既有私人友谊在起作用，也同样有思想背景相同的作用。故少年中国学会的发起，外缘是友情，内缘是精神上的契合，即在救国理想召唤下，所透露的嘤鸣求友的意向，是缘于救国一念，相期为救国而努力的组合。周太玄回忆说："他们（李大钊、王光祈、陈愚生）共同之处是：思想倾向于新的一面，要成立一个团体来寻找方向，实现理想，要坚决与旧的一切划清界线，决不与任何旧的势力妥协。要想在青年的朝气上面加上奋斗刻苦的精神，以一完全崭新的姿态和做法，去创造一个少年中国。因此，许多地方（王光祈）与李大钊和陈愚生的思想有共鸣之处。"

1918 年 7 月下旬，少年中国学会七个发起人在中山公园召开第二次筹备会，决定：凡加入少年中国学会会友，一律不得参加彼时的污浊的政治，不请谒当道，不依附官僚，不利用已成势力，不寄望过去人物；学有所长时，大家相期努力于社会事业，一步一步来创造"少年中国"。这是学会宗旨"振作少年精神，研究真实学术，发展社会事业，转移末世风俗"的具体化。在大会上，根据王光祈提出的"知改革社会之难而不可以徒托空言也，故首之以奋斗，继之以实践；知养成势力之需而不可以无术也，故持之以坚忍，而终之以俭朴"的思想，以"奋斗、实践、坚忍、俭朴"作为会员必须遵守的信条。实际上，这是对会员提出的道德要求。根据王光祈的意见，少年中国学会制定了非常严格的入会条件：（一）纯洁，（二）奋斗，（三）对于本会表示充分同情。入会者要有五个会员为之介绍，并经过一段时间的通信、谈话和考察，证明确实符合那三项条件才行。这在当时的新式社团中是不多见的，也成为少年中国学会存在七年时间里会员不多的重要原因，也是少年中国学会能保证其会员均为知识精英的前提条件。王光祈要求别人非常严格，对自己要求更严。方东美晚年回忆道："少中"会员"皆个性独特，而思想自由，情感富赡。平居生活又律己甚严"。毛泽东、张闻天、赵世炎等都是经过考察而由王光祈等人介绍入会的。

王光祈在少年中国学会从筹备到成立初期，把全部精力都投入到学会工作中。他不但在具体工作上几乎独撑了全部会务，而且在精神上给大家以极大的鼓舞和感召，成为少年中国学会的灵魂人物。

1919年7月1日，按照筹备会的计划，少年中国学会在北京回回营陈宅召开成立大会，王光祈任大会主席并发言。根据王光祈、李大钊等人的提议，学会宗旨由最初的"振作少年精神，研究真实学术，发展社会事业，转移末世风俗"，改定为："本科学的精神，为社会的活动，以创造少年中国。"①王光祈由于在筹备期间做出的巨大的贡献，被一致推举为学会执行部主任，总理对内对外一切事务，直到1920年3月赴欧留学。少年中国学会的会务主要由王光祈主持。周太玄后来在《王光祈先生与少年中国学会》中回忆："从此以后的光祈，便真入一新境界，得着一新生活，他的全部光阴精力都用于会务，会中的大小事件都由他一人悉心擘划"，"简直可以说他的整个人生都寄托在这个学会。我常说光祈没有这个会，便无生趣，这个学会若没有光祈，便没有灵魂"。

"本科学的精神，为社会的活动，以创造少年中国。"这是少年中国学会正式成立时确定的宗旨。何谓"少年中国"？王光祈在《少年中国之创造》中解释说："我理想中的'少年中国'就是要使中国这个地方——人民的风俗制度、学术生活等等——适合于世界人类进化的潮流，而且配得上为大同世界的一部分。"我们要改造中国，"便应该先从中国少年下手，有

① 《本会通告》，《少年中国》第一卷第一期，1919年7月15日。

了新少年，然后少年中国的运动才能成功"。实现少年中国主义的方法，"简单说起来，要由我们一般青年与一般平民、劳农两界打成一气，且为一种青年的国际运动"。李大钊也明确指出："我所希望的少年中国的少年运动，是物心两面改造的运动，是灵肉一致改造的运动，是打破知识阶级的运动，是加入劳工团体的运动，是以村落为基础建立小组织的运动，是以世界为家庭扩充大联合的运动。"所谓物心两面改造，即精神的改造，"就是本着人道主义的精神，宣传'互助''博爱'的道理，改造现代堕落的人心"；物质的改造，"就是本着勤工主义的精神，创造一种'劳工神圣'的组织，改造现代游惰本位掠夺主义的经济制度"。实现"创造少年中国"这个目标，就是要在"科学精神"指导下，开展"社会的活动"，即发展社会事业，主要是发展教育（包括新闻、出版）和实业事业。因此，少年中国学会会员们尽管有着不同的思想倾向，但在建立未来的少年中国形成共识。在他们的眼里，少年中国是一个没有阶级、没有剥削、没有贫穷的国家。这些有着不同思想倾向的热血青年，在"少年中国"理想的感召下聚拢在一起，探寻着重造中华文明的新路。

二、他为什么要创办工读互助团

少年中国学会成立时，曾琦赋诗一首："风尘相煦沫，幸有平生交。共作百年计，耻为一世豪。"所谓百年大计，首在文化运动。少年中国学会同人深受新文化运动的浸染，认为只有具备理性能力的国民，才能解决中国所面临的政治问题。因此，他们从政治改革转向思想改造，从思想文化入手，先打社会基础，通过培育根基来达到创造"少年中国"的理想。王光祈在《少年中国之创造》一文中写道："我们要改造中国，便应该先从中国少年下手，有了新少年，然后'少年中国'的运动才能成功。"这个取向与五四时代思潮高度契合，因而吸引了大批有志青年。少年中国学会成立后，迅速成为五四时期影响最大、分布最广、持续时间也最长的全国性社团。蔡元培曾经称赞说："现在各种集会中，我觉得最有希望的是少年中国学会。"这可以说代表了时人对少年中国学会的普遍看法。

作为一个近代新型社团，少年中国学会实行民主的原则和自治的办法处理会务。学会评议部负责监督会务、选举职员、审查会员资格，评议员由会员选举产生。日常会务由执行部办理，编译部负责审查本会丛书。少年中国学会成立后，其社会活动主要包括：教育事业、出版事业、新闻事业、改造个人生活。本此宗旨，学会先后创办了《少年中国》《少年世界》两种月刊以及《星期日》周刊（后改为半月刊），先后出版"少年中国"丛书三十余种。尤其是《少年中国》月刊行销网络通达九省，与《新青年》《新潮》成三足鼎立之势，一时洛阳纸贵。末代皇帝的英文老师庄士敦欲以《少年中国》来重塑禁于深宫中的溥仪。《少年中国》月刊创刊时，原定编辑部主任李大钊和副主任康白情均因事未能履行职务，实际负责编辑工作的是王光祈。《少年中国》月刊的第一部分，用来发表会员所写的关于自然科学、文学、社会学和哲学的论著与译文，第二部分刊发会务消息、会员通信和一些阐发学会方针的文章。1924 年 5 月，该刊出版第四卷第十二期后停刊。

在创办刊物、发行杂志的同时，少年中国学会还积极开展社会实践活动，成立"平民教育讲演团"，倡导新村运动和工读互助运动。在所有这些活动中，王光祈都用力颇勤，经常参加讲演团的讲演活动。王光祈是典型的理想主义者，而且"性格高超纯洁，其律己之严同人中无有出其右者"。他以自己的道德人格、组织才能和献身精神成为少年中国学会的精神领袖。对学会的活动，王光祈热衷于提出种种宏大的规划，一次又一次激起少年中国学会会友的参与热情，使学会产生了很大的感召力和凝聚力。

王光祈像五四进步知识青年一样，关注俄国十月革命并深受俄国社会主义思想影响。1918 年 12 月 22 日，王光祈在《每周评论》创刊号上发表的《国际社会之改造》中说："俄德革命，社会党的骤然兴起"，这是第一次世界大战中出现的"差强人意的事情"。他主张用"打破国界人种"的办法"扫除那资本家、军阀、贵族的威权"，建立一个由各地方自治团体联合起来的理想社会。1919 年年初，王光祈认为英美资本主义制度"造成一种世界无敌的财阀，一般平民生活于这种财阀之下，与我们生活于军阀之下同是一样痛苦"。而新生的苏俄社会主义制度"关于经济组织有所改造，比较的差强人意"；但其国家权力甚大，"拿国家权力来干涉个人生活，实是一件不合民情的主张"。由此，王光祈理想的社会"是宜在个人自由主义之下，为一种互助的、自由的、快乐的结合"。这显然是一种具有乌托邦性质的社会主义思想。

1919 年年初，王光祈自称"因留意世界大势，不知不觉的就中了社会主义的魔术了"。他此时所接受的所谓"社会主义"，实际上是克鲁泡特金的互助的无政府主义。王光祈在《每周评论》第十八号上写道："互助的无政府主义常常攻击国家社会主义道：有了国家，便有了强权。又采行集产制度，便免不了交易。有了交易，就免不了嫉妒竞争的心。有了嫉妒竞争的心，那社会上又要闹得不安宁了。并且人的能力，虽然是有差等，但是所需要的，同是一样。今若以所得报酬，以工作的多寡为比例，是强者智者所得常常有余，弱者愚者所得常常不足，与今日的地狱社会，有何区别？故不如各取所需的方法完善了。"在他看来，国家社会主义和集产社会主义都有偏颇，唯有互助的无政府社会主义最为完善。因此，王光祈根据互助社会主义的原则并借鉴日本新村主义的实践，开始了工读互助主义的试验。

新村主义是在 1919 年 3 月《新青年》杂志刊登了周作人介绍日本作家武者小路实笃的"新村"思想及其在日本九州一个叫作"日向"的地方发起的"新村"试验活动之后，开始引起中国知识分子和青年学生兴趣的。周作人介绍说，新村运动"主张泛劳动，提倡协力的共同生活，一方面尽了对于人类的义务，一方面也尽各人对于个人自己的义务；赞美协力，又赞美个性；发展共同的精神，又发展自由的精神"。由此可见，日向的新村就是十几个人到乡间买一小块土地，居住在一起，共同从事种菜种麦劳动。新村主义就是一种主张劳动互助的主义。

由于周作人、周树人兄弟和其他作家在《新青年》《新潮》

等杂志上介绍了日本作家武者小路实笃的作品和他在日向办理的新村，新村主义在追求新生活的五四青年知识分子中有很大影响，少年中国学会会员王光祈、左舜生、宗白华等人本着社会活动的旨趣，又受了新村运动的影响，乃倡导"小组织"的新生活。

1919 年 7 月，左舜生在《时事新报》副刊《学灯》上发表《小组织之提倡》一文，提出了怎样使青年在走出校门后不受旧社会的环境影响而堕落的问题，提倡要建立一种"小组织"，靠有志青年自觉团结在一起的力量，来对抗旧社会的恶势力，以保持自己的人格。他提出的方法是："由少数同志组成一种学术事业生活的共同集合体"，它要具备这样一些条件：成员间"要互有人生观的了解，对于恶势力的扫除，精神上要归一致"；成员应"有独立生活的能力"：成员不与家庭有经济关系，收入共有；成员既可从事职业，也可研修学问，也可作社会事业。这种小组织，就是有共同理想的青年们脱离旧社会组织，寻找自己的精神上、学问上、生计上的立足点，以创造一种新生活的"试验"。类似的设想和规划，在毛泽东和新民学会会员们之间也曾经提出过。

读到这篇文章后，王光祈十分兴奋，连夜撰写了一封长信给左舜生，详细阐述了自己的具体设想。这封信后来以《与左舜生书》为题发表在《少年中国》第一卷第二期上，并在该期集中讨论"小组织问题"。王光祈具体提出了一个"小菜园"的设想：在距城市不太远的乡下，租个小菜园，不大不小，够十余人种即可；再在其中建十余间房子，用中式建筑，分上下两层楼，"楼上作我们的书房、阅报室、办公室、会客室、藏书室、游戏室等等，楼下作我们的卧室饭厅等等"。园子西南角上建筑一个厨房，东北角上建筑一个厕所，房子后面建上一个球场。园子周围挖条小溪，"溪边遍种柳树，柳树旁就是竹篱"，竹篱里是菜园。大家生活日程的安排：每天种菜两个钟头，读书、翻译各两个钟头，其他时间娱乐。种菜是为了从事"户外劳动，于身体有益"，且有收入；读书是为了"寻精神上的快慰"；翻译是为了"介绍欧化，以革新一般人的思想"；还可以办印刷局，既传播新知，又获得收入。各国出的新书，我们可以立即把它们翻译、印刷出来，"我们就是文化交通上的'火车头'！""我们在乡间，半工半读，身体是强壮的，脑筋是清楚的，是不受衣食住三位先生牵制的，天真烂漫的农夫，是与我们极表示亲爱的，我们纯洁青年，与纯洁农夫打成一气，要想改造中国，是很容易的。"王光祈设计的这个"菜园新村"集劳动、读书、娱乐为一体，构成比较完整的半工半读体系。他的这个构想，集当时流行的泛劳动主义、新村主义和无政府共产主义之大成。王光祈将这种主义命名为"工读互助主义"，它是"少年中国"理想的具体实践。他急切地呼吁："我们不要再作纸上的空谈了，赶快实行我们神圣的生活！"

这是何等令人神往的田园诗般的美好生活！它既符合传统中国文人的生活情调，又反映着现代青年知识分子的独立追求。而这显然是当时正流行于中国的"新村运动"的典型设计和理想。对这个运动，毛泽东是一直予以关注和认同的，而且从他那里很快就看到了回应。为此，他还专门拜访过在中国鼓吹新村运动的周作人。很快，他和蔡和森等新民学会的会友们就开始规划着在岳麓山开辟一个新村。这个计划虽然未曾实现，但它已经表明了青年毛泽东此时的思想认同。

李大钊对俄国的民粹主义和日本新村运动十分热心，他不仅介绍美国的新村运动，"以供今日热心新村运动者的参考"，而且发出了"到农村去"的呼声。李大钊与王光祈等人一样，追求的是"'日出而作，日入而息，凿井而饮，耕田而食'，帝力、政府于我何有哉"的理想生活。这种境界与中国传统诗人"高卧南窗，自命羲皇上人"的意境，及乱世中士大夫退隐山林、躬耕陇亩思想和佛教净土宗的理想比较相近。正因如此，李大钊对王光祈创办工读互助团也给予很大支持，在1920年3月工读互助团出现困难时，李大钊认为只是在城市难以试验新生活，"一部分欲实行新生活的人，可以在乡下购点价廉的地皮，先以农作入手"。

王光祈与李大钊具有相似的看法，主张打破知识分子与劳动者之间的隔阂，把活动的地盘放到农村，与农民打成一气，应该以农民为唯一的良友。他认为，改造中国问题，最有希望的就是中国劳动家起来解决，中国是农业国，劳动家中自以农民为最多，故我们学会提倡"新农村"运动，天真烂漫的农夫，便是我们热血青年的伴侣。李璜回忆，李大钊对于王光祈的农村新生活计划特别予以附和，且在《少年中国》月刊和《新青年》上提出农村的半工半读做法。

在这场热烈的关于"小组织"讨论中，宗白华积极地参加了进来。他在《我的创造少年中国的办法》一文中，批评了王光祈、左舜生的设想，认为"两君所说的还是消极方面的意思多，积极方面的意思少，略带了高蹈隐居的意味。组织太小，只能做我们最初发展的基础，不是我们最终的目的"。那应该怎么办呢？宗白华主张："脱离了旧社会的范围，另向山林高旷的地方，组织一个真自由真平等的团体，从合力工作，造成我们的经济独立与文化独立，完全脱去旧社会的恶势力圈。我们从实业与教育发展我们团体的经济与文化，造成一个组织完美的新社会"①，然后通过宣传和示范，以此为模范来改造旧社会。他认为，由于中国地大物博，尚未开垦的山林土地甚多，故"我们合一班同志，集了资本"，买下一大片森林土地是可以办到的，然后在上面以"最新式的农学方法，同最新式的机器，合力共作"，生产必定能发展得很好，待资力充裕之后，再建立学校，"用最良的教授方法，造成一班身体、知识、情感、意志皆完全发展的人格，以后再发展各种社会事业，如工艺交通之类，使我们完全脱离旧社会的势力"，同时团体中的学者则对此做理论上的研究和阐述，再通过书报，对外宣传，使旧社会"彻底觉悟"，这时我们"再予以指导赞助"，使之更新，慢慢地使"我们的社会组织分布全国，使全国人民皆入于安乐愉快的生活，尽力于世界人类文化的进步"。这样，我们创造"少年中国"的大目标达到了，"但是我们还要前进……帮助全世界的人都臻此境，再发展人类文化的进步"。"那时我们的人生责任，才可以勉强算得尽了。"②

　　王光祈、左舜生、宗白华等人的"小组织"理想，很大程

---

① 宗白华：《我的创造少年中国的办法》，《少年中国》第一卷第二期，1919 年 8 月 15 日。

② 宗白华：《我的创造少年中国的办法》，《少年中国》第一卷第二期，1919 年 8 月 15 日。

度上带有新村主义的色彩。武者小路实笃的新村主义，为少年中国学会的理想提供了美好的蓝图。它是俄国"到民间去"的民粹主义和新村主义的结合。正是受到新村主义的影响，王光祈在自己的城郊菜园的新生活设想被证明无法实现后，转而提倡城市中的新生活——工读互助团，积极进行新村主义试验。正因为"共同的新生活"是五四青年知识分子的共同梦想，空想社会主义、工读主义、新村主义、无政府主义在学会中杂糅并存，故他的这个建议立即得到响应，也得到了蔡元培、胡适、陈独秀等人的支持。

1919 年 12 月 4 日，王光祈在北京《晨报》发表《城市中的新生活》，正式提出了"工读互助团"的名称，并征求同志："凡愿为此种生活者请先见示。"文章发表后两三天内，王光祈就收到了数十封来信，一星期后，外省也陆续有人联系。募捐方面的情况也是异常的顺利，蔡元培、李大钊、陈独秀、胡适都表示支持，愿意做募捐的发起人，并各自捐款（陈独秀三十元，胡适二十元，李大钊十元）。一时间，工读互助团声名大振。结果不到半月工夫，捐款已达到将近一千三百元，超过了原计划的一千元。

12 月 24 日，王光祈、李大钊、蔡元培、陈独秀、胡适、周作人、高一涵、罗家伦等十七人发起成立北京工读互助团，主要成员有何孟雄、施存统、俞秀松、罗汉、李实、缪伯英、黄爱、陈公培、刘伯庄等三十多人。王光祈将三十多人分成三个组：第一组十三人，设在北京大学附近；第二组十一人，设在北京工业专门学校、法文专修馆附近；第三组"全由女子组织"，设在女子高等师范附近，也有十多人。这些小组以办俭洁食堂、洗衣局、石印局、平民补习学校，乃至织毛巾、袜子，制作四川腌肉、火腿、香肠等为"勤工"的内容，工余则"按照指定的科目、时间往北大上课"。他们劳动所得归公共所有，"强者帮助弱者，智者帮助愚者"，他们一边劳动，一边读书，过着各尽所能、各取所需的共产生活，以这种"不流血的经济革命"来"创造新社会"。

王光祈所设想的工读互助团的理想是："人人作工，人人读书，各尽所能，各取所需"①。这是"小组织"思想的发展，只不过把实验的地点从农村移到了城市。他真诚地认为："工读互助团是新社会的胎儿，实现我们理想的第一步。若是工读互助团果然成功，我们'各尽所能，各取所需'的理想渐渐实现，那么这次工读互助团运动便可以叫作平和的经济革命。"②

工读互助团成立后，呈现出一派生机勃勃的发展势头，令《工读》杂志喜不自禁地惊呼"半工半读，乐观乐观！"1920年1月15日，蔡元培专门撰文《工学互助团的大希望》，高度评价了工读互助团："我觉得最有希望的是少年中国学会。因为他的言论，他的举动，都质实得很，没有一点浮动与夸张的态度。"他鼓励说："要是本着这个宗旨推行起来，不但中国青年求学问题有法解决，就是全中国最重大问题，全世界最重大问题，也不难解决，这真是大有希望的。"

北京工读互助团成立之后，各地的工读互助团运动纷纷展开。上海工读互助团于1920年3月初成立，列名发起人的

① 王光祈：《工读互助团》，《少年中国》第一卷第七期，1920年1月15日。
② 王光祈：《工读互助团》，《少年中国》第一卷第七期，1920年1月15日。

共有二十六人，除陈独秀、王光祈外，还有少年中国学会会友宗白华、左舜生、康白情、毛泽东。5月，在上海的毛泽东和彭璜、张文亮几个人在民厚南里租了几间房子，实验过工读互助的生活。他们共同做工，共同读书，有饭同吃，有衣同穿。毛泽东担任洗衣服和送报纸的工作。6月，旅沪的湖南学生又组织了"沪滨工读互助团"。在这一年里，武昌、南京、天津、广州、扬州也都成立了工读互助团。

但好景不长，毛泽东在尝试了工读互助一个月后，便很快察觉这种团体生活中难以克服的弊端。6月7日，他写信告诉北京的黎锦熙："工读团殊无把握，决将发起者停止。"而此时的北京工读互助团也和他们一样陷入了经济紧张、人心涣散的窘境，尽管同人勉力支持，但不久也不得不解散。仅半年时间，工读互助运动就失败了。

工读互助运动为什么会失败？参与者从不同角度进行了认真反思。工读互助运动失败后，王光祈对之进行了反思，并坚持认为，工读互助主义的方向是对的。直到近一年后，他在与恽代英的通信中还在为这一运动和理想辩护，认为失败"完全是'人的问题'，而非'法的问题'"。而所谓"人的问题"，就是团员的选择问题。他认为，没有仔细选择"既能了解，又能实行"真正的工读精神的团员，是导致大家感情不洽、不能同心克服困难的原因，因而也是最终导致失败的原因。在王光祈看来，工读互助运动成功的前提在于所有参加者在思想、道德和人格上的完善。其实这一直是王光祈始终坚持不渝的原则，故他在《少年中国运动》一书的序言中明确指出："我素来深信所谓'修身、齐家、治国、平天下'的改革程序，以为无论古今中外莫不如此。"因为如果连"个人自己的生活尚不知改造，尚有何德何力来改造国家民族生活?"因此，道德人格的修养自少年中国学会筹备起就一直是其努力追求的目标之一。基于此，少年中国学会一开始就对会员提出了严格的自律要求。但工读互助团成立之初，对团员缺乏严格的遴选，因而这些团员未必做到思想、道德和人格上的完善，故当工读互助试验中遇到经济紧张时，就陷入了人心涣散的窘境，最终导致工读互助团的解散和工读互助运动的失败。

王光祈的这种观点，得到了陈独秀的支持。陈独秀在《工读互助团失败的原因在哪里?》一文中也认为："他们这回失败，完全是因为缺乏坚强的意志、劳动习惯和生产技能三件事，这都是人的问题，不是组织问题。"但客观地讲，王光祈和陈独秀的看法是错误的。工读互助运动的失败不在人的问题，而在于其空想性。工读互助运动试图以"小组织"试验为基础，由青年人成功的示范效应带动全社会的变革，这是一种带有浓厚乌托邦性质的社会改良方案，这种空想性的社会主义试验，在当时社会环境和政治环境中是根本无法实现的。五四时期的许多青年从它的失败中吸取教训，看到了无政府主义的致命弊端和空想性缺陷，逐渐将目光转向了外在的社会环境和整个政治、社会制度的变革本身。因此，工读互助运动的失败，成为少年中国学会分化的重要起点。

三、少年中国学会为什么会发生严重分化

少年中国学会是新文化运动时期历时最久、分布最广、影响最大的社团。总会设在北京，后移南京。南京、成都设有分会，湖北、湖南、山东、天津、上海等省市都有会员。国外在法国巴黎设有分会，英国、德国、美国、日本和南洋等地都有会员。1920 年 7 月，少年中国学会在北京召开大会时，会员由成立之时的四十二人增加到七十余人。1921 年 7 月，少年中国学会在南京召开大会时，学会会员增加到八十二人，后发展到会员一百零七人。

少年中国学会尽管人数不算太多，但涌现出了数十位彪炳史册的风流人物，可谓精英荟萃，名士云集，国共两党的很多重要人物均出之于其中。中共方面，有毛泽东、李大钊、恽代英、邓中夏、高君宇、刘仁静、赵世炎、张闻天、李达、沈泽民等；国民党方面，除了先为共产党、后为国民党的周佛海，还有杨亮功（官至考试院院长）、吴保丰（官至教育部次长）、沈怡（官至南京市长）等；以及后来青年党的核心成员曾琦、左舜生、李璜、魏时珍、余家菊、陈启天等；更有科学、教育、文化界的名流：朱自清、宗白华、田汉、许德珩、张申府、周太玄、李劼人、方东美、舒新城、杨钟健、康白情、苏甲荣；甚至还有四十年代的中国"船王"卢作孚。少年中国学会几乎囊括了五四时代的杰出青年，堪称风云际会。而这样一个荟萃

精英的组织，因内部成员复杂、思想分歧而引起激烈争论，最终导致解散。少年中国学会内部的争论，"并不像在过去的研究中人们通常所说的那样，是发生在共产主义派与国家主义派之间的争论，而是发生在以政治改造为主要取向的会员，和以学术研究为主要取向的会员之间的争论"。

少年中国学会成分复杂。许德珩在《回忆五四运动》中说："这个学术性的政治团体……主要有下列几种人：（一）向往俄国十月革命的一些人；（二）因反对日本侵占山东而归国的一小部分留日学生；（三）从事爱国运动的国内各学校少数学生。就我记忆所及，如毛泽东、恽代英、邓中夏、杨贤江、高君宇、李达（鹤鸣）、黄日葵、缪伯英、蔡和森、赵世炎、张闻天、沈泽民等都参加了这个组织，而且他们当中有好些都是起领导作用的。参加的人还有杨钟健、许德珩、章廷谦（号川岛），以及周炳琳、孟寿椿、周太玄等。后来堕落成为国家主义分子青年党的曾琦、左舜生、李璜、余家菊等也进了这个组织。还有参加新潮社的新诗人康白情，陕西文人郑伯奇等。"正是由于会员成分如此复杂，故思想分歧严重，左右两派尖锐对立，最终导致少年中国学会分化。

随着五四新文化运动的发展，西方各种思想学说作为新思潮涌进中国，西方近代民主主义、国家主义、社会主义、无政府主义、实验主义等竞相传播，少年中国学会会员思想极为复杂，所接受的是各种各样的新思想。少年中国学会初定的宗旨为"振作少年精神，研究真实学术，发展社会事业，转移末世风气"，后改为"本科学精神，为社会活动，以创造少年中国"，无论前者还是后者，都可以看出学会的精神气质在于振奋人心、再造社会。至于采取什么办法，走什么道路，各自有着不同的理解。故在少年中国学会成立之初，理想是高于一切的，他们并不追究"少年中国"究竟是何种样子。他们相信在思想解放的浪潮中，通过学会的共同探讨，会找到完美的答案。因此最初学会的宗旨为并不确定选择哪种学说作为"少年中国"的指导思想，而是各种思想并存，同时包容了各种不同的观念，力图在纷乱中探求一条向前的道路。对于所要创造的"少年中国"之形式，有的主张采用英美式民主主义之组织，有的主张采用俄国式社会主义之组织，更有以无政府主义之组织为适合于二十世纪者。正因如此，当会员们思想逐渐成熟以后，不免主义分歧，从而产生分化。

王光祈仿效蔡元培掌北京大学的经验，在学会里实行"兼容并包"的方针。他解释说，他之所以采取这个方针，是因为"战后世界潮流是变迁最烈的，因之青年思想亦是一种变迁锐进的。故本会会员有偏重国家主义的，有偏重世界主义的，亦有偏重安那其主义的，是不能一致的，亦不能强同的"。因之，会员的成分是复杂的，信仰是不一致的。

少年中国学会成立之初，会员中普遍接受的是各种社会主义学说。李璜在给少年中国学会会员的通信中主张：对于各种社会主义"不是采取单刀直入的，是旁通博采的"[①]，少年中国学会会员正是从各自不同的角度理解和接受社会主义的。王光祈是一个充满理想主义色彩的民主主义者，思想中有浓厚的自由、平等、博爱的思想，对未来有一种至善至美的愿望，他所希望的新社会的理想是："在个人主义之下，为一种互助

---

① 　李璜：《李璜致润玙》，《少年中国》第一卷第五期，1919 年 11 月 15 日。

的进步的自由的快乐的结合。"①因此，在各种社会主义理论中，他自然倾向于克鲁泡特金的以"互助论"为思想基础的无政府主义，认为它是"有组织的、有秩序的、积极的、建设的"理论。恽代英则从生物进化过程中的互助方面去应用进化论，主张"与其提倡争存的道理，不如提倡互助的道理"②。"我们应当从生物进化方面看出人类只应遵循社会主义的生活。"③实际上所接受的是互助论的社会主义。

少年中国学会在初期是一个开放的、有相当大包容性的团体，随着实践的进行必然逐步分化。工读互助团的失败，是少年中国学会分化的转折点。王光祈发起组织的工读互助团试验，寄托着少年中国学会创造新社会模式的理想。但短短半年时间就失败的深刻教训，打碎了一些少年中国学会会员的乌托邦幻想，加速了少年中国学会内部的分化。

四、少年中国学会会员做出了怎样的道路选择

少年中国学会成立之初，以李大钊为代表的左翼会员极力要改变少年中国学会那种宗旨笼统、组织涣散的状况，想使它成为马克思主义指引下的革命团体。少年中国学会成立之初，上海会员明确提出，学会对于政治与社会纯取学术研究，尚未有主张，若因个人的观点而影响团体的行动，则不

---

① 　王光祈:《工作与人生》,《新青年》第六卷第四号，1919 年 4 月 15 日。

② 　恽代英:《论社会主义》,《少年中国》第二卷第五期，1920 年 11 月 15 日。

③ 　恽代英:《我的宗教观》,《少年中国》第二卷第八期，1921 年 2 月 15 日。

如暂时停止与学会存亡有关的言论，而专门从事于阐发科学、哲学、人生观、社会学等学术性问题，"暂时多研究'学理'，少叙述'主义'，以求维持学会之巩固"。王光祈作为执行部主任主持会务，以北京同人名义表示赞同："本会同人若在研究真实学术发展社会事业范围之内活动，同人自当互相与以积极之援助。倘有会员对于政治兴味极浓，急欲登台一试，或对于社会组织有所不满，急欲从事社会革命，本会同人对于上述两种会员，无论其成功失败，均不过问。"正因如此，王光祈不赞同少年中国学会会员搞政治，反对李大钊等人关于学会要确定主义信仰的主张，认为改造社会可以从"教育实业下手"。他解释说："教育可以革新我们的思想，灌输各种知识；实业可以增益我们物质上的幸福，减少我们生计上的痛苦。"还强调，从事教育和实业，就是少年中国学会会员活动的方向。在他看来，当时中国民众还没有信仰和实施主义的能力，充其量只能做些确定主义的"预备功夫"，逐渐"创造一个少年中国主义"来改造中国。

工读互助团遭遇困境和失败后，学会的灵魂人物王光祈离开中国启程前往欧洲留学，目标是考察欧美的工读主义。新生活实验破灭，要求他们必须找到一条彻底改造中国社会的道路，这样，"主义的问题"就不可避免地被提了出来。此后，少年中国学会内部开始急剧分化：以李大钊、邓中夏、高君宇、黄日葵等为代表的左翼会员，放弃无政府主义而信仰马克思主义，走上了组建中国共产党、进行国民革命的道路。以曾琦、李璜、左舜生、陈启天、余家菊为代表的右翼会员，同样抛弃无政府主义而信仰国家主义，走上了组建中国青年党、进行所谓民族革命的道路。而以王光祈为代表的中间派会员，逐渐摒弃了无政府主义，走上了社会改良道路。这样，少年中国学会内部在思想理论上兼容并包、五花八门的局面难以保持。

李大钊在 1918 年 11 月开始向会友宣传马克思主义，王光祈当面反驳过两次，认为各国有各国的国情，中国固不能走法国革命的老路，也不能照搬俄国革命的经验。李璜在离开上海去法国时写了一封《留别少年中国学会同人书》，反对盲从马克思主义和俄国十月革命，认为马克思主义之阶级斗争说及"工人无祖国"之论行之无效，而且甚为残酷，并非人道主义的胜利。巴黎会员曾琦等人也与李大钊争辩，认为共产主义不适中国国情，世界革命极不可靠，并表示反对第三国际。这样，由于李大钊宣传和信仰马克思主义，所以少年中国学会内部形成了政治活动与社会活动的激烈争论。

1920 年 8 月，北京少年中国学会同人聚会中山公园今来雨轩。李大钊提议说："两年以来，世界思潮既有显然之倾向，而国内应时发生之无数小团体，亦莫不各有鲜明之旗帜；本会同人已经两载之切实研究，对内对外，似均应有表明本会主义之必要。"实际上。李大钊的提议非常明确，其所谓"本会主义"就是用马克思主义指导社会实践。李大钊提出学会有标明主义之必要，得到了邓中夏、刘仁静、黄日葵等人的赞同，但左舜生等人反对。

1921 年 7 月初，少年中国学会在南京召开第一次年会。这次年会本意在于挽救陷入激烈的"主义之争"的学会免遭破裂，但会议对是否要主义和应否参加政治活动的问题，发生了激烈的争论。李大钊、邓中夏、高君宇等人坚持学会有采取一种主义的必要，认为只有这样各方面的活动才"可以趋向一致。教育不致为预备非人的场所，文学不致徒供富贵人的玩赏，实业不致徒养成一般后起的资本家"①。左舜生、陈启天等则继续坚持学会的学术性质，强调做到学术、事业和修养兼顾，认为创造少年中国就是本会的主义，或者认为学会应该成为研究学术、教育的会，主张研究一切主义，在"学"字上下功夫，学好了，主义自会产生。这样，左右两派围绕学会主义及是否参加政治活动产生了分歧及争论，最后两派分道扬镳。参加会议的刘仁静从南京启程前往上海，与少年中国学会会员毛泽东、周佛海等人参加了中共一大，创建了中国共产党。

实际上，是否要主义的争论是一种表面现象，真正分歧在于实现主义的手段。会员郑伯奇认为有两种趋向："一种是直接从事社会改造事业，想急进或缓进用革命来创造少年中国的。一种可以说是用间接手段，想由教育学术方面寻创造少年中国的途径。也许可以这样说：一种人想先造少年中国的组织和国家，一种人想先造少年中国的人民和社会。"② 这次大会后，少年中国学会会员各自的信仰日益对立，纷争日益激烈，并形成三个主要的政治派别，走上了不同的道路。

首先，部分知识分子选择马克思主义作为改造中国的唯一道路。他们经过亲身的实践觉悟到："要拿工读互助团为改

---

① 《南京大会纪略》，《少年中国》第二卷第二期，1921 年 9 月 1 日。

② 《少年中国学会问题》（郑伯奇意见），《少年中国》第三卷第二期，1921 年 9 月 1 日。

造社会的手段，是不可能的。要想在社会未改造以前试验新生活，是不可能的。要想用和平的渐进的方法来改造社会的一部分，也是一样的不可能的。"那么怎么办呢？他们认为："改造社会要用急进的激烈的方法，钻进社会里去，从根本上谋全体之改造。"[①] 基于这样的认识，部分先进知识分子逐渐转向马克思主义。列宁领导的俄国十月革命的胜利，为中国提供了一个实现社会根本改造的成功的范例。"没有康格雷，没有巴力门，没有大总统，没有总理，没有内阁，没有立法部，没有统治者，但有劳工联合的议会，什么事都归他们决定。一切产业都归在那产业里作工的人所有，此外不许更有所有权……这是 Bolsheviki 的主义。这是二十世纪世界革命的新信条。"[②] 在这种社会里，所有的平等、自由、互助、博爱、富裕等善良的愿望都可以实现，这正是五四知识分子寻求中国社会改造的最终理想。同时，马克思主义为改造中国提供了更加可行的斗争方式，而无政府主义、自由主义、新村主义虽然理论上说得好听，事实上却是无法做到的。因此，李大钊、毛泽东、邓中夏、恽代英、萧楚女等少年中国学会的部分知识分子抛弃了乌托邦的幻想，成为坚定的马克思主义者。

1922 年 7 月，少年中国学会在杭州召开大会。李大钊、邓中夏、刘仁静等人给少年中国学会杭州大会提交的《北京同人案》中，分析了在帝国主义和军阀压迫之下，中国经济破产、人民生活贫困、文化落后的现状，指出"这种社会不是以空泛的道德目标和实用的科学常识所能征服的，而且除非物质

---

① 施存统：《存统复哲民》，上海《民国日报》副刊《觉悟》，1920 年 4 月 11 日。
② 李大钊：《Bolshevism 的胜利》，《李大钊文集》（上），第 600 页。

生活的改善，永远不能将它完全征服。改良物质生活的唯一方法是只有铲除国内的督军制和国外资本主义的这二重障碍，由本国人开发本国的实业"。黄日葵、陈仲瑜、邓中夏、刘仁静、李大钊、沈昌联合提出的提案指出，学会不能不从事政治活动，"政治斗争是改造社会、挽救颓风的最好工具"。"希望以社会运动，教育全体人民，待全体人民觉悟后再谋政治运动，推翻恶政府，这永远是一不可能的幻想。"少年中国学会作为知识阶级的团体，应当"引导少数觉悟的民众在各种事业中与军阀代表的黑势力奋斗，唤醒国人的同情"。他们申明："为革命的民主主义，我们全体动员了。我们不要躲在战线后，空谈高深的主义与学理，我们要加入战线，与军阀及军阀所代表的势力搏战了。"高君宇在杭州会议上明确提出本会非有明白的主张不可，这种主张就是主义，希望本会采取马克思主义；至于对待当前时局，他主张开展反帝国主义反军阀的斗争。

其次，多数知识分子选择了倾向社会改良性质的中间道路。工读互助运动的失败，使王光祈、宗白华等多数会员感到惋惜，但他们仍旧抱定自己的理想，坚持以改良的方式实现少年中国的梦想。王光祈始终认为失败的原因是"人"的问题，而不是"法"的问题，坚持以"新村及工读互助团"为自己"终身欲从事之事业"①。他认为中国落后，国民生活恶劣的原因在于："一为无识，二为无业。因为无识的人太多之故，群居终日，言不及义，不知什么叫作人生。因为无业的人太

---

① 《少年中国学会会员终身志业调查表》，《五四时期的社团》（一），三联书店1979年版，第432页。

多之故，饱食终日，无所用心，国民生产，日趋退化。要医治这两种病症，只有普及教育与发达实业两法。"[1]

他们认为，社会改造就是让有觉悟的知识阶级加入劳动阶级的队伍，以教育革新思想，以实业创造幸福。王光祈称这种改良运动为"走"的运动，唯一的条件就是努力促进各种社会事业，使国民精神上、物质上都得到安慰与满足。他们在学理上继承了五四新文化的传统，试图以新的思想、新的社会改造一切，但在现实问题上没有完成从改良主义向马克思主义的过渡。他们虽然提出了救治社会的办法，但不能着眼于整个社会经济和政治制度的变革；虽然有很强的群众意识，却在实际上不能解决人民的苦难，因而最终陷入诗化般的空想和纯粹的学理探讨之中，很多人走上一条试图通过自己所从事的教育、科学文化事业能有所成就而有益于国家民族的奋斗道路。其中的代表人物王光祈，1920年留学德国后醉心于西方音乐和中国古代礼乐制度，并提出了一套"音乐救国"的理论。更多的人则在科学救国、教育救国的旗帜之下默默地奋斗。

再次，部分会员选择了国家主义，组建了中国青年党。工读互助团试验失败后，少年中国学会会员曾琦、李璜、陈启天等人"渐次警觉共产主义运动亟宜设法预防，因而提出国家主义与之对抗。因此少年中国学会内社会活动与政治活动之争，遂于民国十二年起转变为国家主义与共产主义之争"。1923年底，曾琦、李璜、左舜生等人在巴黎成立中国青年党，以"外抗强权，力争中华民国之独立与自由；内除国贼，建设

---

[1] 王光祈：《少年中国运动·序言》，上海中华书局1924年版。

全民福利的国家"为其宗旨。针对共产党人的阶级斗争学说和世界革命理论，他们提出了国家主义理论相对抗。他们主张以国家为前提，反对阶级斗争学说；他们注重以国家为前提的各阶级共存，主张全民革命，指责阶级斗争是把本阶级利益凌驾于国家之上，以国家主义教育为实现全民革命的手段。他们力图使自己成为一种超阶级的国家利益的代表，以全民革命实现全民福利国家，认为共产党人为阶级利益而断送国家，因此根本分歧在于是否要阶级斗争与无产阶级专政。这样，在如何改造中国社会和把中国引向何方的根本问题上，国家主义派与中国共产党产生了不可调和的分歧。

在这样的背景下，少年中国学会的瓦解只是时间问题。1925年7月，少年中国学会在南京举行大会，就学会应否将国家主义列为本会方针，引起激烈争论。余家菊与曾琦、左舜生、陈启天等坚持国家主义，恽代英、沈泽民表示反对。"共产与反共产之争，不得调和。少年中国学会乃告破裂。"据方东美回忆："双方争到激烈，拳不停挥，口沫四溅，各以杀头相威胁，当时若手枪在手，恐已血流成河矣"①。临分手之际，邓中夏对左舜生说："我们以后疆场上相见吧。"至此，少年中国学会自动解散，退出了历史舞台。

方东美说："少年中国学会之可爱，初由有学术文化之理想；少年中国学会之解体，疚在学人之沦为党人。"少年中国学会的分裂乃是五四运动后至1925年间复杂的政治形势所决定的，"惜乎五四运动以后，至于民国十三四年，国情愈恶化，北方军阀愈益猖獗，全国青年革命情绪激昂，已有操刀立割，

---

① 《左舜生先生纪念册》，（台北）传记文学出版社，第45页。

仗剑顿挥之势，于是各依其所见所信，转求效率最快之政治路线，期以达成救国之目的，大势所趋，有如决川赴海，莫之能遏。"

五、他什么要转向音乐救国

1920 年 4 月 1 日，学会的主要发起人王光祈和少年中国学会的同伴魏时珍、陈宝锷、涂九衢从上海乘法国轮船远赴欧洲。而在岸上和他们挥手告别的就是毛泽东，可见王光祈与毛泽东之间的情谊。

至于为何去德国留学，据王光祈自己解释说，他原本打算去美国留学，但"因在沪时检验身体，已有眼疾，非医好后不能赴美"，所以他才决定临时改道赴德。实际上，他决定赴德留学的原因，是出于对德国在一战后重建时期"上下兢兢图存"精神的钦佩。他认为"国内青年有志者，宜乘时来德，观其复兴纲要"，以为中国之借鉴。因此，他到德国法兰克福大学最初攻读的是政治经济学。

王光祈离开祖国前往德国留学，船过香港，远望青山罗列海岸，情不自禁地吟诵出《去国辞》五章，后被谱上曲，曾传唱一时。最后一章曰："天之涯，海之湄，与我少年中国短别离；短别离，长相忆！愿我青春之中华，永无老大之一日！惟我少年，努力努力！"

王光祈到达德国后，先入法兰克福大学攻读政治经济学，同时兼任上海《申报》《新闻报》驻德通讯员，以稿费维持生活。王光祈是勤工俭学完成学业的第一人，并不像其他同学申请了庚款，他在德国的留学费用完全自理。1923 年 7 月，王光祈从法兰克福迁居柏林，向德国音乐教授学习小提琴和音乐，走上了"音乐救国"的道路。

王光祈为什么改学音乐并主张"音乐救国"？概括地说，这是因为音乐是唤起民族精神的利器，是实现其"少年中国"梦想的工具。王光祈在童年时代就会吹箫奏笛，对音乐产生浓厚兴趣，读中学时又醉心于川剧。这为他后来从事音乐研究奠定了基础。王光祈来到德国这个四处充满音乐的国度，深切感受到音乐动人的力量，并认识到音乐足以唤醒民族的精神，使得日夜梦想的"少年中国"理想落到实处。他敬慕孔子礼乐教化的思想，认为振兴礼乐可以改善社会人心，提振国民精神，进而改造整个国家。于是，他决心转攻音乐，实现"音乐救国"。

王光祈在《东西乐制之研究》一书自序中激情澎湃地写道："吾将登昆仑之巅，吹黄钟之律，使中国人固有之音乐血液重新沸腾。吾将使吾日夜梦想之'少年中国'灿然涌现于吾人之前。"他认为，中国社会一切弊病的根源是因为中国人在性格上"充满了因循、苟且、庸懦、麻木、冷酷、贪吝、无聊"。故中国的当务之急不是进行革命，而是从事"自反自修的国民改造运动"，利用西洋科学方法整理中国古代礼乐，"用以唤起中华民族的根本思想，完成我们的民族文化复兴运动"。他 1924 年写的一首诗反映了这种思想："处世治心惟礼乐，中华立族旧文明。而今举世方酣睡，独上昆仑发巨声。"

以 1925 年的五卅运动为起点，少年中国学会内部的分化和争论更为深刻和激烈，左右两派已势同水火，互不相容。学会分裂已成定局。长期远离祖国的王光祈仍想维持这个已名存实亡的学会。同年10月15日，王光祈在填写少年中国学会改组调查表中表示："倘会中国家、共产两派不能合作，则主张将学会分为：（甲）少年中国学会国家主义派；（乙）少年中国学会共产主义派；（丙）少年中国学会民族主义派。"从1925年下半年起，少年中国学会停止活动并在无形中解散了。

1927年4月，王光祈入柏林大学音乐系深造，历时七学期。1932年11月起，他开始在波恩大学东方学院担任讲师，讲授中国文艺。1934年，他以《中国古代之歌剧》在波恩大学获博士学位。这是中国人在国外拿到的第一个音乐学博士学位。他在音乐史上的造诣得到了德国音乐界的承认，《大英百科全书》和《意大利百科全书》修订新版的时候，《中国音乐》这一专条都是请他编写的。王光祈勤奋著述，除撰写、翻译了政论著作《辛亥革命与列强态度》《三国干涉还辽秘闻》等十余部外，还陆续写成音乐专著十八本、论文四十余篇。诸如《欧洲音乐进化论》《德国国民学校与唱歌》《东西乐制之研究》（属中国最早的具有开创意义的比较音乐学著作）、《各国国歌评述》《东方民族之音乐》《音学》《中国诗词曲之轻重律》《翻译琴谱之研究》（向西人介绍中国古琴音乐的著作）、《中国音乐史》《西洋音乐史纳要》《西洋名曲解说》，等等。其中不少著作具有首创性，表现了王光祈的音乐思想：主张发挥音乐的社会功能，借以振奋人心，发扬爱国主义精神。同时他还提出了发展民族音乐的具体办法，洋溢着民族自豪的感情。

旅居海外的王光祈没有忘记自己的祖国。他在研究音乐学的同时，依然不忘改造中国的使命，翻译了近代中国外交史料。九一八事变后，他在柏林及法兰克福各大报上发表文章，反对日本帝国主义侵略中国。1934年2月19日，他在给友人的信中记述了他在波恩与留学生们一道抵制日本御用文人讲演的爱国行动。他写道："本月15日，有一日本教授在此讲《满洲国与日本》，并附以有声电影。此间同学，交涉阻止无效，乃与东方语言学院院长接洽，于讲演之前，由该院院长说明吾辈反对经过之情形，并朗诵吾辈拟就之抗议书一遍，读毕，吾辈全体同学退席，以表示抗拒之意。"他主持编译的《国防丛书》在中华书局出版，以期为中国抗战提供参考。这项工作引起了蒋介石的注意，1935年4月20日，蒋介石致电驻柏林中国大使馆，转询王光祈"如愿回国，当图借重"。

王光祈更没有忘记"少年中国"的梦想，尽管少年中国学会于1925年7月因内部思想上的分歧解散了。在少年中国学会解散后十年的1935年年底，王光祈打算回国，并有意恢复少年中国学会。他在给少年中国学会的朋友黄仲苏的信中说："离国虽久，爱护学会的心情倒是更加热烈……明年返国第一件要做之事便是重振会务。"

令人遗憾的是，由于过度勤奋和生活的清苦，王光祈积劳成疾。1936年1月12日，他因突发脑溢血猝然病逝于德国波恩医院，年仅四十四岁。波恩大学为他举行了追悼会。噩耗传回国内，南京、上海、成都等地和他的故乡温江县（今温江区）都为他举行了隆重的追悼会。在南京追悼会上，蔡元培致悼词，徐悲鸿为王光祈画了遗像；成都各报发表了悼念文章。1938 年，王光祈的骨灰由其生前好友从波恩辗转运回成都。1941 年冬，李劼人将王光祈骨灰葬于成都东郊沙河堡菱角堰侧。中华人民共和国成立后，周恩来总理向李劼人打听王光祈 1936 年骨灰运到成都安置的情况。1983 年，四川音乐学院将其墓碑迁至该院并建纪念亭。1984 年 6 月，中国音乐家协会、四川省政协等单位在成都召开"王光祈研究学术讨论会"，中国音协主席吕骥在评价王光祈的音乐学贡献时说："将东西方之音律，东方各民族之音律进行比较研究，始创于王光祈，这无疑是我国音乐学上一大贡献。"

六、毛泽东为何一生难以忘怀他

正是在少年中国学会的活动中，王光祈与毛泽东结下了深厚的友谊。少年中国学会对青年毛泽东产生过很大影响，这是让毛泽东情系一生、念念不忘王光祈的重要原因。

王光祈认识毛泽东是通过李大钊的介绍。1918 年秋，毛泽东与李维汉、罗章龙等二十名湖南青年在杨昌济的安排下，从长沙来到了北京。毛泽东经杨昌济的介绍，认识了当时任北京大学图书馆主任的李大钊，李大钊安排他到图书馆当一名助理员。通过李大钊的介绍，毛泽东结识了王光祈，北京就成了他们美好交往的起点。在此期间，王光祈与毛泽东频繁接触，共同探讨社会问题。对毛泽东的襟怀、学识和品格，王光祈是十分敬重的；毛泽东对王光祈的真诚、坦率、丰富的学识和改造社会的胆识与毅力也是钦佩的。据毛泽东自己回忆："由于我的职位低下，人们都不愿同我来往"，不仅那些教授们"没有时间听一个讲南方方言的图书管理员要说些什么"，就是同龄人中，也对这个湖南来的年轻人有些看不起。但王光祈却看到了毛泽东身上敢于实践的优点，经常在不理解毛泽东的会员面前维护他的形象。

1919年12日18日，毛泽东率领湖南驱逐军阀张敬尧代表团第二次到北京，再次与王光祈相聚。1920年1月，经王光祈和李大钊介绍，毛泽东正式加入了少年中国学会，这是毛泽东平生加入的唯一一个由别人创办的社会团体。毛泽东一生只参加过两个社团组织，一个是以他为主创建的新民学会，另一个就是少年中国学会。根据毛泽东坚强的性格，在没有完全理解的条件下，他是不会轻易盲从的。他之所以毫不犹豫地加入少年中国学会，首先是对学会宗旨的认同，其次是对学会发起人王光祈、李大钊等人品格和学识的认可。

毛泽东对于少年中国学会的活动是颇重视的。1919年年底，在陈独秀、蔡元培、李大钊等支持下，王光祈创建"工读互助团"募集经费，以帮助北京青年实行半工半读，达成教育和职业合一的理想，进而造成局部的新社会，循序渐进改造中国。这个举动在当时的知识青年中产生了很大影响，也得到了毛泽东的认同及参与。毛泽东感慨地说："我数年来梦想新社会生活，而没有办法"，现在总算找到了[①]。大家在讨论穷学生如何进行半工半读时，平时很少说话的毛泽东建议："不要老是坐而论道，要干就干。你们诸位就把换洗衣服拿出来交与我去洗，一个铜子一件，无论大件小件，一样价钱，三

---

① 毛泽东：《学生之工作》，《湖南教育月刊》第一卷第二号，1919年12月。

天后交货拿钱。"王光祈评价毛泽东说:"此人颇重实践,自称慕颜习斋之学主实行。"李璜认定毛泽东日后"可能成为一个革命的实行家"。

1920年2月,毛泽东饶有兴趣地参观了王光祈在北京试办的女子工读互助团后,写信向长沙的新民学会做了介绍:"觉得很有趣味!但将来成绩如何?还要看他们的能力和道德力如何,也许终究失败(男子组大概可说已经失败了)。"他建议:"我想我们在长沙要创造一种新生活。可以邀合同志,租一所房子,办一个自修大学(这个名字是胡适先生造的)。我们在这个大学里实行共产的生活,大家通过教书、撰稿、编书等各种劳动获得收入,共同消费,以维持共同的学习和生活。"

王光祈留学德国后,毛泽东仍然与少年中国学会后期的负责人黄仲苏、杨钟健保持书信来往,对学会的两次大规模调查的表格也认真填写:一次是1920年至1921年间的"学会会员终身志业调查表",一次是1925年年底的"少年中国学会改组委员会调查表"。毛泽东在前表中写道:"终身欲研究之学术:教育学;终身欲从事之事业:教育事业;将来终身维持生活之方法:教育事业之月薪酬报及文字稿费。"

1945年7月,左舜生和黄炎培、傅斯年、章伯钧、诸辅成等国民参政会成员为调解国共之争访问了延安。逗留期间,毛泽东以少年中国学会会友的身份,与左舜生单独进行了长谈。抗战胜利后,毛泽东到重庆与国民党谈判,曾宴请在渝少年中国会友二十余人。毛泽东三次邀请少年中国学会的发起人之一、曾任巴黎分会的书记周太玄赴宴,席间询问能否重新恢复少年中国学会。

另据魏时珍回忆：中华人民共和国成立后，毛泽东没有忘记王光祈，很想延揽他一起加入新中国的国家建设。当时，毛泽东还不知道王光祈早已经去世了。一次，陈毅回到成都，在宴会上问李劼人副市长："我回成都，向主席告别时，他问我，'你们成都有个王光祈，你知道吗？'我答，'不知道。'主席又问，'那么，你在成都时，可问一问，是否有人知道？'"这时，李劼人回答说："王光祈是我的老同学，很知道。他在德国波恩大学任教，患脑溢血，早已死了。后来骨灰运回了，为之立碑，碑文是'王光祈先生之墓'，字是周太玄写的。土改时，墓碑迁徙，现犹存我家。"陈毅听后，很有收获，允诺将汇报主席。事后，陈毅再次回到成都对李劼人说："这次来，主席语我，'王光祈死了，他有亲属吗？可再问问。'"李劼人回答："光祈曾娶罗氏女为妻，但早死了，其他亲属，也无所闻。"陈毅表示，返京后将此事再告主席。①

　　毛泽东两次在陈毅回川时托他查询王光祈及其家人的下落，这既是出于一种怀旧之情，也说明发起少年中国学会的王光祈在其心中占有重要的位置，以至于令他难以忘怀。

---

①　魏时珍：《忆王光祈》，《四川师院学报》1985 年第一期。

第十章　主张调和论的文化保守主义者：杜亚泉

　　提起杜亚泉，人们自然将其归类于文化保守主义阵营，视为五四时期文化保守主义的代表人物。实际上，杜亚泉并不像人们想象的那么简单，他创造了近代中国科学传播史上的多项第一：他最早创办了专门科学杂志《亚泉杂志》，他最早翻译了门捷列夫的化学元素周期表，许多化学元素命名沿用至今，他最早编写近代语文课本《文学初阶》，他主持编辑中国第一部《植物学大辞典》和《动物学大辞典》，堪称清末民初著名的科学教育家和启蒙学者。当然，作为五四时期著名刊物《东方杂志》的主编，他是五四时期东西文化论战的主角。他一方面固守中国传统，另一方面积极引进科学与民主，力求在传统与现代、东方与西方之间调适折衷，成为著名的文化调和主义者。正因如此，杜亚泉被新青年派视为文化保守主义者而加以排斥。在五四新文化运动百年后的今天，有必要摈弃狭隘的进化史观，重新评价杜亚泉的文化调和主义和多元主义文化观。

一、为什么五四时期会出现文化保守主义

杜亚泉是五四时期文化保守主义的代表人物，但为什么这种文化保守主义会在狂飙突进的五四时代出现？这就不能不首先考察民国初期中国文化发展的基本态势，进而弄清五四时期东西文化论战的思想背景。

辛亥革命以后，始于明清之际的中西学之争，以"东方文化派"与"新文化派"的新形式展开了旷日持久的论战。五四时期的东西文化论战与十九世纪末二十世纪初"中西之辩"的不同之处在于：论战双方的阵容已有变化，主题也有所转换。晚清"中学"阵营以传统守旧派和洋务派为主，"西学"阵营则以维新派和革命派为主。他们之间的争论在本质上反映了当时政治上新旧势力的两军对垒。

但是，经过清末民初的政治变革和西学东渐大潮之猛烈冲击，到五四时期已经出现了一批既具备相当深厚的西学基础，又对战后西方近代文明和道德危机抱有悲观态度，转而重新从中国传统文明中寻找出路的知识分子。这些知识分子，通常被视为文化保守主义者。他们继清末"国粹派"之后结成了新的"中学"营垒，形成了所谓"东方文化派"。其代表人物有杜亚泉、章士钊、梁启超、梁漱溟、张君劢等人。

在五四新文化运动狂飙突进、全面输入西方新思潮的时代背景下，为什么会出现像东方文化派这样的文化保守主义？

这是耐人寻味的文化现象。如果说晚清时期深受儒学熏习的守旧派对西学往往采取深闭固拒的强硬态度的话，那么，到五四时期持这种简单的排外主张者并不多见，故很少出现像倭仁那样的政治保守、文化守成的顽固派。尽管仍然有辜鸿铭、林琴南等文化守成者，但他们所拥有的西学知识及世界眼光，已远非晚清时代的守旧派和洋务派所能比拟。而至于像杜亚泉、章士钊等人虽然在文化观念上趋于守成，属于中国近代文化保守主义者，即通常所说的东方文化派，但他们同样具有更为广博的西学知识和开阔的文化视野。他们正是运用其较为深厚的西学知识及开阔的文化视野，与以陈独秀为代表的新文化派相抗衡。

以杜亚泉、章士钊为代表的五四时期的东方文化派，与邓实、黄节、章太炎为代表的清末国粹派虽然没有直接的师承关系，但仍然承袭了国粹派的某些余绪。以邓实、黄节、章太炎为代表的国粹派倡言国学，复兴古学，与清末"醉心欧风"之西化派相抗衡。这种如缕似丝地抗拒"欧化"、接续"国学"的努力，延续到五四时期便出现了与西化派相抗衡的新格局：先有林纾发表致蔡元培的公开信，攻击新文化倡导者"覆孔孟，灭伦常"；继有刘师培、黄侃、马叙伦支持创办北大《国故》月刊，为儒家的纲常礼教申辩；随后有杜亚泉主持的《东方杂志》对西洋近代文明的反思及对西化思潮的抵制；随后还有梅光迪、吴宓等人创办《学衡》，公开反对新文化运动和白话文运动；同时还有梁漱溟深刻比较东西文化，昌言走"孔家的路"并倡导中国文化复兴。这种根深蒂固的"国学"意识和剪不断理还乱的"儒学"情结，构成了与新文化运动相抗衡的文化保守主义思潮。五四时期的国故派、学衡派或东方文化派，皆与清末国粹派在文化意识及文化精神上相通，话语不出"国学""国粹"或东方文化之间，议论囿于会通、调和中西文明之际，属于中国近代文化保守主义者。

将五四新文化运动前后出现的诸多坚守中国传统文化价值者，统称为"文化保守主义者"，乃是为了与晚清时期那些极力维护中国社会政治现状的所谓"政治保守主义"相区别。文化保守主义也称"文化守成主义"，是指那种立足于中国传统文化，着力发掘和肯定中国固有文明的价值，力图融汇古今东西，站在中国文化的根基上有选择地吸纳外来文明，以适应时代需要的思想倾向或思想派别。这种守成的文化态度和立场，与政治上的保守与激进并不同步："他们在政治上可以很进步、很革命，甚至十分激进，但是对待民族文化传统却很谨慎、很保守，温情脉脉，谨守先业，唯恐'弃我故常'。"① 文化保守主义者可以是政治上的激进主义者，文化上的西化派同样可能是政治上的保守主义者，两者并不统一。

五四时期的东方文化派是文化守成主义者，而不是政治保守主义者。他们多是集旧学新识于一身的饱学之士，甚至游学日本、欧美多年，因此远非晚清时期的倭仁、叶德辉、王先谦等传统守旧派所能比拟，他们能够自觉地剔除中国传统士大夫的积习而"不必排斥欧风侈谈国粹"②。相反，他们鉴于中国固有文明的衰落及儒学正统地位的动摇，清楚地看到顽固地坚守儒家文明已实属不能，故往往为了接续和发扬儒

---

① 方克立：《现代新儒学与中国现代化》，《南开学报》1989 年第四期。

② 伧父：《静的文明与动的文明》，《东方杂志》第十三卷第十号，1916 年 10 月。

家文明而有限度地接受西方近代文明，更多的是强调立足于儒家文明的基点上，调和折衷东西文明，着力于东西文明交接点上的变通与调适。换言之，他们力图在东西文明的调和、折衷、变通与调适过程中，寻求儒家文明复兴之新机，探寻中华文明的现代出路。

五四时期东西文化论战双方的领军人物，东方文化派为《东方杂志》主编杜亚泉，而新文化派则为《新青年》主编陈独秀。两派争辩的核心问题，是东西文明的关系及文明的出路问题。以杜亚泉、章士钊、梁启超、梁漱溟、张君劢等为代表的文化保守主义者，构想出一种"东方精神文明"与"西方物质文明"的二元对立结构，企图用儒学为代表的东方文明复兴中国、超拔欧洲。鉴于第一次世界大战给欧洲带来的巨大灾难，他们断言西洋物质文明已经破产，极力鼓吹"精神救国论"，力图以孔子及其儒学为代表的东方文明救济西方近代文明。梁漱溟极力称赞孔子，要求人们过"孔家的生活"，走到"至好至美的孔子路上来"①，章士钊则以"不善于保旧之弊，则几于自杀"的论调，强调东西文明之调和。这种复归中国儒家文明的思路，实为五四时期思想文化界的重要显象。就连晚清以传播西学而声名显赫的严复亦感叹道："不佞垂老，亲见脂那七年之民国与欧罗巴四年亘古未有之血战，觉彼族三百年之进化，只做到'利己杀人，寡廉鲜耻'八个字。回观孔孟之道，真量同天地，泽被寰区。"②当年痛斥保皇派的章太

---

① 梁漱溟：《东西文化及其哲学·自序》，上海商务印书馆1935年版。
② 严复：《与熊纯如书》，王栻主编：《严复集》第三册，中华书局1986年版，第692页。

炎也逐渐改变了清季"订孔"思路，转而称颂孔子及儒学，"粹然成为儒宗"。

以东方精神文明之优补西方物质文明之缺，以东方道德伦理主义排斥西方功利主义和自由主义，成为五四时期文化保守主义者共同的价值取向。杜亚泉在东西文明比较基础上提出的文化调和主义，就是这种文化保守主义价值取向的集中体现。

二、为什么会出现新文化派与东方文化派的论战

针对康有为的国教运动及袁世凯的尊孔复古逆流，1915年9月，陈独秀在上海创办《青年杂志》（第二卷起改名《新青年》），揭开了新文化运动的序幕。新文化运动的基本内容提倡"民主"与"科学"。尽管新文化运动阵营内部后来发生了很大分化，但五四时期《新青年》周围的新文化派，包括了陈独秀、李大钊、胡适、鲁迅、蔡元培、吴稚晖、陈序经、钱玄同、丁文江等主张"西化"者。五四时期的陈独秀、李大钊、鲁迅等人与胡适、吴稚晖、陈序经、钱玄同、丁文江等人的文化主张，在"西化"趋向上并无太大无异，旨在追求一种师法西方的近代价值观，甚至一种"全盘西化"的价值观，只是各人立论的角度及"西化"的方略、途径、内容上稍有差异而已。新文化派均主张"往西走"，但在"往西走"的向度上有所分歧：以胡适为代表的西化派主张走欧美人的路；以陈独秀为代表的西化派主张走俄国人的路。这样的分歧导致了新文

化运动后期新文化派内部的分化。新文化派内部经过"问题与主义"之争、"科玄之争"及马克思主义在传播活动中的数次思想论战，激进的俄国派与稳健的自由派分道扬镳。

《青年杂志》创刊后，陈独秀为代表的新文化派对儒家思想为代表的中国传统文明进行了猛烈批判，提倡"所谓新者就是外来之西洋文化，所谓旧者就是中国固有之文化"，并认为，"新旧之不能相容，更甚于水火冰炭之不能相入也"[1]，公开主张以西方近代文明来取代中国固有文明。新文化派倡导输入西方近代文明，是建立在对中西文明进行优劣比较基础上的。陈独秀先后发表《法兰西人与近世文明》《东西民族根本思想之差异》，李大钊发表《东西文明根本之异点》《新的！旧的！》等文，从政治习惯、伦理道德、社会风俗等方面比较了东西文明之差异，论证西方近代文明比中国儒家文明优越，中国必须输入并接受西方近代文明。

陈独秀在《青年杂志》创刊号上发表的《法兰西人与近世文明》，明确地把中国文明定为"未能脱古代文明之窠臼"的"犹古之遗"，其内容"不外宗教以止残杀，法禁以制黔首，文学以扬神威"，并认为以人权说、生物进化论、社会主义为特征的西方近世文明，才是代表世界文明发展方向的新文明。随后，他在《新青年》杂志发表了《东西民族根本思想之差异》，把东方文明和西洋文明加以比较后，概括出东方文明和西洋文明的特点：西洋民族以战争为本位，东方民族以安息为本位；西洋民族以个人为本位，东方民族以家族为本位；西洋民族以法治为本位，以实利为本位，东方民族以感情为

---

[1] 汪叔潜：《新旧问题》，《青年杂志》第一卷第一号，1915 年 9 月 15 日。

本位，以虚文为本位。正是在比较研究的基础上，他得出了这样的结论：中西文明的差异是时代的差异，中国文明落后于西洋文明。中国"若是决计革新，一切都应该采用西洋的新法子，不必拿什么国粹、什么国情的鬼话来捣乱"[①]。

陈独秀揭示中国固有文明的落后性，肯定西方文明的优越性之目的是很明显的：以西方先进文明代替中国落后的儒家旧文明，达到改造中国社会的目的。他强调："如今要巩固共和，非先将国民脑子里所有反对共和的旧思想一一洗刷干净不可。""否则不但共和政治不能进行，就是这块共和招牌，也是挂不住的。"[②]梁漱溟对此看得还是很准确的："他们的意思要想将种种枝叶抛开，直截了当地去求最后的根本。所谓根本就是整个的西方文化——是整个文化不相同的问题。"[③]故在陈独秀看来，"要拥护那德先生，便不得不反对孔教礼法，贞节，旧伦理，旧政治；要拥护那赛先生，便不得不反对旧艺术，旧宗教，要拥护德先生又要拥护赛先生，便不得不反对国粹和旧文学"[④]。

1917年4月，李大钊发表《动的生活与静的生活》，次年7月，他又发表了《东西文明根本之异点》等文。他虽然与杜亚泉的观点相似，也将中西文明的特性概括为"静的文明"和"动的文明"，但李大钊的观点却与杜亚泉有很大区别。其不同之处在于：李大钊认为造成两种文明分歧的根源固然是很

①　陈独秀：《今日中国之政治问题》，《新青年》第五卷第一号，1918年7月15日。
②　陈独秀：《旧思想与国体问题》，《新青年》第三卷第三号，1917年5月1日。
③　梁漱溟：《东西文化及其哲学》，《梁漱溟全集》第一卷，山东人民出版社1989年版，第334页。
④　陈独秀：《本志罪案之答辩书》，《新青年》第六卷第一号，1919年1月。

复杂的，不仅有地理环境和文化背景的不同，"而其最要之点，则在东西民族之祖先，其生活之依据不同"。东方生计"以农业为主"，西方生计"以工商为主"。由于这两种经济生活的区别，由此导致了思想、哲学、宗教、伦理、政治等方面几十项文明因素的具体差异。这两种文明进化到了近代，中国"静的文明，精神的生活，已从处于屈败之势"，而西洋"动的文明，物质的生活"，"实属优越之域"。西洋整个社会绝不是"以静为基础"，而是出现了"动"的潮流："例如火车轮船之不能不乘，电灯电话之不能不用，个性自由之不能不要求，代议政治之不能不采行。凡此种种，要足以证吾人生活之领域，确为动的文明物质的生活之潮流所延注，其势滔滔，殆不可遏。"在这"动"的潮流面前，若"守静的态度，持静的观念，以临动的生活，必至人身与器物，国家与制度，都归粉碎"。李大钊形象地指出，"盖以半死带活之人，驾飞行艇，使发昏带醉之徒，御摩托车，人固死于艇车之下，艇车亦毁于其人之手"。换言之，当今不是西洋"动"的文明依靠中国"静"的文明以济穷救弊，而是要"竭力以受西洋文明之特长，以济吾静止文明之穷，断不许以义和团的思想欲以吾陈死寂灭之气象腐化世界"。他强调："断不许舍己芸人，但指摘西洋物质文明之疲穷，不自反东洋精神文明之颓废。"[①]

李大钊强调的是西方文明比东方文明"实居优越之域"，而"中国文明之疾病已达炎热最高之度，中国民族之命运已臻奄奄之垂死之期"。故主张中国应当"竭力以受西洋文明之特长，济吾静止文明之穷"。中国文明的出路不是以中国儒学来

---

① 李大钊：《东西文明根本之异点》，《言治》季刊第三册，1918 年 7 月。

统整世界文明，而必须是东西两种文明各"以异派之所长补本身之所短，世界新文明始有焕扬光采、发育完成之一日"。他提出："希望吾青年学者出全力以研究西洋之文明，以迎受西洋之学说，同时将吾东洋文明之较与近世精神接近者介绍于欧人，期于东西文明之调和有所裨助，以尽对于世界文明二次贡献，勿令欧人认此陈腐固陋之谈为中国人之代表。"[①] 东西文明"疏通""调和"之后产生之"第三新文明"，乃为中国所要建构的近代新文明。

陈独秀等人关于东西文明的观点发表后，立即遭到《东方杂志》主编杜亚泉为代表的东方文化派的坚决反驳。从 1916 年开始，杜亚泉以"伧父"为笔名，连续发表《静的文明与动的文明》《战后东西方文明之调和》《迷乱之现代人心》等文，阐明自己对东西文化问题的观点，与陈独秀等人进行论战。

三、他为什么将东西文明视为民族根本性质的差异

杜亚泉从 1911 年担任《东方杂志》主编。他刷新杂志内容，扩大杂志篇幅，将这个刊物办成了当时具有重大影响的学术杂志。他除主持《东方杂志》编务外，还勤于著述，著有《人生哲学》，译有叔本华《处世哲学》，在《东方杂志》上发表了多达二百篇的学术政论文章，阐述自己对国内外重大事件的看法。杜亚泉有着开阔的文化视野，关注国际政局和世界形势，具有开放的文化心态，撰写了许多精彩的文章，对东

---

① 李大钊：《东西文明根本之异点》，《言治》季刊第三册，1918 年 7 月。

西文明进行比较，主张多元主义和文化调和论，引发了五四时期东西文化论战，被视为东方文化派的代表人物。

1916 年年初，黄远生撰写《新旧思想之冲突》一文，将晚清以来西方文明输入后导致的新旧冲突做了总结。他认为："新旧异同，其要点不在枪炮工艺以及政法制度等等，若是者犹滴滴之水，青青之叶，非其本源所在。本源所在，在其思想。"断定"自西方文化输入以来，新旧之冲突，莫甚于今日"。在黄远生看来，新旧思想冲突之点主要体现在四个方面："第一，则旧者崇尚一尊，拘牵故习，而新者则必欲怀疑，必欲研究。第二，新者所以敢对于数千年神圣不可侵犯之道德习惯社会制度而批评研究者，即以确认人类各有其自由意思，非其心之所安，则虽冒举世之所不韪，而不敢从同；而旧者则不认人类有此自由。第三，新者所以确认人类有此自由，因以有个人之自觉，因以求个人之解放者，即以认人类各有其独立之人格。所谓人格者，即对于自己之认识，即谓人类有绝对之价值，与其独立之末端，非同器物，供人服御，非同奴仆，供人役使，在其本身，并无价值，并无目的；而旧者则视人类皆同机械，仅供役使之用，视其自身亦系供人役使者，故为奴不可免，而国亡不必悲。第四，新者所以必为个人求其自由，且必为国群求其自由者，即由对于社会不能断绝其爱情，对于国家不能断绝其爱情；而旧者则束缚桎梏于旧日习惯形式之下，不复知爱情为何物。故其现象：一尚演绎，一尚批评；一尚静止，一尚活动。以此类推，其他可罕譬而喻。"①在他看来，中国思想内部的冲突，实为新旧思想之冲突，也

---

① 黄远生：《新旧思想之冲突》，《东方杂志》第十三卷第二号，1916 年 1 月。

就是西洋近代文明与中国传统儒家文明之冲突。

杜亚泉觉得黄远生提出的新旧思想问题颇为重要，故一方面将其文章在《东方杂志》第十三卷第二号上发表，另一方面深入研究东西文化及新旧思想问题。

1916 年 4 月，杜亚泉发表《再论新旧思想之冲突》，对黄远生的观点进行回应和发挥。他认为，中国思想内部的冲突，是东洋民族思想与西洋民族思想的冲突；东西文明的差异是民族性的差异，并非时代性的差异。其云："现时吾国民思想之冲突，概由与西洋思想相接触而起。以亘古不相交通之东西洋两种思想，忽相接触，异点之多，自不待言；况两种思想，各有悠久之历史、庞大之社会以为根据，其势自不能相下。然谓吾国民思想之冲突，即东洋思想与西洋思想之冲突，则殊未是。"[1]

既然东西文明的差异不是简单的东洋思想与西洋思想的冲突，那么东西文明之间的差异是怎样的"性质之异"？杜亚泉在随后发表的《静的文明与动的文明》中，对东西文明的差异作了认真的观察和深入的研究，断然反对陈独秀将东西文明视为"古今之异"的观点，认定东西文明"乃性质之异，而非程度之差"。其性质之异的表现集中于：西方是动的社会，中国是静的社会；动的社会产生动的文明，静的社会产生静的文明。其云："盖吾人之意见，以为西洋文明与吾国固有之文明，乃性质之异，而非程度之差；而吾国固有之文明，正足以救西洋文明之弊，济西洋文明之穷者。西洋文明，浓郁如酒，吾国文明，淡泊如水；西洋文明，腴美如肉，吾国文明，

---

[1]　伧父：《再论新旧思想之冲突》，《东方杂志》第十三卷第四号，1916 年 2 月。

粗粝如蔬，而中酒与肉之毒者，则当以水及蔬疗之也。"①

为什么中西文明会出现"性质上的差异"？杜亚泉对此作了深入分析，认为这主要是由于中西社会结构及历史传统的差异造成的。其云："西洋文明与吾国文明之差异，即由于西洋社会与吾国社会之差异。"中西社会差异之由来，"则由于社会成立之历史不同"，这主要体现在两个方面：一是西洋社会由多数异民族混合而成，"如希腊、腊丁、日耳曼、斯拉夫、犹太、马其顿、匈奴、波斯、土耳其诸民族，先后移居欧洲，叠起战斗。有两民族对抗纷争，至数百年之久者，至于今日，仍以民族的国家，互相角逐，至有今日之大战"。与之相比较，"吾国民族，虽非纯一，满、蒙、回、藏及苗族，与汉族之言语风俗，亦不相同；然发肤状貌，大都相类，不至如欧洲民族间歧异之甚，故相习之久，亦复同化。南北五代及辽金之割据，与元清两朝之创立，虽不无对抗纷争之迹，但综览大局，仍为一姓一家兴亡之战，不能视为民族之争"。二是西洋社会发达于地中海岸之河口及半岛间，交通便利，宜于商业，贸迁远服，操奇计赢，竞争自烈。"吾国社会，发达于大陆内地之黄河沿岸，土地沃衍，宜于农业，人各自给，安于里井，竞争较少"②。自然地理环境的不同，造成了东西文明的差异，形成了商业文明与农业文明的差异，导致了不同的社会历史传统。

正是由于东西社会发展历程不同，"则其对于社会存在之观念，亦全然殊异"。杜氏分析道："西洋人之观念，以为社会

---

① 伧父：《静的文明与动的文明》，《东方杂志》第十三卷第十号，1916 年 10 月。
② 伧父：《静的文明与动的文明》，《东方杂志》第十三卷第十号，1916 年 10 月。

之存在，乃互相竞争之结果，依对抗力而维持，若对抗力失调，则弱者败者，即失其存在之资格。吾国人之观念，则以为社会之存在，乃各自相安之结果，凡社会中之各个人，皆为自然存在者，非扰乱社会，决不失其存在之资格。"东西社会观念既然有如此大的差异，则影响于东西文明之差异自必更多。杜亚泉将东西文明的这种差异，集中概括为五个方面：

一、西洋社会一切皆注重于人为，我国则反之，而一切皆注重于自然。西洋人以自然为恶，一切以人力营治之，我国人则以自然为善，一切皆以体天意、遵天命、循天理为主。故西洋人之文明为反自然的，而我国人之文明为顺自然的。

二、西洋人之生活为向外的，社会内之各个人皆向自己以外求生活，常对于他人，为不绝的活动，而社会上一切文明，皆由人与人之关系而发生。我国人之生活，为向内的，社会内之各个人，皆向自己求生活，常对于自己，求其勤俭克己，安心守分，而社会上一切文明，皆由此发生。

三、西洋社会内，有种种之团体，若地方、若阶级、若国家、若民族，皆为一团体而成一种之人格，对于他团体，为权利义务之主体；此种团体，亦为竞争之结果，以共同竞争，较之单独竞争，易获胜利也。我国社会内，无所谓团体。盖我国除自然的个人以外，别无假定的人格，故一切以个人为中心，而家族，而亲友，而乡党，而国家，而人类，而庶物，皆由近及远，由亲及疏，以为之差等，无相冲突。西洋社会中，既有个人主义，又有国家主义、阶级主义、民族主义，时相龃龉，而个人为中心与国家为中心之二主义，尤为现世之争点。

四、西洋社会，既以竞争胜利为生存必要之条件，故视胜利为最重，而道德次之；且其道德之作用，在巩固团体内之各分子，以对抗他团体，仍持为竞争之具。而所谓道德者，乃从人与人之关系间，规定其行为之标准，故多注意于公德，而于个人之行为，则放任自由，凡图谋自己之利益，主张自己之权利，享用自己之财产，皆视为正当，而不能加以非难，资本家之跋扈于社会，盖由于此。我国社会，则往往视胜利为道德之障害，故道德上不但不崇拜胜利，而且有蔑视胜利之倾向，道德之作用，在于消灭竞争，而以与世无争，与物无竞，为道德之最高尚者。

五、西洋社会，无时不在战争之中，其间之和平时期，乃为战争后之休养时期，或为第二次战争之预备时期，战争为常态，和平其变态也。我国社会，时时以避去战争为务，惟自然界中竞争淘汰之公理，不能废止，故至地狭人稠生计逼促之日，为天演之所迫，避无可避，突然起社会间之扰乱，乃不得不以战争恢复和平；和平其常态，战争其变态也。西洋社会之和平，用以构造战争，我国社会之战争，用以购求和平。故自历史上观察之，西洋社会为此起彼仆之社会，我国社会为一治一乱之社会，盖由于此①。

东西文明之间存在着多方面的差异，这是非常明显的现象。但东西文明的差异是文明发展程度上的"时代性差异"，还是根本性质上的"民族性差异"？杜亚泉提出了与陈独秀为代表的新文化派根本相反的观点：东西文明的这种差异，主要体现为两种社会及两种民族的性质上的差异。他概括道："综

① 伦父：《静的文明与动的文明》，《东方杂志》第十三卷第十号，1916 年 10 月。

而言之，则西洋社会，为动的社会，我国社会，为静的社会；由动的社会，发生动的文明，由静的社会，发生静的文明。两种文明，各现特殊之景趣与色彩，即动的文明，具都市的景趣，带繁复的色彩，而静的文明，具田野的景趣，带恬淡的色彩。"东西文明之间的动静差异，自然会产生两个民族完全不同的社会状况。其云："动的社会，其个人富于冒险进取之性质，常向各方面吸收生产，故其生活日益丰裕；静的社会，专注意于自己内部之节约，而不向外部发展，故其生活日益贫啬。盖身心忙碌者，以生活之丰裕酬之，而生活贫啬者，以身心之安闲偿之。以个人幸福论，丰裕与安闲，孰优孰劣，殊未易定，惟二者不可得兼，而其中常具一平衡调剂之理。"①

杜亚泉进而指出，欧战的惨烈使"吾人对于向所羡慕之西洋文明"不能不产生怀疑，不可不变其盲从之态度，主张用中国固有"静的文明"来救济"西洋动的文明"的弊端。其云："而吾国固有之文明，正足以救西洋文明之弊，济西洋文明之穷者。西洋文明浓郁如酒，吾国文明淡泊如水，西洋文明腴美如肉，吾国文明粗粝如蔬，而中酒与肉之毒者则当以水及蔬疗之也。"②他告诫国人不要受西方物质文明的"眩惑"，坚持要以儒家思想为评判是非的标准。他指责五四时期新思想、新文化自西方输入，"直与猩红热、梅毒等之输入无异"，破坏了以儒家思想为举国上下衡量是非的统一标准，造成了民国初期的"人心迷乱""国是丧失"及"精神破产"。而要结束这种混乱的局面，只有以儒家思想来加以"统整"西洋思想，

---

① 伦父：《静的文明与动的文明》，《东方杂志》第十三卷第十号，1916 年 10 月。
② 伦父：《静的文明与动的文明》，《东方杂志》第十三卷第十号，1916 年 10 月。

使西洋学说"融合于吾固有文明之中"。可见，杜亚泉对东西文明的主张，实质上仍未跳出晚清时期"中体西用"的范围。

因此，通过对东西文明差异性的比较，杜亚泉指出，动的文明与静的文明皆有利弊，只能取长补短，不能取而代之。他以生物学做比喻加以说明："由吾人观察之结果，则社会之生理，确与个人生理无异。凡喜运动之人，血气充足而易于偏胜，故每患充血症；喜沉静之人，血气平和而易于衰弱，故每患贫血症。患贫血症者，由于营养分之不给，细胞之代谢不旺盛，血液之成分不清洁，病菌乘间侵袭之，或成痨瘵，或发瘰疬；吾国社会之症状，即贫血之症状也。患充血症者，由于营养分之过多，蕴蓄于胃肠而发酵，吸收于血管而生毒，病菌乘间侵袭之，或起炎症，或生痈疽；西洋社会之症状，即充血之症状也。两文明之结果，其不能无流弊，盖相等也。"既然两种文明各有特色，那么就不能盲目"西化"而否定自身文明的价值："则吾人今后不可不变其盲从之态度，而一审文明真价之所在。"①

杜亚泉并不否认东西文明之间的差异，但他坚持认定东西两种文明之间的差异是民族性差异，并非时代性差异，进而否认东西文明之间存在着优越与落后之分，认为东西文明各有利弊，不存在取此舍彼的问题，实际上不赞同舍弃中国文明而全盘采纳西方文明。其云："盖文明之价值，不能不就其影响于人类生活者平定之。"②西洋社会虽然科学先进，经济

---

① 伧父：《静的文明与动的文明》，《东方杂志》第十三卷第十号，1916 年 10 月。

② 伧父：《战后东西文明之调和》，《东方杂志》第十四卷第四号，1917 年 4 月。

发达，但已经"陷于混乱矛盾之中，而嗷嗷有待于救济"①。东洋文明虽然也有陋弊，但在精神层面上高于西方文明，故"吾人当确信社会中固有之道德观念，为最纯粹最中正者"。坚信"吾国固有之文明，正是以救西洋文明之弊，济西洋文明之穷者"②。

但杜亚泉清醒地意识到，说中国文明在精神层面上高于西方，并不意味着复古守旧，更不赞同人们像晚清守旧派那样对西方文明采取盲目排斥的态度，认为"仅仅效从顽固党之所为，竭力防遏西洋学说之输入，不但势有所不能、抑亦无济于事，"而应该坚守中国"精神文明"优于西方"物质文明"的基本立场，去评判东西文明的优劣并实行相互的"取长补短"。他认为："精神文明之优劣，不能以富强与否为标准"，西洋人于"物质上虽获成功"，但"其精神上之烦闷殊甚"。相反地，中国社会在物质上抱"不饥不寒，养生丧死无憾"，精神上确信中国固有之道德观念，为最纯粹最中正者。换言之，即"谋道不谋食，忧道不忧贫"。

因此，在杜亚泉看来，东西文明不仅是静的文明与动的文明的差异，而且还是精神文明与物质文明的差异。西洋动的文明及物质文明，远远低于中国静的文明及精神文明，是显而易见的事情。既然如此，中国自然就没有必要效法西方文明而走西洋化的发展道路，而应该立足于中国文明基础上"统整"西洋文明。

---

① 伧父：《迷乱之现代人心》，《东方杂志》第十五卷第四号，1918 年 4 月。
② 伧父：《静的文明与动的文明》，《东方杂志》第十三卷第十号，1916 年 10 月。

四、他为什么主张以中国传统儒学"统整"西洋文明

杜亚泉尽管承认东西文明各有流弊，但因西方"动的文明"弊害更大，故其最后得出的结论是："吾国固有之文明，正足以救西洋文明之弊，济西洋文明之穷。"西洋文明虽然可以输入，但必须站在中国文明的基础上，靠中国固有文明对其进行"统整"，将西方文明"纳入吾国文明之中。"其云："吾侪今日，当两文明接触之时，固不必排斥欧风侈谈国粹，以与社会之潮流相逆，第其间所宜审慎者，则凡社会之中，不可不以静为基础。必有多数之静者，乃能发生少数之动者，即如吾国社会，由大体言之，固为静的社会，然政治界、商业界、文学界中，非无少数之动者，此少数之人，即受多数农工细民之给养而产出者也。西洋社会，由大体言之，固为动的社会，然其间亦有一部分之人民，为静的生活；且西洋社会，常向世界各社会吸收生产，故西洋之动社会亦受世界多数静社会之给养而产出者也。"[①] 如果中国固有文明"今后果能融合西洋思想以统整世界之文明，则非特吾人之自身得赖以救济，全世界之救济亦在于是"[②]。在他看来，东西文明是民族根本性质的差异，不承认西洋文明在总体上比中国文明优越和进步，而中国固有文明反倒可以"救济"西方文明乃至对

---

① 伦父：《静的文明与动的文明》，《东方杂志》第十三卷第十号，1916 年 10 月。
② 伦父：《迷乱之现代人心》，《东方杂志》第十五卷第四号，1918 年 4 月。

世界文明做出补救性贡献。

　　杜亚泉在分析东西文明特质后，突破以往文明比较时将传统与现代二元对立的做法，提出了东西文化融合会通的调和主义。杜亚泉对陈独秀为代表的新青年派的"西化"主张明确表示反对。他认为，"近年中以输入科学思想之结果，往往眩其利而忘其害，齐其末而舍其本。受物质上之激刺，欲日盛而望日奢"[①]。这样将会导致中国固有文化的丧失，同时所引进的西方文化也不能寻找到一条使国家富强之路，因而陷入进退两失的尴尬境地，用杜亚泉的话说就是"固有之是既破弃无遗，而输入之是则又恍焉惚焉，而无所守"。

　　杜亚泉在随后发表的《战后东西文明之调和》一文中，对第一次世界大战后东西文明的调和问题做了专门阐述，认为中国不必效仿西洋文明，应该充分肯定中国文明的价值和地位。其云："此次大战，使西洋文明，露显著之破绽，此非吾人偏见之言，凡研究现代文明者，殆无不有如是之感想。盖文明之价值，不能不就其影响于人类生活者评定之。西洋人对于东洋文明之批评，亦常以东洋文明发源地之中国日即于贫弱，为东洋文明劣点之标准。此不特西洋人之眼光如是，即在吾国人，亦不免自疑其固有之文明，而生崇拜西洋文明之倾向。然自受大战之戟刺以后，使吾人憬然于西洋诸国，所以获得富强之原因，与夫因富强而生之结果，无一非人类间最悲惨最痛苦之生活。吾人至此，纵不敢谓吾国人之贫弱，可以脱离悲惨与痛苦，为吾固有文明之所赐与，然信赖西洋文明，欲借之以免除悲惨与痛苦之谬想，不能不为之消灭。

① 　伧父：《战后东西文明之调和》，《东方杂志》第十四卷第四号，1917 年 4 月。

平情而论，则东西洋之现代生活，皆不能认为圆满的生活，即东西洋之现代文明，皆不能许为模范的文明；而新文明之发生，亦因人心之觉悟，有迫不及待之势。"①

正因如此，杜亚泉呼吁，儒家所倡导的"名教纲常诸大端""为吾国文化之结晶"，是不能丢掉的；而西方输入的"权利竞争，今日不可不使之澌灭"②。故必须引起国人的密切关注。在他看来，东方文明的发展方向不是"西化"，而是立足本身传统的基础上汲取西方文化的长处，以弥补自身的短处，故必须进行东西文明的调和。他说："两社会之交通，日益繁盛，两文明互相接近，故抱合调和，为势所必至。"故战后世界新文明"自必就现代文明，取其所长，弃其所短，而以适于人类生活者为归"③。

1918 年 4 月，杜亚泉发表《迷乱之现代人心》，对西洋文明输入后造成的精神生活的缺失及实用主义的兴起表示强烈不满。他说："古代教育皆注重于精神生活，故贤哲之士，其所以诏告吾人者，务在守其己之所信，行其心之所安，而置死生穷达于度外。今之教育则埋没于物质生活之中，所谓实用主义者，即其教育之目的，在实际应用于生活之谓。夫学校之中，授人以知识技能，使其得应用此知识技能以自营生活，诚为教育中所应有之事。但吾人既获得生活，则决非于生活以外别无意义者。吾人生而为人，固不能不谋衣食以图饱暖，然饱食暖衣，不过借以维持生活。试问吾人具此生

---

① 伧父：《战后东西文明之调和》，《东方杂志》第十四卷第四号，1917 年 4 月。

② 伧父：《迷乱之现代人心》，《东方杂志》第十五卷第四号，1918 年 4 月。

③ 伧父：《战后东西文明之调和》，《东方杂志》第十四卷第四号，1917 年 4 月。

活而又维持之者固何为？若谓人之为人，仅在求得饱食暖衣而止，是无异谓生活之意义在生活也。故以实用为教育之主义，犹之以生活为生活之主义，亦为无主义之主义而已。"① 故他警告国人说："吾人之精神的生活既无所凭依，仅余此块然之躯体、蠢然之生命，以求物质的生活，故除竞争权利、寻求奢侈之外，无复有生活的意义。"② 正是在批评中国社会精神生活缺失之基础上，杜亚泉进而提出了"迷途中之救济"办法。

如何救济中国社会出现的种种"迷乱"现象？杜亚泉认为不能指望西洋文明，因为西洋文明尚不能自救，必须依靠中国固有文明来拯救。中国文明不仅能够救济自己，而且能够救济陷入危机中的西方文明。他指出："决不能希望于自外输入之西洋文明，而当希望于己国固有之文明，此为吾人所深信不疑者。盖产生西洋文明之西洋人，方自陷于混乱矛盾之中，而哑哑有待于救济。吾人乃希望借西洋文明以救济吾人，斯真问道于盲矣。西洋人之思想，为希腊思想与希伯来（犹太）思想之杂合而成。希腊思想本不统一，斯笃克派与伊璧鸠鲁派互相反对，其后为希伯来思想所压倒。文艺复兴以后，希伯来思想又被希腊思想破坏，而此等哲学思想，又被近世之科学思想所破坏。今日种种杂多之主义主张，皆为破坏以后之断片，不能得其贯串联络之法，乃各各持其断片，欲借以贯彻全体，因而生出无数之障碍。故西洋人于物质上虽获成

① 伧父：《迷乱之现代人心》，《东方杂志》第十五卷第四号，1918 年 4 月。
② 伧父：《战后东西文明之调和》，《东方杂志》第十四卷第四号，1917 年 4 月。

功，得致富强之效，而其精神上之烦闷殊甚。"① 正因如此，不能指望西方文明来拯救中国的"迷乱"状况。

正是依据这种基本的文化价值判断，杜亚泉对晚清以来中国输入西方文明的做法进行了反思和批评。他认为，"吾人往时羡慕西洋人之富强，乃谓彼之主义主张，取其一即足以救济吾人，于是拾其一二断片，以击破己国固有之文明。此等主义主张之输入，直与猩红热、梅毒等之输入无异。惟此等病毒之发生，一由于自己元气之虚弱，一由于从前未曾经验此病毒，体内未有抗毒素之故。故仅仅效从前顽固党之所为，竭力防遏西洋学说之输入，不但势有所不能，抑亦无济于事焉。救济之道，在统整吾固有之文明，其本有系统者则明了之，其间有错出者则修整之。一面尽力输入西洋学说，使其融合于吾固有文明之中。西洋之断片的文明，如满地散钱，以吾固有文明为绳索，一以贯之。今日西洋之种种主义主张，骤闻之，似有与吾固有文明绝相凿枘者；然会而通之，则其主义主张，往往为吾固有文明之一局部扩大而精详之者也。吾固有文明之特长，即在于统整，且经数千年之久未受若何之摧毁，已示世人以文明统整之可以成功。今后果能融合西洋思想以统整世界之文明，则非特吾人之自身得赖以救济，全世界之救济亦在于是。"②

杜亚泉对东西文明的比较及提出的文化调和论主张，有一定的合理性。他反对全盘否定中国传统文明，肯定中华文明有其自身的价值，这是应该肯定的，也是能够站住脚的。

---

① 伧父：《迷乱之现代人心》，《东方杂志》第十五卷第四号，1918 年 4 月。
② 伧父：《迷乱之现代人心》，《东方杂志》第十五卷第四号，1918 年 4 月。

他极力弘扬中国传统文明的长处，也正视了中华民族文化的短处，旨在通过东西文明的调和，创建以中国传统文明为根基的中国现代新文明。这样的动机及在这种动机下对东西文明问题所进行的分析和研究，体现了其对民族命运的关怀和中华文明前途之担忧。杜亚泉在《迷乱之现代人心》中发出"国是之丧，为国家致亡之由"的慨叹，表明了其文化保守主义的立场及反对全盘输入西方文明的缘由，也是可以理解的，代表了当时部分文化守成者的共识。

然而，杜亚泉对东西文明的分析及所得出的结论，从根本上是错误的。他过分夸大了西方近代文明的弊端，误解了欧战对西方近代文明的消极影响，错误地认为欧战标志着西方近代文明的破产，暴露了西方近代文明的弊端和危机，而这种弊端和危机必须靠中国文明来救济和弥补。这样的论断，显然是其对西方近代文明的误解，没有看到西洋近代文明所具有的自我调整能力及其强大的生命力，其对中华传统文明的落后性尚缺乏深刻的反省。他坚持认定东西文明的差异是"性质之异而非程度之差"，仅仅看到了两种文明的民族性差异，而否定了两者之间更为明显的时代性差异。实际上，东西两种文明之间虽然存在着民族性差异，但并非根本上的性质差异，而是时代性的差异，是处于农业社会及宗法社会中的中国传统文明，与处于工商社会及市民社会的西方近代文明之间的差异。时代性的差异，才是东西文明差异的主要方面。正因杜亚泉坚持东西文明的民族性差异的核心理念，故根本否认西洋近代文明优于中国儒家文明，中华传统文明应该输入并接受代表世界文明发展方向的西方近代文明；而恰恰得出了相反的结论：西洋近代物质文明远没有中国精神文明优越，故需要中国儒家的精神文明去救济西方近代文明之"弊"，需要儒家文明去"统整"西洋近代文明。这样的结论，显然是与整个时代发展的潮流相背离的，实际上是无益于中国现代新文明建构的。

五、如何看待杜亚泉的多元主义及文化调和论

杜亚泉对东西文明的比较及对新文化运动的抨击，在当时思想文化界产生了较大影响，因而不能不引起陈独秀、李大钊等人的重视和反驳。1918年9月，陈独秀发表《质问〈东方杂志〉记者》；同年12月，杜亚泉发表《答〈新青年〉杂志记者之质问》，对陈独秀的观点提出反驳意见；次年2月，陈独秀接着发表《再质问〈东方杂志〉记者》，严厉批评杜亚泉所谓输入西方文明会引起"精神破产""人心迷乱"的论调及杜亚泉提出的文化调和论。

陈独秀指出，文艺复兴以后的欧洲文明，显然已胜过中国文明，不输入欧洲文明，固有的文明能保民族竞存于二十世纪吗？在共和政体之下，提倡保存"国是"，当作何解？"谓之迷乱，谓之谋叛共和民国，不亦宜乎。"陈独秀驳斥了杜亚泉把"儒术孔道"当作中国不可动摇的国基、国是，把"君道臣节名教纲常诸大端"之类"固有文明"当作"统整"中西思想文化的"绳索"，而把西方文明输入说成"直与猩红热、梅毒等之输入无异"的言论。他指出："吾人不满于古之文明者，

乃以其不足支配今之社会耳，不能谓其在古代无相当之价值；更不能谓古代竟无其事，并事实而否认之也。不但共和政体之下，即将来宽至无政府时代，亦不能取消过去历史中有君道臣节名教纲常及其种种黑暗之事实。"[①] 在陈独秀看来，西洋文明输入后破坏中国固有文明中之"君道臣节名教纲常"是很正常的，因此导致儒家文明为根基的"国是丧失"及"精神界破产"，也是必然的。

在这场东西文化问题论战中，以陈独秀为代表的新文化派坚持西方近代文明比中国固有文明优越的基本立场，坚持输入西方近代民主与科学，对中国传统思想文化进行猛烈批判，其主流无疑是正确的，代表了中国近代社会历史发展的方向。但也存在着绝对化、简单化的缺点。如陈独秀强调"无论政治学术道德文章，西洋的法子和中国的法子，绝对是两样，"并主张"若是决计革新，一切都应该采用西洋的新法子"，"因为新旧两种法子，好像水火冰炭，断断不能相容，要想两样并行，必至弄得非牛非马，一样不成。"[②] 显然仅仅强调了两种文明存在的时代性差异性，从而忽视甚至否认了文明的传承性和东西两种文明之间的民族性差异。这种偏激的论断尽管有其合理性，但因缺乏科学的分析态度难以为杜亚泉等人所接受。因此，五四时期关于东西文化论战尽管进行得非常激烈，但并没有使东西文化问题得到真正的解决。

实际上，杜亚泉的东西文化调和论及作为调和论基础的

---

① 陈独秀：《再质问〈东方杂志〉记者》，《新青年》第六卷第二号，1919 年 2 月 15 日。

② 陈独秀：《今日中国之政治问题》，《新青年》第五卷第一号，1918 年 7 月 15 日。

多元主义，是五四时期东西文化论战中颇值得关注的理论，也是认识杜亚泉文化思想的重要参照。

调和主义是民初知识界一股有影响的社会文化思潮。杜亚泉主编的《东方杂志》和章士钊在东京创办的《甲寅》，均为调和主义思潮的重镇，杜亚泉、章士钊、李大钊、高一涵等人皆为英伦自由主义的信奉者和调和主义的倡导者。调和主义以宇宙间矛盾对立平衡之法则，阐扬政治与思想文化上新旧调和之理，倡言宽容节制的调和之德，反对好同恶异的偏狭之性，以"调和"作为宪政建设和文化变革的根本方针。杜亚泉的文化调和论，旨在寻求思想多元和思想自由，意在调和东西、新旧、古今而熔铸中国现代新文化。

早在 1914 年发表的《论思想战》中，杜亚泉就力倡思想界各派应该以开放宽容的多元主义，化解因新旧思想歧异而导致的思想冲突，初步形成了调和主义的观点。杜亚泉指出，国民欲发达其思想而又避免思想战的发生，必须有宽容的胸怀，承认多元思想的存在，不能独断专行。他提出四条主张：一是宜开濬其思想；二是宜广博其思想；三是勿轻易排斥异己之思想；四是勿极端主张自己之思想。归纳起来就是必须明了并遵循社会发展的"对抗调和之理"。他分析说："世界事理，无往不复，寒往而暑来，否极则泰生。地球的存在，由离心力与向心力对抗调和之故；社会的成立，由利己心与利他心对抗调和之故。若不明对抗调和之理，而欲乘一时机会而极端发表其思想，只能加速祸乱。"①

新文化运动兴起后，面对思想界新旧各派日趋激烈的

① 伧父：《论思想战》，《东方杂志》第十二卷第三号，1915 年 3 月。

争论，杜亚泉发表《矛盾之调和》一文，以多元主义阐明多种"主义"并行不悖的调和主义原理，强调任何"主义"都不能包涵万理，各种主义皆有其独立的思想价值。杜亚泉指出："天下事理，决非一种主义所能包涵尽净。苟事实上无至大之冲突及弊害，而适合当时社会之现状，则虽极凿枘之数种主义，亦可同时并存，且于不知不觉之间，收交互提携之效。"① 在他看来，主义的对立不是绝对的，两种主义因其中有部分宗旨相似、利害相同，往往可以互相吸引联袂而行。因此，"世界进化，尝赖矛盾之两力，对抗进行"，思想的发展同样循此矛盾对抗调和之理。他主张，对于主义，国民应当选择其为心之所安、性之所近者，并诚实履行之，毋朝三而暮四，亦毋假其名义以为利用之资；而对于相反的主义，不仅不宜排斥，更当以宁静的态度研究之，以求调和协进②。以宁静的态度研究各种对立的"主义"，使其并行不悖与调和协进，是推进思想发展的明智选择。因此，杜亚泉主张持理性开放的态度对待从西方输入的新思想，持多元主义的开放态度，而切不可教条主义地独宗一说。"至科学上之学说，如竞争论、意志论等，虽各有证据，各成系统，但皆理性中之一端，而非其全体，当视之与诸子百家相等，不可奉为信条。"因此，他否认包涵万理而一统天下的绝对真理和终极目的的存在，而承认人的认识能力的有限性和真理的相对性及思想价值的多元性。

杜亚泉这种理性的多元主义，旨在反对激进保守之褊

---

① 高劳（杜亚泉）:《矛盾之调和》,《东方杂志》第十五卷第二号，1918 年 2 月。

② 高劳:《矛盾之调和》,《东方杂志》第十五卷第二号，1918 年 2 月。

狭的一元独断精神，而倡导新旧思想兼容、调和的文化态度。罗素将理性、宽容、妥协、反教条，归为英国经验论自由主义的基本思想特征①。杜亚泉的多元主义秉承了英国经验主义之理性、宽容、怀疑、反教条的传统，主张各种主义皆有价值的，进而推出其政治文化之新旧多元对立调剂的调和主义。

这种多元主义的精神，成为杜亚泉反对陈独秀激进主义文化观的理论依据，也构成了其文化调和论的思想基石。正是基于多元主义认识，杜亚泉在东西文明问题上坚决主张文化调和论。他说："两社会之交通，日益繁盛，两文明互相接近，故抱合调和，为势所必至。"故战后世界新文明"自必就现代文明，取其所长，弃其所短，而以适于人类生活者为归"②。他从经济和道德两个方面分析了东西方文明的特点和缺陷，主张两种文明需要互相调和。杜亚泉指出，东洋经济和西洋经济的特点："东洋社会之经济目的，为平置的，向平面扩张；西洋社会之经济目的为直立的，向上方进取。东洋社会之经济目的，为周遍的，图全体之平均；西洋社会之经济目的，为特殊的，谋局部之发达。""东洋社会为全体的贫血症；西洋社会则局处的充血症也。"所以，东西方经济的调和，是战后西方经济发展的基本走向。

杜亚泉研究东西方社会道德状态后认为，两者同样各有优长和缺陷，新道德应该在两者调和的基础上产生，"故就道德状态而言，在东洋社会，为精神薄弱，为麻痹状态，西洋

---

① 伧父：《论思想战》，《东方杂志》第十二卷第三号，1915 年 3 月。

② 伧父：《战后东西文明之调和》，《东方杂志》第十四卷第四号，1917 年 4 月。

社会为精神错乱，为狂躁状态"。战后西洋社会道德，也将是东西方社会道德的调和，形成新时代的道德，"在战争以后，希伯来思想必更占优势，与希腊思想结合，以形成新时代之道德。"现代西方科学思想由希腊思想发展，希腊思想"重现实、喜自然、尚智术、持爱国主义"。而吾国道德思想与希伯来思想有许多相同之处，希伯来思想"崇灵魂、敬上帝、务克己，持博爱主义"[①]。

正因如此，中国应采取的调和之法，就是在经济方面引进西方科学的手段，以实现中国经济的发展；在道德建设方面学习西方道德中力行的精神，以实现我们理性的道德理想，用杜亚泉的话说就是："是故吾人之天职，在实现吾人之理想生活，即以科学的手段，实现吾人经济的目的，以力行的精神，实现吾人理性的道德。"[②]

陈独秀坚决反对杜亚泉的东西文化调和论，并对其进行了严厉批评。他在《今日中国之政治问题》中声称，在政治、经济、文化各个领域内"西洋的法子和中国的法子，如像水火冰炭，绝对两样，断断不能相容"。他在随后发表的《调和论与旧道德》一文中，将调和论归结为一种体现社会弱点的"很流行而不详的论调"，斥责杜亚泉的调和论为"人类惰性的恶德"。陈独秀将人类思想文化史上新旧调和递变的现象，归为人类惰性阻碍进化的结果，因而在文化方针上反对调和论，而坚持矫枉过正的激进主义。他指出，惰性是人类本能之一种恶德，是人类文明进化的障碍，新旧杂糅调和缓

---

① 伧父：《战后东西文明之调和》，《东方杂志》第十四卷第四号，1917年4月。
② 伧父：《战后东西文明之调和》，《东方杂志》第十四卷第四号，1917年4月。

进的现象，正是这种恶德和障碍造成的。他举例说："譬如货物买卖，讨价十元，还价三元，最后的结果是五元；讨价若是五元，最后的结果不过二元五角；社会进化上的惰性作用，也是如此。"在他看来，因而新旧调和是由人类惰性而自然发生的一种不幸现象，不是社会进化之一种应然的道理。若将调和当作指导社会改良的一种主义，那便助纣为虐，误尽苍生了。因而调和论只能看作客观的自然现象，不能当作主观的人为主张①。因此，陈独秀反对调和论的基本理由，就是调和论助长了人类守旧的惰性，从而滞缓了社会进化过程。

陈独秀与杜亚泉围绕调和论展开的激烈论战，其焦点不在于是否输入西洋新文化问题，而在于如何对待中国固有旧文化问题上。两者之间的分歧是非常明显的：首先，在对新旧文化性质的评判问题上，陈独秀依据社会进化论，认为中西方文化绝无共同之处，西方文化为"人类公有之文明"，因此新旧文化难以调和，必须彻底抛弃中国儒家伦理道德；杜亚泉则以接续主义立论，强调新旧文化接续不断，相反相成，故对传统旧文化持温和的调和主义。其次，在对旧文化保守的惰性问题上，陈独秀坚信矫枉过正的变革可以抵消历史传统的惰性而促进文化更新，因而主张激进的文化革命；杜亚泉则怀疑激烈文化变革的功效，而相信历史进程（时间）为最大的改革者，从而倡导循序渐进的文化改良。最后，在思想启蒙的策略问题上，陈独秀鉴于中国民众守旧苟安的国民性，而主张以激烈思想革命和伦理革命而警觉之；杜亚泉则担心

---

① 陈独秀：《调和论与旧道德》，《新青年》第七卷第一号，1919年12月1日。

过激的思想革命会导致民间社会的伦理失范，而主张对民众施以潜移默化的理性启蒙，故杜亚泉坚持采取"东西调和""新旧折衷"的调和主义。

由此可见，杜亚泉与陈独秀围绕调和论的争论，在学理与策略上都存在着深刻的分歧。陈独秀激进的文化革命论，固不乏其矫枉过正的深刻的历史合理性；但其赖以立论的文化进化论毕竟存在着学理的粗陋和偏颇。而杜亚泉的文化调和论则具有学理与策略的统一性，不仅学理上契合文化之新旧调和递变的渐进演化法则，而且在策略上亦因其"以立代破"方针的周详稳健，而可防避激进主义之矫枉过正的破坏性流弊。此为杜亚泉文化调和论的思想价值所在。

蔡元培对杜亚泉的调和论曾有精当的评价。他说："先生既以科学方法研求哲理，故周详审慎，力避偏宕，对于各种学说，往往执两端而取其中，为【如】惟物与惟心，个人与社会，欧化与国粹，国粹中之汉学与宋学，动机论与功利论，乐天观与厌世观，种种相对的主张，无不以折衷之法，兼取其长而调和之。"[1] 蔡元培对杜亚泉调和论思想之周详审慎的"科学方法"和执两取中的"折衷方法"的概括，揭示了杜亚泉思想方法之中西会通的基本特点。

作为一位有着深厚自然科学底蕴的启蒙学者，杜亚泉之周详审慎的"科学方法"，体现了英国经验主义之理性的科学精神，这是杜亚泉有别于新青年派的基本思想特征。而杜亚泉之理性宽容、和平中正的"折衷之法"，以宇宙社会之矛盾

① 蔡元培：《书杜亚泉先生遗事》，《蔡元培全集》第六卷，中华书局1988年版，第361页。

"对抗调和"法则，强调思想价值的多元性，进而主张在思想多元的张力中寻求中西新旧的"调剂平衡之道"。杜亚泉调和论的思想价值，在于揭示了五四启蒙时代东西文化交汇融合的发展趋势：思想自由、价值多元与开放包容的格局。陈独秀为代表的新青年派之追求科学民主和反孔批儒，在民主共和流产、民情沉郁的环境中具有不同凡响的强大的社会影响，但也暴露了激进主义之武断偏激的局限。关于《新青年》启蒙的利弊得失，常乃德有一段颇为中肯的评论："平心而论，当时的新文化运动——《新青年》时代的新文化运动——不过仅仅有一股新生蓬勃之气可爱罢了。讲到内容上是非常幼稚浅薄的，他们的论断态度大半毗于武断，反不如《甲寅》时代的处处严守论理，内中陈独秀、钱玄同二人的文字最犯武断的毛病，《新青年》之不能尽满人意在此，但是我们若从另外方面一想，若不是陈钱诸人用宗教家的态度来武断地宣传新思想，则新思想能否一出就震惊世俗，引起绝大的反响尚未可知，可见物各有长短，贵用得其当罢了。"[①] 因此可以概括地说：陈独秀为代表的新青年派以武断态度宣传新思想而惊世骇俗；杜亚泉为代表的东方文化派因"严守论理"的调和思想而具深邃的思想价值。

六、如何评估新旧思想调和问题的争论

　　建立在多元主义基石上的调和论，是杜亚泉文化思想的

---

① 　常乃德：《中国思想小史》，上海中华书局1930年版，第184页。

核心。杜亚泉与陈独秀围绕东西文化论战时，就发表有《战后东西文明之调和》，首先提出了东西文化的调和问题，认为新旧的意义因时而异，戊戌时代以主张西洋文明者为新，现时则以创造未来文明者为新；目前的西洋文明已不能适应新时势，"中国固有文明，虽非可直接应用于未来世界，然其根本上与西洋现代文明差异殊多，关于人类生活上之经验与理想，颇有足以证明西洋现代文明之错误，为世界文明之指导者"。他认为现时代之新思想，可为戊戌时期新旧思想之折衷，赞同"折衷论"，提出了东西文明的"折衷之道"："吾人主张以现代文明为表，以未来文明为里。表面上为奋斗的个人主义，精神上为和平的社会主义。"①

而陈独秀在《东西民族根本思想之差异》里则断定：东西民族根本思想"若南北之不相并，水火之不相容"，故主张两种文明不能调和。这样，在新旧文化能否调和的问题上，东方文化派与新文化派存在着较大分歧。这种分歧在1919年成为五四文化论战的主题。

1919年秋，章士钊到处讲演，鼓吹新旧调和之说。他认为："调和者，社会进化至精之义也。"社会总是在新旧杂糅中进化的，"不有旧，决不有新，不善于保旧，决不能迎新，不迎新之弊，止于不进化，不善于保旧之弊，则几于自杀"。他说：保存国粹固然不妥，抄拾欧化亦未必行当，正确的态度应是"一面开新"，"一面复旧"，"物质上开新之局，或急于复旧，而道德上复旧之必要，必甚于开新"，只有促使新旧调和，把

---

① 伧父：《新旧思想之折衷》，《东方杂志》第十六卷第九号，1919年9月。

东西文化"熔铸一炉",庶几做到"国粹不灭,欧化亦成"①。这种新旧折衷的议论,表面看来不偏不倚,实际上仍是要把西洋文明"融合于吾固有文明中"。他还以历史的继承性为论据,强调任何新的文化都是在旧的文化基础上发展起来的,新旧不能分割。这个论点本身并无什么错,看上去更成熟、更理智。但章士钊的调和论实际上是"中体西用"论的翻版,由于它貌似公正、又有科学的依据(移行说),颇具影响力,所以此论一出,"调和""折衷"之声蜂起。陈嘉异发表《我之新旧思想调和观》《东方文化与吾人之大任》等文予以响应。他指出,只要能够做到"不当仅以攻击固有文化为能事,即所介绍之新学说等亦当使之熔铸消化,而后有真正欧化可兼纳于吾国之可言。诚如是,则将见所抉择所消化之西方文化之菁英,必有与东方文化之菁英相接相契者,则虽不亟亟两文化之调和,而自由彼此莫逆而笑相见一堂之一日,于是世界文化或世界哲学之完成庶几可睹"②。

章士钊的主张与杜亚泉的主张在表述上虽有所不同,但实质上均为东西文化调和论,他显然是呼应了杜亚泉等人的观点。对此,《新青年》《新潮》《晨报》《觉悟》等刊物纷纷发表文章,对"新旧调和论"进行了回击。张东荪的《突变与潜变》《答章行严君》,蒋梦麟的《新旧与调和》《何谓新思想》,常乃德的《东方文明与西方文明》等文,对新旧思想调和论进行批判。

---

① 章士钊:《新时代之青年》,《东方杂志》第十六卷第十一号,1919 年 11 月。

② 陈嘉异:《东方文化与吾人之大任》,《东方杂志》第十八卷第二号,1921 年 1 月。

1919年，蒋梦麟在《晨报》发表《新旧与调和》一文，虽然没有提杜亚泉的名字，实际上却是对他的调和论提出批评。蒋梦麟指出，新旧调和是自然的趋势，"抱新思想的人渐渐把他的思想扩充起，抱旧思想的人自然不知不觉的受他的影响，受他的感化，旧生活渐渐自然被新生活征服——旧思想渐渐被新思想感化。新陈代谢是进化的道理，自然的趋势，不是机械的调和"。这种调和不是人为的，新旧之间是用不着调和派的。他认为，谈调和还太早，所谓新旧是不容易界定的。"若说从西洋输入的思想是新思想，那西洋的思想也有很多是旧的。若说从西洋输入的思想就是新，那古代希腊的美术，人生观，罗马的法意，建筑，在我国都可算是新的。所以，新思想不能用时代来定，也不能以西洋输入的来做标准。"他认为旧思想的人也会改变的："他们对于西洋思想未必是不欢迎，不过不要和他们向来的见解太离奇。所以他们听惯了一种新学说，起初以为离奇，极力反对的。后来也渐渐的受不知不觉的感化，倒也赞成了。两三年前他们所反对的'个性主义''自动主义'，到今日成了个个人的口头禅，就是一个证据。"①

蒋梦麟认为新旧调和是自然的趋势，"抱新思想的人，渐渐把他的思想扩充起来了。抱旧思想的人，自然不知不觉的受他的影响，受他的感化。旧生活渐渐自然被新生活征服，旧思想渐渐被新思想感化。新陈代谢是进化的道理，自然的趋势，不是机械的调和……现在我们中国的新派，并不是说凡我国所固有的都不好。他们说，我们固有的思想有碍进化，

① 蒋梦麟:《新旧与调和》,《晨报》1919 年 10 月 13 日。

所以要改造。旧派并不是说新的都不好，他们是恶新派要推倒他们所据为安乐窝的固有观念。新派是要改造旧观念，组织一使生活丰富的新系统。旧派是怕他们组织新系统，因此打破自己的安乐窝。新派现在正在组织新系统的试验期内，怎么和旧派调和？若要他们停止试验，新生活从什么地方产生出来呢？"在他看来，在新陈代谢的时候是不能讲调和的："两个不同的目的，怎么可以调和呢？我不是说调和派是没有用的，我说现在讲调和还太早。即使到了全国的学者，都求丰富的生活，充分愉快的知识活动的时候，各派有了一个系统的方法，还用不着调和的地方……新陈代谢的时候，讲不来调和的。"①

杜亚泉立即发表《何谓新思想》，对蒋梦麟观点进行辩驳，将批驳矛头指向"新思想是一种态度"的观点。杜亚泉指出："态度非思想，思想非态度，谓思想是态度，犹之谓鹿是马耳。态度呈露于外，思想活动于内，态度为心的表示，且常属于情的表示；思想为心的作用，且专属于智的作用。二者乌能混而同之？"他反对推倒一切旧习惯，指责这是出自感性的冲动，而不是理性的思想；旧习惯的破坏，应是新思想成立后的自然结果。杜氏呼吁要以理性领导情欲，不要盲目推翻自己不喜欢的东西。他提出："盖旧习惯之破坏，乃新思想成立后自然之结果。新屋既筑，旧屋自废；新衣既制，旧衣自弃。"②因此他说："鄙人甚望梦麟君对于旧习惯加以批评，若批评之后，确是应该推翻，然后大家推翻它。不要不加批评，先说

① 蒋梦麟：《新旧与调和》，《晨报》1919 年 10 月 13 日。

② 伧父：《何谓新思想》，《东方杂志》第十六卷第十一号，1919 年 11 月。

推翻。"

　　蒋梦麟读了杜亚泉的文章以后，撰写《何谓新思想》进行辩护。他否认主张推倒一切旧习惯："我说现在的'新思想'是指一个向进化方面走的态度，因为要进化，就要遇着阻挡的东西，就要碰见不可解的老习惯，就要问问他们是什么意思，就要批评他们。"[①] 此前他在《改变人生的态度》一文中说过："人生的态度用什么方法来改变呢？推翻旧习惯旧思想。研究西洋文学，哲学，科学，美术。把自己认作活泼泼底一个人。旧己譬如昨日死；新己譬如今日生。要文运复兴，先把自己复生。"这也说明他的确说过"推翻旧习惯旧思想"的话，而杜亚泉的批评并非无的放矢。

　　这场关于新旧思想调和问题论争，本质上依然是如何对待东西文化问题。新文化派坚持西方近代文明优越于中国文明的基本立场，反对新旧思想的折衷与东西文明的调和。尽管其有相当大的偏颇和武断性的结论，但其基本方向是正确的。五四时期正处于西方近代文明输入初期，中国固有文明势力强大，输入一点新的西方文化，就不可避免地要受到旧势力的阻挠和反对，所以，"输新"与"反旧"势必立于对立地位，即使陈独秀不激烈地反旧，旧势力也不会停止对新思想的阻挠和围攻。此时若人为地进行"调和"，便会扼杀新思想与新文明之机缘。故此时绝没有新旧"调和"的余地，也不具备文化"调和"的条件。

　　但这并不意味着新旧思想及东西文明之间根本不能调和，当然更不意味着杜亚泉等人的观点没有道理。实际上，

[①]　蒋梦麟:《何谓新思想》,《东方杂志》第十七卷第二号，1920 年 1 月。

东西文明的调和折衷，是文明交流的必然趋势；中国近代新文明的创建，必须建立在东西文明的沟通、调和与融会之上。随着中西文明实力之消长，杜亚泉等人主张的东西文明调和之条件，到 1930 年后日趋成熟：西方文化的输入已渐成气候，中国已早走上了西洋文明的这条道路。此时中国人所面临的问题，不再是讨论应不应输入采用西方文化的问题，而是怎样吸收和消化西方文化问题；不是破坏旧文化为新文化输入开辟道路，而是在输入新文化的基础上，肯定旧文化之价值，以创建中国新文化的问题。由于中国文化发展的中心任务变了，人们对东西文化的态度自然也要求改变。西方文化还要继续输入，因为这是中国走上近代化的保障，是西方文化立于世界文化地位的形势使然，但必须建设中国现代新文化。而新文化之建设不是凭空所建，必须依靠中国人在中国土壤上重建，这就需要对中西文明进行沟通与调和。为此，五四时期反对调和论的张东荪公开主张："我们所应努力的不在顺着自然的趋势以助长一方，推倒他方，乃只在于设法使各得相当的安排，互有界限，不出范围，化冲突而为调和。"[1]

由此可见，张东荪对"调和"是十分赞赏的，认为中西文化所以纷争是由于不明"调和之道"之故，大有发现此"调和之道"太迟之感。比如他说"在思想上崇尚创造，应得有充分自由，在实行上必须妥协，应得有相当的让步。这二者是西方文化的根本精神。亦就是欧美人所以立国之道。……我又推究何以中国人吸取西方文化以后反而变得大糟特糟，其故

[1]　张东荪：《思想自由与文化》，《文史月刊》第一卷第十期，1937 年 1 月 20 日。

亦未始不在于此"①。这实际上是认同五四时期调和论主张，这也从侧面表明杜亚泉的调和论具有深邃的思想价值。

---

① 张东荪:《思想自由与文化》,《文史月刊》第一卷第十期，1937 年 1 月 20 日。

第十一章 道德理想主义的高扬者：吴宓与学衡派

　　五四时期是多元的外来文化和多元的传统文化相互碰撞、渗透和整合的时期，而学衡派就是这个时期的产物。长期以来，学衡派因其文化价值取向与五四新思潮格格不入，而被划入保守主义阵营。实际上，学衡派的现代性追求所表现出的迥异于五四思想主潮的独特禀性，正显示其存在的价值。学衡派对五四新文化运动的批判及对中国传统文化的维护，可以展示五四思想世界的多维复杂的面相。但学衡派为什么要批评新文化运动？他们批评了新文化运动的哪些方面？他们如何回护孔子和传统儒学？他们提出了哪些有价值的文化建设构想？究竟应该如何评估学衡派的道德理想主义？这些问题无疑是应该深入思考并加以弄清的。

一、为什么接受西学洗礼的学衡派要批评新文化运动

　　继杜亚泉、梁漱溟等人为代表的"东方文化派"对东西文化问题展开激烈的论争之后，以梅光迪、吴宓等为代表的学衡派，高举文化保守主义旗帜，对以陈独秀、胡适为代表的

五四新文化运动进行了猛烈攻击。

1922 年年初，梅光迪、吴宓、胡先骕、刘伯明、柳诒徵等人，在江苏南京东南大学发起创办了《学衡》杂志，以"论究学术，阐求真理，昌明国粹，融化新知"为宗旨。《学衡》从 1922 年 1 月至 1926 年 12 月，以月刊刊行了六十期；1927 年停刊一年；复刊后以双月刊刊行了十期；1930 年再次停刊一年；而后又不定期地刊出了七期，直到 1933 年 7 月终刊。《学衡》杂志内容，涵盖了文学、史学、哲学、宗教以及政治等诸多领域。

《学衡》杂志作者起初除了梅光迪、吴宓、胡先骕、刘伯明、柳诒徵等发起人之外，还有他们的一些朋友和东南大学的师生，如吴芳吉、刘朴、赵思伯、缪凤林、张其钧、赵万里、胡梦华、陆维钊等。1925 年年初，吴宓赴清华学校任国学研究院主任，王国维、陈寅恪、梁启超、张荫麟等清华师生，也因吴宓的关系成为该杂志的主要撰稿人；林损、景昌极、刘永济、汤用彤、钱念孙等人因认同《学衡》杂志的宗旨，也成为该刊物的重要作者。《学衡》杂志上的文章可分为四类：批判新文化新文学运动的论文；新人文主义的译介；关于文史哲的专题研究；旧体诗词文赋。

以《学衡》杂志为阵地的学衡派，其最大的特点是接受过西方近代文明的洗礼，具有开放的文化视野，并以自己接受的西方思想为武器，与新文化派相抗衡，对新文化运动进行攻击。《学衡》派的主要人物多为五四后期从美国哈佛大学回国的留学生，如梅光迪、吴宓、汤用彤、胡先骕等。他们有着比较深厚的中国传统文化素养，同时对西方近代文明比较了解，但为什么会站在文化保守主义立场上，对新文化运动进行激烈批评？这是让人费解的现象。

学衡派之所以激烈地批评五四新文化运动，主要是由于他们深受当时在美国哈佛大学流行的"新人文主义"影响所致。学衡派的骨干成员大多师从于美国人文主义大师白璧德、穆尔门下，如吴宓、梅光迪、张歆海、楼光来、汤用彤等，植物学家胡先骕也是白璧德的私淑弟子。他们接受了白璧德新人文主义的影响，并将这种新人文主义连续不断地介绍到中国。1922年3月，吴宓在《学衡》第二期上发表《论白璧德》一文，接着胡先骕在《学衡》第三期上发表《白璧德中西人文教育谈》，这是中国译介白璧德人文主义思想的开端。随后，梅光迪的《现今西洋人文主义》（第八期），吴宓的《白璧德之人文主义》（第十九期）、《白璧德论今后诗之趋势》（第七十二期）及张荫麟的《白璧德论班达与法国思想》（第七十四期）等文陆续在《学衡》上发表，向国内介绍白璧德的新人文主义。

白璧德赏识中国的孔子和儒家思想的态度，与学衡派依恋传统的情怀正相默契。吴宓云："白璧德先生不涉宗教，不立规训，不取神话，不务玄理，又与佛教不同。……实兼采释迦、耶稣、孔子、亚里士多德四圣之说，而获集其大成。又可谓之为以释迦、耶稣之心，行孔子、亚里士多德之事。"[1]

学衡派以"论究学术，阐求真理，昌明国粹，融化新知"为宗旨，在精神上与白璧德的新人文主义相契合。新人文主义为学衡派提供了抵制科学主义和激进主义的思想武器，使

---

[1]　吴宓：《白璧德论民治与领袖》，《学衡》第三十二期。

他们增强了维护孔子和儒家学说、使中国传统文化与世界文化传统并立的信心。他们以白璧德的新人文主义为思想武器，以《学衡》杂志为中心，指责、匡正新文化运动以来对孔子和儒学的批判，并发愿研究和弘扬中国传统文化，以儒学作为未来文化建构的基础，以孔子之道作为终生不渝的人生信仰和文化理想。吴宓自述说："世之誉宓毁宓者，恒指宓为儒教孔子之徒以维护中国旧礼教为职志，不知宓所资感发及奋斗之力量，实来自西方。质言之，宓最爱读《柏拉图语录》及《新约圣经》。宓看明（一）希腊哲学，（二）基督教，为西洋文化之二大源泉，及西洋一切理想事业之原动力。而宓新受教于白璧德师及穆尔先生，亦可云，宓曾间接承继西洋之道统，而吸收其中心精神。宓持此所得之区区以归，故更能了解中国文化之优点与孔子之崇高中正。"① 因此，学衡派对新文化运动进行激烈批评，对儒家道德理想主义的高扬，均来自白璧德的新人文主义。

学衡派崇尚"中正之眼光"，"无偏无党，不激不随"的态度。吴宓说："今欲造成中国之新文化，自当兼取中西文明之精华，而熔铸之，贯通之。"以此为标准，学衡派对激进的新文化运动提出了尖锐批评。他们指责陈独秀、胡适为代表的新文化派对西方文化缺乏理解，所倡导之欧化，乃是"伪欧化"。梅光迪说："吾国所谓学者，徒以剥袭贩卖能，略涉外国时行书报，于其一学之名著及各派之实在价值，皆未之深究"，"甚或道听途说"，不辨"是非真伪，只问其趋时与否"。梅光迪还说，提倡新文化者"其所称道，以创造矜于国人之前者，

① 徐葆耕：《会通派如是说——吴宓集》，上海文艺出版社1998年版，第338页。

不过欧美一部分流行之学说，或倡于数十年前，今已视为谬陋，无人过问者。……马克思之社会主义，久已为经济学家所批驳，而彼等犹尊若圣经。其言政治，则推俄国，言文学，则袭晚近之堕落派（the decadent movement），如印象、神秘、未来诸主义皆属此派。所谓白话诗者，纯拾自由诗（verslibre）及美国近年来形象主义（imagism）之唾余，而自由诗与形象主义亦堕落派之两支。乃倡之者数典忘祖，自矜创造，亦太欺国人矣。……彼等于欧西文化，无广博精粹之研究，故所知既浅，所取尤谬。以彼等而输进欧化，亦厚诬欧化矣。"[①]

吴宓也攻击新文化派说："彼新文化运动之所主张，实专取一家之邪说，于西洋之文化，未识其涯略，未取其精髓，万不足代表西洋文化全体之真相。"他认为，新文化派"其取材则惟选西洋晚近一家之思想，一派之文章，在西洋已视为糟粕为毒鸩者，举以代表西洋文化之全体"。因此，"今新文化运动之流，乃专取外国吐弃之余屑，以飨我国之人。闻美国业电影者，近将其有伤风化之影片，经此邦吏员查禁不许出演者，均送至吾国演示。又商人以劣货不能行市者，远售之异国，且获重利，谓之 dumping。呜呼！今新文化运动，其所贩入之文章、哲理、美术，殆皆类此，又何新之足云哉"[②]！胡先骕认为，这个时代是没有批评标准和责任意识的，指责新文化倡导者对中西文化不过略知一二，"便欲率尔下笔，信口雌黄"[③]。由此可见，学衡派对新文化运动的批评是相当尖锐的。

---

① 梅光迪：《评提倡新文化者》，《学衡》第一期，1922 年 1 月。

② 吴宓：《论新文化运动》，《学衡》第四期，1922 年 4 月。

③ 胡先骕：《中国今日救亡所需之新文化运动》，《国风》第一卷第九期。

二、学衡派是如何批评新文化派倡导的民主理念的

学衡派对新文化派的攻击，集中体现在对新文化派倡导的民主政治理念的批评上。学衡派对西方民主政治并不陌生，也并不笼统地否认其进步价值，而是给予一定程度的认同。刘伯明的《共和国民之精神》一文指出：几千年以来的专制政治，既不能保证贤人掌权，又不能使多数人都获得参政机会，其弊病是显而易见的。而近代以来的自由政治或共和政治，是多数之治，人人利害与共，故这种政治与全体民众的利益得失密切相关，恰可纠正专制制度的弊端。所以，自由政治是对此前的残暴横虐的专制政治的有效修正。在此意义上，刘氏指出，传统专制政治必须辅以近代自由政治，才能实现"效率"与"公正"的双赢，才称得上尽善尽美①。胡先骕也持有类似的观点，并且比刘氏的观点更为明确。他指出，"民治主义，固政治之正轨。而无治共产主义，尤为政治理想上之极则"②。他还明确主张，知识分子的重要责任就是提高平民的自治能力，"在今日共和既立，复辟称帝，自非吾人所欲。因之吾人之责任，务必以全力，使民治主义遍布于一般无识之平民，使其'意见与感想咸趋于该途'，则共和之基础方能巩

---

① 刘伯明：《共和国民之精神》，《学衡》第十期，1922 年 10 月。
② 胡先骕：《论批评家之责任》，《学衡》第三期，1922 年 3 月。

固"①。可见，学衡派对近代民主政治的价值给予正面的肯定。

然而，学衡派对西方民主政治的理解及在中国实行民主条件的认知，与新文化派根本不同。这种认识上的差异，导致了他们对新文化派倡导的民主政治理念采取严厉的批评态度。在学衡派看来，民主政治仅是一种外在的形式，道德精神才是值得关注的内涵。刘伯明指出：现在所谓的德谟克拉西，"非仅一种制度之称号，实表示一种精神"。因此，不能囿于民主制度建设，而要着力提高国民的精神素质，只有共和精神才是共和国家的基本保证。他说："德谟克拉西之形式，在吾国已略具矣，然求其精神，则不可得。"②

共和政治的精神就是"自动的对于政治及社会生活负责任"③。故他倡导"自由与责任"的结合，认为"自由必与负责任合，而后有真正之民治"。仅有自由只能称"放肆"，终将导致社会解体；而仅有负责任而没有自由，则只能叫屈服，这是专制社会的特征，而不是民治的本意。因此，在学衡派看来，中国现阶段并不具备实行民治的条件，民初共和政治失败的原因在于多数人虞诈无诚，谲而不正，故必须从提升人的精神道德入手。他指出，"共和者，人格问题，非仅制度之问题也"。而儒家道德强调的"正心诚意之事"以弥补现今所缺乏的共和精神，"今人之虞诈无诚，谲而不正，大可以此药之"④。

吴宓也认为，道德精神是本，政治经济是末，而科学技术、

①　胡先骕:《论批评家之责任》,《学衡》第三期, 1922 年 3 月。

②　刘伯明:《共和国民之精神》,《学衡》第十期, 1922 年 10 月。

③　刘伯明:《共和国民之精神》,《学衡》第十期, 1922 年 10 月。

④　刘伯明:《共和国民之精神》,《学衡》第十期, 1922 年 10 月。

民主宪政是末事之末事，一切全以能否实现人的道德理想为转移。他指出：今日世界各国所竞竞致力于民治，不过是"治标逐末"而已，"从事于政治经济之改革，资产权力之分配，必且无济；欲求永久之实效，惟有探源立本之一法。即改善人性，培植道德是已"。简言之，"政治之根本在于道德"，任何国家社会的治理都不在制度而在于人自身，民主政治也不能例外："民主政治之成败得失，当视其国领袖之资格而断。"由此，吴宓断言，以政治、经济改革的途径而想救治中国社会之病，不过是缘木求鱼，若国人仍继续着力于此，那么"宜乎中国之贫弱危乱而不能自存也"[1]。

正是基于对民主政治这样的理解，学衡派对新文化派倡导的自由与民主给予严厉批评。胡先骕他指出："今日一般批评家之宗旨，固为十八世纪卢梭学说创立以来，全世界风行之主义之余绪，即无限度的民治主义也。"[2] 他认为，新文化派倡导的及世界所流行的所谓"民治"，并非真正的民治主义，只是一种极端的民治主义。这种极端的"民治主义"理论行之当否，全在于时机、条件等诸多因素是否适宜："凡一种之改革时机未至，必有莫大之牺牲。同一共和政体，在美国立国之初，则因利乘便。在法国革命，则几经莫大之牺牲，始克成立。"不仅政治如此，宗教、社会、艺术、文学也是如此。故他断言："在中国建立共和，时机未至矣。"他指责新文化派缺乏历史的演进眼光，以暴烈手段解决殊为复杂之事，正在日蹈于险地而不自知："在中国代议制之民治主义尚未成立之时，乃高谈共产无政府"，"但

---

① 吴宓：《白璧德论民治与领袖》，《学衡》第三十二期，1924 年 8 月。
② 胡先骕：《论批评家之责任》，《学衡》第三期，1922 年 3 月。

图言之快意，不问其是否契合社会之状况"，"但放言高论无治主义、共产主义、社会主义等等大而无当之学说"，长此以往，必将把中国导入危殆之地[1]。

为什么会出现新文化派对民主政治这种"极端"的认识？胡先骕认为这是新文化派否认了智识阶级与少数贤哲的优越性、强调人与人的极端平等思想所致："此种学说，以为人类根本上一切平等，智慧、才能、首先，无一不相若。"[2]他认为，孔子、柏拉图、亚里士多德、释迦牟尼、耶稣基督、李白、莎士比亚、康德、牛顿、爱因斯坦等精英人物，都是对人类做出巨大贡献的凤毛麟角的"大智慧者"，是不能与普通民众平等的。他根据近代生物学与遗传学知识，论证人在生理禀赋上的不平等，断定上智与下愚是任何社会中普遍存在的客观事实。他说："人类之天性绝不相齐……不齐者生命之本性，无论其旅进旅退，决无或齐之一日。"[3]因此，学衡派带着明显的精英意识。

正是带着这种精英意识，学衡派反对绝对平等和极端民主观念，更反对五四后兴起的平民主义运动。梅光迪认为，平民主义兴起后万事取决于多数，政治教育文艺等操诸庸众之手，遂否认了智识阶级的价值，从而使人类文化陷入万劫不复之地[4]。他指出，新文化派挟平民主义运动的声势，"以群众运动之法，提倡学术，垄断舆论，号召党徒，无所不用其极。

---

① 胡先骕：《论批评家之责任》，《学衡》第三期，1922 年 3 月。

② 胡先骕：《论批评家之责任》，《学衡》第三期，1922 年 3 月。

③ 胡先骕：《论批评家之责任》，《学衡》第三期，1922 年 3 月。

④ 梅光迪：《现今西洋人文主义》，《学衡》第八期，1922 年 8 月。

而尤借重于团体机关，以推广其势力"，"必会养成不容他人讲学，养成新式学术专制之势"①。因此，学衡派不仅对新文化派强调的民主政治的理念有所误解，而且对实行民主政治后可能出现的"暴民政治"与多数人专制甚为忧虑，故坚决反对新文化派倡导的民主政治，体现出强烈的精英优越意识。

三、学衡派是如何批评新文学运动的

学衡派有着优越的精英意识，故对新文化运动倡导的平民文学、白话文和白话诗持批判态度，反对新文化派倡导的平民主义及平民文学。五四新文化运动最大的贡献是发现了"人"，让平民获得平等的文化权是新文化运动的重要目标。学衡派却以不同的方式反对这些主张，他们或强调文化只属于社会精英，或否认旧文化在客观上的不平等。胡先骕强调，文化只属于社会精英，反对文化上的平等。他认为，"人类禀赋永无平等之时"，"不齐者生命之本性"，主张文化上的平民主义，将会使优秀者不能获得充分的教育，一个国家会因此停步不前。

梅光迪说："吾国近年以来，所谓'新文化'领袖人物，一切主张皆以平民主义为准则。惟其欲以神道设教之念，犹牢不可破，其行事与其主张相反，故屡本陈涉、宋江之故智，改易其形式，以求震骇流俗，而获超人天才之名。"②梅氏复云：

---

① 梅光迪：《评今人提倡学术之方法》，《学衡》第二期，1922 年 2 月。

② 梅光迪：《评今人提倡学术之方法》，《学衡》第二期，1922 年 3 月。

"今日吾国所谓学者，妄以平民主义施之于天然不可平等之学术界，雅俗无分，贤愚夷视，以期打破智识阶级。故彼等丛书杂志之多而且易，如地菌野草。"将新文化派编印的丛书、杂志诬为"地菌野草"，显然属于污蔑之词。

梅光迪认为高尚的文化及高雅的文学是少数知识精英创造的，学术研究和文化创造同样是少数知识分子的工作，学术进步和文化发展要靠知识精英，而不能寄望于普通民众，故反对新文化派平民文学的主张。他强调说："学术为少数之事，故西洋又称智识阶级为智识贵族。人类天材齐，益以教育修养之差，故学术上无所谓平等。……文化之进，端在少数聪明特出不辞劳瘁之士，为人类牺牲，若一听诸庸惰之众人，安有所谓进乎?"[①] 所以，在他看来，一切思想学说，一切文化现象，"其本体之价值，当取决于少数贤哲，不当以众人之好尚为归"[②]。学衡派认为，新文化派提出的万事取决于多数，政治教育文艺等权力操诸庸众之手，实际上否认了智识阶级的价值，从而使人类文化乃至社会陷入万劫不复之地。刘朴在《辟文学分贵族平民之讹》中公开批评新文化派说，文学只有是非之别，无所谓贵族与平民之分，新文化运动倡导建设"平民文学"，纯属无稽之谈。

白话文对中国传统文学而言，不仅是语言工具的革新，而且是文学观念的变革。胡适在《建设的文学革命论》写道："中国二千年来没有真有价值真有生命的文言的文学。……这都是因为这二千年文人所作的文学都是死的，都是用已经

---

① 梅光迪:《论今日吾国学术界之需要》,《学衡》第四期, 1922 年 3 月。

② 梅光迪:《现今西洋人文主义》,《学衡》第八期, 1922 年 8 月。

死了的语言文字做的。死文字不能产生活文学，所以中国这二千年只有些死文学，只是没有价值的死文学。"故认定文言当废，极力倡导白话文。

但在学衡派看来，文化创造仅为少数精英分子之事，与一般民众无关，故坚决反对新文化派倡导的白话文运动。吴宓在《论新文化运动》中，表现出对白话文流行可能导致的现代与传统对接中断的担忧："文字破灭，则全国之人不能喻意。长此以久，国将不国，凡百改革建设，皆不能收效，譬犹久病之人，专信庸医，日服砒霜，不知世中更有椒粟，更有参饵。"他认为，文言文沿袭着长久历史，是成熟的交流工具，认为"文字之体制不可变，亦不能强变也"。他进而解释说，"文字之体制，乃由多年之习惯，全国人之行用，逐渐积累发达而成"，而且，"字形有定而全国如一、语音常变而各方不同"。学衡派还认为文言文通达高雅，而俚俗的口语是不能成为文学之正宗，他们声称白话文会摧残中国文学的优美形质。

新文化运动是以"诗体解放"为突破口的，而旧体诗歌是中国传统文化的精髓，学衡派自然不遗余力地维护中国传统的旧诗，反对现代新诗。吴宓从新诗所接受的外来影响入手，断然否定新诗存在的价值。他说，"中国之新体白话诗，实暗效美国之 free verse"，而此种诗在美国已不被人视为诗了。在反对新诗上，胡先骕的名文《评〈尝试集〉》最为犀利。他从七个方面，详细分析了胡适《尝试集》中的诗作，最后断言"《尝试集》之价值与效用为负性的"，"表面上文言白话之区别，此其白话诗新以仅为白话而非诗歌"[①]。胡先骕的论文有自然科学

---

① 　胡先骕：《评〈尝试集〉》，《学衡》第一期，1922 年 1 月。

的严谨，对新诗发展中的偏颇多有洞见，但他缺少对新诗的信心和宽容。

新文化派坚持社会进化立场，认为历史是进化的，人类都有追求进步的要求，因此强调文学是趋时而进，每个时代都有属于自己的文学，因而提出"不模仿古人"。学衡派对新文化派倡导的社会进化论及文学进化论同样进行了猛烈批评。胡先骕、梅光迪、吴芳吉、吴宓、易峻等人纷纷撰文，否定文学新旧之分，否定文学的进化观念。胡先骕以植物学家的身份反驳说，文学进化论是"误解科学误用科学之害也"。吴宓也说："物质科学以积累而成，故其发达也循线以进，愈久愈详，愈晚出愈精妙。然人事之学，如历史、政治、文章、美术等，则或系于社会之实境，或由于个人之天才，其发达也无一定之轨辙。故后来者不必居上，晚出者不必胜前。因之，若论人事之学，则尤当分别研究，不能以新夺理也。"①

在学衡派看来，文学创作就是对前代文学的借鉴、吸收和传承。吴宓说："文章成于模仿，古今之大作者，其幼时率皆力效前人，节节规抚，初仅形似，继则神似，其后逐渐变化，始能自出心裁，未有不由摹仿而出者也。"②吴芳吉也认为"从事文学原不可以一家一书自足，其必取法百家"。因此，学衡派对新文化派倡导的社会进化论及文学进化论也是持批评态度的。

---

① 吴宓：《论新文化运动》，《学衡》第四期，1922年4月。

② 吴宓：《论今日文学创造之正法》，《学衡》第十五期。

四、学衡派是怎样回护中国传统儒学的

学衡派以中国文化的托命者自居，以光大中华文化及贯通人类精神为己任，对孔子及儒学采取坚决的回护立场。新文化派矛头直指孔子及其代表的儒学，提出了"打倒孔家店"的口号，这无疑是正确的。但新文化派的激烈态度，是学衡派所不能赞同的。他们担心新文化派这种激烈做法，会导致孔子及儒学精神价值的丧失，故采取了坚决回护的态度。

吴宓描述五四时期的反孔情形说："自新潮澎湃，孔子乃为攻击之目标。学者以专打孔家店为号召，侮之曰孔老二。用其轻薄尖刻之笔，备致诋諆。盲从之少年，习焉不察，遂共以孔子为迂腐陈旧之偶像，礼教流毒之罪人，以谩孔为当然，视尊圣如狂病。而近一年中，若武汉湘中等地，摧毁孔庙，斩杀儒者，推倒礼教，打破羞耻，其行动之激烈暴厉，凡令人疑其为反对文明社会，匪特反对孔子而已。"[1] 他还指出，孔子降生二千多年来，"常为吾国人之仪型师表，尊若神明，自天子以至庶人，立言行事，悉以遵依孔子，模仿孔子为职志。又隆盛之礼节，以著其敬仰之诚心"。但时至今日，"孔子在中国人心目中之影象，似将消灭而不存矣"[2]。这是自幼饱读孔孟经典、熟读古代诗文的吴宓无法容忍的，故他由此萌发了

---

① 　吴宓：《孔子之价值及孔教之精义》，《大公报》1927 年 9 月 22 日。

② 　吴宓：《孔子之价值及孔教之精义》，《大公报》1927 年 9 月 22 日。

阐发孔子及儒学真义的责任感和使命感。

柳诒徵不赞同把中国腐败病源归咎于孔子，认为把中国近世腐败之病源多归咎于孔子，"其说始于日本人，而吾国之好持新论者，益扬其波。……青年学者，中其说之毒，遂误以反对孔子为革新中国之要图，一若焚经籍，毁孔庙，则中国即可勃然兴起，与列强并驱争先者"①。正是为了改变当时学界这种错误观念，柳诒徵不赞同新文化派的反孔批儒，而是要从学理上肯定孔子及儒学的正面价值。学衡派其他成员也有大致相同相近的观感和认知。同时，民国初期各种政治势力对孔子及儒学的利用，如恢复孔教、举行祀孔仪式、要求学校尊孔读经、将"孔教定为国教"等，也引起了学衡派的厌恶，认为这是"形式之尊毁，礼仪之隆杀"②，因此，他们起而捍卫孔子的尊严并阐明儒学的真义。

如何回护孔子及传统儒学的地位？学衡派首先指责新文化派弃绝中国固有文化传统。吴宓认为，"新文化运动者反对中国的传统"，说他们将中国传统文化中一切"普遍性的文化规范一并打倒"。因此"损害了人类的基本美德与高尚情操"③。梅光迪则攻击新文化派，"彼等以推翻古人与一切固有制度为职志，诬本国无文化，旧文学为死文学，放言高论，以骇众而眩俗"④。胡先骕则说，新文化之提倡者们，"为求破除旧时礼俗之束缚，遂不惜将吾国数千年社会得以维系，文化得以

① 柳诒徵：《论中国近世之病源》，《学衡》第三期，1922 年 3 月。
② 梅光迪：《评提倡新文化者》，《学衡》第一期，1922 年 1 月。
③ 吴宓：《中国之旧与新》，《中国留学生月报》第十六卷第三期。
④ 梅光迪：《评提倡新文化者》，《学衡》第一期，1922 年 1 月。

保存之道德基础根本颠覆之"①。因此，不能不造成政治腐败，人心浇漓，国本动摇。

既然孔子及儒家纲常伦理是新文化派批判的重点，那么对孔子和儒学持坚决回护立场的学衡派，对儒学进行了深入研究并着力发掘其具有现代价值的真义。因他们多是学贯中西、博古通今的现代知识分子，多能站在世界多元文化的高度发掘孔子和儒学的现代价值，促进孔子儒学的现代转换。

为了阐发孔子儒学的精义，吴宓撰写了《孔子之价值及孔教之精义》长文，"坚持孔子之学说"来阐释孔子的价值及其学说的精义。他认为，真正的尊孔，应该注重两条途径，一是实行，二是理论。因为，"孔子教人，首重躬行实践，今人尊孔的要务"，便在"自勉勉人，随时随地实行孔子之教。"②那么，如何在中西古今文化冲突中重新确立孔子学说的价值，阐明孔教的精义呢？他提出："理论方面，则须融汇新旧道理，取证中西历史，以批判之态度，思辨之功夫，博考详察，深心领会，造成一贯之学说，阐明全部之真理。然后孔子之价值自见，孔教之精义乃明。"③

吴宓认为，"中国文化，以孔教为中枢"④。而孔子与儒学的基本精神又集中体现于礼教之中，孔学所包含的人文主义可成为救治当今世界物质与精神痼疾的良药。其云："吾侪居今之世，颇欲讲明礼教之精意，而图保存之。"而在他看来，"礼

---

① 胡先骕：《中国今日救亡所需之新文化运动》，《国风》第一卷第九期。

② 吴宓：《孔子之价值及孔教之精义》，《大公报》1927 年 9 月 22 日。

③ 吴宓：《孔子之价值及孔教之精义》，《大公报》1927 年 9 月 22 日。

④ 吴宓：《论新文化运动，《学衡》第四期，1922 年 4 月。

教之精意，亘万世而不易者也"。吴宓通过引证分析孔子弟子对孔子的评价，并赋予现代意义来说明孔子的真正价值，他说："孔子者，理想中最高之人物也。其道德智慧，卓绝千古，无人能及之，故称为圣人。圣人者模范人，乃古今人中之第一人也。"①

他对孔子的基本看法是：一、孔子本身已成为"中国文化之中心。其前数千年之文化，赖孔子而传；其后数千年之文化，赖孔子而开；无孔子，则无中国文化"。二、认定孔子是"中国道德理想之所寓，人格标准之所托"②。

吴宓认为孔教的精义正在于"孔子确认人性为二元（善恶、理欲），揭橥执两用中为宇宙及人生之正道，以孝为诸种德之本。"故其对儒家之"孝"道作了新阐释。吴宓指出，"人在襁褓"，"天真未凿"，只知有父母，未受外界习染，怀有赤子之心，这时候可以设法培养，发达其仁心，便"势顺而易成，事半而功倍"。这就是孔子为仁重孝的原因。"人既能孝，则是其仁心已发达，其'人性'已确立。推之其它诸伦，社会国家，由近及远，由亲及疏，无往而不以真诚仁爱待之，无往而不以'人道'相处。"③这样，由孝而仁，便是改造人性，改良社会的正道。

何谓"仁"？吴宓对其作了诠释："仁也者，人之所以同也。仁者诸德之本。而仁又人性之别名。人道之特征也。"④这

① 吴宓：《孔子之价值及孔教之精义》，《大公报》1927年9月22日。

② 吴宓：《孔子之价值及孔教之精义》，《大公报》1927年9月22日。

③ 吴宓：《孔子之价值及孔教之精义》，《大公报》1927年9月22日。

④ 吴宓：《孔子之价值及孔教之精义》，《大公报》1927年9月22日。

就是说，仁是人之为人的共同本质，仁就是人之善性。此外，他对孔子"忠恕"之道也作了新阐释。他认为"忠"就是"尽心"，"恕"就是"有容"，"忠以律己，恕以待人。忠恕者，严以责己而宽以责人之谓也"①。他以西方现代的权利、义务观念重新审视孔子之"忠恕"，对其阐释说：忠恕就是"视我之义务甚重，视我之权利甚轻；而视人之义务甚轻，视人之权利甚重；……对群之公德，诚莫高于忠恕矣"②。他把"忠恕"与"克己""修养"联系起来，揭示它们之间的内在关系。他说："'忠'者，知人类共有之优点而欲发达之于己身，纯恃克己之力；而'恕'者，则知人类共有之弱点而能怜悯之于他人，全凭修养之功。"③

吴宓对儒家的"中庸"极为重视，认为无论怎样的品德修养，若不行中道，失正道则必流于"非善"。他的中庸是在参酌西圣亚里士多德中庸和佛教中道理论上对孔子及儒家中庸思想进行诠释的。他说："中庸者，忠道也，常道也，有节制之谓也，求适当之谓也；不趋极，不务奇诡之谓也。过与不及，皆不足为中庸。"并把中庸作为立身行事的最简单、最明显、最实用、最安稳、最通达周备的规矩。然而中庸之道说起来简单，行起来不易，可谓知易而行难。正因为如此，"中庸在今世颇为人所忽视"。吴宓认为，中庸之道作为常人行事的一个理想目标，只能"随时竭诚输智，以求所谓中庸之履行

---

① 吴宓：《我之人生观》，《学衡》第十六期。

② 吴宓：《孔子之价值及孔教之精义》，《大公报》1927 年 9 月 22 日。

③ 吴宓：《孔子之价值及孔教之精义》，《大公报》1927 年 9 月 22 日。

也"①。在吴宓看来，儒家强调的"中庸"可以成为疗救现代社会畸形发展，以道德治世救人的方法论。

此外，缪凤林发表《如何认识孔子》、梅光迪发表《孔子的风度》、柳诒徵发表《孔子管见》、范存礼发表《孔子与西洋文化》、景昌极发表《孔子的真面目》等文，强调孔子是中国古代文化的集大成者，极力推崇孔子的道德价值。柳诒徵说："孔子者，中国文化之中心也。无孔子则无中国文化。自孔子以前数千年之文化，赖孔子而传；自孔子以后数千年之文化，赖孔子而开。"②缪凤林指出："中国文化的根本在礼"，"中国文化最伟大之成就，即在其礼教之邃密"。③故应当保存和发扬礼教的精意。

梅光迪认为，应该站在学术立场上对孔子及儒学进行研究，发掘先秦孔孟儒学的真义，把扭曲的儒学发展史更正过来。怎样使国人认识得"真孔教"？梅光迪认为："欲得真孔教，非推倒秦汉以来诸儒之腐说不可。"④出于对孔子原始儒学的推崇，梅光迪对汉宋儒家曲解儒学之举作了批评，认为欲得孔孟真学说必须从推倒汉宋学说入手，"不推倒汉宋学说，则孔孟真学说不出，而国必亡"。因此，他建议："当开一经学研究会，取汉以来至本朝说经之书，荟萃一堂，择其可采者录之，

---

① 吴宓：《我之人生观》，《学衡》第十六期。
② 柳诒徵：《中国文化史》（上），中国大百科全书出版社 1988 年版，第 231 页。
③ 缪凤林：《谈谈礼教》，《国风》第一卷第三期。
④ 耿云志主编：《胡适遗稿及秘藏书信》第三十三册，黄山书社 1994 年版，第 67 页。

其谬妄者尽付之一炬。"① 可见，梅光迪对汉宋儒学的攻击，其目的是在再现孔孟儒学真谛，发掘孔孟儒学的现代价值。

与吴宓、梅光迪等人不同，柳诒徵是一个态度严谨、学识渊博的史学家，因此他对孔子及儒学有着深入的研究和评判，堪称学衡派中对孔子及儒学研究功力最深而成果最高的学者。柳诒徵在《国史要义》中说："礼者，吾国数千年全史之核心也。"② 他认为，国人把中国贫穷落后的根源归咎于孔子，是受了西方人不了解、不理解中国文化而造成的文化隔膜，而新文化运动的倡导者则唯新（西）是求，唯旧是弃，要把孔子以来的中国文化全都推倒。其实，中国二千多年来，特别是近代以来内外交、实业的种种不振，都是未曾完全或根本不曾实行孔子之道的结果。"以余平生耳目闻见所及，实行孔子所言之道德者，寥寥可数，而充满社会国家之人物，所作所为，无往而非大悖于孔教者。从前尚有人执孔子语为护符，近则并此虚伪之言论而亦无之。"③

他指出："盖中国最大之病根，非奉行孔子之教，实在不行孔子之教。"并具体指出："今人大悖孔子之教的事实：孔子教人以仁，而中国大多数之人皆不仁。孔子教人以义，而今中国大多数之人惟知有利。孔子教人尚诚，而今中国大多数之人皆务诈伪。孔子教人尚恕，而今中国大多数之人，皆务责人而不克己。孔子教人尚学，而今中国大多数之人皆不悦

---

① 耿云志主编：《胡适遗稿及秘藏书信》第三十三册，黄山书社1994年版，第81页。

② 柳诒徵：《国史要义·史原第一》，第9页。

③ 柳诒徵：《论中国近世之病源》，《学衡》第三期，1922年3月。

学。总之，孔子之教，教人为者也。今人不知所以为人，但知谋利，故无所谓孔子之教徒。"①

在柳诒徵看来，孔子之道在历史上未曾完全实行的原因，一是君主专制政治对孔子之道的利用和歪曲，二是科举制度对孔子之道的利用和歪曲。只有真正理解孔子之道的真义，才能发现孔子之教的深明远大。要理解孔教之真义，必须有超越、客观、公正的学术态度。通过对儒学深入的研究，柳诒徵认为，中国文化的主脑，"惟在人伦道德"，其他都是这个中心的附属物。他认为，"欲比孔子于耶稣、穆罕默德，以孔教为标帜，是皆不知孔子者也。孔子不假宗教以惑世，而卓然立人之极，故为生民以来所未有"。柳诒徵认为，孔子之所以为孔子，主要在于其好学，孔子为学的目的，在成己而后成物，重克己、修身、尽己。"孔子以为人生最大之义务，在努力增进其人格，而不在外来之富贵利禄，即使境遇极穷，人莫我知，而我胸中浩然，自有坦坦荡荡之乐。无所歆羡，自亦无所怨尤，而坚强不屈之精神，乃足历万古而不可磨灭。儒教真义，惟此而已。"②

正是对孔子思想价值的肯定，柳诒徵把孔子作为中国文化的代表和象征，对孔子的崇高地位给予了这样的定位："孔子者，中国文化之中心也。无孔子则无中国文化。自孔子以前数千年之文化，赖孔子而传；自孔子以后数千年之文化，赖孔子而开。"③既然孔子是中国传统文化的中心，孔子与中国

---

① 柳诒徵：《论中国近世之病源》，《学衡》第三期，1922年3月。

② 柳诒徵：《中国文化史》上卷，东方出版中心1988年，第234~235页。

③ 柳诒徵：《中国文化史》上卷，东方出版中心1988年，第231页。

过去二千多年历史的密不可分的关系已成为不可否认的事实，那么，作为今人就不可能与过去一刀两断，否定孔子就意味着对中国文化的否定，对中国历史的背叛。

柳诒徵在《中国文化史》中，对孔子以后的儒学发展做了详尽的研究，对汉宋儒学的看法较为客观、平和，且能结合当时社会、政治、经济发展，以评判后儒儒学发展的得失。其基本观点，是持文化退化论，与当时新文化派持进化论正相反，即认为以上古至秦汉，"为吾国人创造文化及继续发达之时期。自汉以降，则为吾国文化中衰之时期。"但他并没有否认"社会事物"的"发明创造"是进化的，而是从宏观上看，"政教大纲不能出古代之范围，种族衰弱，时呈扰乱分割之状"。中华民族"发荣滋长之精神，较之太古及三代、秦、汉相去远矣"①。所以，必须总结我们数千年文化的历史经验，明其利弊得失，理其嬗衍轨辙，才能找到中国文化现代化的出路。

柳诒徵把中国近世的病源归因于孔教之不行，并在学术研究中具体分析其价值，考察儒学之发展，其目的是为了寻求解救中国衰败贫弱之病的药方。他反对五四新文化运动的西化倾向，站在中国文化本位的立场上提出建设新国家的文化方案。他说："今日社会国家重要问题，不在信孔子不信孔子，而在成人不成人，凡彼败坏社会国家者，皆不成人者之所为也。苟欲一反其所为，而建设新社会新国家焉，则必须先使人人知所以为人，而讲明为人之道，莫孔子之教若矣。"②

① 柳诒徵:《中国文化史》上卷，东方出版中心 1988 年版，第 245 页。
② 柳诒徵:《论中国近世之病源》,《学衡》第三期，1922 年 3 月。

在柳诒徵看来，孔子儒学中包含着中华民族再生的精神动力。他在《中国文化史》中谈到近代文化时引征陈嘉异的话说："东方文化一语，其内涵之意义，决非仅如国故之陈腐干枯。精密言之，实含有中国民族之精神，或中国民族再兴之新生命之义蕴。"①

新文化派倡言"打倒孔家店"，儒学的独尊地位不复存在，诸子学蔚然兴起，因而在五四时期形成了这样的学术风尚："近人学者，更喜谈诸子学，家喻户晓，浸成风气。"学衡派在阐明孔子及儒学真义时，同样对诸子学也进行了研究和评述。他们对诸子学的论述颇多，涉及诸子学的缘起、彼此间的关联、学术的传承、对后世的影响诸方面。在诸子学的缘起上，学衡派不同意胡适"因救时弊"的解说，认为应将"远因"与"当时之因"同时加以考虑。缪凤林引用西方学者的观点来看待这个问题，"任何时代之哲学，皆为全部文明与其时流动之文明之结果"，论述触及诸子学的思想资源问题。

对于诸子学的学术关联和传承，学衡派认为诸子学虽"皆角立不相下"，但综观之，"其所因于他人者，有正有反，正者固已穷极其归宿，反者乃益搜集其剩余，而其为进步，乃正相等也"。在一定程度上肯定了诸西学的价值。在"今人多好墨学"之际，学衡派对"讲国学者莫不右墨而左孔，且痛诋孟子拒墨之非"作了反击，公开申明自己的立场是"右孔而左墨"。柳诒徵在细辨了孔墨之别后指出："儒家之学，因天性而为之节文，墨家则曰兼爱无差等，其于观察世事既欠分析，而其斥人之不兼爱者，亦若兼爱者之无差等。"他特别指出墨

① 柳诒徵：《中国文化史》下卷，东方出版中心 1988 年版，第 870 页。

子"非攻"的意义，以为近世西人之误，"在以国家与个人不同，日逞其弱肉强食之谋，而墨子则早及之"①。

学衡派所进行诸子学研究，是对文化保守主义的实践，也是对新文化运动的强力反击。学衡派虽然在一定程度上不否认诸子学的价值，但对孔子作了很高评价，极力主张恢复孔子的历史地位，强调孔子是中国古代文化的集大成者。正因他们始终坚守对孔子及儒学的辩护立场，故难免会放弃学理立场而做出武断的结论。

五、学衡派提出哪些有价值的文化建构设想

学衡派在对待东西文明态度及创建中国新文化问题上，提出了一些有启发意义的建设性意见。五四时期关于东西文化的论争中，就如何创建中国现代新文明出现很大分歧：或主张中西会通，或主张全面排外，或主张中主西辅，或主张中体西用，或主张全盘西化等。陈独秀等人为代表的新文化派认为，中西文化是各有特点、相互对立的，而西方文化高于东方文化，故中国必须引进西方文化并对中国传统文化进行彻底的改造革新。而吴宓等人为代表的学衡派则主张对东西文化进行平等研究，互为参照，寻求融通，在比较中揭示儒学及中国文化的现代价值，以之作为吸收西学和重建中国文化的基本前提。

吴宓认为，旧者多含恒久之价值，新者也有真伪之辨，

---

① 柳诒徵:《中国文化史》(上)，中国大百科全书出版社1988年版，第284页。

新旧是相对的概念，昨日为新，今日则旧；今日之新，乃层层递嬗而来；不知旧物为何，断无资格言新；"凡论学论事，当究其终始，明其沿革，就已知以求未知，就过去以测未来"，故"不应拘泥于新旧。旧者不必是，新者未必非。然反是，则尤不可"。他把物质科学与人事之学做出区分，前者以积累而进步，愈晚出愈精妙；后者因与社会环境和个人天赋有关，"后来者不必居上，晚出者不必胜前"①。在吴宓看来，文化问题不能简单依据进化论"新必胜于旧，现在必优于过去"的观念，因为人文学科不同于自然科学，前者"如历史、政治、文章、美术等，则或系于社会之实境，或由于个人之天才，其发达也，无一定之轨辙。故后来者不必居上，晚出者不必胜前"，而后者"以积累而成，其发达也，循直线而进，愈久愈详，愈晚愈精妙"②，真正的新文化应是由古今中外一切真善美的文化因素融汇而成，"宜博采东西，并览古今，然后折衷而归一之"③。

学衡派摆脱了"西化"与"复古"的局限，突破了"中体西用"或"西体中用"的老套路，提出了兼取中西文明之精华而贯通的主张。吴宓明确指出："今欲造成中国之新文化，自当兼取中西文明之精华而熔铸之，贯通之。吾国古今之学术、德教、文艺、典章，皆当研究之，保存之，昌明之，发挥而光大之。而西洋古今之学术、德教、文艺、典章，亦当研究之，吸取之，译述之，了解而受用之。若谓材料广博，时力人才有限，则当分别本末轻重、小大精粗，择其尤者，而先为之。"

① 徐葆耕：《会通派如是说——吴宓集》，上海文艺出版社 1998 年版，第5~6页。

② 吴宓：《论新文化运动》，《学衡》第四期，1922 年 4 月。

③ 吴宓：《白璧德中西人文教育谈》，《学衡》第三期，1922 年 3 月。

梅光迪也提出了类似的主张。他说："改造固有文化与吸收他人文化，皆须先有彻底研究，加以至明确之评判，副以至精当之手续，合千百融贯中西之通儒大师，宣导国人，蔚为风气，则四五十年后，成效必有可睹也。"[1] 因此，建立在反传统基础上的欧化并不是建设新文化的正道，兼取中西文明之精华而熔铸贯通之，才是建构中国新文化的正途。

如何博采东西古今而折衷，以创建中国现代新文明？梅光迪主张在中国文化本位立场上融通基督教与儒教文化，以孔教为基础兼采基督教文明之长来创建未来的中国新文化。他说："吾辈今日之责在昌明真孔教，在昌明孔耶相同之说。一面为使本国人消除仇视耶教之见，一面使外国人消除仇视孔教之见，两教合一，而后吾国之宗教问题解决矣。迪极信孔耶一家。孔教兴则耶教自兴，且孔耶亦各有缺点，必互相比较，截长补短而后能美满无憾，将来孔耶两教合一，通行世界，非徒吾国之福，亦各国之福也。"[2]

吴宓则提出了以孔子及儒学为中枢进行中国文化重建的思路。这种文化重建思路的主要依据，就是他提出的"观其全，知其通，取其宜"的学术理路。具体而言就是：一是在学术方法上，观其全，无偏无党，不激不随，一多兼具，博览古今东西；二是在学术目标上，知其通，沟通东西，观其异同，探求真知正见；三是学术目的上，取其宜，仁智合一，情理兼到，知行合一，执两用中，追求个人修养与完善，重建社

---

① 梅光迪：《评提倡新文化者》，《学衡》第一期，1922 年 1 月。

② 耿云志主编：《胡适遗稿及秘藏书信》第三十三册，黄山书社 1994 年版，第69~79 页。

会和谐，完善道德，从根本上改良社会①。

依据这样的学术理路，吴宓将人类文化分为四种形态并做了评判：（1）人类文化以苏格拉底、基督犹太、佛陀印度、中国孔子为代表，各有其特点；（2）以前两者融合为西方文化，后两者融合为东方文化；（3）西方的苏格拉底和东方的中国孔子其人文道德一脉相通；（4）西方的苏格拉底的人文道德和佛陀印度的宗教精神，其共同的思想核心是"主智"的，而东方的中国孔子和西方的基督犹太，其共同的思想核心是"主仁"的；（5）主智者重理想而推崇理性精神，主仁者重实行而关注社会人伦；（6）主智者"明则诚矣"，主仁者"诚则明矣"，是明诚的统一；（7）代表人类的四个文化形态都有一个共同点："生而道守，死而道殉"，即追求宇宙人生之道并为此献身。人类四大文化形态，成为构建中国文化的基本内容。正是在综合这四大文化形态基础上，因此，吴宓将中国文化重建设想概括为："中国之文化以孔子为中枢，以佛教为辅翼；西洋之文化以希腊罗马之文章哲理与耶教融合孕育而成。今欲造成新文化，则宜于以上所言四者为首当着重研究，方为正道。"②

可见，吴宓站在世界文化发展的高度，超越体用之说与中外之别，强调不同文化形态的融通，并以孔子儒学为基础进行中国文化重建的，这种文化建构设想无疑是合理的。但遗憾的是，尽管吴宓、梅光迪等学衡派提出了融汇中西文明

---

① 苏敏：《层层改变递嬗而为新》，王泉根主编：《多维视野中的吴宓》，重庆出版社，第 242 页。

② 吴宓：《论新文化运动》，《学衡》第四期，1922 年 4 月。

以创建新文明的设想，但他们并未将这种文化设想付诸实施。

六、如何审视学衡派的道德理想主义

学衡派注重引入西方新人文主义，借以反对五四新文化运动倡导的"科学主义"，对孔子与儒学的基本精神给予肯定，具有浓厚的道德理想主义色彩。他们有着自觉的文化使命意识，以光大中华文化及贯通人类精神为己任，追求"人之所以为人之道"①。在学衡派的价值世界中，道德精神是评判一切事物的标准，强调道德意志与自律。吴宓指出："道德者何？行事之善，而合于正道之谓。"何为正道？克己复礼、行忠恕、守中庸。其中关键在于制欲，而制欲的关键是在克己。他认为，克己与忠恕是一贯的，克己要做到严于律己而宽以待人；忠恕则是要做到"中道"，即在人我之间找到适当的行事之法。在吴宓看来，他的"实践道德之法"尤其"克己复礼"之说，不仅是"对己之私德"，而且是国家公德甚至人类普遍道德的基础。故中道的伦理观具有普世价值："通达之原理也，故能应万变而无穷，阅千时而不废。"行守中道，就是既要重视个人义务也不忽视个人权利，实现权利与义务的适当平衡。故吴宓强调："苟凡人能行忠恕，则国家未有不富强，而天下未有不平治者也。"②

刘伯明在阐述共和精神时强调"执守中正"的道德精神，

① 吴宓：《论白璧德》，《学衡》第二期，1922 年 2 月。
② 吴宓：《孔子之价值及孔教之精义》，《大公报》1927 年 9 月 22 日。

并将其视为共和政治实现的基础："欲求真正共和之实现，必自恢复自由贡献之客观精神始。此项精神一日阙乏，则共和一日不能实现。"故极力倡导儒家的格致诚正说，将"诚意正心"作为救治社会现实的一剂良药。因此，学衡派有着明显的道德理想主义倾向。他们强调国民要有一种勇于牺牲的精神，"忠恕者，宁使天下人负我，不使我负一人之谓也"①。

学衡派所具有的这种道德理想主义，实际上是一种新人文主义，它对于矫正五四新文化运动中出现的"唯科学主义"有一定积极作用。正是抱着这种道德理想主义，学衡派打破古今中西的界限，强调了文化的延续性，强调古今相续、新旧相连、中外相通，强调连续与变革的统一，充分肯定传统儒学的精神价值，从传统中汲取人生所需的健全的精神资源，从传统中发掘出具有世界性意义和恒久性价值的东西，以充实现代性的内涵。这些都是学衡派道德理想主义之价值所在。

从总体上看，学衡派以纠正新文化运动的偏误为己任，对新文化运动非常反感，极力维护孔子及儒学的地位，充分展现了其文化保守主义的立场。他们对新文化运动的攻击尽管非常猛烈，但其攻击漫骂的愤激言论较多，感情色彩浓厚，并掺杂了个人好恶与恩怨于其中，很多观点是难以成立的。如其攻击新文化派弃绝中国的一切传统就难以成立。实际上，新文化派对中国儒家文明进行批判的同时，并没有根本否定孔子及儒学的价值，只重点批判儒家的封建礼教；学衡派批评新文化派输入的西方学理都是"糟粕""毒鸩"而称其为"伪欧化"，显然难以令人信服。因为新文化派在新文化运动中输

---

① 吴宓：《孔子之价值及孔教之精义》，《大公报》1927 年 9 月 22 日。

入的是西方近代文明的核心——民主、人权与科学，及当时欧美流行的实验主义、新实在论、写实主义、个性主义等思想文化流派。至于学衡派攻击新文化派主张平民文学和白话文、白话诗等，不仅其论点难以令人信服，而且颇有"开倒车"之嫌。

值得注意的是，学衡派在批评新文化运动和回护儒学传统时，常常表现出明显的矛盾性：他们以"无偏无党，不激不随"相标榜，却对新文化运动有情绪化的恶感；他们因有感于在思想文化界没有发言权而批评五四新文化派缺少气度，但他们对新文化运动常常是恶语相加；他们的学术旨趣是古典的道德理想主义，但他们的思想行为却又是非常现代的；他们的价值观念是传统的、保守的，但他们所援引的理论却是新颖而又时髦的；他们护卫传统是为了维护中国文化的自主性和民族性，但他们又强调中国文化的世界性意义。这些矛盾的存在，决定了学衡派在那个狂飙突进、情感迸发的时代难觅知音，难逃被边缘化的境地。

参考文献

一、主要征引文献

丁文江等编：《梁启超年谱长编》，上海人民出版社1983年版。

丁守和主编：《辛亥革命时期期刊介绍》，人民出版社1982—1987年版。

丁守和编：《五四时期期刊介绍》，三联书店1959年版。

丁守和主编：《中国近代启蒙思潮》，社会科学文献出版社1999年版。

上海图书馆编：《中国近代期刊篇目汇编》，上海人民出版社1965—1984年版。

王忍之等编：《辛亥革命前十年间时论选集》，三联书店1960年版。

中国蔡元培研究会编：《蔡元培全集》，浙江教育出版社1997年版。

中国社会科学院近代史研究所编:《胡适来往书信选》,中华书局 1979 年版。

朱谦之:《文化哲学》,商务印书馆 1935 年版。

曲士培主编:《蒋梦麟教育论著选》,人民教育出版社 1995 年版。

冯友兰:《三松堂自序》,三联书店 1984 年版。

冯友兰:《三松堂全集》,河南人民出版社 2000 年版。

吴宓:《吴宓日记》,三联书店 1998 年版。

李维武编:《徐复观文集》,湖北人民出版社 2002 年版,

张东荪:《科学与哲学》,上海商务印书馆 1924 年版。

张君劢等:《科学与人生观》,上海亚东图书馆 1923 年版。

汤志钧编:《章太炎政论选》,中华书局 1977 年版。

汤志钧编:《康有为政论选》,中华书局 1981 年版。

陈崧编:《五四前后东西文化问题论战文集》,中国社会科学出版社 1989 年版。

陈序经:《中国文化的出路》,商务印书馆 1934 年版。

杨深编:《走出东方——陈序经文化论著辑要》,中国广播电视大学出版社 1995 年版。

姜玢编:《革故鼎新的哲理——章太炎文选》,上海远东出版社 1996 年版。

贺麟:《文化与人生》,商务印书馆 1947 年版。

赵清、郑城编:《吴虞集》,四川人民出版社 1985 年版。

罗荣渠主编:《从西化到现代化》,北京大学出版社 1990

年版。

梁启超:《饮冰室合集》,中华书局 1989 年影印版。

梁漱溟:《梁漱溟全集》,山东人民出版社 1989 年版。

梁漱溟:《中国文化要义》,三联书店香港分店 1987 年版。

姜义华等编:《康有为全集》,上海古籍出版社 1987—1992 年版。

姜义华主编:《胡适学术文集》,中华书局 1998 年版,

章太炎:《章太炎全集》,上海人民出版社 1982—1986 年版。

章士钊:《甲寅杂志存稿》,商务印书馆 1924 年版。

舒新城编:《中国近代教育史资料》,人民教育出版社 1981 年版。

高平叔主编:《蔡元培年谱长编》,人民教育出版社 1999 年版。

胡颂平编著:《胡适之先生年谱长编初稿》,(台北)联经出版公司 1990 年版。

蒋梦麟:《西潮·新潮》,岳麓书社 1991 年版。

钱玄同:《钱玄同文集》,中国人民大学出版社 1999 年版。

钱玄同:《钱玄同日记》,福建教育出版社 1999 年版。

顾颉刚:《古史辨》第 1 册,北京朴社 1926 年版。

鲁迅:《鲁迅全集》,人民文学出版社 1981 年版。

耿云志等编:《胡适书信集》,北京大学出版社 1996 年。

耿云志主编:《胡适遗稿及秘藏书信》,黄山书社 1994

年版。

蔡尚思主编:《中国现代思想史资料简编》,浙江人民出版社 1982 年版。

葛懋春等编:《胡适哲学思想资料选》,华东师范大学出版社 1981 年版。

《五四运动回忆录》,中国社会科学出版社 1979 年版。

《五四爱国运动》,中国社会科学出版社 1979 年版。

二、相关论著举要

丁伟志、陈崧:《中西体用之间》,中国社会科学出版社 1995 年版。

马克斯·韦伯著,洪天富译:《儒教与道教》,江苏人民出版社 1995 年版。

马勇:《近代中国文化诸问题》,上海人民出版社 1992 年版。

干春松:《制度化儒家及其解体》,中国人民大学出版社 2003 年版。

王尔敏:《中国近代思想史论》,(台北)华世出版社 1977 年版。

王先明:《近代新学——中国传统学术文化的嬗变与重构》,商务印书馆 2000 年版。

王汎森:《中国近代思想与学术的系谱》,河北教育出版社2001年版。

方克立:《现代新儒家与中国现代化》,天津人民出版社1997年版。

冯崇义:《罗素与中国——西方思想在中国的一次经历》,三联书店1994年版。

朱维铮:《音调未定的传统》,辽宁教育出版社1995年版。

朱维铮:《求索真文明——晚清学术史论》,上海古籍出版社1996年版。

朱耀垠:《科学与人生观论战及其回声》,上海科学技术文献出版社1999年版。

许纪霖:《智者的尊严——知识分子与近代文化》,学林出版社1991年版。

许纪霖:《中国知识分子十论》,复旦大学出版社2003年版。

苏云峰:《从清华学堂到清华大学(1911—1929)》,三联书店2001年版。

宋仲福等:《儒学在现代中国》,中州古籍出版社1991年版。

余英时:《中国思想传统的现代诠释》,江苏人民出版社1989年版。

余英时:《现代儒学论》,上海人民出版社1998年版。

李泽厚:《中国现代思想史论》,东方出版社1988年版。

沈卫威:《"学衡派"谱系》,江西教育出版社 2007 年版。

吴雁南等主编:《中国近代社会思潮》,湖南教育出版社 1998 年版。

杨国荣主编:《现代化过程的人文向度》,上海古籍出版社, 2006 年版。

陈平原:《中国现代学术之建立——以章太炎、胡适为中心》,北京大学出版社 1998 年版。

陈平原:《北大精神及其他》,上海文艺出版社 2000 年版。

陈旭麓:《近代中国的新陈代谢》,上海人民出版社 1992 年版。

陈万雄:《五四新文化的源流》,三联书店 1997 年版。

陈来:《现代中国哲学的追寻》,人民出版社 2001 年版。

张岱年:《张岱年全集》,河北人民出版社 1996 年版。

张宝明等:《回眸〈新青年〉》,河南文艺出版社 1997 年版。

张朋园:《知识分子与近代中国的现代化》,百花洲文艺出版社 2002 年版。

张锡勤:《中国近代思想史》,(台北)万卷楼图书有限公司 1993 年版。

张玉法:《民国初年的政党》,(台北)"中央研究院"近代史所 1985 年版。

张灏:《梁启超与中国思想的过渡》,江苏人民出版社 1997 年版。

张汝伦:《现代中国思想研究》,上海人民出版社 2001

年版。

金耀基:《中国现代化与知识分子》,(台北)时报文化出版事业有限公司 1977 年版。

庞朴:《文化的民族性与时代性》,中国和平出版社 1988 年版。

林毓生:《中国意识的危机》,贵州人民出版社 1988 年版。

林毓生:《中国传统的创造性转化》,三联书店 1996 年版。

殷海光:《中国文化的展望》,上海三联书店 2002 年版。

范玉秋:《清末民初孔教运动研究》,中国海洋大学出版社 2006 年版。

周策纵:《五四运动史》,岳麓书社 1999 年版。

周策纵:《五四运动:现代中国的思想革命》,江苏人民出版社 1996 年版。

周维强:《钱玄同传》,浙江人民出版社 2003 年版。

柳诒徵:《中国文化史》,正中书局 1947 年版。

罗荣渠等编:《中国现代化历程的探索》,北京大学出版社 1992 年版。

罗志田:《权势转移——近代中国的思想、社会与学术》,湖北人民出版社 1999 年版。

罗志田:《国家与学术:清季民初关于"国学"的思想论争》,三联书店 2003 年版。

姜义华:《章太炎评传》,百花洲文艺出版社 1995 年版。

郑师渠、史革新:《近代中西文化论争的反思》,高等教育出版社 1991 年版。

郑师渠:《晚清国粹派文化思想研究》,北京师范大学出版社 1997 年版。

郑大华:《张君劢传》,中华书局 1997 年版。

胡逢祥:《社会变革与文化传统》,上海人民出版社 2000 年版。

易新鼎:《梁启超和中国学术思想史》,中州古籍出版社 1992 年版。

贺麟:《文化与人生》,商务印书馆 1947 年版。

龚书铎:《近代中国与文化抉择》,北京师范大学出版社 1993 年版。

唐宝林:《陈独秀全传》,社会科学文献出版社 2013 年版。

钱穆:《国史新论》,三联书店 2001 年版。

钱穆:《现代中国学术论衡》,(台北)东大图书公司 1984 年版。

徐复观等:《知识分子与中国》,(台北)时报文化出版事业有限公司 1980 年版。

殷海光:《中国文化的展望》,上海三联书店 2002 年版。

桑兵:《晚清民国的国学研究》,上海古籍出版社 2001 年版。

耿云志:《胡适研究论稿》,四川人民出版社 1985 年版。

郭湛波:《近五十年中国思想史》,北平人文出版社 1935 年版。

郭颖颖著，雷颐译:《中国现代思想中的唯科学主义》，江苏人民出版社 1995 年版。

曹聚仁:《中国学术思想史随笔》，三联书店 1986 年版。

黄见德等:《西方哲学东渐史》，武汉出版社 1991 版。

潘公展主编:《五十年来的中国》，重庆胜利出版社 1945 年版。

颜炳罡:《当代新儒学引论》，北京图书馆出版社 1998 年版。

德里克著，孙宜学译:《中国革命中的无政府主义》，广西师范大学出版社 2006 年版。